한국신학의 지평

무극 한승홍 교수 近影

무극 한숭홍교수
정년퇴임기념 논문집

한국신학의 지평

한숭홍 교수 정년퇴임기념 논문집 편집위원회 편

선학사

무극無極 한숭홍韓崇弘 교수教授 연보年譜

1942년 4월 8일	평안북도 江界에서 韓元福 선생과 金銀植 여사 사이에서 3남3녀 중 장남으로 태어남.

【학력】

1965년 2월	연세대학교 신과대학(Th.B.)
1967년 2월	연세대학교 연합신학대학원(Th.M.)
1968년 9월~1969년 2년	독일 München 대학교
1969년 2월~1973년 7월	독일 Tübingen 대학교
1973년 7월~1978년 7월	독일 Aachen 대학교(Dr. Phil.)

【경력】

1974년 1월~1975년 12월	독일 Aachen 한인교회 담임 전도사
1978년 8월~1980년 8월	독일 Aachen 대학교 철학 연구원
1980년 9월~	현재 장로회신학대학교 교수
	도서관장, 출판부장, 기획처장, 교무처장 역임
1982년 9월~1984년	동아세계대백과사전 집필위원 및 편집위원
1983년 10월~1986년 6월	한국 기독교교육학회 13대 회장 역임
1985년 2월~1985년 6월	미국 University of Dubuque Theological Seminary 교환교수
1985년 9월~1991년 7월	평신도회보 논설위원
1986년 9월 28일	서울 상북노회에서 목사 안수
1986년 9월~2005년 12월	서울 강북노회 삼양제일교회 부목사
1987년~1989년	전국대학이념교육교수협의회 총무이사
1990년~1992년	한국미래연구학회 이사 및 학술분과위원장
1992년 3월~1994년 2월	교육부 장관 위촉 교육과정 심의위원

1996년 2월~1996년 8월 미국 San Francisco Theological Seminary 교환교수

【저서 및 연구실적 목록】 *

1. 학위논문

1. 한숭홍. "폴 틸릭의 역사철학 연구," 미간행 석사학위논문, 연세대학교 연합신학대학원, 1967.
2. Han, Soong-Hong. *Wissenschaftsbegriff und Wissenschaftsarchitektonik bei Georg Leonhard Rabus.* Aachen: Mainz, 1978. 〔Dr. phil. Dissertation, RWTH Aachen, 1978〕.

2. 저서

1. 『표준논문작성법』. 서울: 장신대 출판부, 1982, 1986, 1993.
2. 『기독교 교육론』(공저). 증보신판. 서울: 대한기독교교육협회, 1985.
3. 『문화종교학』. 서울: 장신대 출판부, 1987, 1993.
4. 『존재와 의식』. 서울: 장신대 출판부, 1989, 1994.
5. 『기독교 교육철학 사상』. 서울: 장신대 출판부, 1991.
6. 『무교회주의』. 서울: 도서출판 두란노, 1991.
7. 『기독교 교육』(공저). 서울: 대한기독교교육협회, 1992.
8. 『한경직의 생애와 사상』. 서울: 장신대 출판부, 1993.
9. 『현대신학 개관』(공저). 서울: 현대신학연구소, 1994.
10. 『한국신학사상의 흐름』. 상권. 서울: 장신대 출판부, 1996, 2007.
11. 『한국신학사상의 흐름』. 하권. 서울: 장신대 출판부, 1996, 2007.
12. 『표준논문작성법』. 개정증보판. 서울: 장신대 출판부, 1997.
13. 『표준논문작성법』. 개정증보신판. 서울: 장신대 출판부, 2002.
14. 『기독교 교육철학 사상』. 개정증보판. 서울: 장신대 출판부, 2002.
15. 『신학이란 무엇인가?』. 서울: 장신대 출판부, 2003.
16. 『철학 12강』. 서울: 장신대 출판부, 2005.

---

* 기타 논문 등의 연구목록은 부록에 게재하였음.

17. 『표준논문작성법』. 최신개정판. 서울: 장신대 출판부, 2005.
18. 『철학적 신학』. 서울: 장신대 출판부, 2006.
19. 『한경직 - 예수를 닮은 인간, 그리스도를 보여준 교부』. 서울: 북코리아, 2007. (『한경직의 생애와 사상』을 개간하며 제목을 고침).
20. 『파니카』(공저). 서울: 북코리아, 2007 (근간).
21. 『루돌프 오토』. 서울: 살림출판사, 2007 (근간).

3. 역서

1. Hohoff, Curt / 한숭홍 역. 『기독교 문학이란 무엇인가?』. 서울: 두란노서원, 1986, 1988, 1990.
2. Macquarrie, John / 한숭홍 역. 『20세기 종교사상』. 서울: 나눔사, 1989. (이 책에 대한 서평, 『빛과 소금』 제61호 (1989.9), p.220).
3. Graham, Gordon / 한숭홍 역. 『사회철학이란 무엇인가?』. 서울: 성지출판사, 1990.
4. Cuzzort, Ray P., and Edith W. King / 한숭홍 역. 『20세기 사회사상』. 서울: 나눔사, 1991.
5. Heron, Alasdair I. C. / 한숭홍 역. 『20세기 신학사상』. 서울: 성지출판사, 1992, 1997.
6. Dawe, Donald G., and John B. Carman / 한숭홍 역. 『종교다원주의와 기독교 신앙』. 서울: 나눔사, 1993.

간행사

존경하는 무극 한숭홍 교수님의 정년 은퇴를 맞이하여 장로회신학대학교에서 한 교수님에게 배운 제자들과 동료 교수들이 이처럼 기념 논문집을 발간하게 된 것을 매우 기쁘고 감사하게 생각합니다.

한 교수님은 1980년 9월에 본교에 부임하신 이래 지난 27년간 봉직하시면서 한 결 같이 가르침과 연구에 전념하심으로써 하나님 나라의 일군의 양육과 학교의 발전에 크게 이바지하셨습니다. 특히 대학부에서 한 교수님에게 가르침을 받은 많은 제자들은 한 교수님으로부터 받은 큰 사랑과 은덕을 결코 잊을 수 없을 것입니다.

한 교수님은 그동안 신학, 철학, 교육학, 종교현상학 등을 넘나드는 폭넓은 학문의 세계를 열어 오셨으며, 후기에는 '신토불이'(神土不二)라는 이름 아래 한국적 신학과 철학의 세계를 개척해 오셨습니다. 이에 한 교수님의 학문적 업적을 기리기 위하여 여러 사람들이 기꺼이 이 논문집에 귀한 논문들을 기고해 주셨습니다. 특히 감사한 것은 본 논문집에 실린 글들 가운데 많은 글이 한 교수님의 사상을 직간접적으로 다루고 있는 글들이라는 사실입니다. 본인은 이 논문집이 한 교수님의 사상적 발자취를 돌아봄과 동시에 한 교수님이 꿈꾸시는 한국적 신학과 철학을 위한 미래지향적 비전을 조금이나마 구체화하는 촉매가 되기를 소망합니다.

바쁜 일정 속에서도 귀한 옥고를 보내주신 모든 기고자 여러분들께 깊은 감사를 드립니다. 아울러 본 기념 논문집의 발행과 은퇴기념행사를 위해 마음으로 기도해주시고 재정적으로 후원해 주신 여러분과 은퇴기념행사를 위해 그동안 본인과 함께 애쓰며 준비한 여러분께 고마운 마음을 금할 수 없습니다. 이 모든 분들에게 하나님께서 크신 복을 내려주시기를 기도합니다.

한 교수님의 남은 생애동안 주 안에서 영육 간에 더욱 강건하시고, 사모님과 온 가정이 늘 평안하시기를 기원합니다.

2007년 6월 25일

한숭홍교수 정년퇴임기념 준비위원장 윤 철 호

서 문

본 논문집은 크게 세부분으로 구성되었습니다. 전반부에서는 무극 한숭홍 교수님의 연보와 저작 및 연구활동에 관한 자료를 모았습니다. 철학 및 신학 등 여러 분야에 걸친 저작과 논문을 통해 많은 업적을 남기셨기에 교수님의 학문적 관심과 결과들을 한눈에 보게 하는 좋은 자료가 될 것입니다. 학문적 치밀함 뿐 아니라 매사에 철저한 성격의 소유자이신 교수님 자신의 자료를 기초로 준비 되었습니다.

논문의 제1부에서는 한 교수님의 사상과 직접 관련이 되는 글들을 모았습니다. 간단히 그 내용을 소개하면 소기천 교수의 "무극(無極) 한숭홍 교수의 학문세계: 양태론을 극복한 신토불이 신학(神土不二 神學)", 곽재욱 박사의 "무극에서 태극으로: 한숭홍 교수의 생애와 사상의 구조적 이해", 정성한 교수의 "무극 한숭홍 교수의 신학사상에 대한 서론적 고찰-그의 '삶 신학'의 역사적 전개를 중심으로", 김진명 교수의 "레위기 19장에 나타난 하나님과 사람과 땅의 관계에 관한 고찰", 고원석 교수의 "무극 한숭홍의 기독교교육철학의 삼중적 구조를 통해서 살펴본 오늘의 기독교교육학의 과제", 배요한 박사의 "무극 한숭홍의 신토불이 신학에 대한 소고", 박준수 전도사의 "무극 한숭홍의 사상체계론—신토불이 신학과의 연계성을 중심으로" 등입니다. 현장의 목회자 및 분주한 연구자의 삶을 살면서 은사에 관한 신학적 정리 및 탐구를 한다는 것은 쉽지 않은 일이었음에도 불구하고, 여러 부문의 전공 후학들이 한 교수님의 사상을 신학적으로 조명해 주고 있습니다.

제2부에는 한 교수님의 후학들과 장신대 교수 분들이 기고한 글들을

중심으로 다양한 논문을 싣고 있습니다. 면면을 살펴보면 박동현 교수의 "이스라엘 역사에서 본 오늘 한국교회의 진정한 부흥", 임성빈 교수의 "통합적 통일을 위한 통일신학의 정립과 실천의 과제", 양금희 교수의 "Wink의 변증법적 성경공부 방법의 해석학적 의미", 윤철호 교수의 "메조리 수하키의 종말론", 조용훈 교수의 "기독교세계관과 대학교육", 이장형 교수의 "여성결혼이민자의 증가와 기독교적 책임", 오현선 박사의 "욕구와 통제사이: 여성 이주민의 현실과 여성신학의 과제", Gunther Wenz의 "불안의 개념－죄렌 키에르케고르(1813~1855)를 기념하여" 등입니다.

이 일이 가능했던 것은 필자들이 좋은 논문을 제공해 준 덕분이며, 필자들에게 연락하며 논문을 쓰도록 독려해 준 준비위원장 윤철호 교수님과 실무적인 작업을 책임진 이길원 전도사님의 수고가 누구보다 컸습니다. 저는 편집자의 입장에서 약간의 수고를 거들었을 뿐입니다. 이 책이 많이 읽혀지고 또 다른 학문적 발전의 기초가 되어 한숭홍 교수님과 참여한 필진 모두에게 기쁨이 될 수 있기를 독자들과 함께 소원해 봅니다.

2007년 6월 25일

정년퇴임기념논문집 편집위원장 이 장 형

글싣는 차례

제2부

무극 한숭홍 교수
정년퇴임 기념 논문집

제1부

소기천

곽재욱

정성한

김진명

고원석

배요한

박준수

무극(無極) 한숭홍 교수의 학문세계:

양태론을 극복한 신토불이 신학(神土不二 神學)

소 기 천

(장로회신학대 교수, 신약학)

Ⅰ. 서론

한숭홍 교수는 필자에게 독일어뿐만 아니라, 철학과 신학을 가르친 은사님이다. 장신대에서 후학들을 가르치기 시작한 첫 해부터 필자는 단 한 학기도 그의 강의를 거르지 않았다. 필자는 재학시절에 수강과 청강을 번갈아가며 공부하다가 심지어 신대원 마지막 학기에는 졸업 논문까지 자상한 그의 지도를 받아서 졸업식장에서 '최우수 논문상'인 총회장상을 명예롭게 받기도 하였다. 이번에 필자가 그의 은퇴를 기념하여 논문을 헌정하게 된 것을 기쁘게 여긴다.

한숭홍 교수의 아호는 무극(無極)이다. '무극'이란 한계와 끝이 없다는 뜻이다. 가장 한국적인 뜻을 내포하고 있는 이 아호처럼, 그는 학문을 추구함에 있어서 끝이 없다. 만일 학문적 추구를 그친다면, 삶 자체가 아무런 의미가 없다고 말할 수 있을 정도로 그는 끊임없이 학문을 추구해 왔다. 이러한 그의 아호는 필연적으로 간학문적 연구에 관한 그의 열정과 삶을 반영하고 있다. 이 점에서 그의 신학은 삶의 신학이요, 그의 철학도 삶의 철학이다.

한숭홍 교수는 지식의 상아탑을 중심으로 높이 쌓아올린 큰 성과 그 주위를 둘러싼 성벽과 같은 견고함을 갖추면서도, 거대한 문을 항상 열어 놓고서 후학들로 하여금 언제든지 그 깊은 학문의 세계로 들어오라고 손짓을 하고 있는 큰 학자이다.

독일에서 체계적인 신학과 철학 수업을 받고 '라부스의 지식학'을 연구함으로써 향후 나아가야할 연구의 방향을 이미 정립 한 후에 귀국하여 장신대에서 후학들을 가르치는 동안에, 한숭홍 교수는 수많은 연구논문들과 저서들과 역서들을 포함한 방대한 학문의 세계를 구축한 '학자 중의 학자'이다. 여기서 필자는 그 동안 지상에 발표된 모든 글을 바탕으로 그의 학문세계를 추적해 보면서 후학들이 어떻게 그의 신학을 이해할 것이며 더 나아가서 그의 학문적인 공헌은 무엇인지 살펴보고자 한다.

이 글을 통해서 필자는 한숭홍 교수의 활발한 간학문적 논의가 학계에 미치는 영향력을 살펴보면서 양태론으로 유형화될 수 있는 문제의 소지를 소위 '신토불이 신학'(神土不二 神學)으로 극복해 나가면서,[1] 동시에 그가 추구하는 신학적 특징이 틸리히의 '문화신학'과 전적으로 맥을 같이 하고 있다는 사실을 논증하고자 한다.

이러한 논의는 제자로서 한숭홍 교수의 학문을 좀 더 깊이 간직하고자 하는 일념에서 출발하고 있지만, 이러한 필자의 글이 오히려 그의 학문세계를 왜곡하지는 않을까 심히 염려된다. 혹시 독자들이 이러한 졸고를 읽으면서 그의 학문세계를 필자가 이 글을 통해서 정리하고 있는 좁은 관점만을 보고서 그를 오해하지나 않을까 하는 송구스러운 마음이 앞선다.

Ⅱ. 지식학

한숭홍 교수는 독일 아헨[2]에서 학위논문을 마치고 귀국한 이후에 장신대에서 후

1) 그는 과거 삼위일체 논쟁에서 야기된 양태론을 의식하고서 다음과 같이 언급한다. "신토불이 신학의 구조는 하나의 하나님(ein Gott), 하나의 그리스도(ein Christus), 하나의 성령(ein Geist)을 믿는 삼위일체 신앙 구조와, 바로 이 삼위일체 하나님이 삶의 자리에 따라 각각 다른 활동 양태(modus agendi)로 역사하신다는 신관으로 체계화되어 있다. 하나님은 백인백색(白人百色)의 존재 양태(modus entis)로-비근한 예를 들면 흑인에게는 흑인의 모습으로 백인에게는 백인의 모습으로- 역사하신다." 참고, 그의 "평양대부흥운동의 神土不二 신학적 구조," 『교회와 신학』 제68호(2007년 봄호): p.13.

2) 아헨은 신성로마제국의 수도로서 아주 유서가 깊은 도시이다. 독일의 서쪽에 네덜란드와 벨기에의 국경에 가까운 도시인 아헨은 온천이 솟는 곳이다. 로마 시대에는 이곳을 '그라누스

학들을 가르치는 첫 해에, '독일어 철학 강독'이라는 과목을 통해서 필자를 만났다. 그 때 힘든 독일어 강독 시간에 그의 학위 논문[3]을 강독하는 시간을 가졌는데, 그가 19세기의 인물인 라부스(Georg Leonhard Rabus)이다. 라부스는 철학과 신학과 언어학을 공부한 분으로서 1858년에 라이프찌히 대학에서 철학박사 학위를 받았다. 논리학과 과학 체계론의 전문가인 라부스는 논리학 개혁운동을 추진했는데,[4] 그의 가장 중요한 업적은 철학과 자연과학의 사원구성적 체계이론을 통하여 지식학의 계보를 만들어 학문세계를 일목요연하게 구축한 것이다. 라부스는 4원구성적 방식으로 학문체계를 분류하여 소위 과학체계론의 틀을 완성하여 과학철학을 과학건축술로 표현하여 모든 학문세계를 체계화하였다.[5]

필자가 보기에, 이러한 학위논문을 통한 연구는 향후 한숭홍 교수의 연구방법을 형성하는데 근본 바탕을 이루는 광범위한 지식학[6]이 그 핵심이다. 그는 철학뿐만 아니라, 종교철학과 신학과 문학과 교육학과 문화에 이르기까지 다양한 학문의 영

온천 지대'라고 불렀다. 800년에 프랑크 왕인 카롤루스 대제(프랑스명 샤를마뉴 대제)는 로마 황제 레오 3세로부터 서로마 제국 황제의 지위를 받았다. 대관식 후에 카롤루스 대제는 아헨에 유럽 세계의 중심임을 상징하는 궁정 예배당을 건설했다. 이러한 행동은 당시 유럽에서 자신의 지위를 드러내는 행동이었다. 963~1531년에 역대 신성로마제국 황제의 대관식은 아헨에서 치러졌다. 로마의 비잔틴 요소와 게르만의 프랑크 요소를 독특하게 융합시킨 아헨의 궁정 예배당은 785년경에 착공되어 805년에 완공되었다. 일명 아헨대성당 (Aachen Cathedral)이라 불리는데, 1978년에 세계문화유산으로 지정되기도 하였다. 이 건물은 중세의 장엄미를 대표하는 건축물로 유명하다.

3) Han, Soong-Hong. *Wissenschaftsbegriff und Wissenschaftsarchitektonik bei Georg Leonhard Rabus.* Dr. Phil. Diss. RWTH Aachen in 1978. Aachen: Photodruck Mainz, 1978.

4) 자세한 것은 한숭홍, "19세기 논리학 개혁운동에 대한 연구 - 게오르그 레온하드 라부스의 평가를 중심으로,"『장신논단』 제7집(1991.11)을 참고.

5) Han, Soong-Hong. *Wissenschaftsbegriff und Wissenschaftsarchitektonik bei Georg Leonhard Rabus,* p.146; idem, "라부스의 철학과 자연과학의 사원구성적 체계이론,"『장신논단』 제10집(1994.11), p.653.

6) 일반적으로는 지식학은 지식의 근본 원리나 방법 등을 해명하는 학문으로서 논리학이나 인식론이 포함된다. 피히테(Fichte)가 자신의 철학에 처음으로 붙인 이름이다. 칸트 철학에서 영향을 받은 피히테는, 이론 철학과 실천 철학과의 사이에 통일성이 없는 것으로 생각하여, 칸트의 실천 이성까지도 논리화하려고 했다. 그리고 자기의 철학은 이론 이성과 실천 이성을 꿰뚫는 절대적 이성의 구조를 자각의 논리에 의하여 이유를 붙이는 것이라 하여, 이것을 모든 학문의 학문이라고 하여 지식학이라 일컬었다. 20세기에 들어와서 지식학은 과학 철학·과학 기초론을 뜻하게 되었다. 과학의 본질이나 가능 근거·여러 과학의 분류·과학의 전제·방법·한계 등을 명확하게 하는 것이 지식학의 임무이다. 지식학은 지식 철학이라고도 불린다.

력을 넘나들면서 논리적 접근방식으로 이론의 틀을 세워나갔는데, 이것은 라부스의 과학체계론을 연구한 전문가의 식견이 아니면 처음부터 불가능한 일이었다. 이렇게 한숭홍 교수가 광범위한 학문영역들을 체계화할 수 있었던 것은 방법론적으로는 라부스의 지식학의 영향이 크며, 더 나아가서 그것을 한국의 학문 풍토에 선구자적으로 적용한 결과이다.

한숭홍 교수는 철학과 신학의 대화를 통해 종교철학을 체계화하기도 하였고, 19~20세기의 사상사와 현대신학을 규명하기도 하였고, 철학적 방법론에 입각하여 교육학 방법론과 교육학이론의 세워나갔으며, 해석학적 방법론을 통하여 교육철학을 수립하였고, 철학의 이론을 문학이론에 접목하기도 하였고, 종교심리학과 종교민속학의 이론을 세우기도 하였으며, 더 나아가서 문화신학과 문화 종교학을 체계화하기도 하였다. 이것은 라부스의 지식학의 이론을 토대로 다양한 학문분야로 그것의 적용 범위를 넓힌 한숭홍 교수의 성실한 학문적 업적이다. 이러한 그의 노력은 후학들에게 학위 논문을 작성하는 방법으로도 소개되어,[7] 1982년부터 지금까지 25년 가까이 장신대 대학원생들에게 실질적인 도움을 주고 있다. 그러면 라부스에 관한 연구를 통해서 완성된 그의 철학과 신학의 심도있는 대화에 관해서 좀 더 자세하게 알아보자.

Ⅲ. 철학과 신학

철학과 신학 사이의 대화는 한숭홍 교수의 가장 커다란 관심사항이다.[8] 그는 백과사전에 신학에서 가장 핵심 내용인 '신'과 '신학'에 관해서 집필을 할 정도로[9] 이

7) 한숭홍, 『표준논문작성법』(서울: 장신대 출판부, 1982); idem, 『표준논문작성법』. 개정증보판(서울: 장신대 출판부, 1997); idem, 『표준논문작성법』. 개정증보신판(서울: 장신대 출판부, 2002).

8) 한숭홍, "철학과 신학," 『총신대보』(1990.9.24); idem, "철학적 신학이란 무엇인가?," 『성서마당』 제8호(1994.8); idem, "연구논문: 철학적 신학의 기초이론에 관한 연구," 『장신논단』(2000).

9) 한숭홍, "신(神)," 『동아세계대백과사전』 제18권(1983); idem, "신학," 『동아세계대백과사전』 제19권(1983).

분야의 전문가이다. 그는 철학[10]과 신학[11]에 관한 다양한 글을 통하여 '신학을 철학적 토대' 위에 세워나갔으며[12] 그 결과로 신학이 과학적 학문 방법론에 근거한 학문이라는 사실을 견고히 하였다.[13] 철학과 신학에 관한 그의 열정은 다양한 연구 결과를 가져왔다.[14] 특히 깔뱅의 「기독교강요」에 버금가는 역작이라고 평가할 수 있는 슐라이어마허의 「신앙론」에 관한 그의 연구들[15]은 종교심의 결정체인 교회 곧 신앙 공동체가 어떻게 하나님께 대한 절대 의존의 감정을 '본질적인 삶의 요소'

---

10) 한숭홍, "무(無)의 철학서설," 『신학춘추』(1989.11.6); idem, "소망에 대한 철학적 접근," 대한예수교장로회 총회교육부 편. 『인류의 소망이신 예수 그리스도』(서울: 한국장로교 출판사, 1999), pp.249~266.

11) 한숭홍, "신학이란 무엇인가?," 『신학춘추』(1992.6.19); idem, "신학의 본질론에 관한 논고: 신학함의 새로운 차원을 찾아서," 『신학춘추』(1993.3.24).

12) 한숭홍(공저), 『현대신학 개관』(서울: 현대신학연구소, 1994); idem, 『신학이란 무엇인가?』(서울: 장신대 출판부, 2003); Ray P.Cuzzort and Edith W. King 한숭홍 역, 『20세기 사회사상』(서울: 나눔사, 1991); Alasdair I. C.Heron 한숭홍 역, 『20세기 신학사상』(서울: 성지출판사, 1992).

13) 한숭홍, "과학과 신앙" 『교육교회』 제146호(1988.6).

14) 한숭홍, "역사를 움직인 사상가들: 르네상스시대의 사상," 『숭의여대학보』(1981.4.16); idem, "논리학에 관한 역사적 고찰," 『교회와 신학』 제13집(1981.5); idem, "인간관계에 대한 실존철학적 조명," 『교육교회』 제82호(1982.5); idem, "동일철학의 스피노자"(철학과 신학의 대화 4)," 『신학춘추』)1982.5); idem, "단자론의 라이프니츠(철학과 신학의 대화 5)," 『신학춘추』(1982.6); idem, "신학과 비판철학의 접촉," 『신학춘추』(1983.8.22); idem, "막스 호르크하이머와 그의 철학," 『장신논단』 제3집(1987.12); idem, "철학의 사회적 기능," 유원동·박충석·배찬복 외 공편, 『현대 사조의 이해』(서울: 형설출판사, 1987); idem, "프롬과 그의 마르크스상," 『교회와 신학』 제20집(1988.5); idem, "임마누엘 칸트, 「이성의 한계 안에서의 종교(기독교 사상의 고향 52)," 『한국기독공보』(1991.9; idem, "마틴 하이덱거, 「존재와 시간」(기독교 사상의 고향 55)," 『한국기독공보』(1991.11.9); idem, "요셉 포그드, 「역사적 보편세계에의 도정」(기독교 사상의 고향 56)," 『한국기독공보』(1991.11.16); idem, "칼 야스퍼스, 「철학입문」(기독교 사상의 고향 57)," 『한국기독공보』(1991.11.23); idem, "근세철학의 아버지 데까르뜨(철학과 신학의 대화 3)," 『신학춘추』 (1982.4); idem, "발터 슐츠, 「근대 형이상학의 신」(기독교 사상의 고향 58)," 『한국기독공보』(1991.12.7); idem, "프리드리히 니체, 「짜라투스트라는 이렇게 말했다」(기독교 사상의 고향 59)," 『한국기독공보』(1991.12.21); idem, "프리드리히 니이체 철학에 대한 새로운 이해," 『신학논단』 제13집(1977.2).

15) 한숭홍, "슐라이어마허의 종교철학과 신학구조," 『신학논단』 제14집(1980.7); idem, "슐라이어마허의 「신앙론」," 『빛과 소금』 제8호(1985.11); idem, "슐라이어마허의 신학적 모티브에 대한 전기적 이해," 『교회와 신학』 제18집(1986.5); idem, "슐라이어마허(기독교사상과 인물 시리즈 3)," 『한국기독공보』(1986.6); idem, "슐라이어마허의 「신앙론」(슐라이어마허 / 최신한 역, 『신앙론』에 대한 서평)," 『목회와 신학』 제102호(1997.12).

와 '보편적인 삶의 요소'로 승화시킬 것인지에 관한 끝없는 물음을[16] 제기하게 하였다.

이 점에서 폴 틸리히와 존 매쿼리에 관한 연구는 한숭홍 교수 자신의 철학적 신학을 체계화하기 위한 실증적 작업이라고 평가할 수 있다.[17]

첫째, 폴 틸리히에 관한 한숭홍 교수의 관심은 이미 연세대학교에서부터 시작되었다.[18] 그가 틸리히에 관심을 갖게 된 계기는 역사철학에 대한 열망에서 비롯되었다. 이미 그는 역사철학의 방법론을 '합리와 비합리'에서 찾고자 하였다.[19] 이러한 그의 노력은 틸리히에 관한 연구로 마무리되었다. 틸리히의 역사철학의 특징은 실존주의적 이해에 그 바탕을 가지고 있다.[20] 특히 '영원과 시간의 관계를 초자연적 시간관이 아니라 역설적 시간관' 곧 카이로스의 시간을 중시했던 폴 틸리히의 사상은 한숭홍 교수에게 큰 영향을 미쳐서 그로 하여금 항상 카이로스의 시간이라는 인식 속에서 '시간과 역사, 역사와 현상(삶, 자연)'의 관계를 이해하도록 하였다.[21] 더구나 틸리히가 신율(theonomy)에 입각하여 악마적인 것(the demonic)을 경계한 것 관 관련하여, 이원론적 대립이 아니라 하나님의 '창조행위가 악마적인 것을 극복'할 수 있다는 실존론적 이해에 도달하였는데,[22] 이러한 사상은 한숭홍 교수에게 큰

16) 한숭홍, "슐라이어마허의 「신앙론」에 대한 분석적 이해," 『장신논단』 제1집(1985.12), pp.309~310.

17) 한숭홍, "철학적 신학의 기초이론에 관한 연구," 『장신논단』 제6집 (1990.12).

18) 한숭홍, "폴 틸리히의 신학적 방법론," 『연세춘추』 1965.11.22; idem, "폴 틸릭의 역사철학 연구," 미간행 신학석사(Th. M.), 연세대학교 연합신학대학원, 1967. 한숭홍 교수는 연세대 신과대학 시절에 서남동의 영향을 많이 받았다. 사실상 그가 다방면의 철학과 신학에 관심을 가지게 된 것은 서남동의 영향이라고 할 수 있다. 그래서 그의 석사학위 논문은 이종성과 서남동의 지도를 받아서 완성되었다. 그러나 그는 주임교수로 이종성을 선택하였다. 그는 이 일이 서남동에게 서운한 일로 여겨지게 되었다고 회고한다. 참고, 박준수 역음, 『무극 한숭홍』 미간행 자료집 (2007), pp.25~26. 그러나 이종성과의 연결이 큰 인연이 되어 그는 독일에서 박사학위를 받자마자 당시에 아주 열악한 형편 가운데 있었던 장신대에서 '철학과 신학'을 담당하는 교수로 부임하게 되었다.

19) 한숭홍, "합리와 비합리: 역사철학 방법론," 『신학춘추』(1980.11.3).

20) 한숭홍, "파울 틸리히의 역사해석에 대한 실존철학적 이해," 『교회와 신학』 제25집(1993.5).

21) 한숭홍, "폴 틸릭의 역사철학 연구," pp.4~5. 특히 한숭홍 교수에게 카이로스의 시간은 실존적 시간이해의 근본을 이루는 인식으로서 이미 아우구스티누스에 의해서 시작된 개념이다. 참고, 한숭홍의 "아우구스티누스의 시간개념과 그의 시간개념에 대한 현대철학적 이해," 장로회신학대학 편. 『춘계 이종성박사 화갑기념논문집』(1982.6).

22) 한숭홍, "파울 틸리히의 역사철학 서설," 『장신논단』 제8집(1992.11).

영향을 미치게 되었다. 이러한 인식은 그가 신학적 사고의 토대 위에서 역사와 문학과 더 나아가서 문화를 조망할 수 있는 그야말로 큰 틀의 신학적 작업을 전개할 수 있는 토대가 되었다.

둘째, 한국기독공보에 연재되기도 하였넌 존 매쿼리에 관한 한숭홍 교수의 관심[23] 은 철학과 신학의 지평을 실증주의와 사연주의, 역사철학과 문화철학, 더 나아가서 종교의 사회학적 해석을 가능하게 하였다. 이러한 매쿼리에 관한 연구는 신학과 철학의 관심을 현상학과 논리적 경험론 그리고 더 나아가서 현대 물리학에까지 그 지평을 넓히는 결과를 낳았다.[24] 특히 신학과 철학의 원리에 입각하여 종교현상을 역사적, 문화적으로 접근한 매쿼리의 노력[25]은 필자가 다음에 논하게 될 한숭홍 교수의 간학문적 연구의 문을 활짝 열어 놓는 계기가 되었다. 물론 간학문적 연구는 그의 철학적 신학에 근거를 두고 있기에 이러한 그의 철학적 신학을 문화적 관점에서 그 이론을 정리하면, 필자가 그 다음에 논하게 될 그의 문화신학에 곧바로 연결된다.[26]

Ⅳ. 간학문적 연구

살아있다는 사실을 입증하듯이 아니 삶 그 자체를 위해 살기라도 하듯이, 한숭홍 교수가 백과사전 집필에 참여하여 발표한 글을 보면 우리는 종교민속학, 종교심리학, 종교철학[27] 등 그의 다양한 관심을 확인할 수 있다. 한 때 시를 쓰면서 문학

---

23) 한숭홍, "존 매쿼리의 철학적 신학과 구조: 그의 「기독교 신학의 원리」를 중심으로" (기독교 사상의 고향 51), 『한국기독공보』 제1885호(1991.8.24): p.5.

24) John Macquarrie 한숭홍 역, 『20세기 종교사상』 (서울: 나눔사, 1989). 이 책에 대한 서평, 『빛과 소금』 제61호(1989.9) p.220.

25) John Macquarrie 한숭홍 역 pp.159~177(특히 175~177을 보라).

26) 한숭홍, 『철학적 신학』 (서울: 장신대 출판부, 2006), p.6.

27) 한숭홍, "종교학," 『동아세계대백과사전』 제25권(1983); idem, "종교민족학," 『동아세계대백과사전』 제25권(1983); idem, "종교심리학," 『동아세계대백과사전』 제25권(1983), idem, "종교철학," 『동아세계대백과사전』 제25권(1983). 이러한 그의 관심은 자연히 비교 종교학에 관한 연구로 나아가기도 하였다. 참고, 한숭홍, "요아힘 바하, 「종교의 비교연구」(기독교 사상의 고향 54)," 『한국기독공보』(1991.10).

소년을 꿈꾸기도 하였던 그는[28] 쿠르트 호호프(Curt Hohoff)에 관심을 기울이며 기독교 문학을 체계적으로 정리하기도 하였다.[29] 이러한 관심은 그가 단순히 종교학의 테두리를 인식의 차원에만 둔 것이 아니라 현상학에까지 그 지평을 넓힌 것으로, 향후 그가 추구하려고 하는 간학문적 연구의 특징을 보여주는 것이라고 말할 수 있다. 그는 자신의 철학에 대해서 스스로 확인하기를, "한마디로 말해서 나의 철학은 삶의 철학이다."[30]라고 하였다. 특히 그가 EBS-TV 방송의 전신인 KBS-3TV에 출연하여 1986년 5월 10일부터 7월 26일까지 방송된 '청소년 철학 강좌'에서 한 강연 주제들을 보면, 일찍이 간학문적 연구의 토대가 마련된 것을 확인할 수 있다. 그는 12개의 강좌를 통하여, 그의 철학적 관심을 삶, 실존, 인간, 문화, 역사, 교육, 종교, 사회, 예술, 과학, 문명, 기술에 까지 넓혀 나갔다. 곧 그의 철학적 주제는 과거와 현재와 미래를 넘나드는 광범위한 간학문적 연구의 대상이었다.

이러한 그의 학문적 특징은 그 자신도 언급한 바와 같이 "요즘에 와서는 간학문적 교류가 유행"하는 것과 맥을 같이 한다. 여기서 한숭홍 교수는 독일에서 활발하게 이루어지는 강의 형태인 '순환강의(Ringvorlesung)'를 지적하기도 한다. 곧 순환강의는 어떤 주제를 놓고 강좌가 개설되면 목사, 신학자, 철학자, 의사, 교육학자, 자연과학자, 사회학자, 심리학자, 환경공학자 등이 한자리에 모여서 문제를 나누고 자기 전문지식에 입각하여 토론하는 방식이다.[31]

특히 한숭홍 교수의 소위 '문화종교학'은 그의 간학문적 연구에서 아주 중요한 위치를 차지하고 있다. 여기서 그가 가지고 있는 문화종교학에 관한 견해를 들어보자.

---

28) 박준수 엮음, 『무극 한숭홍』, pp.22~23.

29) Curt Hohoff 한숭홍 역, "기독교 문학이란 무엇인가?," 『교회와 신학』 제15집(1983.5); idem, "기독교와 문학," 『교회와 신학』 제17집(1985.5); idem, "기독교 문학이란 무엇인가?," 『빛과 소금』 제9호(1985.12); idem, "문학의 대상으로서의 종교," 『빛과 소금』 제10호(1986.1); idem, 『기독교 문학이란 무엇인가?』. 서울: 두란노 서원, 1986, 1988; idem, 「기독교 문학이란 무엇인가?」(기독교 사상의 고향 53). 『한국기독공보』, 1991.10.5.

30) 한숭홍, 『철학 12강: KBS 제3TV 철학 강좌』(서울: 장신대 출판부, 2005), p.5. 이 중에서 제8강이 "사회와 사상," 『장신논단』 제4집(1988.11)에 게재되기도 하였다.

31) 박준수 엮음, 『무극 한숭홍』, p.41.

> 문화종교학은 종교심리학, 종교사회학, 종교인류학, 종교지리학, 종교철학, 등처럼 종교에 관한 어느 한 특정 학문의 관심에서 서술된 것이 아닐 뿐만 아니라, 또한 학문의 어느 한 특정 원리에 관한 종교의 관심에서 서술된 것이 아니다. 문화종교학은 문화의 관심에서 종교를 바라본다거나, 혹은 종교의 관심에서 문화를 바라보는 자세를 취한 것이 아니고, **종교는 문화의 본질이고 문화는 종교의 표현**이라는 종교와 문화의 불가분리적인 숙명에 의해서 자기 정체성을 드러낸 과학이다.[32)]

여기서 우리는 '종교는 문화의 본질이고 문화는 종교의 표현'이라고 지적한 것에 주목해야 한다. 그러기에 우리 각자가 믿는 '종교가 하나일지라도 그것에 관한 해석은 백가지나 된다.'는 버나드 쇼(G. Bernard Shaw)의 지적은 많은 것을 우리에게 암시해주고 있다.[33)] 이점에서 틸리히는 '종교는 문화의 실체이며, 문화는 종교의 형식이다.'라고 말하였다. 그러므로 종교는 문화 현상의 실체이므로, 문화로 집약되는 되는 삶의 현상을 종교가 포용해야 한다는 사실이다.[34)] 그리하여 한숭홍 교수는 자신이 믿는 기독교가 문화와 가지는 관계에 관해 많은 관심을 기울였다.[35)] 더구나 한민족의 독특한 문화의 맥락에서 기독교를 이해하려고 노력하였다.[36)] 이러한 노력의 일환으로 그는 기독교 문화를 한국에 정착시키기 위해서 "인간의 종합적 삶의 현상들과 연관해서 …… 문화에 대한 폭넓은 교육과 이해, 그리고 해석의 능력을 배양해야 한다."[37)]고 하였다. 이렇게 종교가 지니고 있는 문화적 특징을 인간의 삶 전반에 나타나 있는 것들 속에서 이해한 그의 노력은 간학문적 특징을 보여주고

---

32) 한숭홍, 『문화종교학』(서울: 장신대 출판부, 1987), p.25.

33) 한숭홍, 『문화종교학』, pp.78~79.

34) 한숭홍, 『문화종교학』, p.81. 틸리히의 문화신학에 관해서 한숭홍의 "틸리히의 문화신학," 『현대신학 개관』(서울. 현대신학연구소, 1994)을 참고하라.

35) 한숭홍, "기독교와 문화," 한국기독교 교육학회 편. 『기독교교육』(서울: 대한기독교 교육협회, 1992).

36) 한숭홍, "문화적 입장에서 본 한민족사에 있어서의 기독교의 위치," 『장신논단』 제26집 (1987.4).

37) 한숭홍, "기독교 문화정착을 위한 바람직한 교육방안," 나채운 교수 은퇴기념 논문집 편찬위원회 편. 『하나님의 말씀과 우리말 성경』(서울: 장신대 출판부, 1997), p.471. 참고로, 위의 글은 제1회 교회여성문제 심포지움에서 한 특강이기도 하다. 『제1회 여성문제 심포지움 자료집』 대한예수교장로회 여전도회 전국연합회. 한국교회 여성문제 연구소(1993.6).

있다.

이런 점에서 한숭홍 교수는 인간론에서 "인간을 문화적 유산과 더불어 생존해 오는 존재로 규정하기 때문에 인간의 본질을 규정하려할 때에는 문화를 가치 기준으로 삼는다."[38]라고 언급함으로써 그의 간학문적 특징을 드러내고 있다. 이러한 그의 인간 이해는 어떠한 문화영역의 빛에서 인간을 이해하느냐에 따라 달라질 수 있기 때문에,[39] 그의 철학적 인간이해는 그 만큼 다양할 수밖에 없다. 이와 같은 관점에서 그는 인간의 '문화 창조성' 혹은 '문화 창조 본능'에 관심을 기울이면서 "문화에 대한 원초적 이해의 차원에서 인간을 이해하려는 인간학의 시도를 문화인간학"[40]이라고 부른다. 이 점에서 나중에 필자가 '교회를 위한 신학'이라는 항목에서 따로 논하겠지만, 그의 교육학 방법론은 인간학적 측면을 깊이 고려하면서 접근하고 있다. 이 점에서 그의 교육학 연구 논문들 역시 교육학과 인간학을 상호 연결지으며[41] 더 나아가서 '인간화와 교육화를 동시에 추구한다.'[42]는 점에서 역시 간학문적 특징을 폭넓게 보여주고 있다.

간학문적 연구와 관련하여 한숭홍 교수의 인간론은 현대사상의 원초성을 인간에게서 찾으려는 의지의 표현이라고 평가할 수 있다. 이러한 그의 노력은 "존재와 의식이라는 두 가지 '양태'로 유형화"[43]되었는데, 바로 이것이 현대 사상의 철학적 기초를 이루는 양대 기둥이다. 곧 인간 존재로부터 형성되는 의식층이 의식의 다양한 존재형성의 방법론이 될 수 있으므로, 양태론적 철학 방법에 근거한 인간론은 소유

38) 한숭홍, "인간이란 무엇인가?," 『장신논단』 제5집(1989.12): p.334.

39) 그는 다양한 관점에서 접근할 수 있는 인간이해를 보여주고 있다. 참고, 한숭홍, "인간의 조건," 『신학논단』 김찬국교수 회갑기념 논문집 제17집(1987.5); idem, "마르크스의 인간관," 『현대사조의 이해(9)』(서울: 형설출판사, 1988); idem, "실존적 인간이해와 시적 세계관," 『교회와 신학』 제21집(1989.5); idem, "21세기의 기대되는 인간상," 『21세기와 예수 그리스도』(서울: 한국 장로교 출판사, 1995).

40) 한숭홍, "인간이란 무엇인가?," p.335.

41) 한숭홍, "교육학과 인간학(상)," 『교육교회』 제103호(1984.6,7); idem, "교육학과 인간학(하)," 『교육교회』 제104호(1984.8); idem, "교육학과 인간학(상)," 『새교육』 제360호(1984.10); idem, "교육학과 인간학(하)," 『새교육』 제361호(1984.11).

42) 한숭홍, "교육화와 인간화," 『기독교교육』 제266호(1990.6); idem, "인간화: 기독교 교육철학적 측면에서의 이해," 『기독교와 교육』 제4호(1990.6).

43) 한숭홍, "존재와 의식: 새로운 철학방법 서설," 『신학춘추』 (1988.12.12); idem, 『존재와 의식: 현대사상의 철학적 기초』(서울: 장신대 출판부, 1989), p.5.

와 존재의 가치화를 넘어서 개인의 자유와 사회의 정의 문제를 넘어서,[44] 더 나아가 이데올로기 문제[45]와 변증법적 유물론,[46] 기독교사관과 유물사관,[47] 평화 문제와 평화 교육,[48] 성숙한 교회와 통일교육론,[49] 인본주의와 신본주의,[50] 등에 이르기까지 다양한 양태론적 문제들을 진단하고 그 문제를 극복 한 후에 대안방안을 모색하는 연구로 구체화되기도 하였다.

한숭홍 교수의 이러한 간학문적 노력은 사회철학에 관한 연구[51]와 종교다원주의에 관한 연구[52]로 나아가기도 하였다. 이제 그의 간학문적 추구의 일환으로 계속되어 온 노력을 통하여 한국적 신학의 도태를 구축하기 위한 연구 진척상황을 살펴볼 차례가 되었다. 자칫 간학문적 방법에 입각한 노력은 양태론으로 전락할 수 있지만, 그는 이 같은 위험성을 '신토불이 신학'으로 극복해 나가고 있다. 그러면 다음과 같이 그의 한국적 신학에 관한 열정을 예비적 고찰로 살펴 본 후에, 그가 결정적으로 한국 신학계에 제안하고 있는 '신토불이 신학'의 특징을 살펴보고자 한다.

---

44) 한숭홍, "한국인과 자유," 『한국기독공보』(1989.8).

45) 한숭홍, "철학적인 측면에서의 이데올로기 비판교육," 『새교육』 제327호(1982.1); idem, "이데올로기의 갈등과 국제이해," 『새교육』 제337호(1982.11); idem, "철학적인 측면에서의 이데올로기 비판교육," 『대학사회와 이데올로기』 제2집(1986.12); idem, "그리스도와 이데올로기 극복," 『장신논단』 제18집(2002.12) pp.787~817.

46) 한숭홍, "변증법적 유물론과 유물사관," 『교회와 신학』 제17집(1985.5).

47) 한숭홍, "기독교사관과 유물사관," 『교회와 신학』 제16집(1984.5); idem, "기독교사관과 유물사관," 『대학사회와 이데올로기』 제1집(1984.12).

48) 한숭홍, "현대와 평화문제," 『한국기독공보』(1986.2); idem, "평화교육이란 무엇인가?," 『교육교회』 제142호(1988.1); idem, "평화교육 일고," 『교육교회』 제143호(1988.2). 이러한 연구를 통하여 그는 평화신학을 수립하기도 하였다. 참고, 그의 "평화신학," 『교회와 신학』 제22집(1990.5).

49) 한숭홍, "통일교육론 분석: 서독의 통일의지를 중심으로," 『성숙한 교회와 통일교육』(서울: 대한예수교장로회총회출판국, 1989).

50) 한숭홍, "인간에 주어진 두 가지 삶: 인본주의와 신본주의," 『신학춘추』(1994.6.11).

51) Gordon Graham 한숭홍 역, 『사회철학이란 무엇인가?』(서울: 성지출판사, 1990).

52) Donald G. Dawe and John B. Carman 한숭홍 역, 『종교다원주의와 기독교 신앙』(서울: 나눔사, 1993).

V. 문화신학

한숭홍 교수의 한국적인 문화신학은 틸리히의 영향이 크다. 틸리히의 문화신학은 '신율문화'(theonome Kultur)로 개념화된다. 이는 '기독교와 세속문화 사이의 균형을 통한 종합'이 아니라, 기독교와 문화가 '공통된 신율 뿌리'에서 출발하였지만 필연적으로 서로 분리되어야 하는 '공간'을 가지고 있다는 사상이다. 이 점에서 틸리히는 저 유명한 명제 곧 "종교는 문화의 실체이며, 문화는 종교의 형식이다."라는 결론을 내린다.[53] 한 교수는 틸리히의 이러한 명제에 대하여 주어와 술어의 위치만 바꾸면 토착화 신학이 된다고 하면서, "문화는 종교의 실체이며, 종교는 문화의 형식이다."라고 제안한다.[54]

한숭홍 교수는 한국의 토착화 신학을 탐구하기 위하여 지난 20년 동안 한국적 신학에 많은 관심을 기울이면서 접근해 왔다. 이러한 그의 노력은 한국 신학계에 우뚝 선 다양한 인물들에 관한 연구로 집대성되었다. 그러나 단순하게 인물들의 사상만을 나열하지는 않았다. 그가 추구한 원리는 무엇이었을까? 그의 말을 직접 들어보자.

> 나는 문학과 신학의 관계에도 깊은 애정을 갖고 있다. 특히 지난 20년간 신학에 대한 한국 문화적 접근에 많은 관심을 갖고 연구했다. 연구 보고서에 기재된 나의 신학 명칭은 '신토불이(神土不二) 신학'이다.[55]

이러한 표현은 그의 한국적 문화신학이 지니고 있는 특징을 보여주는 것이다. 왜 그가 한국 신학계의 다양한 시대적 배경을 살았던 인물들에게 관심을 가졌는가? 그가 기독교 문화에 대한 관심에서 출발하였기에, 그의 신학은 그 무엇보다도 문화신학에 근거를 두고 있다. 더구나 그는 '기독교 문화는 하나님의 문화'라는 주장에

---

53) 한숭홍, 『한국신학사상의 흐름』 상권(서울: 장신대 출판부, 1996), pp.31~36. 자세한 것은 Paul Tillich, *Der Protestantismus: Prinzip und Wirklichkeit*(Stuttgart: Evangelisches Verlagwerk, 1950), p.93, p.103을 참고.

54) 한숭홍, 『한국신학사상의 흐름』상권, p.33.

55) 한숭홍, 『기독교 교육철학 사상』 개정증보판(서울: 장신대 출판부, 2002), p.8.

공감하면서,[56] 자신이 기독교 문화에 대해 가지고 있었던 등식을 다음과 같이 제안한다.

> 기독교 문화=神土文化[57]

이렇게 등식화한 그는 이어서 '신토문화는 신토불이 신학의 문화론'이라고 정의를 내린다. 또한 그는 자신이 추구해온 철학적 신학을 다음과 같이 문화신학과 신토불이 신학에 연결을 짓는다.

> 철학적 신학이란 무엇인가? 문화적 관점에서 정립하면 문화신학이요, 성서적 관점에서 정립하면 신토(神土)신학이다. 신학은 신이 땅에 역사(役事)하는 하향적 행위(Agape)이며, 땅의 흙인 인간이 신에게로 접근하는 상향적 행위(Eros)이다. 그래서 神土不二 신학을 신학의 원형이라고 하지 않는가.[58]

다시 말해서, 그는 기독교 문화신학을 자연스럽게 신토불이 신학으로 연결하고 있다. 그러나 그는 신토불이 신학의 근거를 성서적 관점 위에 세우려고 한다. 그러면 그가 신토불이 신학을 성서에서 출발하여 어떻게 문화신학과 연관을 맺고 있는가? 다음과 같이 그의 견해를 직접 인용을 해보자.

> 신토불이 신학은 성서로부터 창출될 수 있기 때문에 지역, 인종, 문화, 이념 등등에 뿌리를 둔 신학들과는 달리 하나님과 그의 땅과의 관계에서 펼쳐지는 문화의 신학이다.[59]

---

56) 그는 초이성적 본질 곧 하나님에게서 출발하는 문화의 특징을 다음과 같이 말한다. 참고, 그의 "합리와 비합리: 역사철학 방법론," 『신학순수』(1980.11.3): p.2. "흔히 역사와 문화 혹은 역사와 정신의 문제를 다루면서 많은 역사 철학자들이나 문화사가들은 역사의 내적 깊이에 있는 '초이성적' 본질은 언급하지 않거나 혹은 의식적으로 회피하려는 것을 찾아볼 수 있는데 그것은 역사의 본질을 인간의 사고 혹은 정신, 또는 그것의 구현으로서의 문화현상에서 찾아보려는 데서 의도된 것이다."

57) 한숭홍, "편집후기," 『교회와 신학』 제64호(2006년 봄호).

58) 한숭홍, 『철학적 신학』, p.6.

59) Ibid. 그는 신토불이 신학에 대한 열망을 3월 6일자의 기도문에 이렇게 적고 있다. "주님은

이와 같이 그는 신토불이 신학을 문화신학의 근거 위에 세우려고 한다. 이 점에서 필자는 그의 신토불이 신학을 문화신학의 테두리에서 살펴보고자 다음과 같이 먼저 예비적인 연구와 신토불이 신학이란 항목으로 나누어서 각각 고찰해 보고자 한다.

1. 예비적 연구

한국에 기독교가 전래 된 것은 미국 선교사들의 도움으로 가능했다. 한숭홍 교수는 초기 한국교회에서 이들 선교사들의 신학적 영향이 크다고 토로한다.[60] 물론 그는 초기 한국교회에서 교회 지도자들의 헌신적인 노력도 간과해서는 안된다고 언급하기도 하였다.[61] 1901년에 평양 장로회신학교가 개교하여 1907년 6월에 첫 졸업생 7명을 배출한 이후에, 한국인으로서 외국에 유학을 나가서 처음으로 신학박사 학위를 받은 사람은 남궁혁이었다. 그는 1927년에 리치몬드에 있는 유니온 신학교에서 신약학으로 박사학위를 받았다.[62] 그는 한국에 귀국하여 활발한 활동을 하였지만, 여전히 서구신학의 영향아래 있었다. 이러한 모습은 비단 남궁혁에 국한 된 것이 아니라, 이미 많은 지난 시대의 한국교회 신학자들이 서구의 영향에서 크게 벗어나지 못하고 서구의 신학을 답습하여 그대로 전해주기에 급급하였다. 그래서 많은 학자들이 '과연 한국적 신학이 가능한가?'라고 질문을 던진다. 이에 대하여 한숭홍 교수는 항상 '우리의 신학은 무엇인가?'라는 본질적인 문제와 '우리의 신학을 어떻게 형성할 것인가?'라는 방법의 문제를 생각하며 한국적 신학에 많은 관심을 기울였다.[63] 이러한 작업이 그로 하여금 한국 신학자들을 연구하게 된 계기이다.

흙이 흙으로 돌아가는 길을 몸소 보여주시고, 주님의 뜻을 '神土不二 神學'으로 펴라고 하셨습니다." 참고, 장로회신학대학교, 『2006 말씀과 기도』(서울: 장신대 출판부, 2006), pp.43~44.

60) 한숭홍. "복음수용 중심의 선교사 의존했던 기존의 논의 비판" (이만열 저, 『한국 기독교와 민족의식』에 대한 서평). 『출판저널』 제95호 (1991.11); idem, "초기 선교사들의 신학과 사상," 『한국기독교와 역사』 창간호(1991.7); idem, "초기 선교사들의 신학과 사상," 『한국기독교역사연구소 소식』 제5호(1991.8).

61) 한숭홍, "한국 교회사와 함께 한 눈물의 '선지자들'," 『목회와 신학』 제95호(1997.5).

62) 소기천(책임편집), 『한국 최초의 신학자 남궁혁의 로마서 강해』(서울: 장로회신학대학교 대학원 편집위원회, 2004), pp.4~5.

그는 한국에서 신학자들이 자기 발전을 이루는데, 장애가 되는 문제점들을 다음과 같이 지적한 적이 있다.

> 60년대의 토착화 이론이나 70년대의 한국 신학 정립론 같은 이론으로가 아니고, 세계의 신학자들이나 신학계와 교회를 이끌어 나아갈 수 있는 정통적 기독교 진리를 포함한 신학의 방법론 정립이 한국 신학자들에게서 나올 수 있도록 한국 기독교가 연합적으로 밀어주면 어떨지, 이것은 전혀 허황된 꿈이 아니다. 실현이 가능할 뿐만 아니라 결실이 보장되기도 한다. 한국의 신학자들이 세계 유수의 대학에서 외국 신학자들에 못지 않는 질적 수준으로 학문을 한 후에 귀국하여 10년이 지나면 같이 연구했던 외국의 친구들은 세계적 신학자로 부상하는데 한국 신학자들은 신변잡기나 쓰게 되고, 학술서적이 아닌 인기서적들이나 번역하게 된다.[64]

이러한 그의 지적은 여러 가지 점에서 생각하게 하는 바가 크다. 많은 한국의 신학자들이 현실에 안주하는 모습을 보이는 것과는 대조적으로, 그는 이러한 한계를 스스로 느끼면서도 치열한 신학 작업을 통하여 한국적 신학을 체계화하였다.

한숭홍 교수가 수립한 한국적 신학에 대한 공헌은 그가 한국의 신학사상을 정립하기 위한 기초론을 세웠으며[65] 동시에 한국 신학사의 계보를 만들어 냈다[66]는 사실에 있다. 첫째, 그는 한국의 신학사상을 정립하는 과정에 관하여 신학월보, 신생명, 신학세계, 신학지남, 십자군, 기독교사상, 신학사상 등의 잡지를 중심으로 6개의 시대로 조망을 하였다. 둘째, 그는 한국의 신학사를 세우기 위한 계보를 만들어서 시대별로 그리고 교단별로 한국 신학을 체계화하는 일에 중요한 사건들과 인물들을 간략하게 정리해 주었다. 이러한 노력은 한국적 신학을 세우기 위한 그의 기초 자료수집에 해당하는 작업이었다.

위의 한국 신학사의 계보에 등장하는 다수의 인물들과는 별도로, 한숭홍 교수가

---

63) 한숭홍, 『한국신학사상의 흐름』 상권, p.4; idem, 『한국신학사상의 흐름』 하권(서울: 장신대 출판부, 1996), p.4.

64) 한숭홍, 『한국기독공보』(1984.4.28): p.6.

65) 한숭홍, "한국신학사상 정립을 위한 기초론," 『목회와 신학』 제46호(1993.4).

66) 한숭홍, "계보별로 본 한국신학사," 『장신논단』 제9집(1993.12).

『한국신학사상의 흐름』 상·하권에서 최병헌, 정경옥, 양주삼, 윤성범, 홍현설, 송창근, 김재준, 김정준, 서남동, 남궁혁, 박형룡, 박윤선, 이용도, 김교신, 함석헌, 김정환, 장도원, 송두용, 류석동, 김성실, 최태용, 김응조, 정현경 등 한국 기독교 초기로부터 현대에 이르기까지 23명의 신학자들을 그저 단순하게 열거만 하지는 않았다. 그들을 경우에 따라서는 2~3개의 독립된 항목들로 나누어서 심도있게 다루었던 이유가 무엇이었을까? 그 기준은 '그들의 신학이 얼마나 한국화 되었는가.'에 있었다. 위에 언급된 인물들 중에는 한국 신학계에 잘 알려지지 않은 인물들도 있는데, 이는 그들의 신학이 한국 기독교계에 큰 영향을 주지는 못했을지라도 '한국적인 신학을 형성하는데 자극제나 길잡이'가 되었기 때문이다.[67)]

한숭홍 교수는 그들이 한국적 신학을 수립할 수 있었던 힘을 민족수난시대를 살아 온 한국인의 종교적, 사회적, 문화적 접근방식에서 찾는다. 특히 한민족이 가지고 있는 '샤머니즘 기질'이 기독교를 수용하면서도 한국적 신학으로 바꾸는 원천이 되었다고 본다.[68)] 이것은 한민족이 가지고 있는 민족주체의식의 뿌리이며 이는 곧 한국 신학 사상을 정립할 수 있는 근거이기도 하다.[69)] 그러면서도 그는 무속신앙에 편향되어 가는 한국 교회의 지도자들을 비판하면서, 성서에 근거한 올바른 기독교 신앙전통을 계승해 나갈 것을 촉구한다.[70)] 특히 그가 한국 신학자들이 추구한 토착화 신학의 과정에서 나타난 결과들인 무속 신앙과 초혼신학을 비판한 것은 아주 의미있는 일인데,[71)] 이는 그가 자신의 신학인 신토불이 신학을 한국 신학계에 대안

67) 한숭홍, 『한국신학사상의 흐름』 상권, p.23.

68) 한숭홍, 『한국신학사상의 흐름』 상권, pp.89~94.

69) 한숭홍, 『한국신학사상의 흐름』 상권, pp.113~126. 그 외에 한숭홍, "기독교와 민족운동," 『신학춘추』(1996.11.26); idem, "기독교와 민족운동" (연재: 한국신학사상의 흐름 3), 『목회와 신학』 제9호(1990.3); idem, "민족신학이란 가능한가?," 『민족과 신학』 제1호(1993.8); idem, "한국신학사상의 서장" (연재: 한국신학사상의 흐름 1), 『목회와 신학』 제7호(1990.1); idem, "한국 근대사회사상의 변천과 기독교" (연재: 한국신학사상의 흐름2), 『목회와 신학』 제8호(1990.2); idem, "한국신학형성의 새기원" (연재: 한국신학사상의 흐름 4), 『목회와 신학』 제10호(1990.4)을 참고.

70) 한숭홍, "21세기 교회가 요구하는 지도자상," 『교회와 신학』 제31집(1997.겨울).

71) 한숭홍, "한국인의 맥을 찾아서," 『경원대신문』(1985.10.4); idem, "한국인의 맥을 찾아서," 『신학춘추』(1987.4), idem, "한국 무속과 윤회, 그리고 뉴 에이지 운동에 대한 논평" (권오덕 교수의 논문에 대한 논평), 『한국개혁신학』 제2권(1997.10); idem, "한국 토착화 신학의 현주소," 『침신대학보』(1994.10.28); idem, "초혼신학에 대한 종교학적 이해" (연재: 한국신학사

으로 제시할 수 있는 근거를 마련하는 길이었다.

이로써 한숭홍 교수는 토착화 신학에 뿌리를 두면서도 자기만의 신학인 신토불이 신학을 한국 신학계에 제안하게 된다. 그러면 그의 '한국적 신학 작업의 총 결론'이라고 평가할 수 있는 신토불이 신학에 관하여 알아보자.

2. 신토불이 신학

한숭홍 교수가 '신토이즘'이란 용어를 사용한 것은 1985년이다.[72] 그러나 그가 본격적으로 토착화 신학의 일환으로 '신토불이 신학'이라는 용어를 처음 사용한 것은 1994년이다. 그가 침신대학보에 게재한 글에 신토불이 신학에 관하여 다음과 같이 언급하였다.

> 토착화 신학이란 기독교 신학과 그 신학이 전파된 땅(土)의 상관관계론이다. 이런 의미에서 토착화 신학이란 본질적으로 **신토불이**(神土不二) **신학**이다. 만일 하나님(神)이 이 땅(土)과 무관한 신이라면 그 신은 이방민족의 신으로서 수입된 신일 수밖에 없을 것이다. 그런 신이라면 전능한 하나님일 수 없으므로, 사실상 창조주 하나님이 아니다. 하나님에 대한 표상은 어떤 땅에서의 신이냐에 따라 결정된다. 한국 기독교에서의 하나님 이해는 철저히 한국적이다. 결론적으로 말해서 복음과 상황, 씨와 땅, 기독교와 문화의 불가분리(不可分離) 관계가 진정으로 인정될 때, 한국 기독교의 토착화는 실현될 것이다.[73]

이러한 주장은 그동안 한국적 신학이라는 이름으로 계속되어 온 토착화 신학에 새로운 물꼬를 트게 한 그의 신토불이 신학을 예고하는 중대한 선언이었다. 이러한

상의 흐름 17), 『목회와 신학』 제23호(1991.5)); idem, "들을 귀있는 자들이 그리워진다," 『교육교회』 제182호(1991.7).

72) 한숭홍, "철학 있는 정치, 종교 되어야," 『신학춘추』(1985.9.9): p.7.

73) 한숭홍, "한국 토착화 신학의 현주소," 『침신대학보』(1994.10.28). 참고로 그가 밝히고 있는 '신학일념'을 보면, 그는 1990년대부터 하나님과 민족성서를 머금은 이 땅과의 관계를 '삶의 신학'으로 구현하게 되었다고 한다. 참고, 그의 "神學一念," <Newsletter> 장로회신학대학교 교수학습개발원 제4권 1호(2007년 3월): p.2.

그의 선언을 틸리히의 용어를 빌려서 설명하자면, 기독교와 문화의 상관관계성을 통하여[74] 한국 문화를 기독교적으로 해석하려는 시도들이 시작되어 토착화 신학, 곧 문화신학이라는 형태에서 신토불이 신학이 태동하게 되었고 볼 수 있다.

그러나 한숭홍 교수는 아퀴나스 식의 발상인 '은총의 빛'과 '이성의 빛'의 수직관계나 혹은 틸리히 식의 발상인 이상과 계시의 상관관계로만 신토(神土)의 관계를 이해하지 말 것을 요구하고 있다. 그 이유는 창조의 신(神)은 그 피조물인 만물(土)과 수직관계와 수평관계를 모두 포괄하는 '순환성'의 특징을 가지고 있기 때문이다. 그래서 그는 신토의 관계를 특정한 공간이나 성지나 혹은 성소에 '제한시켜 의미화하거나, 우상화하지 말아야 한다.'고 말한다. 그리하여 그는 "신토의 관계, 즉 창조주인 신(神)과 그의 피조물인 만물(土)의 관계가 시공간을 초월하여 우주적 관계의 맥락에서 해석될 때, 비로소 신토불이의 신학적 의미도 규명된다."고 말한다.[75]

한숭홍 교수는 신토의 관계가 신토불이 신학의 원형이라고 말한다. 그가 식물과 동물의 순환과정 그리고 창조세계의 순환 고리와 관련하여 다음과 같이 신토의 관계 속에서 신토불이 신학을 설명한다.

> 한 마디로 말해서 신토불이 신학은 창조질서에서 신토의 관계를 구명하여 해석하는 행위이다. 그러므로 신토불이 신학이 신학중의 신학이며, 신학의 원형(archetype)이다.[76]

그가 이렇게 선언하는 이유는 요즈음 전개되는 자연파괴나 환경재앙 문제를 통해서 신토의 관계를 규명하지 말고, 창조의 세계 그 자체에서 해답을 찾을 때 신학의 원형을 발견할 수 있다고 생각하기 때문이다. 그가 이렇게 창조 원리에 입각하여 신토의 관계를 신학화하려는 것이 신토불이 신학이다.

한숭홍 교수는 이 점에 역점을 두고 신토불이 신학을 창세기에서 그 근거를 찾으

---

74) 틸리히에 의하면 "상관관계의 방법은 실존적 질문과 신학적 대답에 의한 기독교 신앙의 내용들은 상호의존적으로 설명한다."(ST. I, p.74). "하나님과 인간의 관계는 상관관계이다"(Die Gott-Mensch-Beziehung ist eine Korrelation, Ibid., p.75).

75) 한숭홍, "식물은 무엇을 말하는가?," 『현상과 신학』 제6호(2006년 겨울호): p.171.

76) 한숭홍, "식물은 무엇을 말하는가?," p.176.

려고 한다. 곧 그는 창세기 2장에 나오는 신(神)과 흙(土)의 관계에 역점을 두고서, 하나님께서 흙으로 사람과 각종 들짐승과 공중의 각종 새를 지으신 것(창 2:7, 19)을 주목한다. 여기서 분명히 하나님은 흙과 불가분리의 관계에 있다. 곧 신과 토가 상호 불이(不二)하다는 것이다. 이로써 그는 창세기 2장의 창조 이야기는 신토의 관계를 올바르게 정립하는 것이 창조목적이라고 말한다.[77] 그는 또한 복음서의 성육신 사건에서 다음과 같이 신토불이 신학을 찾는다.

> 복음서는 하나님이 흙이 되어 흙인 이 땅에 오시는 과정으로부터 흙인 인간이 그리스도를 통해 하나님의 흙으로 되돌아가야 하는 종말론적 종점까지를 묘사하고 있다. 그러므로 복음서를 이해하기 위해서는 흙의 해석학이 필요하다.[78]

이러한 성육신에 관한 이해를 바탕으로 그는 '그리스도는 신토불이 신학의 원형'이라고 말한다. 곧 그리스도는 하나님께서 창조하신 이 땅에 오신 분으로서 항상 이 땅과 관계하고 있는 분이시기 때문이다.[79] 이렇게 한숭홍 교수가 신토불이 신학을 세울 수 있었던 것은 흙에 대한 고정관점을 깨뜨렸기에 가능하였다.[80]

한숭홍 교수는 신토불이 신학을 '가장 한국적인 신학'으로 제안하였다.[81] 그러나 그는 신토불이 신학이 한국적 신학이면서 동시에 어느 민족에게도 적용될 수 있는 '기독교 신학의 표준화된 틀'이 되기를 원한다. 그래서 그는 신토불이 신학을 영어로 the theology of thegeonomy로 부른다. 또한 그는 하나님과 땅의 관계 곧 신토체계를 the thegeosytem으로 부른다.[82] 그리고 그는 신토의 신학적 구조인 신토율을 the thegeonomy라고 부른다.[83] 그가 이렇게 신토불이 신학을 영어로 번역한

---

77) 한숭홍, "신, 그는 누구인가?," 『현상과 신학』 제5호(2006년 가을호): pp.207~208.

78) 한숭홍, "기독교 인간관: 神土不二 신학의 관점에서," 『현상과 신학』 제2호(2005년 겨울호): pp.45~46.

79) 한숭홍, "기독교 인간관: 神土不二 신학의 관점에서," pp.47~48; idem, "오늘의 한국 기독교 무엇이 문제인가?, 『장신논단』 제27호(2006.12.30): p.532.

80) 한숭홍, "기독교 인간관: 神土不二 신학의 관점에서," p.42.

81) 한숭홍, "한국교회의 분열과 신학적 논쟁: 神土不二 神學의 시고지평에서 개진하며," 『장신논단』 제24호(2005.12.30): p.572; idem, "오늘의 한국 기독교 무엇이 문제인가?, pp.518~519.

82) 한숭홍, "오늘의 한국 기독교 무엇이 문제인가?, p.519.

이유는 가장 한국적인 신학을 세계적인 신학으로 모든 이에게 공감시키기 위함이다.

한숭홍 교수는 기독교 신학이 '신토불이(神土不二) 신학'으로 나아가지 못하고, '신토분리(神土分離) 신학으로 고착화되면서 표리부동(表裏不同)한 모습'을 지니게 되었다고 지적한다. 그에 의하면, 이는 기독교가 그 땅의 문화를 기독교에 배치되는 것으로 생각한 결과이다. 결국 기독교가 믿는 하나님을 그 땅에 맞게 뿌리를 내리게 하는 것이 중요하다는 것이다. 이러한 그의 생각은 신토불이 신학도 문화신학의 터전 위에 서있다는 사실을 뒷받침해준다.[84]

Ⅵ. 교회를 위한 신학

한숭홍 교수의 신학을 한마디로 정의하자면 '교회를 위한 신학'이다. 그의 교회를 위한 신학은 기독교교육학을 이론적으로 확립하는 것으로 완성되었다. 그는 자신의 신학에 대해서 다음 같이 말한다.

> 나의 신학은 복음적이고 개혁주의적이며 에큐메니칼하다.[85]

이러한 그의 평가는 확실히 사실이다. 그는 자신의 철학과 신학의 이론에 근거하여 수립한 방법론을 교회와 기독교교육의 현장에 전달하기 위하여 혼신의 힘을 기

---

83) 한숭홍, "평양대부흥운동의 神土不二 신학적 구조," p.7.

84) 한숭홍, "신토불이 신학," 『신학이란 무엇인가?』(서울: 장신대 출판부, 2003), p.108. 그는 신토불이 신학이 문화신학이라는 점을 다음과 같이 말한다, "복음이 문화에 영향을 주고 문화에 의해 영향을 받으며 문화에 동화될 때 복음은 그 땅의 복음이 될 수 있다. 이것이 신토불이 신학의 핵심이다." 그는 급변하는 오늘의 정세 속에서 어떻게 신학을 해야 할지 고민하며 다음의 연구들을 학계에 제안하였다. 그의 "문화변동에 따른 신학의 변화 전망," 『장신논단』 제13집(1997.12); idem, "2000년대를 향한 한국신학의 전망과 과제," 『연합신학대학원 동문회보』 제2호(1991.11); idem, "2000년대를 향한 한국신학의 전망과 과제," 『복음과 상황』 제9호 (1992.5); idem, "21세기 한국신학의 과제와 전망," 『장신논단』 제12집(1996.11)을 참고.

85) 한숭홍, 『기독교 교육철학 사상』 개정증보판(서울: 장신대 출판부, 2002), p.8.

울였다. 이 같은 노력의 결실이 그의 '신학, 교육학, 철학에 관한 종합적 이해'를 만들어 내었다. 그러나 그는 신학과 교육학과 철학을 종합하는 것에 그치지 않고, 각각의 원리에 관한 개체적 이해에 충실하였다. 그 이러한 종합적 이해와 개체적 이해에 관해서 다음과 같이 말한다.

> 기독교 교육철학은 '신학, 교육학, 철학'의 삼원일체 학문이므로 세 학문 가운데 어느 한 학문에 관해서도 이해가 부족하다면 궁극적으로는 기독교 교육철학 자체를 이해할 수 없게 된다.[86]

이러한 그의 생각은 기독교교육을 신학과 철학의 기초 위에 든든히 세우는 결과를 낳았다. 그러나 그 자신도 한걸음 더 나아가서 학문적 이론에만 머물지 않고 교회 현장을 직접 찾아가서 수없이 실천적인 봉사를 하였다.

그러면 다음과 같은 세부 항목으로 기독교 교육철학과 기독교교육 그리고 교회를 위한 실천을 통하여 그가 이룩하려고 힘썼던 '교회를 위한 신학'을 살펴보고자 한다.

1. 기독교 교육철학과 기독교교육

한숭홍 교수는 기독교교육학을 실천신학의 한 분야로서 인식하고서 철학과 신학의 확고한 도태 위해서[87] 기독교 교육철학을 세우려고 하였는데, 이 같은 노력은 이미 그의 귀국 초기로부터 나타났다.[88] 그 결과로 그는 기독교교육에 관한 철학적

86) 한숭홍, 『기독교 교육철학사상』(서울: 장신대 출판부, 1991), p.4.

87) 한숭홍, "기독교 교육학의 학문성 문제: 이론과 실제의 관계를 중심으로" (연재: 기독교교육 철학 및 사상 5), 『기독교교육』 제254호 (1989.5); idem, "기독교 교육학의 과학성: 구조적 측면에서" (연재: 기독교 교육철학 및 사상 11), 『기독교교육』 제260호(1989.12).

88) 한숭홍, "기독교 교육철학에 관한 소고," 『신학춘추』(1981.8.21); idem, "기독교 교육학의 철학적 이론형성," 『교회와 신학』 제14집(1982.5); idem, "기독교 교육철학이란 무엇인가?," 『신학사상』 제38집(1982.9); idem, "가치교육개념의 교육철학적 조명," 『교육교회』 제86호 (1982.10); idem, "교육과 철학"(현대교육철학의 흐름 1), 『교육교회』 제94호(1983.8); idem, "기독교 교육철학이란 무엇인가?," 오인탁 외. 『기독교 교육론』. 증보신판(서울: 대한기독교교육협회, 1985).

근거를 마련하여, 기독교 교육철학을 만들어 학문적 분위기를 조성하려는 차원에서 많은 노력을 기울였다.[89] 이를 통하여 그는 기독교 교육철학이 간학문적 특징을 지니게 하였다.[90] 그는 기독교 교육철학을 기독교 교육신학과 분명하게 구별하면서 다음과 같이 말한다.

> 기독교 교육철학은 기독교 교육의 내용을 철학화하는 방법론이며 동시에 신앙의 철학화를 위한 접근방법을 수용하고 있는 신앙인식론과 신념체계를 보다 합리적으로 취급하는 학문이다.[91]

이렇게 그가 기독교 교육철학을 신앙인식론과 결부시키는 이유는 기독교가 추구하는 본질이 하나님, 인간, 그리스도, 그리고 세계를 그 대상으로 하고 있기에 이 네 가지의 주제들이 기독교 교육철학의 주제들이라고 확신하고 있기 때문이다.[92] 그러므로 그는 기독교 교육철학의 기능이 하나님의 말씀인 성서에 근거한 신앙형태[93]를 '철저하게, 투명하게, 그리고 융통성있게' 설명하고 규명하며 확신할 수 있

---

89) 한숭홍, "기독교 교육철학의 역할과 기능" (연재: 기독교 교육철학 및 사상 4), 『기독교교육』 제253호(1989.4); idem, "기독교 교육철학" (연재: 기독교 교육철학 및 사상 12). 『기독교교육』 제261호 (1990.1)idem, "호모 크리스티아누스의 기독교 교육철학" (연재: 기독교 교육철학 및 사상 13) 『기독교교육』 제262호(1990.2); idem, "기독교 교육학의 철학적 기초" (연재: 기독교 교육철학 및 사상14).『기독교교육』 제263호(1990.3); idem, "기독교 교육철학과 현대교회" (연재: 기독교 교육철학 및 사상 16). 『기독교교육』 제265호(1990.5); idem, "기독교 교육철학과 평화신학 1: 정의 신학 측면에서" (연재: 기독교 교육철학 및 사상 19). 『기독교교육』 제268호(1990.9); idem, "기독교 교육철학과 평화신학 2: 가능성 탐구의 시도" (연재: 기독교 교육철학 및 사상 20), 『기독교교육』 제269호(1990.10); idem, "기독교 교육철학과 평화신학 3: 창조질서 보존의 신학 측면에서" (연재: 기독교교육철학 및 사상 21), 『기독교교육』 제270호(1990.11); idem, "기독교 교육철학의 현재와 미래" (연재: 기독교 교육철학 및 사상 22), 『기독교교육』 제272호(1991.1).

90) 한숭홍, "교육학과 해석학"(현대교육철학의 흐름 2), 『교육교회』 제95호(1983.9); idem, "교육학과 현상학"(현대교육철학의 흐름 3), 『교육교회』 제97호(1983.11); idem, "기독교 교육학의 과학성" 『교육교회』 제134호(1987.5); idem, "기독교 교육학의 과학성" 『교육교회』 제137호(1987.8); idem, "교육학의 사회적 기능," 『새교육』 제394호(1987.8); idem, "신학과 신앙: 사회의 빛으로," 『목회와 신학』 제3호(1989.9); idem, "경제위기와 교육위기"(특집논문), 『교회와 신학』 제33호(1998. 여름); idem, "생명 경시의 윤리적 타락현상," 『기도』 제301호(1989.9); idem, "기독교 교육학의 과학성: 구조적 측면에서," 『쉐마』 제4집 (1989.12).

91) 한숭홍, 『기독교 교육철학사상』(서울: 장신대 출판부, 1991), p.336.

92) Ibid., p.283.

도록 도와주는 인식과정이라고 말한다.[94]

이렇게 신앙인식론이라는 측면에서 기독교 교육철학을 이해한 한숭홍 교수는 기독교교육이 구체적인 삶의 현장에서 실제적으로 문화교육이 된다는 사상을 발전시킨다. 그는 문화교육을 문화화하는 교육, 문화적으로 사는 교육, 문화를 이식시키는 교육, 문화 내에서 행해지는 교육, 예술 및 문예교육 등의 의미로 사용한다. 이러한 문화교육와 관련하여, 그는 인간을 야수적이고 거친 본능에서 세련시키고 부드럽게 하고 범세계적으로 개방적인 세계관을 가진 인간으로 만드는 것을 인간의 문화로 보았다. 이 점에서 그는 교회교육은 과학적이고 교육적인 학문체계를 가지고 있다고 보았다. 그래서 '교육'이란 말의 어의와 같이 교회교육은 기독교인의 믿음을 '경작', '배양', '도야'하며, 기독교인을 도야하는 의미에서 과학적 교육이라고 강조한다. 그는 또한 믿음을 문화화해야 한다는 생각하였는데, 곧 우리가 가진 믿음을 더 넓히고 개방해서 더 큰 믿음으로 펴나가야 한다고 제안하였다. 그러한 의미에서 기독교 교육은 문화교육이다. 이 점에서 교회교육은 교육 현장(field)이라는 문화의 장을 갖고 있다. 그러므로 교회교육은 문화를 떠나서 불가능한 것이고 문화 내에서 이루어진다. 그러므로 문화는 교회교육 실현의 장이며, 그리스도의 복음, 하나님의 말씀이 실현되고, 활동하고, 선포되는 곳이다.[95]

이렇게 기독교교육도 문화신학의 틀 속에서 이해하고 있는 한숭홍 교수는 기독교교육의 목적에 관해서 다음과 같이 말한다.

> 기독교교육의 목적은 대체로 인간으로 하여금 예수 그리스도 안에서 계시된 하나님의 사랑을 인식할 수 있게 하고, 이 사랑에 대하여 전인적 믿음으로써 응답하며, 성령의 도움으로 기독교적 소망 가운데 거할 수 있도록 하는 것이다[96]

이러한 진술은 기독교교육 목적에 관한 전통적인 이해와 크게 다르지 않다. 그러

93) K. E. 넵코우, 한숭홍 역, "기독교 교육과 성서적 신앙," 『교회와 신학』 제14집(1982.5).

94) 한숭홍, 『기독교 교육철학사상』, p.325.

95) 한숭홍, "선교 2세기를 향한 교회 교육," 이상구 편, 『한국교회, 내일의 과제』(서울: 한국문서선교회, 1982).

96) 한숭홍, 『기독교 교육철학사상』, p.83.

나 그는 기독교교육의 목적이 믿음 소망 사랑이라는 기독교적 삶의 자세를 형성하는 차원을 넘어서, 인간 자체를 '그리스도 인간'으로 주형화하는 인간개조의 측면을 지향하고 있기에 전통적인 견해보다 진일보한 견해를 제시하였다.[97]

그러면 한숭홍 교수가 이러한 목적을 어떻게 교회를 위한 실천의 현장에 접목을 시켰는지 살펴보자.

2. 교회를 위한 실천

교회를 위한 실천이 한숭홍 교수가 지닌 장점이다. 그는 삼양제일교회(원로목사 홍재구)에서 목사안수를 받은 이후에 만19년 동안 한결같이 부목사로서 봉직을 할 정도로 교회사역에 충실한 사명을 가진 분이었다. 무엇보다도 그가 교회를 위한 신학에서 모델로 삼은 목회자는 서울 중구 저동에서 영락교회를 설립하여 만27년 동안 목회한 원로목사 한경직이다. 그는 한경직의 신학을 여러 차례 연구한 후에,[98] 한 마디로 그가 추구했던 신학은 '전도, 교육, 봉사의 실천신학'이라고 정의를 내린

---

97) 한숭홍, "기독교 교육의 목적" (연재: 기독교 교육철학 및 사상 7). 『기독교교육』 제256호(1989.7,8); idem, "20세기와 기독교교육" (연재: 기독교 교육철학 및 사상 1), 『기독교교육』 제250호(1989.1); idem, "교회학교 교사론" (연재: 기독교 교육철학 및 사상 3), 『기독교교육』 제252호(1989.3); idem, "전환점에 선 기독교 교육" (연재: 기독교 교육철학 및 사상 6), 『기독교교육』 제255호 (1989.6); idem, "신앙공동체와 기독교교육" (연재: 기독교 교육철학 및 사상 8), 『기독교교육』 제257호 (1989.9); idem, "기독교 교육학과 세계관의 변화" (연재: 기독교 교육철학 및 사상 9), 『기독교교육』 제258호(1989.10); idem, "기독교교육의 접근방법 유형들" (연재: 기독교 교육철학 및 사상 10), 『기독교교육』 제259호(1989.11); idem, "신앙교육론" (연재: 기독교 교육철학 및 사상 15), 『기독교교육』 제264호(1990.4); idem, "민주주의와 기독교교육" (연재: 기독교 교육철학 및 사상 2), 『기독교교육』 제251호 (1989.2); idem, "기독교 교육학의 미래적 위상" (연재: 기독교 교육철학 및 사상 18), 『기독교교육』 제267호 (1990.7.8).

98) 한숭홍, "한경직의 생애와 사상 Ⅰ," (연재: 한국신학사상의 흐름 30). 『목회와 신학』 제37호(1992.7); idem, "한경직의 생애와 사상 Ⅱ" (연재: 한국신학사상의 흐름 31). 『목회와 신학』 제38호(1992.8); idem, "한경직의 생애와 사상 Ⅲ" (연재: 한국신학사상의 흐름 32). 『목회와 신학』 제39호(1992.9); idem, "한경직의 생애와 사상 IV" (연재: 한국신학사상의 흐름 33). 『목회와 신학』 제40호 (1992.10); idem, "한경직 목사의 영성과 한국교회에 미친 영향," 『장신논단』 제17집(2001.12), 541~ 78; idem, "한국교회의 순례자, 한경직 목사" 『한국기독공보』(2001,4.14), 5; idem, "한경직 목사의 영성과 한국교회에 미친 영향," 『한국 교회와 한경직 목사』1주기 추모 자료집(서울: 한경직목사기념사업회, 2002), 51~74, 김영한 교수의 논찬, 75~79; idem, "한경직 목사의 영성과 한국 교회에 미친 영향," 『장신논단』(2001).

다.[99] 곧 한경직은 신학은 "실천하는 것이며, 봉사하는 것"이라고 하는 '실천신학주의'를 표방하였다는데,[100] 이를 위해서 한경직은 올바른 신앙노선, 청교도적인 생활, 에큐메니칼 정신, 올바른 사회봉사와 사회참여 등을 실천해 나갔다.

한숭홍 교수는 이러한 모델 연구를 토대로 하여 지속적으로 교회를 위한 신학적 실천이란 주제에 관심을 기울였다. 곧 그는 기독교교육론이란 이론에 입각하여,[101] 교회 현장에서 구체적으로 기독교교육을 실천하는 일에 앞장섰다. 이러한 실천은 자연스럽게 한국교회 현장에 관한 연구를 기초로,[102] 선교를 위한 교회교육,[103] 교회 절기에 관한 기독교 교육적 이해,[104] 어린이 여름성경학교를 위한 방안,[105] 청소년 교육,[106] 세대간 교육,[107] 사이버 교육 현실[108] 등 다양한 주제들을 특강하면서, 한국교회가 질적으로 양적으로 성장하는데[109] 큰 일익을 담당하였다.

---

99) 한숭홍, 『한경직의 생애와 사상』(서울: 장신대 출판부, 1993), pp.171~182.

100) 한숭홍, 『한경직의 생애와 사상』, p.199.

101) 한숭홍. 『기독교 교육론』(공저). 증보신판(서울: 대한기독교교육협회, 1985); idem(공저), 『기독교교육』(서울: 대한기독교교육협회, 1992).

102) 한숭홍. "한국 기독교 100주년을 앞둔 교회교육" 『활천』 제399호(1982.10); idem, "21세기의 가상교회," 『장신논단』 제14집(1998.); idem, "한국 기독교의 어제: 그 역할과 의미," 『장신논단』 제15집(1999.12), pp.654~676; idem, "목사의 도와 장로의 도: 한국 교회의 올바른 지도자상 정립," 이종성박사 고희기념논문집 간행위원회 편. 『교회와 신학』(서울: 대한기독교서회, 1992).

103) 한숭홍, "선교 2세기를 향한 교회교육," 이상근 편. 『한국교회, 내일의 과제』(서울: 한국문서선교회, 1982).

104) 한숭홍, "부활신앙에 대한 기독교 교육학적 이해," 『기독교교육』 제242호 (1988.4); idem, "추수 감사절 - 추수·감사 축제를 중심으로," 『기독교교육』 제214호(1985.10).

105) 한숭홍, "여름 성경학교에 대한 제언," 『기독교교육』 제234호(1987.7).

106) 한숭홍, "교회 청소년 문화의 현실과 전망," 『기독교교육』 제247호(1988.10); idem, "교회교육 지도자들을 위한 전문지" 특집: 청소년의 삶과 가치의 형성, 『교회교육』(1987); idem, "기독교가치 교육: 가치교육개념의 교육철학적 조명," 『교회교육』(1982).

107) H. B. 가우프만, 한숭홍 역, "세대간의 신앙, 학습, 교육," 맹용길 편, 『성숙한 교회와 교육선교』한국교회 100주년기념 교육대회강연집(서울: 대한예수교장로회 총회 교육부, 1984).

108) 한숭홍, "사이버 문화와 기독교 교육," 『교회와 교육』 제154호(2000 봄), pp.162~172.

109) 한숭홍, "교회성장과 교회교육," 『장신논단』 제11집(1995.11).

Ⅶ. 결 론

한 평생 신학과 철학과 문화신학과 기독교교육과 교회에 헌신해 온 한숭홍 교수의 학문적 업적과 교회를 위한 신학의 실천은 이루 말할 수 없다. 그가 지금도 '합의 신학'(die Synthese Theologie)[110]으로 생각하고 있는 신토불이 신학에 심혈을 기울이고 있는 이유는 한국적 신학을 체계화하여 기독교를 한국적 문화라는 토양 위에 세우려고 노력하기 때문이다. 그는 합의 신학이 지니고 있는 특징을 다음과 같이 말한다.

> 합의 신학은 배타주의로 매도될 수 있는 중심의 신학이나, 혼합주의(syncretism)로 오해될 수 있는 통전적 신학이나 통합신학과도 구별된다.[111]

이런 점에서 그는 합의 신학을 '아우름의 신학'이라고 부르면서 이것이 곧 신토불이 신학이라고 말한다.

본 소고에서는 은퇴기념 논문집의 특성상 한숭홍 교수의 신토불이 신학에 대한 평가를 다음으로 유보하고자 한다. 그가 제안한 문화신학의 일종인 신토불이 신학이 후세에 어떠한 평가를 받을지에 관해서는 후에 이 글을 읽는 독자들의 몫으로 남겨둔다. 다만 여기서 필자는 양태론을 극복한 그가 스스로도 염려한대로 신토불이 신학이 신토합일로 이해되면 신비주의로, 신토분리로 이해되면 이원론으로 전락할 우려가 있다는 점을 주시한다.[112] 비록 그의 은퇴 이후일지라도, 일련의 '신토불이 신학 강좌'를 마련하여 계속적인 토론의 장을 만들어 가면, 한국 신학계를 진일보시키는데 크게 기여하게 될 것이다.

---

110) 한숭홍, "한국교회의 분열과 신학적 논쟁," p.579.

111) Ibid. 2005년 10월 26일에 장신대 총학생회 주관으로 열린 제488주년 종교개혁기념학술대회에 한숭홍 교수와 함께 강연자로 참석한 이종성 명예학장은 '신토불이 신학'이라는 용어 자체에 대해서 '괴상하다'고 말한 적이 있다. 이러한 발언은 요즘 한창 유행하는 신토불이식 발상과 연계된 때문이라고 여겨진다. 거기서 身土不二는 '몸과 땅은 둘이 아니고 하나'라는 뜻이다. 이와 관련하여 한 교수는 신토불이 신학이 '통전신학과 맥을 같이하는 신학'이라는 답변을 하기도 하였다.

112) 한숭홍, "기독교 인간관: 神土不二 신학의 관점에서," p.49.

마지막으로, 한승홍 교수의 넓은 학문세계를 필자가 미력이나마 살펴본 것은 스스로에게 향후 '더 열심히 공부해야겠다.'는 의지를 다지는 의미라는 점을 독자들은 살피고 이해하여서, 혹시 미흡하고 소홀한 점이 많이 있었을지라도 그 모든 것은 다 필자가 부족한 탓이라 간주하고 결코 그에게는 조금이라도 누가되는 일이 돌아가지 않도록 하해와 같은 마음으로 혜량해 주기를 바란다. 사실 필자는 신약학 전공과 관련된 일에 바쁘고 또 무엇보다도 부족한 자신의 한계를 많이 느끼고 있는 터라, 이 논문도 전혀 집필을 생각하지 않고 있다가 지난 3월말에 그가 필자의 방을 찾아와 '소 교수가 지금은 신약학자가 되었지만, 내 첫 제자인데 하나 써야지'하면서 격려의 말씀을 아끼지 않은 일이 있었는데, 결국 그 일이 자극이 되어 미흡하나마 이렇게 미완의 글이지만 완성할 수 있었다.

무극에서 태극으로

한숭홍 교수의 생애와 사상의 구조적 이해

곽 재 욱
(장로회신학대 겸임교수, 동막교회 담임목사)

Ⅰ. 들어가기 전에 : 한숭홍 교수와 나

이 첫 장은 무극 한숭홍 교수님과 내가 지금까지 맺어온 인간적, 학문적 관계와 일들에 관한 것이므로 이어지는 '무극 한숭홍 교수의 신토불이 신학에 대한 구조적 이해'와는 구별된 독립적 내용으로 보아도 좋겠다. 그러나 천을 짜는데 있어서 어느 하나의 날줄이나 씨줄도 전체에서 차지하고 있는 자리와 의미가 가느나마 존재하며, 그것이 전체를 이해해 들어가는 데 있어서 단초적 접촉점이 될 수 있다고 하는 견지에서 이 글을 다음에 이어지는 그의 사상 이해의 도입으로 읽어도 좋겠다.

한숭홍 교수는 나의 스승이시다. 나는 82년의 어느 학기에 '교육철학'이라는 과목의 교실에서 사제로 만났다. 당시 한 교수님은 1980년 9월에 장신대의 조교수로 부임하셔서 장신대의 학부 학생들, 특히 기독교교육학과에서 강의하시면서 제자들을 막 배출하기 시작하시던 때였다.

당시 나는 군 복무를 마치고 복학하여 입대하기 전에는 뵙지 않았던 한 교수님을 만나 가르침을 받게 되었다. 입대 전에 부모의 권유로 입학한 신학에 흥미를 느끼지 못하고, 신학교에 제대로 적응하지 못했던 나는 군 복무를 하는 동안 소명감을 새롭게 느끼고 처음 입학하는 심정으로 복학하여 이전과는 다소 비교되는 진지한 태도로 학과에 임하고 있었던 때였다. 교수님 한분, 한분, 학우 한 사람, 한 사람과의 만남이 새롭고도 특별했으며, 수업을 통한 지식들이 마치 이리 호수의 수량이 온타리오 호수에 떨어지기 전에 집적하면서 물살이 급해지고, 낙차를 만나면서 세계 최대 수량의 폭포 나이아가라를 만드는 것과 같은 충격음을 내면서 속도감을 더해가던 때였다. 입문 단계의 신학도로서 대호의 광활한 유적함에 미치지는 못하였으나 신(新)지식 습득의 속도감과 충격의 신선함을 이모저모로 느끼고 있었다. 맹용길, 이종성, 하해룡, 주선애, 사미자, 임창복 교수님들 같은 분들의 각별한 사랑을 받았으나 그 중에서도 한숭홍 교수님의 강의를 통해서 다른 과목들에서 접해보지 못하던 넓은 세계에 눈 뜨고 인식을 확장하여 갔다. 여러 가지 일을 동시에 행함을 꺼리는 타고난 성향과 함께 새로 얻은 얕은 지식에 스스로 대견해하며 심취하던 당시의 나의 수준으로 미루어 볼 때, 만일 나의 한 교수님과의 만남과 그분의 가르침이 없었다면 이후 나는 신앙과 신학의 외골수로 빠져들었을 지도 모르겠다는 생각을 해 본다.

학부를 졸업한 후 신대원 과정 3년 동안 강의를 통해서 한 교수님을 뵙지는 못하였다. 교수님이 주로 학부의 일반학과 기독교교육학을 담당하셨기 때문에 교단의 목회자를 양성하는 압축된 신대원 커리큘럼에 교수님의 강의가 배정되지 않았기 때문이다. 그러나 신대원 과정을 공부하는 동안 일반 대학을 졸업하고 신대원에 들어온 다른 학우들보다 논리와 사고에 있어서 보다 넓은 틀에서 공부할 수 있었던 것은 학부 때에 교수님의 가르침에 크게 기인한 것이라 생각하면서 늘 감사를 드린다.

신대원에 이어서 대학원 석사과정과 박사과정을 통하여 기독교윤리학을 전공했기 때문에 그 분과의 포멀(formal)한 만남은 상당히 멀어지는 듯 했으나 89년과 90년의 2년간에 걸쳐서 장신대의 조교를 하면서 그 분을 다시 만나게 되었다. 교수님은 박사과정 공부를 하는 동안 번역원고와 같은 일감도 주셨고 강의도 허락해 주셨다. 당시 서울장신에서는 조직신학의 여러 과목들을 강의했지만 장신대에서 강의를 처음 허락하신 분이 바로 교수님이셨다. 교수님은 나에게 '기독교와 현대사상', '기독교와 사회사상'과 같은 자신의 과목을 맡아 강의할 수 있는 기회를 주셨다. 아직 깃털도 다 나지 않은 초년 신학도에게 있어서 그것은 파격적 특전이었고 개방이었다. 가르치면서 가장 많이 배우는 법이다. 나는 그 과목들을 강의하면서 교수님의 저서를 비롯한 많은 책들을 읽어갔고 그를 통하여 그분으로부터 내가 받은 광범위한 영향을 재확인하는 기간이 되기도 하였다. 교수님께서 가르치신 지식과 함께 나에게 보여주신 제자에 대한 신뢰와 개방은 그 후 나의 강의와 목회에 있어서 한 모범으로서 지금까지도 계속적 영향을 미쳐오고 있다.

나는 당시 교계 신문 등의 특집 논설이나 칼럼 같은 것들에 수차 기고한 경험은 있었지만 제대로 된 학문성을 띈 글을 교계의 잡지에 싣게 된 계기도 교수님의 인도를 받음으로서 이루어졌다. 여기에는 한 에피소드가 있는데, 1992년 7월 『현대종교』 통권 219호에 실은 "김응조 목사의 신사참배와 그 문제에 대한 기독교 윤리적 비판"이라는 제하의 글과 관련된 것이다. 그 글은 김응조 목사의 신사참배 유무를 놓고 장신대 한숭홍 교수와 성결대의 정상운 교수와의 사이에 일차 일어난 논쟁에 끼어들고 이어지는 성격의 글이었다. 당시 한 교수는 『목회와 신학』지를 통하여 '한국 신학의 흐름'을 연재하는 가운데 1991년 『목회와 신학』 통권 제27권에 실은 "김응조 목사의 신학과 사상"이란 글 가운데서 김응조 목사가 신사참배를 하였다는 내용을 싣게 된다.[1] 여기에 성결교 신학교와 그 교단은 민감하게 반응하였다. 성결대의 정상운 교수는 『현대종교』1991년 12월호에 "한숭홍 교수의 김응조 목사 신사참배 주장과 그 비판" 제하의 반박문을 개제하였다. 반박을 받은 한 교수는 학부의 제자였고 조교였던 나에게 그 문제와 관한 연구를 지시하고 그 결과를 같은 잡지인 『현대종교』에 싣도록 주선해 주셨다. 지금 생각해도 국립도서관 등을 다니면서 돋보기를 갖다 대고 옛날신문을 뒤지는 등 그 일에 매우 흥미를 느끼며 열심히 썼던 것 같다. 나는 앞선 두 글을 정독하고 자료를 정리하는 가운데 김응조 목사가 신사참배를 했다는 결론을 내렸다. 그 당시 그 분만 그렇게 한 것이 아닌 한국교계 전체가 일제의 강압에 의해 어쩔 수 없이 내몰리는 상황이었으므로 그것이 곧 당사자들의 신앙적 진심과는 간격이 있을 수 있다는 설명과 함께 ……

깊이 생각하지 않은 개입이었고 혼도 날만큼 났다. 당시 성결대 한국교회사 교수였던 정상운 교수는 그 글을 소속이 불분명한 일개의 대학원생의 글로 치도하였고, 당시 그 신학교를 다니던 한 학생으로부터 유감의 표현을 받았다. 스스로 행한 일

1) 정상운, 『영암 김응조 목사와 신사참배』 (서울:이레서원, 2001), pp.47~89.

에 대한 책임을 회피하고자 함이 아니라 사실 여부를 떠나서 남을 아프게 했다는 죄책감이 목회자의 마음 한 구석에 아직까지 남아있음을 고백한다. 나에게 그 일은 한국 교계에서 교단이라는 것이 갖는 정서와 의미에 대해서 실로 본격적으로 느끼고 인식하는 계기가 되었다. 교단의 햇병아리 목사로서 성결교와 같은 교단이 내가 소속하고 있는 교단과는 다른 교단이고 그와 같은 글이 얼마만큼 심각한 침해요 도발이 되는지에 대해서 깊이 생각하지 않았던 것이다. 나중에 정상운 교수의 책을 구해서 읽으면서 상당히 당황했던 기억이 있다.[2)]

그런데 다른 쪽에서 이 에피소드는 '한숭홍'이라는 사람이 자신의 삶을 살고, 사상을 펼쳐나가는 길을 이해할 수 있는 중요한 단서가 된다고 본다. 나 자신 성결교단으로부터의 그 작은 반향에도 긴장하고 움츠렸다. 그러나 한숭홍의 삶을 살펴보면 그는 피난오고 중학교 입학이 거부당하던 어릴 때부터 그와 같은 긴장과 충돌의 가운데 있었고 그것들을 극복해오면서 오늘에 이른 것이다. 나는 이번 기회에 은퇴하시는 선생님의 사상에 관한 글을 부탁받고, 준비하면서 그의 삶과 사상에 대한 전반적 정리와 독서 가운데 그와 같은 도발은 그가 일생을 살아온 삶과 사상에 궤를 같이하고 있고, 따라서 그는 자신의 일생을 통해서 그와 같은 체험을 해왔다는 것을 발견하였다. 학문의 본질이 수용이 아니라 논쟁과 반성에 있다는 것을 생각할 때 그는 진정한 학자이고 휠 체어에 앉은 거인이다. 학문에 있어서도 그는 그와 같은 방법으로 다른 신학들로부터 자신을 구분하고 확인해 왔던 것이다.

한숭홍 교수님은 나에게 모교에서의 첫 강의를 열어주셨고, 논단의 첫 논문을 발표하게 해 주셨을 뿐만 아니라, 자신의 격렬한 논쟁의 일선에 주저 없이 자신의 학생을 앞세웠던 분이다. 그것이 그 분이 삶을 사는 방법이고 학문 하는 방법이다. 그는 그렇게 살았고 그렇게 살 것을 종용한다. 조용하고 부드럽게 말씀하시는 그 분의 지시를 따라 길을 나서면 그 길은 언제나 전장을 향하고 있다. 그 전투를 마다하고서 신도불이 신학은 이해할 수 없을 뿐만 아니라 교수님이 그렇게 비판해마지 않는 신학의 혼재에 또 하나의 신학을 얹을 뿐이 되는 것이다.

모스크바 장로회 신학대학교의 교무처장과 볼리비아 라파스 개신교연합대학교의

2) Ibid. 참조. 정상운 교수의 이 책에는 나의 글을 포함하여 논쟁에 참여하고 있는 모든 원고들과 논박의 자료들이 잘 정리되어 있으므로 참조.

교수, 총장, 이사장을 거치면서 나는 얼마간 신학계에 대한 회의를 느끼고 목회를 하기로 결심하였다. 8년 전에 한국에 돌아와 동막교회를 담임하는 가운데 장로회신학대학교에서 겸임교수로 연구와 강의를 계속할 수 있게 된 것을 나는 나의 첫 번째 행복의 조건으로 생각하고 있다.

그런데 이번에 은퇴하신다며, 그래서 은퇴 논문집을 발간하신다며 그 가운데 자신의 사상과 신학에 대한 글을 부탁하신 것이다. 그 책에 내 글이 빠질 수가 없다고 하시면서 …… 한 사람에 대한 인상은 수십 년이 흘러도 처음 만났을 때의 시점에서 쉽사리 변하지 않는 법이다. 사반세기가 흐른 지금에도 나는 초년 신학생으로, 그분은 지지대를 짚고 들어오시는 강렬한 눈빛으로 남아있다. 그런데 벌써 은퇴시라니 …… 이 글을 준비하면서 교수님의 저서들과 논문들을 일별하는 기회를 가졌다. 그 엄청난 양과 그 깊이에 압도당하고 기가 질린다. 그 양과 질 자체가 우선 도발적이다. 그런 삶, 그런 신학은 은퇴할 수가 없다. 아마도 자신의 학문적 싸움을 다 마칠 때까지 나를 부르시는 것인가? 아니면 큰 싸움은 이미 내가 이겼으니 너는 나머지의 작은 전투를 평정하고 승전보를 백성들에게 알리기만 하라고 이르시는 것인가? ……

Ⅱ. 들어가면서

필자는 이 글을 위하여 독서하고 준비하는 동안 필자의 친구들과 이 글을 쓰는데 있어서의 고민을 토로한 적이 있다. 무엇보다 먼저, 그것은 대가의 사상을 얕은 신학자가 평전 하는 것이 가한가의 고민이었다. 둘째는 대가의 사상의 폭과 깊이가 너무 넓고 깊음으로 인한 작업상의 어려움이었다. 철학과 신학뿐만 교육학과 교회사, 사회학과 문학까지의 넓은 경계들을 넘나든 섭렵을 짧은 글로 구조화하는 것의 난점이었다. 셋째는 소취한 제자라 하더라도 또 다른 삶의 궤적을 지나오는 동안의 신앙과 신학의 차이가 있었을 것인데, 그것이 글로 객관화될 때 나타나는 비판의 형태를 신임 받는 제자로서 스스로 감당하지 못할 것이라는 송구스러움이었다. 한숭홍 교수는 신학에서 철학으로 펼치고, 다시 철학에서 신학으로 모둔 당대의 사상가이다. 그에 비해 필자는 신학에서 시작하여 신학으로 마쳤다. 15년에 이르는 수학 연한 동안 내내 교단의 정서와 신학으로 훈련받았다. 그는 근본적으로 학자이고 필자의 근본은 목회자이다

다만 하늘같은 스승의 말씀하심을 거역하는 것이 불가하고, 그것이 다소간이나마 받은 바 큰 은혜의 보답이 될까하고, 그렇지 않았으면 좁아 터졌을 사람을 학문하는 내내, 목회하는 자리마다 일어나는 사건들과 상황을 입체적으로 이해하고 대응하게 할 수 있게 하신 가르침에 경탄하면서 야단맞을 각오를 하고 이 글을 쓴다.

기본적으로 두 가지 관점에서 보고자 한다. 그 하나는 그의 일생과 철학과 신학의 전체를 놓고 일관하게 흐르고 있는 것이 무엇인가? 그리고 그것은 어떻게 구조적으로 정리할 수 있을 것인가 하는 것이다. 신학과 철학을 위시한 인문학의 거의 모든 분야들에 조예를 갖추고 있는 대가의 사상의 일관성을 찾고 구조화하는 것은 쉬운 일이 아니며, 가능하다고 하더라도 필자와 같은 얕은 식견으로, 그것도 에너지의 대부분을 목회에 쏟아야하는 목회자로서의 능력범위는 분명히 넘어서 있다. 그러나 그가 필자를 제자라 칭하고, 필자가 그를 선생으로 모시는 한, 그리고 이제 그의 은퇴의 시간을 앞두고 어떤 조건과 형태로든 일차 정리는 불가피하다는 관계의 당위와 시간의 조급함으로 인하여 많은 사단을 예견하면서도 이와 같은 과업을 수행하는 것이다.

1. 생애와 사상

어떤 신학도 허공에서 수직으로 떨어지는 것은 없다. 한숭홍 교수는 특히 그와 같은 식수입 신학을 혐오한다. 신학 이전에 삶이 있다는 것이 그의 지론이다. 당연히 그의 신학 또한 그의 생을 통해서 읽혀지고 이해되어야 할 것이다. 그의 생애에 있어서 우선적인 조건은 무엇보다 소아마비로 일생을 휠췌어나 지지대를 의지하고 살아왔다는 사실이라고 생각된다. 그 사실은 그에게 힘들었고 넘어야할 생의 첫 번째 중요한 과제였다. 그는 3세 때에 소아마비에 걸렸는데 처음에는 전신마비였으나 기적같이 왼쪽다리 하나만 마비되어 주로 집안에서 생활하게 되었다. 6 · 25전쟁 때는 부산으로 피난을 갔는데 당시 피난학교가 산 위에 있어서 등하교 때 힘들었던

기억으로 남았다. 특히 중학교 때 장애인이라는 이유만으로 중학교에 입학할 수 없다는 불합격 처리의 변을 듣고 큰 충격을 받았다. 우여곡절 끝에 겨우 입학을 하게 되었으나 중학교 3년 내내 우울하고 기분이 가라앉은 상태로 지냈다고 그는 회상하고 있다.[3] 그는 "그 때 성격도 소극적으로 형성된 것 같다. 외출이 힘들기 때문에 주로 학교와 집만을 오가는 생활을 했다"[4]고 말한다. 오늘 날과는 다르게 그 당시만 하더라도 장애인에 대한 편견이 심각하게 존재하는 시대였고 사회였으므로 그것을 극복하는 것이 생의 우선적 과제였고 그것이 그의 정서와 인격에 중요한 영향을 미쳤을 것이라는 것을 짐작하는 것은 그리 어려운 일이 아니다.

결과적으로 그는 장애를 극복해 냈다. 고등학교에 진학하면서 인격적인 교장 선생님을 만난 것이 하나의 모멘트가 된 것 같고 이후 연세대학교에 진학하고 독일 유학을 거치면서, 그리고 그 후에 장신대의 교수가 되면서 그것은 극복되었고 없는 것이 되었다. 그 후 그를 만나는 사람들은 그가 장애인이라는 인식을 가질 수 없게 되었다. 우리 제자들도 교실의 첫 수업에서 그가 지지대를 짚고 들어오는 것을 본 정도이고 그 이후 그가 신체적 장애를 가지고 있다는 사실을 거의 의식하지 못하였던 것이다. 여기서 중요한 점은 그것이 타인의 돌봄과 협력, 환경의 성숙으로 인하여 저절로 만들어 만들어진 것이라기보다는, 스스로 자신과 싸워 이기고 환경과 조건을 극복한 노획의 성격이 진하다는 점이다. 그는 스스로를 "소극적 성격"이라 평하지만 조건의 극복으로부터 습득된 이와 같은 파토스는 그의 신토불이 신학사상이 내재, 외현하는 과정에서 그대로 거듭 재현되고 있으므로 그것은 그의 삶의 과정을 따라 이동해가는 그의 사상을 파악하는 중요한 단서요, 테두리가 되는 것이다.

둘째로 보아야 할 점은 대학 이후 그의 학문적 여정이다. 박준수가 편집한 『무극 한숭홍』은 이에 관한 귀중한 자료들을 편집하고 있다. "신학 수업기", "한숭홍: 광나루 지성의 생애와 사상", "연구실적 목록"은 그의 생애와 사상, 연구 실적을 한눈에 파악할 수 있는 중요한 편집물이다. "신학 수업기"는 한숭홍 교수가 1982년 3~4월 동안 5회에 걸쳐 『크리스챤 신문』에 연재한 것으로 그의 사상적 배경을 알 수 있

3) 박준수 편, "무극 한숭홍:광나루 지성의 생애와 사상," 미간행 인터뷰, (서울: 장로회신학대학교, 2007), p.20.

4) Ibid.

다. 두 번째 글인 "한숭홍: 광나루 지성의 생애와 사상』은 2004년도 장신대 교지 『사건 Simulacre』에 인터뷰 기사로 실린 것이다. 세 번째 글인 "연구실적 목록"은 한 교수가 제공한 것이겠지만 편자가 일목요연하게 잘 정리하고 있다.[5]

그는 '신학수업기'와 '생애와 사상'을 통해서 학교와 과목 같은 공적인 것과 교수와 학우들과의 관계, 참여했던 서클, 부인과의 만남과 같은 비공식적인 것을 함께 엮어가면서 기록하고 있다. 그의 신학의 생신학적 성격을 생각한다면 이러한 사적인 기록들은 그의 사상 이해에 있어서도 빼 놓을 수 없는 것들이다.

2. 생철학, 생신학

한숭홍의 사상과 그 결산인 신도불이 신학을 파악하는 또 하나의 관점은 생철학, 그리고 생신학이다. 생철학을 신학화한 것이 생신학인데 그의 수입기를 읽어보면 그는 광범위한 인문분야들의 지식들을 습득하고 종합적 조예를 갖추어나가는 수학의 과정에서 특히 실존철학과 생철학에 집중하고 있는 것을 볼 수 있는데 이것은 앞서 언급한 그의 삶의 경험과 관련이 없지 않다. 실존철학과 생철학이 그의 삶에 가장 부합하는 설명력을 가졌기 때문일 것이다.

1980년 그가 장신대의 교수로서의 소명을 시작했을 때에 다른 3명의 교수와 함께 교직을 시작하였고 그들에 비하여 그는 비동문이고, 평신도이며, 독일에서 서양철학을 공부한 철학자로서 차별화되었다. 그에게 수강하는 학생이 주로 학부에 머물렀으므로 그는 장신대 신학에서 일반학, 교육학, 철학의 분야의 테두리 지어졌고 그것은 그에게 '머무름과 나아감'의 역설적 정서와 행로를 결정하게 할 것이었다. 인적자원 양성이라는 측면에서 장신대로서는 이것은 교단의 목회자를 훈련하고 배출하는 신대원 과정에서 그들로 하여금 폭넓은 사색력과 소양을 갖추는 기회를 박탈했다는 아쉬움이 남는다. 그러나 한 교수 자신에게 있어서 그와 같은 조건은 그 분야의 계속적인 깊은 연구를 가능하게 하였고 마침내 신토불이의 신학으로 결산되면서, 제한된 분야의 질문과 요구는 있어왔으나 장로회신학대학교의 어느 교수도 이루지 못한 신토불이 신학이라는 큰 틀의 신학을 제시함으로써 예장통합, 나아가

5) Ibid., 목차와 엮은이 서문 cf.

서는 한국 신학의 나아갈 길을 제시하는 역설적 결과를 낳았다.

그는 장신대의 교수로 봉직하기 시작하면서 1980년 9월 추계신앙수련회(사경회)에서 『합리와 비합리:역사철학 방법론』이라는 제목의 특강을 하였다. 동년의 11월 27일에는 총학생회 주최로 열린 한 집회에서 『신학방법 서설: 생신학의 길』이란 특강을 행하였다. 그는 이 두 강연을 그의 학문 여정의 프로레고메나로 말하고 있다. 합리와 비합리는 다름 아닌 실존철학의 중심적 관심주제라고 할 수 있고 그러므로 실존철학과 생신학은 그의 말대로 그의 전 학문 여정의 프로레고메나로서 이후 1990년대부터 이 땅과의 관계를 삶의 신학으로 구현해나가는 신토불이 신학의 전 단계이며 근간을 이루는 철학이 되는 것이다.[6)]

그런 의미에서 한숭홍 교수의 신학은 그의 신학 세계의 확장과 그 가운데 이루어지는 관심과 강조점의 변화와 그러면서도 그 가운데 저변에 공통적으로 흐르는 기본적 에네르기아를 읽어야 한다. 이는 생철학의 기본구조이다. 그것이 그대로 철학에서 신학으로 이어지고 나타나는 것이라고 할 수 있다. 그의 글들에서 긍정적으로 평가하는 사상가들의 사상적 족보를 보면 일맥 하는 것이 있다. 그는 정체를 통한 본질 파악을 혐오한다. 그는 시간과 운동의 연관 속에서 변화하는 것들의 흐름을 파악하고자 한다. 서양 철학사에 있어서 그 원조는 헤라클레이토스[7)]이나 그 이전에 "만물상변, 혹은 무상의 개념은 인류의 삶과 역사와 문화의 실체 속에서 작용인으로 몸부림쳐 왔다."[8)] 헤라클레이토스는 당대의 철학자들이 본질 론에 머물러 있을 때에 변화와 과정을 철학의 중심과제로 삼았던 사람이다.

그런 의미에서 보다 엄밀하게는 우리는 그것을 '생애와 사상'으로 읽을 것이 아니라 '생애에서 나오는 사상'이라고 읽어야 할 것이다.

---

6) 한숭홍, "신학일념"/newsletter(장신대 교수학습개발원) 제4권 1호(2007.3). 2. Ibid., p.48에서 중인.

7) 한숭홍, "신토불이 신학" 제 488주년 종교개혁 기념 강좌, p.19.

8) Ibid.

Ⅲ. 펼치면서

신토불이 신학은 한승홍 교수의 생애, 수업, 사상의 형성과 발전이 아우러진 총합이다. 거기에는 그의 삶, 그의 철학, 그의 신학과 함께 그의 신앙고백이 포함되어 있다. 우리는 그것을 무극과 태극의 관점에서 파악하고자 한다.

1. 유극에서 무극으로

그의 신학은 무극신학이다. 무극의 전제는 유극의 비판이다. 유극의 정의는 '기존하는 모든 것들'이다. 신학함에 있어서 미리 상정되어 있는 전제들, 정통, 전통, 보수라고 여겨지며 붙삽아오던 것들의 비어있음과 사이비성을 비판함으로서 무극은 무극이 된다. 그러므로 무극은 방법론에 있어서 비판을, 정서에 있어서 도빌을 근간으로 한다. 지금까지 '그것'이라고 불렀던 모든 것, 신학이라고 이름 하였던 대체의 것들, 애써 붙잡고 지탱하고 있었던 모든 것들에 대한 비판이다. 그리고 홀로 남는다. 아니면 스스로도 남아있지 않아야 한다. 그래야 신의 절대가 살아난다.

무극은 모두가 오류이고 나만 정당하다는 유아독존적 배타는 아니다. 무극의 극은 '나'마저도 비판되고 남아있지 않는 절대 무극이다. 비판의 대상이 나를 향하고 비판의 메스는 내 가슴을 절제한다. 생과 가슴이 결여된 정보의 축적으로서의 신학, 미리 상정된 산술로서의 신학, 아무런 수정의 시도도 허용치 않는 당위의 학으로서의 신학에 대한 도발의 끝은 나를 쳐서 복종시키고, 나를 죽이는 신학이다. 그 이유는 사람의 절대가 아닌, 하나님의 절대를 드러내기 위함이다. 그의 신학은 양비론적 상대주의가 아니다. 그는 발한나.

"나는 신학의 절대성을 주장하는 신학자이다."

나는 신학의 절대성을 주장하는 신학자이다. 어떤 사람들은 나의 신학이 '신학울타리(theologische Facultåt)에 머물러 있지 않다고 해서 배척하거나 신학의 전통적 분야에 소속되어 있지 않다고 신학자로 간주하기를 거부할지 모르지만, 엄밀히 말해서 나는 나만의 색깔로 채색된 신학을 갖고 있을 뿐만 아니라 오히려 갑

> 다한 지류의 신학들과는 구별되는 총론적 구조를 가지고 있다. 이런 의미에서 나의 신학은 천하평정의 신학이라고 할 수도 있을 것이다.[9)]
>
> 신은 피조물의 창조주로서, 우주의 근원, 우주적 존재의 근원이므로 유인 태극이 존재할 수 있도록 한, 즉 무로부터 유가 창조될 수 있게 한 것이다. 이것이 무극이다. 무극은 태극의 제일 원인이다 …… 무극은 음양일체가 존재할 수 있게 한 능동적 창조(creatio activa)이고, 태극은 무극에 의해 창조되는 '수동적 창조(creatio pasiva)이다. 무는 무이기 때문에 유이고, 유는 유이기 때문에 무인 한 무는 유고, 유는 무인 것이다. 이것은 '무극이 태극이고 태극이 무극이라는 것을 깊이 음미해야 함을 시사하는 것이다.[10)]

그는 자신의 일생을 통하여 휠췌어에 앉아서 그 어떤 말탄 장수보다 더 격렬하고 힘든 싸움을 수없이 치러냈다. 보금자리를 등지고 떠나온 피난살이, 진학의 어려움으로 속으로 삭이면서 형성된 전투력이었다. 고난은 연단을 낳고, 난세는 영웅을 낳는다. 그는 고난에 굴하지 않고 앞으로 전진 하여 나아갔다. 장애를 이기고 대학을 진학한 후, 그에게 장애의 조건을 지적하는 사람은 없었으나 그의 전투를 계속적으로 수행에 나감을 마지않았다. 전투력을 갖춘 투사는 이제 스스로 전투를 찾아 나섰다. 한숭홍의 신학은 그렇게 만들어져 나간 것이다. 물리력의 싸움은 아니었다. '우리의 싸움은 혈과 육에 있지 아니하나니 …… ' 그는 한국교회와 기독교 신학, 서구의 신학과 세계의 신학들에 대해 차례로 선전포고하고 전방위의 전투를 치러나갔다.

1) 소위 '정통신학'에 대한 비판

무엇보다도 먼저 그는 한국의 소위 '보수-정통신학'에 대해 비판을 제기하였다. 보수-정통주의 신학과 신학자들에 대한 그의 반감은 그의 모든 책들에 일관되게 나타나고 있으며 이는 그의 신학이 갖는 알레르기 반응이다.

---

9) Ibid., p.21.

10) 한숭홍, "평양대부흥운동의 신토불이 신학적 구조," 『교회와 신학』 제 28집(서울: 장로회신학대학교, 2007), p.4.

> 나는 그와 같은 신학과 신학자들에 "이상하리만큼 알레르기성 반응"[11]을 보인다 …….

그의 비판은 실로 신랄하다. "X라는 부정의 실체, 쉽게 하나님 혹은 신이란 이름으로 불러버린 그 X에 대하여 왈가왈부 입을 열어 지껄여 대면서 고상하게 신학이란 학명을 붙여 버렸다."[12] "직업 신학꾼들", "신학 놀음", "인위적이고 조작적이고 기만적", "의사신학"[13] 같은 원색적 표현의 정서의 모든 저변을 다 이해할 수는 없다. 다만 그것들과 자신의 신학과의 사상적 거리감에 대한 극한적 표현의 정서만은 분명히 확인할 수 있다.

> 한국적 신학을 창출하려면 먼저 이방 민족의 신관을 버려야한다. (롬3:29) 뿐만 아니라 이방 민족의 신에 관한 이야기에서 해방되어야 한다. 이런 의미에서 참된 해방의 신학은 신학의 해방에서부터 시작되어야 한다 …… 신학이 신앙보수라는 미명으로 계속 정체되면 신학자체는 경직되어 굳어버리게 된다.[14]

이와 같은 보수-정통주의에 대한 한숭홍의 비판의 반경은 한국에 국한된 것이 아니다. 그는 서구신학, 나아가서는 기독교 신학 전체의 정통 및 전통에 대해서 동일한 비판을 가하고 있다. "기독교 신학 2천년 역사는 신학의 정통성을 역설해왔던 시대성을 깊이 반영하고 있다"고 하면서 그것이 "본질에는 접근하지 못하고 피상적으로 외형에만 집착해 왔다"고 평가한다.

그는 자신의 신학을 한국교회와 한국신학의 주류, 나아가서 기독교 신학 2천년 사로부터 자신을 스스로 구분해 내고, 이를 "신학, 그리고 신학함의 코페르니쿠스"라고 스스로 평가하고 '외로이 선 외침'으로 그 정서를 묘사한다. 그는 신학의 광야에 서서 '신학의 종언'을 선포하는 외로운 예언자이다.

---

11) 한숭홍, 「신학이란 무엇인가?」(서울: 장신대 출판부, 2003), p.26.

12) Ibid.

13) Ibid.

14) 한숭홍, "오늘의 한국 기독교, 무엇이 문제인가?," 『장신논단』 제27집(서울: 장신대 출판부, 2006), p.521.

2) 한국교회와 지도자들

한승홍 교수는 한국의 기독교 신학 뿐 아니라 한국 교회 역시 비판의 대상이 되어야한다고 말하고 한국 신학과 한국 교회가 그렇게 된 데는 한국 교회 지도자들에게 책임이 있다고 주장한다. 그리고 그 한국교회와 지도자들의 독선과 탈선을 바로 잡을 주체와 희망은 차세대의 주역인 신학생들에게 있다고 말한다.

그는 『장신논단』에 발표한 "오늘의 한국 기독교, 무엇이 문제인가?"의 글에서 이 질문은 "한국 기독교여, 개혁하라!는 지상명령이 함유되어 있다."[15]고 말하였다. 기독교가 21세기에도 한국을 이끌어 갈 수 있는 영향력 있는 종교로 역할을 감당할 수 있으려면 스스로의 개혁이 선행되어야 하며, 그 개혁의 대상은 기성세대의 한국 교회 지도자들이고 그것을 개혁하는 주체는 "신학계의 차세대 주역들"[16]이라는 것이다.

그러면 개혁의 대상인 한국 교회 지도자들의 잘못은 무엇인가? 첫째로, 배금주의이다. "이들의 공통성은 교회를 점점 기업체로 구조화 해가고 있다는 점이다. 목사가 CEO(전문 경영인)가 되어 교회를 기업체로 운영하는 것이 현재 한국 기독교 지도자들의 모습이다."[17] 그러면 한국교회는 어떤 방향으로 개혁되어야 하는가? "한국 기독교, 신학 본래의 모습으로 가야 한다." 기독교 본래의 모습으로 돌아가야 한다는 것이다. 물질을 너무 좋아한 나머지 배금주의에 빠졌지만 기독교 본래의 모습을 회복해야 한다는 것이다.[18]

둘째로 한국교회의 분열이다. 그것을 정반합의 역사 발전의 법칙 가운데 나타난 대립과 갈등이라고만 생각할 수 없다. 분열의 치유로서의 에큐메니칼 신학이나 운동 역시 명분만 남았다. 논쟁을 더하고, 분열에 한 분파를 더함으로서 에큐메니칼은 자가당착에 빠졌다.[19] 그 보다 더 근본적인 요인은 한국 교회 지도자들의 이해

15) 한숭홍, "오늘의 한국 기독교, 무엇이 문제인가?," 『신학논단』 제27집(서울:장신대 출판부, 2006). p.506.

16) Ibid., p.505.

17) Ibid., p.530.

18) Ibid., p.531.

19) 한숭홍, "한국 교회 분열과 신학적 논쟁," 『신학 논단』 제24집, (서울: 장신대 출판부, 2005),

관계에 기인한다고 본다. 한숭홍은 임휘모의 "교회분열의 극복은 회개로부터 상징 세우기로"라는 글을 한국 교회 분열의 책임론의 정곡을 찌르는 날카로운 글로 추천한다.

> 본 필자는 교회분열의 책임은 일차적으로 교회지도자들에게 있고, 이차적으로 이들을 추종하는 교회와 교인들에게 있다고 본다. 한국 교회 지도자들에게 영향을 미쳐 교회분열을 일으킨 요인들로서 신학적 배타주의, 이데올로기화된 조건들, 예컨대 선교사주의, 일본제국주의, 반공독재주의 등 그리고 이기적 파당주의 등을 언급하고 싶다. 이러한 요인들이 한국 교회에 영향을 미쳐 교회 지도자들로 하여금 에큐메니컬 입장, 권력 지향의 기회주의 입장, 혹은 반 에큐메니컬 입장을 취하도록 만들었다.[20]

그들에게 분열은 자신들의 지위나 기득권을 유지. 보전하기 위한 수난이었나.

한숭홍 교수는 오늘의 시대와 한국교회의 상황이 16세기 종교개혁과 19세기 혁명의 시대에 비교하여 유사하다고 말한다.[21] 그는 21세기의 한국 기독교는 종교다원주의와 통일신학에 대해서 포용과 균형을 가진 신학을 제시해야 한다고 말한다.[22] 그는 사실 지난 반세기 동안 세계적으로 평가될 수 있는 우리의 신학이 윤성범, 유동식, 서남동 정도의 미미한 정도였다고 말하고 국민의 25%가 기독교인이라는 한국 기독교의 신학이 일천함이 우리의 목소리로 내는 우리의 신학이 필요한 이유라고 말하면서 그 표준으로서 신토불이 신학을 주창한다. 나아가서 신토불이 신학이 앞선 윤성범 등의 신학과 차별화되는 점은 신토불이 신학은 한국 신학이면서 동시에 어느 민족에게도 적용될 수 있는 기독교 신학의 표준화된 틀이기도 하기 때문이다. 하나님과 그 하나님의 땅과의 관계, 즉 신토제세(thegeosystem)는 본질적이며 영구불변의 진리에 속한다.

여기서 우리는 생각해 볼 것이 있다. 그는 차세대의 신학도들에게 희망을 걸고

---

p.556.

20) 임휘모, "교회분열의 극복은 회개로부터 상징세우기로," 『기독교사상』 통권 501호(2000.9), p.103., 한숭홍, Ibid., p.561에서 중인.

21) Ibid., pp.506～515.

22) Ibid., pp.515～516.

있다고 하면서도 "신토불이 신학 외에 한국적 신학을 만들 수 있는 대안은 없다. 앞으로 누구든지 한국적 신학을 만들려고 한다면, 하나님(신, 복음)과 한국(토, 문화)의 관계를 신학화하지 않을 수 없다."고 말한다. 그렇다면 차세대의 역할은 무엇인가? 더 이상의 대안이 없는 가운데 신학함은 어떤 의미가 있는가? 신-토의 주어진 틀 속에서 한국 신학의 일천함과 모방과 독선은 해소되었으며 차세대의 신학도들을 문하로 포용하고 있는 것이다. 우리는 그가 교수로서의 길을 걸어오면서 자신을 단순히 주어진 커리큘럼 속에서 학과들을 가르치고 졸업생을 배출하는 교육체계의 일부분으로 제한하지 않고, 자신의 일을 생계의 수단으로서의 직업으로서 여기지 아니하고, 제자들에게 애틋한 사랑과 개방을 표현하고 끝까지 그들의 갈 길을 제시해 주는 그의 발자취와 연관하여 생각해야 할 것이다. 다시 말하면 그와 제자들과의 관계는 주어진 교육 시스템 속의 강사와 수강생이 아니라, 생을 같이하고 사명을 이어가는 목회적 관계로 만난다. 그는 겉으로 신학대학교에서 강의한 교수였다. 그러나 안으로 제자들을 돌보고 공동체의 지정의를 공유하는 그들의 목회자였던 것이다.

3) 토착화 신학과 민중신학에 대한 비판

1980년대까지 대다수의 한국교회사 학자들은 선교사들의 역사적 기록을 수용하며, 그들의 사관에 입각해서 한국교회사를 집필했다. 예외적으로 민중신학자들이나 민족정서에 기초하여 한국신학사상사를 조망하려는 민족신학자의 경우는 처음부터 민족사관에 입각해서 한국 교회사를 해석하며 진술했다. 민족신학이란 하나님과 그 민족과의 관계에서 신학을 정립하려는 삶의 신학이다. 그러므로 그 민족의 삶의 자리인 땅의 맥락에서 하나님의 존재를 인식하며 그의 역사를 신학화하면 신토불이 신학이 되는 것이다. 정리하면 하나님에 관한 이야기가 민족의 정서 차원에서 신학화 되면 민족신학이고, 민족의 삶의 자리인 땅과의 관계에서 신학화 되면 신토불이 신학이다. 그러므로 신토불이 신학은 하나님과 지금 이곳과의 필연적인 상관관계를 어떻게 해석하고 이해하느냐에 따라 세분화될 수도 있다.

교회와 신학 68호 1.

신토불이 신학의 구조는 하나님과 땅의 불이관계(the nondualistic nexus of correlation between God and earth)4.

토착화 신학과 민중신학에 대한 한숭홍 교수의 비판은 질문을 낳는다. '토착화'와 '신토불이'의 동의-동질 개념으로 인한 의미 혼란 때문이다. 외면상 그와 같은 의미 혼란은 한 교수의 글 자체에서도 나타나고 있다. 한숭홍 교수는 신토불이 신학이 토착화 신학이며 문화신학이라고 규명한다. 비판의 강도에 있어서도 '보수-정통주의'나 한국 교회 지도자들에 대한 신랄한 비판에 비하여 토착화, 민중신학에 대해서는 극단적이지 않다. 신토불이 신학과 토착화, 민중신학은 서구 중심의 신학들에 대한 반성과 한국 신학의 독자적인 문화화, 역사화, 사회화, 토착화를 시도했다는 공통점이 있다. 한 교수 자신의 신학 수업기 가운데 그와 같은 신학과 신학자들과의 만남이 포함되어 있다. 그는 서남동, 유동식 같은 이들의 학문적, 인격적 영향을 시인한다.

그렇다면 신토불이 신학은 결국 60년대 문화신학, 70년대 정치신학, 80년대 민중신학의 맥을 잇는 한 다른 형식인가? 신토불이 신학은 토착화 신학인가? 그 대답은 '그렇기도 하고 아니기도 하다'이다. 그리고 그 그런 것과 아닌 것을 구분은 신토불이 신학의 윤곽을 드러낸다. 한 교수는 지난 반세기 동안 시도되어졌던 한국신학들에 대하여서도 비판의 칼날을 세운다. 그 이유는 그들의 실험이 문화적이든, 사회-역사적이든 그 고유성을 상실하였기 때문이다. 참된 토착화가 되지 못하고 좌와 우의 한쪽에 속하여 이념적으로 경도되었기 때문이다. 그 결과 기독교 복음의 절대성이 상실되었다. 토착화 신학은 기독교 신학과 그 신학이 전파된 땅의 상관관계론이다. 이런 의미에서 토착화 신학은 신토불이 신학 밖에 있는 것이다.[23] 60년대부터 80년대로 이어지는 토착화 신학은 진정한 의미에서의 토착화가 되지 않았기 때문에 비판되어져야하는 것이다. 해방신학에 대해서도 "해방신학 자체가 틀린 것은 아니다"라고 말한다. 그는 사회주의 신학에 대해서 "사회주의 신학을 주장하는 극단주의자들은 역사적 예수를 가난한 사람들을 위한 그리스도로만 해석한다 …… 저들

23) 한숭홍, "한국 토착화 신학의 현주소," 「침신대학보」 1994.10.28.

은 '가난한 자들은 천국에, 부자들은 지옥에 간다'는 식으로 복음을 해석하면서 사회정의를 외쳤다. 복음에 대한 이러한 해석에 의해 해방신학 등을 비롯한 여러 가지 양태의 사회주의 신학들이 나오게 되었다고 말한다. "한국 기독교의 사회주의자들이나 이들의 사항을 추종하는 신학자들의 또 다른 모습은 북한은 사회 평등이 성취된 곳, 인간이 주인이 되어 있는 곳, 가장 인간적인 곳이지만 지금은 미국 때문에 살기가 어려워 진 곳이라는 고정관념에 사로잡혀 친북반남의 선봉에서 김정일 친위대 노릇을 하고 있는 것이다"라고 비판하면서 단적으로 "사실상 미국과 단절하고 김정일에게 남한을 통치하게 하자는 저의가 그 속에 잠재되어 있는 것이다"라고 평가하면서 단절을 무극을 재확인한다.

내용적으로 정리해보면 한 교수는 다원주의를 포용하고 이데올로기적 정치화는 반대하고 있다. 경제는 확장 포용하고 문화는 다원화하고 있다. 신토율을 나타내는 영어 조어'thegeonomos'는 신과 토, 그리고 율의 세 가지가 합성된 단어인데, 신은 원리, 토는 재료를, 율은 적용을 나타내는 개념이다. 절대 혹은 원리로서의 삼위일체 신관, 창조론, 구원론, 성서 중심적 신학이라는 복음적 신앙이 상황과 적용에 의하여 확장되고 포용되는 것이다.

이와 같이 토착화-민중 신학에 대한 비판을 통해서 그는 아무런 극도 없는 무극이 되어 외롭게 벌판에 서게 되었다. 태극의 어우러짐, 진정한 토착화, 신토불이 신학을 천명하기 위한 필요불가결한 작업이었다고 할 수 있다. 보수-정통주의 신학과 신학자, 한국 교회 지도자, 그리고 토착화-민중신학 비판에 더하여 한국교회 경영과 정서의 굵은 맥을 잇는 신비주의 신앙까지 비판하고 나면 한 교수가 선 자리는 실로 허허벌판이다. 무극이다. 그가 선택한 길은 한국 신학, 나아가서 세계 신학에 대한 코페르니쿠스적 혁명이요, 그가 신학은 광야의 외로운 외침이 된다. 어느 선에서도 이어지지 않고, 아무 것도 닿을 수 없는 끝, 그 끝마저 없는 그 곳에 그는 존재하고자 한다.

2. 무극에서 태극으로, 신토불이 신학을 향하여

반제는 합제를 향하고, 비판은 본질을 추구한다. 무극은 태극의 어울림의 기초가 된다. 신토불이 신학은 그 합제이고 본질이고 태극이다. 한국 교회 역사는 정과 반의 신학적 대립. 갈등의 양상을 이루어 왔는데 "이제는 합명제로 지양해야 할 때이다." 보수주의는 "좌로도 우로도 치우치지 않는 신학이라는 선언을 하루 빨리 폐기하고 오히려 좌와 우를 아우를 수 있는 합의 신학을 정립하여 한국 교회를 통합하려는 웅대한 이상을 현실화하는데 신학함의 초점을 맞추어 나가야 할 것이다."24) 에큐메니칼 신학과 운동 역시 "또 하나의 신학적 논쟁으로 표출되는 자가당착에 빠지곤"하는 비판을 벗어날 수 없다. 보수주의는 여타의 신학이나 교회의 실체를 인정하려하지 않거나 백안시하며, 진보주의는 시대정신과 사회의식을 표방하며 새로운 내일을 위해 신학의 사회화만을 강조하는 경향이 강하다. 보수-정통, 진보주의, 사회주의에 더하여 에큐메니칼 신학도 대안이 되지 못하는 것이 이런 이유 때문이다.

그의 신학은 서구 신학의 마지막 딜레마인 플라톤의 관념론과 아리스토텔레스의 실제론을 아우르는 제 3의 신학이요, 그런 의미에서 총론적 신학이요, 그런 의미에서 천하평정의 신학인 것이다. 바르트를 위시한 20세기 신학자들 이후 더 이상 새로운 것이 나타나지 않고 있는, 아니 더 이상 새로운 것을 생산할 능력을 상실하고 유성과 같이 떠도는 서구신학의 종언에 대한 총괄적 의미를 가지고 있다.

그는 신의 죽음을 말하지는 않는다. 오히려 신학의 죽음을 지적한다. 그리고 "그래도 신학은 있다"고 선언하는 바의 신학이 신토불이 신학인 것이다. 새로운 신학은 신학의 불변하는 진리의 영속성을 추구하고 있는 것이다. 그 영구불변하는 신학이 신토불이 신학이다. 그 뿐만 아니라 지역주의 신학이나 특정 계층에 국한 된 신학이 아니기 때문에 세계 신학이며, 특정 이념으로 특화된 신학이 아니기 때문에 시류에 좌우되는 신학이 아닌 것이다. 성서 전체를 꿰뚫고 있는 절대 주제가 하나님과 흙이기 때문에 플라톤주의 신학과 아리스토텔레스주의 신학의 두 유형의 신학을 벗어난 제삼의 신학은 신토불이 신학일 수밖에 없다.25)

"나는 한국적 신학의 표본으로서 신토불이 신학(theology of thegeonmy)을 주창

24) 한숭홍, "한국교회의 분열과 신학적 논쟁," p.576.

25) op.cit., pp.29~31.

> 한다. 신토불이 신학은 한국적 신학이기도 하지만 어느 민족에게도 적용될 수 있는 기독교 신학의 표준화된 틀이기도 하다. 하나님과 그 하나님의 땅과의 관계, 즉 신토체계(thegeosystem)는 본질적이며 영구불변의 진리에 속한다."[26]

신토불이의 토는 국한된 지역, 주의, 문화, 정서를 담아내야 한다. 그러면서도 신토불이 신학은 총괄적이다. 왜냐하면 그 속에 창조론과 구속론을 담아내고 있기 때문이다. 창세기와 복음서는 신토불이의 신학의 신학적인 가장 중요한 전거가 된다. 그리고 이 두 가지는 신토불이에서 태극으로 만난다. 그러므로 신토불이 신학은 가장 기독교적 신학이며, 신앙적으로 이단이 아니다. 신약성서는 구속의 내용이 중심주제로 되어 있는데 그것은 그리스도의 강림과 부활, 승천의 우주적 사건이며, 하나님의 사랑의 표현이다. 삼위일체 하나님과 창조, 그리스도 그리스도의 구속론에 있어서 분명한 소견을 가지고 있다. 그리고 이 둘이 태극으로 어울린다. 성육신이라는 '하나님의 땅화'인 것이다.

그러면서도 그는 창조-구원의 도식은 본질화한다. 그 나머지 "참 신학은 샘물이 강을 이루고 바다로 흘러들어가듯이 삶의 정황에 따라 새로운 해석을 하며 계속 신학이 되어 가야 한다. 그래서 신학을 도상의 학문, 도는 되어지고 있는 진행형의 학문이라고 한다."[27]

Ⅳ. 정리하고 나가면서

지금까지 유극(something)에서 무극(nothing), 다시 무극에서 태극의 구조로 신토불이 신학을 구조화하여 보았다. 정서와 방법론에 있어서 전자는 비판을, 후자는 통합을 도구로 삼는다. 통합의 전거는 무엇보다도 성경이다. 특히 그 중에서도 구약 성경의 흙으로부터의 창조와 신약 성경의 성육신의 구원론이다. 창조론과 구원론은 신토를 체계화하는 두 가지의 도그마(신토불이 신학에 있어서 '도그마'라는 개

---

26) 한숭홍, "오늘의 한국 기독교, 무엇이 문제인가?," p.519.
27) Ibid., p.521.

념은 별로이겠지만...)이고 네러티브이다. 둘은 서로에게 통하고 서로를 증명한다. 그러나 신토불이 신학에서 둘 중에 더 앞서는 것이 있다. 창조론이다. 신토불이 신학에서 창조론은 구원론에 대하여 전제의 의미를 갖는다.

『본질과 현상』 5호와 6호에 이어 발표한 한숭홍의 두 개의 글, "신, 그는 누구인가?"[28]와 "식물은 무엇을 말하는가?"[29]는 숨 막히게 뛰어난 글이다. 필자 개인적으로 오래 전 바르트의 신학의 독서 이후 상실했던 영감과 감동을 이 글들을 대함으로써 회복했다. 앞의 글, "신, 그는 누구인가?"는 신에, 뒤의 "식물은 무엇을 말하는가?"는 토에 대한 신토불이 신학적 주석이다. 신과 인간이라는 대칭명제로 형성되어 온 서양신학을 신토불이 신학은 신과 흙이라는 태극명제로 기독교신학의 치명적 손상이 없이 주석하고 확장하였다. 이 두 글은 그 동안 논리(logic)과 도그마에 식상했던 한국 신학에 던진 상큼한 담론이다. 철학으로서도, 신학으로서도 완성도가 높은 글이다. 모든 신학을 아우르고, 모든 소재를 아우르는 신학이다. 문제에 직면하여 '생태신학'이라는 부제를 급급히 달 필요가 없는 모든 신학을 아우르고, 모든 소재를 포괄하는 신학이다.

그렇기 때문에 굳이 한 가지 문제를 지적하자면 구원론은 좀 약화되어 있는 듯이 보인다. 기독교 신앙에서 구원론은 구원의 전제로서 '죄'가 상정되어야한다. 죄의 문제를 심각하게 고려하지 않는다면 구원의 전제는 인간 고통, 소외, 탐욕과 같은 것으로 상대화된다. 한 교수는 '죄인으로서의 인간'에 대해서 깊은 고찰을 하지는 않고 있다. 이것은 지적한 바와 같이 창조론이 구원론에 우선하고, 구원론도 성육신의 창조론적 관점에서 이해하였기 때문이라고 할 것이다. 그리스도론은 하나님이 흙이 되셨다. "성육신은 신토불이 신학의 원형(archetype)를 창조한 것이다. 그렇기 때문에 기독교 인간관은 기독론적이다."[30] 이것은 뛰어난 신토불이의 틀에서의 성육신이기는 하지만 그리스도론의 핵심은 그 하나님이 죄로부터 우리를 구원하시는 것이다.

28) 한숭홍, "신, 그는 누구인가?," 『본질과 현상』 5호(경기도 과천: 2006 가을).
29) 한숭홍, "식물은 무엇을 말하는가?," 『본질과 현상』 6호(경기도 과천: 2006 겨울).
30) 한숭홍, "기독교 인간관-신토불이 신학의 관점에서," 『본질과 현상』 2호,(경기도 과천: 안문화사, 2005 겨울), p.48.

한 교수는 교리사적으로 "기독교 인간관은 지난 2천년 동안 '인간=죄인'의 패러다임을 벗어나지 못하였고, 이러한 굴레에 속박되어 거의 고착되어 전승되어 왔다." 고 비판한다.[31] 그는 "불트만의 원죄에 대한 실존주의적 해석은 원죄해석의 한 전기가 되지만 전통적인 기독교 인간관의 틀에서 크게 벗어나지 못하였다"[32]고 평한다. 그렇다면 원죄, 원죄성, 원죄의식도 아닌 것으로서 구원, 해방이란 무엇인가라는 질문이 남는다. 그리스도가 흙이 되셨다는 것과 그리스도가 구원하셨다는 동연이기는 하나 차이도 있다고 생각된다.

이와 같은 작은 질문을 제외하고는 답답한 것이, 왜 이와 같은 신학자와 신학을 두고서도 장신대와 교단이 그의 은퇴에 이르도록 스스로 주목하지 않는가 하는 것이다. 그의 은퇴가 그의 정열을 식힐 수 없고, 다시 한 번 은퇴라는 장애를 극복하리라 확신하면서 은퇴가 그의 양들을 다시 결집시키고 통합신학의 총론으로서 평가되는 계기가 되기를 바라는 바이다.

---

31) Ibid., p.38.

32) Ibid.

무극 한숭홍 교수의 신학사상에 대한 서론적 고찰

-그의 '삶 신학'의 역사적 전개를 중심으로-

정 성 한
(영남신학대 교수, 역사신학)

Ⅰ. 서론: 연구 방법 및 범위

본 연구자는 무극의 신학사상[1])을 우선 서론적으로 고찰하기로 마음먹고 글의 제목을 "무극 한숭홍 교수의 신학사상에 대한 서론적 고찰"로 잡았다. 이는 한 신학자가 평생 신학하며 이루어 놓은 업적들을 후학이 단 한 주제의 글로 정리한다는 것은 불가능할 뿐만 아니라 바람직한 것도 아니며, 오히려 그 후학들이 스승의 가르침을 이어받아 더욱 발전시켜 가야 한다는 뜻을 우선 담았다. 또한 본 연구자는 한국교회의 역사를 공부하는 학도이기 때문에 무극의 신학사상의 역사적 맥을 잡아 그 발전과정을 고찰하는 것이 마땅한 일인 줄로 알아 제목의 부제로 "그의 '삶 신학'의 역사적 전개를 중심으로"를 달았다. 이렇게 한 이유는 무극의 신학사상의 핵심이 무엇이며 그가 실제로 신학대학에서 신학을 '하고 나누면서' 발전시킨 신학의 전

1) 여기에서 무극을 철학자로 볼 것인가, 신학자로 볼 것인가 아니면 교육학자로 볼 것인가 하는 문제제기가 있을 수 있는데, 그 점은 무극과의 사제관계 성격에 따라 다소 달라질 것으로 본다. 그러나 필자는 그의 글을 읽으면서 그렇게 나눈다는 것이 별 의미가 없다는 사실을 발견한다. 따라서 여기에서는 그 세 가지 다를 통합시킨다는 뜻에서 신학자로 표현한다. 그러므로 이후 '신학사상' 또는 '신학'이라는 말에는 이 세 뜻이 다 포함되어 있다고 여기면 좋겠다. 무극 역시 그렇게 여겨지길 바란다는 확신을 필자가 그의 글 곳곳에서 발견한다.

개과정에 관심이 갔기 때문이다. 2장에서는 무극의 신학사상을 본격적으로 밝히기에 앞서 무극이 장신대에서 교수를 시작한 1980년대 한국교회와 세계교회의 신학적 반성들을 먼저 고찰한다. 이는 무극의 신학적 문제의식의 출발을 보다 잘 이해할 수 있기 위해서이다. 3장에서 무극의 신학사상의 구조를 전체적으로 조망할 수 있는 틀을 약술하려고 한다. 이후 4장에서 무극의 신학사상이 역사적으로 발전해가는 과정을 그의 글을 직접 인용하며 고찰한다. 마지막 결론적 고찰에서는 무극의 사상 전체 흐름에 대한 필자의 미력한 소감을 밝힘으로 마무리 한다.

그런데 본 연구는 무극의 수많은 '삶'의 결과물들 - 저서와 역서 22권, 논문 250편, 주일 설교, 강연 등 - 가운데 필자가 처한 상황에서 습득 가능하고 자의적으로 선택했던 극히 제한된 자료들 - 논문 16편과 저술 1권 - 만을 참고했음을 밝혀 둔다. 무극이 장로회신학대학교에서 교수생활을 시작한 1980년부터 2005년까지의 논문들 중에서 기독교교육관련 논문을 제외하고(다른 연구자가 있으므로) 매년 1~2편의 논문을 자의적인 기준으로 선정했고, 그 선정된 것들 중에서도 필자에게 전달된 자료들만 사용했다. 따라서 이 연구는 여러모로 한계를 가질 수밖에 없다. 이미 밝힌 대로 자료의 한계에다 연구자의 독해능력의 한계가 덧붙여지기 때문이다. 그러므로 이 연구는 이후 또 다른 연구자에 의해 완전 부정되거나 적어도 대폭 수정될 수 있다는 전제하에 시작된 글임을 밝혀둔다.

Ⅱ. 1980년대 한국교회와 세계교회의 신학적 반성[2)]

먼저 이 시대의 한국교회의 신학적 반성을 파악하기 위하여 당시 한국 신학계 및 교계의 대표적인 학술지며 잡지였던 〈신학사상〉과 〈기독교사상〉, 그리고 〈월간목회〉에 실린 글들 가운데 '좌담'의 주제들과 그 주된 논점들을 간단히 살펴보았다. 좌담은 당시 한국교회가 당면한 신학적 문제들을 수렴하고 정리하는 성격을 가지고

2) 연구자의 시간적 한계로 이 부분은 이미 앞서 발표했었던 글에서 빌려왔다. 이후의 본격적인 글에서는 1980년대 이후 2006년도까지의 한국교회와 세계교회의 신학적 반성을 다 다루어야 할 것으로 생각한다. 졸고, "사랑방교회의 역사적 평가를 위한 서론적 고찰," 『코이노니아를 지향하는 교회』(포천: 도서출판 사랑방, 2004), pp.416~424에서 부분적으로 재인용함.

있다. 위 잡지들에서 무극의 교수생활 초기라 할 수 있는 1980년부터 1984년까지 20개의 좌담회 기사를 정리한 결과 다음 몇 가지로 그 유형을 나누어 볼 수 있었다.

1) 한국교회 선교 100년을 정리하면서 한국교회의 바람직한 미래상을 제안하는 좌담기사들이다. 이 좌담기사들은 한국교회 100년의 역사를 지배해온 미국식 교파주의 문제와 비정치적 반지성적 탈역사적 경건주의의 극복을 당면 과제로 제시하고, 민족사의 흐름과 같이 하는 교회사를 제안하며, 선교 2세기를 맞이하여 선교공동체로서의 교회에 대한 인식과 민중 지향적이고 한국 문화를 중시한 초기 선교사의 정신을 재음미하여 한국교회가 발전시킬 것을 주장한다.

2) 1980년대 초에 나타난 한국교회의 여러 가지 병리적 현상에 대한 사회학적 분석과 함께 당시 새롭게 도입된 사회학적인 성서해석에 관련한 좌담기사들이다. 이 좌담기사들은 한국교회의 권위주의, 비민주성, 폐쇄성을 지적하고, 정교분리(政教分離) 원칙아래서 자행되는 한국교회의 왜곡된 현상을 지적한다. 이러한 사회와 교회의 병리적 현상을 극복하기 위하여 성서해석에 사회학적인 방법론을 적극적으로 도입해야 할 필요성이 제기되는데, 이 성서해석 방법론을 통해 성서의 세계를 생활세계('삶의 자리')와 연결시키려고 시도한다.

3) 1980년대 초반 한국교회의 성령운동의 일환으로 나타난 현상들, 즉 말세론, 정통과 이단, 부흥회, 기도원 등에 관련한 좌담기사들이다. 묵시문학에서 중요한 '하나님의 나라'를 무시하는 한국교회는 묵시문학을 말세론으로 해석하여 역사를 무시하고 샤마니즘화 되어가고 있다. 한국교회에서의 성령운동이 갖고 있는 여러 가지 문제점들이 대두되는데, 그 이유는 한국교회가 비신학적이고 비성서적인 성령운동에 너무 많이 시달렸기 때문이다. 한국교회에 회개운동이 일어나야 하는데, 한국교회의 형식주의, 샤머니즘적 요소, 목회자들의 신학적 빈곤을 회개해야 한다.

4) 세계교회와의 관련성 속에서 한국교회를 평가하는 좌담기사들이다. 한국교회가 이제는 국가와 민족에 책임지는 교회로서 세계에 하나의 모델로 제시되어야 한

다는 전제아래, 한국교회 초기부터 내려온 사회 참여와 영혼 구원의 양극화를 극복하고, 세계 교회로부터 받은 역량을 한국사회 속에 구체화시켜야 한다. 여기에서 '교회 갱신'이란 말이 대두되는데, 교회 갱신이란 초대 교회로 돌아가자는 말이며, 이는 또한 교회에서 선포되는 메시지의 갱신, 신학의 재정립을 의미한다.

5) 기타 타종교와의 대화 문제, 서남동 박사의 민중신학 문제를 다루고 있다. 이 논제는 타종교에 배타적인 한국교회에 대한 반성과 한국신학의 토착화 문제를 다루는 것이다. 이 역시 1980년대 초 한국교회의 중요한 신학적 과제 였다.

다음으로 1980년대 초 세계교회(WCC)의 신학적 반성을 살펴보자. 1983년 캐나다 벤쿠버에서 제6차 세계교회협의회(WCC) 총회가 "예수 그리스도 - 세상의 생명"이라는 주제로 열렸다. 이 총회의 개회식 때 발표된 기조연설의 제목은 "함께 하는 삶"이었다. 세계교회협의회가 1948년 암스텔담에서 시작된 이후 세계교회들의 하나됨이 줄기차게 역설되어 왔다. 그러나 1970년대 이후 1980년에 들어 미국과 소련을 중심으로 더욱 강화된 동서 냉전의 틀과, 1970년대 이후 산업화의 길에 들어선 개발도상국들 가운데 더욱 기승을 부리는 폭력과 사회적 부조리와 부정의(가장 대표적인 나라가 한국이었다)는 교회들로 하여금 예수 그리스도 안에서 함께 하는 삶에 대한 욕구를 더욱 강하게 제기했던 것이다. 이 함께 하는 삶은 "성부, 성자, 성령의 하나님과 사랑의 교제를 반영"하는데, "이것이야말로 우리가 지향해야 할 삶의 양식이며 무한히 고귀하고 깨어지기 쉬운 어느 것하고도 바꿀 수 없는 경이로움과 영광으로 가득 찬 선물인 것"이다. "오직 우리가 하나님과 이웃과 자연 세계와의 사랑의 교제 속에서 응답할 때만이 충만한 삶이 가능하게" 된다.

1983년 캐나다 벤쿠버에서 열린 세계교회협의회 총회는 이후 1980년대 세계교회신학의 흐름을 주도했다. 이 1983년 세계교회협의회의 "함께 하는 삶"에 대한 신학적 잇슈는 1991년 호주 캔버라에서 열린 제7차 세계교회협의회 총회에서 "오소서, 성령이여 - 만물을 새롭게 하소서"라는 주제로 더욱 강화되는데, 특히 제3분과 위원회 보고서 중에 나오는 "I. 성령 안에서 코이노니아로서의 기독교공동체"라는 자료는 교회론을 코이노니아라는 개념으로 발전시킨 중요한 자료이다.

결론적으로 1980년대 초의 한국교회와 세계교회는 교회의 본질에 대한 전반적인 반성을 하고 있던 시기였고, 그 핵심에는 '삶'의 문제가 자리 잡고 있었다.

Ⅲ. 무극의 신학적 구조

1. 시대적 문제의식의 표출

일반적으로 모든 글에는 서론에서 그 글을 쓰게 되었던 계기가 되는 문제의식이 드러난다. 무극의 글 역시 예외는 아니다. 그러나 무극의 문제제기 방식은 대체적으로 매우 철학적이다. 구체적인 서술 보다는 하나의 대 명제를 내던져 제시하는 방식이다. 그러나 곧 이어지는 본론에서 논리적이고 충실한 내용을 서술함으로써 그의 문제제기가 단편적이거나 편협적이지 않고, 오랜 깊은 고민의 결과 나온 것이었음을 보여준다. 그리고 그런 그의 모든 문제의식은 '삶'의 문제로 귀착된다[3]. 이것은 앞서 한국교회와 세계교회의 1980년대 신학적 반성의 결과와 직결되는 것이다. 결국 '삶'에서 나오는(시작되는) 무극의 문제의식은 그가 교수로서 1980년 11월 3일자 『신학춘추』에 처음 발표한 "합리와 비합리"라는 글에서부터 2005년 10월의 종교개혁 기념강연(주제: "신토불이 신학")에까지 일관되게 흐른다.

2. 사상전개의 날줄과 씨줄

무극의 신학사상을 역사적으로 관통하며, 시대의 흐름에 따라 제기되는 다양한 문제의식들에 대한 일관성을 유지하도록 하는 '날줄'은 '삶'이다. 그리고 이 '삶'이라는 날줄에 한 올 한 올 꿰어져 가는 '씨줄'은 그때그때 한국교회에서 제기되는 문제나 그가 앞서 관심 갖는 영역들이다. 날줄인 '삶'이 무극의 신학함의 길에서 포기된 적 없는 절대성과도 같은 그 무엇이라고 한다면, 씨줄은 '흐르는 물'과 같아 늘 변화하는 것이다. 그가 즐겨 사용하는 언어인 '문화'나 '종교'라는 것도 사실상 날줄과

3) 이때 삶이란, 모든 학문뿐만 아니라 언어, 문화, 기술, 문명, 종교까지를 포함한 광범위한 뜻에서 사용된다. 참고, "합리와 비합리," 『신학춘추』, 1980.11.3.

씨줄이 서로 엮어져 만들어진 옷감에 대한 다른 표현들일 뿐이라는 느낌이 든다.

무극은 철학자이기도 하고 신학자이기도 하며 교육학자이기도 하다. 이는 그가 이 세 가지 영역을 모두 심도 있게 공부한 전문가라는 뜻인데, 이것은 또한 그가 수많은 저술들을 쓰게 된 이유로도 작용한 듯하다. 그런데 그의 전공인 철학과 신학과 교육학은 그의 글들에서 다양한 방식으로 상호 유기적인 관계를 맺으며 여러 글들을 생산해 내는 수단이 된다. 이를 간단한 그림으로 나타내면 다음과 같다.

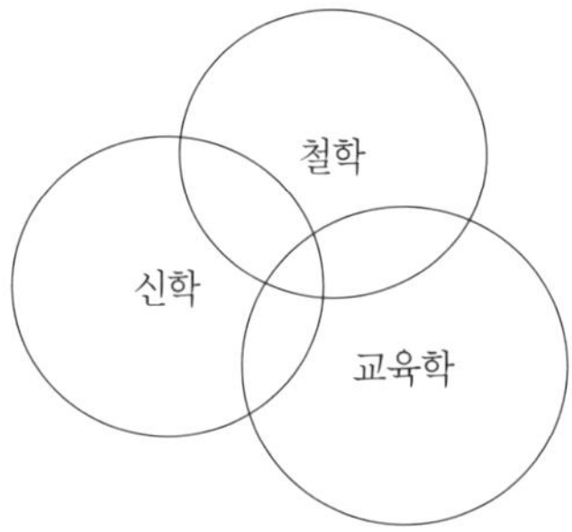

여기에서 무극의 글들의 세 유형이 나온다.

가. 단독 유형: 예컨대, 철학적인 글, 신학적인 글, 교육학적인 글

나. 이원 일체형: 예컨대, 철학적이고 신학적인 글, 신학적이고 교육학적인 글, 철학적이고 교육학적인 글

다. 삼원 일체형: 예컨대, 철학적이고 신학적이며 교육학적인 글

Ⅳ. '삶' 신학의 역사적 전개 과정

그렇다면 무극의 사상적 날줄 '삶'이 흐르는 물처럼 만나는 씨줄인 각 시기의 문제의식들과 만나 어떠한 '삶의 신학'을 전개해 가는지 그 역사적 과정을 추적해 보자.

1. 삶은 비합리적이다(1980)

출처: "합리와 비합리," 『신학춘추』, 1980.11.3.

무극은 1980년 2학기에 장신대에 조교수로 부임하여 지금까지 27년 동안 후학들을 가르쳐 왔는데, 그가 교수로서 발표한 첫 글이 "합리와 비합리"라는 주제의 글이다. 무극은 이 글에서 논리적 사고의 덫에 빠져있는 현대인들의 문제점을 지적하며 "삶의 합리를 추구하기 위하여 비합리를, 그리고 비합리 속에서 합리를 찾아내야 한다."고 일갈한다. 더 나아가 그는 비합리야 말로 역사해석의 중심개념이라며 "역사의 원동력은 감성"이요, "이성은 역사에 참여할 뿐, 역사를 움직이는 것은 이성도 숙명도 아니고 감성, 즉 정(情)이다." 라고 하였다. '5 · 18 광주 민주화운동'으로 대변되는 1980년 한국의 상황은 많은 젊은이들에게 절망과 좌절을 안겨주고 있었다. 당시는 합리적인 일보다는 비합리적인 일들이 지배하고 있었고, 시대가 전혀 이성적이지 않다고 여겨지고 있었다. 대부분의 사람들에게 '비합리'는 당시 군부정권의 '폭력'을 의미했고, '이성적이지 않다'는 것은 그만큼 시대에 대한 불안감을 더한층 고양시키고 있었다. 이런 시기에 그의 글속에 표현된 '합리'와 '비합리'는 역사적 맥락 속에서 무엇을 뜻하는지 논란의 여지가 많았을 것이다.

무극이 이 글을 당시의 군부정권을 옹호하고 학생들의 감정적인 행동들을 비난하기 위한 목적으로 쓰지는 않았음이 분명하다. 그는 여기에서 역사와 삶에 대한 새로운 시각을 제시하는 것이다. 이성의 시대로 일컬어지는 계몽주의 정신의 미망에서 깨어나지 못하는 이 땅의 젊은이들에게 그는 역사를 다시 보게 한 것이다. "역사는 인간의 발자취만으로서 형성되는 게 아니다 ······ 역사는 역동하는 힘의 본질을 그 자체의 깊이에 보유하고 있다. 즉, 역사는 동적이다." 이는 분명 인간들의 오만을 지적하는 것이다. 더 나아가 "역사는 아름답다." 당시에 누가 우리의 역사를 아름답다고 하였겠는가? "역사는 삶 자체이다." 그가 앞서 말한 "비합리"가 무엇을 의미하는지 인용해 보자.

> "비합리적인 본질은 모순적인 것을 포함하고 있기 때문에 전혀 논리학에서는 해결 되어질 수 없다. 우리는 여기에서 '비합리'란 개념을 정확하게 규명하고 정

의하여 사용하여야 할 것이다. '역사의 비합리' 혹은 '역사에서의 비합리'란 역사의 본질을 규정한 것이며 역사의 원초적인 것이다. 흔히 역사와 문화 혹은 역사와 정신의 문제를 다루면서 많은 역사 철학자들이나 문화사가들은 역사의 내적 깊이에 있는 '초 이성적' 본질은 언급하지 않거나 혹은 의식적으로 회피하려는 것을 찾아볼 수 잇는데 그것은 역사의 본질을 인간의 사고 혹은 정신, 또는 그것의 구현으로서의 문화현상에서 찾아보려는 데서 의도된 것이다. 그러나 역사의 본질은 인간의 정신, 합리의 영역 내에서는 큰 의미를 지니지 못한다."

여기서 우리는 계몽주의를 넘어서 로망주의로 가는 그 사상사적 고개의 정점에 이르러 맛보는 것 같은 깨달음의 희열을 얻는다. 역사는 삶이다. 삶은 비합리적이고 감성적이다. 그러므로 삶은 아름답다. 합리성과 이성성의 도그마를 깨뜨린다. "'나는 생각한다 고로 나는 존재한다'는 데카르트의 명제는 고로 여기에서 파괴되어진다. '내가 존재하는 것은 감성한다는 것이다.'" 삶의 비합리성은 인간에게 뿐만 아니라 신에게도 자리를 마련해 주어 서로 만남이 이루어지게 한다.

2. 삶은 실존적이다(1982)

출처: "인간관계에 대한 실존철학적 조명," 『교육교회』, 제82호(1982.5).

20세기의 인간들은 저마다 합리적이고 이성적인 것을 추구하기를 좋아하지만, 실상은 극단의 불신과 체념적인 생활을 하고 있다는 점에서 모두 공통적이다. 그 이유는 무엇일까? 무극은 "인간관계가 실존적 만남에서 현존과 현존의 사건적 관계로 되어 버렸다"는 데에서 그 원인을 찾는다. "모든 인간은 거의 유사한 사고구조와 기능과 생활방식 및 습관을 배우게 되면서, 거의 평균치적인 인간으로 되었"는데 이는 "기능주의적 집합사고"의 결과이고, 그들은 "집합적인 이기주의"(Kollektiver Egoismus)에 빠져있다. 이것이 바로 합리를 추구하는 인간상이다. 인간관계에서 참된 관계를 찾아보기 힘들게 되었는데, 이는 삶의 비합리적 요소인 "애착감정"을 상실하였기 때문이다. 그런데 이 애착감정이란 "자기의 내재적 핵심"을 개방하지 않으면 나올 수 없는 것이다. 그리고 이 '내재적 핵심'을 곧 실존(Existenz)이라 부른다. 그러므로 앞서의 "삶은 비합리적이다"는 명제는 이제 "삶은 실존적이다"로 바

꿔어 불릴 수 있다.

> “인간은 실존이다. 인간과 인간의 관계는 실존과 실존의 만남이다. 실존적인 만남은 한 인간의 가장 내재적인 마음의 핵심과 다른 인간의 가장 내재적인 마음의 핵심과의 순수한 만남이며, 교제를 말한다. 그런데 우리의 현실은 인간관계의 피상적인 형식에서 인간의 비인간적인 모습을 증명하게 되었다. 실존적 인간관계란 인간과 인간의 삶의 형식을 보다 철저하게 맺어가는 것을 뜻한다(삶의 철저화, Radikalisierung).”

이 실존의 장인 ‘삶’에서 인간은 자신과 타인과 세계와 역사와 무릇 절대자를 만나게 되는 것이다.

* **보론(補論) 1(1983)**: ‘철학과 신학이 추구하는 문제는 동일하다.’[4]

이때까지 무극은 학생들 모두에게 철학교수로만 인식되어 왔던 것으로 보인다. 여기에 대한 무극의 불만인지, 아니면 무극 자신의 정체성에 대한 새로운 자리매김의 시도인지, 또는 철학에 무관심한 신학도들에 대한 계몽적 성격인지 모르지만, 그가 1990년대 들어 적극적으로 피력하기 시작한 ‘철학적 신학’의 시원이 되는 글이 쓰여 졌다. 이후에 그가 발표하는 글들의 필자명 다음에 자신의 전공을 나타내는 괄호 안에는 ‘철학과 신학’으로 표기되기 시작한다.

> “신학은 철학과 밀접한 관계를 갖고 있으며 과학적 사상기초와 방법론을 수용하고 있다. 신학과 철학의 끊임없는 대립보다는 근본적인 공동 작업이 추구되어

4) 출처: “신학과 비판철학의 접촉,” 『신학춘추』, 1983.08.22.

야 한다. 현대신학은 거의 형이상학 내지는 존재론의 성격을 갖추게 되었다. 그 핵심에는 하나님의 본질과 속성을 밝히고, 인식하고, 그래서 인식의 방법에서 드러내 보려는 것이다. 그러나 단순한 인식의 길은 경험론과 사변철학에 빠지게 되고, 또 맹목적인 신앙일변도의 주장은 독단주의에 빠지게 되므로 하나님을 어떻게 인식할 것인가 하는 신학의 궁극적 문제가 철학적이며 신학적인 입장에서 해결되어야 한다."

3. 삶은 파라독스이다(1984)[5]

실존의 장인 삶에서 이루어진 하나님과 인간의 만남은 파라독스이다. 여기에서 구원의 사건이 이루어진다. 그러므로 삶은 구원 사건이 일어나는 파라독스이다.

> "무한한 존재로서의 하나님이 유한한 인간에게로 찾아온 사실, 즉 영원으로서의 아가페가 시간으로서의 에로스와 부딪힌 사건은 역사적인 것이다. 영원이 시간과 만난 순간에서 역사는 시작되었으며, 영원과 시간을 포용하고 있는 그리스도가 구원의 사업을 성취한 것이기에 이 사건은 의미를 갖게 되었다."

여기에서 무극은 하나님과 인간, 그 어느 쪽도 일방적이지 않는 상호적 관계의 사랑. 참다운 인격적 만남이 이루어지는 단계를 그리고 있는 듯 하다.

1) 파라독스의 실례 1: 예수와 38년 된 병자의 만남[6]

무극은 요한복음 5:1~9절(38년 동안 실로암 연못가에 누워있던 병자의 이야기)의 신학적 해석(설교의 형태를 취함)을 통해 실존적 인간의 모습을 피력하고, 이 모습이 우리의 삶이며 현대인의 모습이라고 주장한다. 실로암 연못가에서 이루어진 '새로운 존재'(예수)와의 조우(만남)는 인격과 인격의 관계이다. 이 만남은 인간에게

5) 출처: "基督教의 사랑 概念에 對한 小考,"『박창환 박사 · 주선애 교수 화갑기념 논문집』. 서울: 장로회신학대학, 1984.

6) 출처: "구속사의 유비,"『그 나라와 그의 신학자 30인이 말하는 민족 선교론』. 서울: 초석출판사, 1986.8.

숙명적인 조우라는 점에서 인간의 본질인 가장 깊이의 차원이기에 실존적이다.

2) 파라독스의 실례 2: 예수와 한민족의 만남

무극은 1987년경부터 한국교회사에 대한 관심을 갖기 시작하는데, 그 첫 글은 1987년 4월 27일자 『신학춘추』교수논단에 실린 "한국인의 맥을 찾아서"라는 제목의 글이다. 이 글에서 앞서 파라독스 실례1의 38년 된 병자의 모습을 한 한국민의 모습을 읽게 된다. 이후 1989년 『목회와 신학』제2호에 "신정통신학과 한국신학"을 게제하고, 같은 월간지에 1990년 1월부터 "한국신학사상의 흐름"이라는 주제로 1994년 9월까지 50회에 걸쳐 인물 중심의 한국신학 사상의 흐름을 연재하였다. 이 연재물들은 1996년 장신대 출판부를 통해『한국신학사상의 흐름』상하권으로 출판되었다.

* **보론(補論) 2(1989)**: 모든 철학은 삶의 문제를 해석하는 해석학이다.

출처: "실존적 인간이해와 시적 세계관-실존성과 사랑을 분석하며," 『교회와 신학』제21집(1989.5)

> "철학은 인간과 그 삶을 떠나서는 생각할 수 없다는 점에서 모든 철학은 삶의 문제를 해석하는 해석학이라고 하겠다. 철학은 삶의 현상에서 관념의 세계를 자유롭게 드나드는 학문이며, 그래서 내재적이며 초월적인 기능을 갖는 학문이고, 시문학은 삶의 현상과 추상된 시적 세계를 실재화 하여 연결 짓는 특수한 기능을 갖고 있다."

무극의 다양한 영역의 글들을 읽다보면 일종의 추임새 역할을 하는 글들을 만날 수 있다. 주로 철학적인 글들이 그런 추임새 역할을 하는데, 아주 딱딱하게 여겨질 수 있는 철하저인 글들에게 오히려 추임새 역할을 줌으로서, 그의 글들의 역사적 흐름이 단조롭지 않게 된다. 그의 글들은 본래 이렇듯 다원적이다.

4) 삶은 문화다(1989)[7)]

1989년은 국내외적으로 정치적 격변의 시기였다. 나라밖에서는 구소련의 해체와 동서독의 통일로 상징되는 동서냉전의 붕괴가 이루어졌고, 국내적으로는 1980년대 줄곧 누적되어 왔던 민족적 모순이 통일운동으로 폭발되던 때였다. 이때 무극은 다소 그 시대를 관조하며 비켜서서 미래를 바라본 듯, 20세기를 철저히 반성하고 21세기를 준비하는 글을 발표하였다.

> "20세기는 삶의 철학, 유물론, 실용주의, 실존철학 등이 인간을 이해하기 위하여 철학했던 세기요, 인간이 중심문제화 되었던 인간탐구의 시대였다. 그래서 이 점에서 20세기는 인간학의 시대였다고 말할 수도 있을 것이다. 20세기처럼 인간이 인간 자신을 문제 삼았던 시대도 없었다. 그러나 인간이 자기를 발견한 것은 인간 자신에 관하여 진술된 몇몇의 개념이나 피상적인 본질규정이외에는 아무 것도 없었다."(339)[8)]

"20세기는 인간학의 시대였다."는 무극의 단언은 마치 '20세기에는 신의 자리가 없었다.'라는 말로도 들린다. 신의 자리가 없는 곳에서 인간은 늘 자신들의 "생성문제"를 가장 근본적인 문제로 여겼다. 그러나 무극은 그것보다는 "인간이 무엇을 하는 본질이냐란 문제가 보다 더 근본적"이라는 결론을 내린다.(347) 그런데 인간의 행동은 문화에 의해서 조정된다. 왜냐하면 인간은 자연과 삶의 종합적 실체인 문화를 갖고 있기 때문이다.(351) 인간은 인간 중에서 인간이 되며, 역사의식을 통하여 그의 역사적 삶을 향유하는 것이다.(355) 삶의 문제는 문화의 문제이다. 여기에서 우리는 자신의 존재에만 몰입되지 않고 인간과 자연과 신이 어우러지는 넓은 삶의 세계, 문화의 세계를 바라보게 된다.

무극은 이미 1987년에 『문화종교학』을 저술하여 출판하였다. 이것을 보다 발전시켜 21세기 미래적 삶에 적용하려는 문제의식이 강하게 드러나고 있다.

---

7) 출처: "인간이란 무엇인가?," 『장신논단』 제5집(1989.12).

8) 인용문 다음에 나오는 괄호( ) 안의 숫자는 인용 출처의 쪽수이다. 이후 동일한 방식을 사용한다.

* 보론(補論) 3(1990): 나는 누구인가?[9]

무극에게는 줄곧 그의 정체성에 대한 질문이 따라 다녔다. 철학자인가, 아니면 신학자인가? '철학적 신학'이라는 신학의 한 분야를 처음 소개하는 글로 보이는 이 글을 통해 무극은 자신의 정체성 논쟁에 마침표를 찍으려는 듯 하다. 그리고 글에 매우 계몽적인 성격도 담고 있다.

> "폴 틸리히에 의하면, 철학과 신학의 구분 자체란 사실상 불가능하다.(498) 철학적 신학이란, '가장 철학적인 신학'이다. 또한 다른 표현을 빌리면 철학적 신학이란 '가장 신학적인 철학'이라는 것을 의미하기도 한다.(517) 철학과 신학은 항상 절대 존재에 궁극적 관심을 가지고 있다. 철학의 궁극적 관심은 이성을 통해서, 그리고 신학의 궁극적 관심은 신앙을 통해서 표현되었다. 이 점에 있어서 철학과 신학은 표현상의 차이섬 외에는 본질적으로 다른 것이 아니라고 하는 주장이 대체적으로 철학적 신학자들의 공통적인 견해이다.(518) 철학적 신학은 신학을 철학적으로 하는 신학의 방법론이며, 동시에 철학을 신학적으로 하는 철학의 방법론이다."(518)

* 보론(補論) 4(1992): 나의 신학은 무엇인가?[10]

1990년대는 무극이 장신대에서 교수생활을 한지 어언 10년이 넘어 가는 시기이다. 그도 이제 신학계에서 중견 신학자이다. 이 시점에서 그는 그 자신의 신학이 무엇인지를 뚜렷이 객관화시키는 작업을 하였다. 이 글은 그의 신학 역사에서 하나의 분기점이 되는 자기 고백적 성격의 내용을 담고 있다. 또한 이 글이 발표되던 당시는 1989년 서울 JPIC(정의, 평화, 창조세계의 보전) 세계대회와 1991년 호주 캔버라에서 열린 제7차 세계교회협의회 총회의 "오소서, 성령이여 만물을 새롭게 하소서"라는 주제에 영향을 받은 창조신학과 생명신학 등이 한국 신학계에 날로 확산되어 가던 시기이기도 하다.

> "'신학이란 무엇인가?' 이 질문은 기독교 신학이 생겨난 이래로 계속 제기되어

9) 출처. "철학적 신학의 기초이론에 관한 연구," 『장신논단』 제6집 (1990.12).
10) 출처: "신학이란 무엇인가?," 『신학춘추』 1992.6.19.

> 왔다. 이것은 신학이 '되어진' 학문이 아니고, '되어지고 있는' 학문이기 때문에 제기되는 질문이다. 신학의 완전한 정립이란 영원히 불가능한 일이다. 신학은 도정(道程)의 학문이다. 나의 신학은 과거완료형의 신학이 아니고 현재진행형의 신학이다. 그러므로 신학은 삶의 신학이어야 한다. 신학은 힘의 학문일 뿐만 아니라 능력의 학문이다. 그러므로 신학은 생명력과 행동능력을 가지고 있다. 바로 이런 신학의 이해, 즉 새신학론의 의미 맥락에서 나는 이런 신학을 '삶의 신학'(die Lebenstheologie, or dir Theologie vom Leben)이라고 역설했다. 삶의 신학이란 생신학(生神學)을 의미하며, 생동신학(生動神學) 혹은 생명신학(生命神學)이라고 불리워질 수 있다."

이런 신학적 인식에 기초하여, 무극은 신학이란, 미완성 학문이며, 개체적이고 보편적이며, 비판적이고 초감각적이어서, 개혁적이고, 포용적이어야 하며, 한국인을 유대인화하는 것이 아니고, 그리스도를 한국화하는 신앙과정론이라고 주장한다. 이런 여러 가지 언어들을 단순화한다면, 신학은 삶에 관한 학문이다. 삶의 문제를 놓친 신학은 이데올로기로 전락하고 말 것이다. 어찌됐든, 무극의 자기 고백적 글들은 그의 신학여정에 매우 중요한 계기가 된 것으로 보인다.

5) 삶은 흙이다

무극의 신학은 '신토불이'(神土不二) 신학으로 결집되어 있다. 무극은 이 신학을 위해 1990년대 10여년 동안 준비해 온 것으로 보인다. 이미 살펴본 대로, 그는 1989년에 20세기 전반에 대한 철저한 반성을 거치면서 아울러 1990년대 들어서 자신의 정체성을 분명히 재정립하였다. 1990년대는 우리나라에 세계화(지구화, Globalization) 바람이 매우 거칠게 불어 닥쳤고, 이것이 곧 미국 중심의 경제논리임을 알아차린 이들은 이에 맞서 '신토불이'(身土不二)를 주창하였는데, 이 역시 경제논리인 것은 마찬가지였다. 무극이 이런 시기에 자신의 '신토불이'(神土不二) 신학을 주도면밀하게 체계화 해 왔다는 것은 그의 신학적 핵심 주제가 삶이었다는 사실을 볼 때, 미래를 더 이상 인간중심의 먹거리 마당으로 전락시킬 수 없다고 하는 깊은 문제의식이 담겨 있다고 본다. 인간중심인 한에 있어서, 거기에는 비합리가 설 자리가 없고, 가장 깊은 내면의 실존이 만나질 수도 없을 뿐더러, 파라독스가 일어나지도 않고, 문화의 내용 역시 편협할 뿐이기 때문이다. 이제 무극의 '신토불이' 신학의 형성과정을 추적해 보자.

1) '흙'의 발견: 공간적 표상(1993)[11]

무극의 '신토불이'(神土不二) 신학의 단초는 그가 중학교 1학년이었을 때 여동생이 빌려온 이광수의 책 『흙』을 읽었던 기억으로 거슬러 올라간다. 이 작품은 그를 사로잡았다.

> "대학교 1학년 여름방학 때 나는 남동생과 1명과 함께 『흙』의 영원한 고향을 찾아 남한 시골을 한 달 동안 여행하며 흙 냄새를 맡았다. 가는 곳마다 이광수의 『흙』, 아니 우리 자신의 『흙』의 본향이 발견되었다. 모든 곳, 그곳에서 주인공 청년이 부르짖었던 "농민의 속으로 가자"는 자연주의적 이상향이 짙은 흙 냄새와 더불어 체험되었다. 『흙』을 읽은 지 6년 후에 '흙'속에 직접 파묻혀본 체험이었다. 대학 졸업반 여름에 다시 한 달간 흙 냄새를 맡으러 전국을 돌아다녔다. 그러나, 그때 맡은 흙 냄새는 이미 기름 섞인 흙 냄새였다. 흙 색깔도 변해 있었다."

'흙'은 무극의 어린 시절부터 삶의 전기에서 절대적인 이미지로 자리하고 있었다. 흙은 분명히 삶의 영역에서 공간적 표상임에는 분명하지만 시간을 뛰어넘는 영속적 의미를 가지고 있다. 시간은 흘러도 거기에 있는 흙. "그러나, 그때 맡은 흙 냄새는 이미 기름 섞인 흙 냄새였다."는 표현은 "20세기는 인간학의 시대였다."는 무극의 또 다른 글과 이미지가 중첩된다. 또한 "기름 섞인(에 쩔인, 남도발음) 흙"에서 "기름 섞인"(에 쩔인) 하나님이 느껴진다. 무극의 글들에는 이렇듯 늘 신의 자리가 마련되어 있다.

2) '물'의 발견: 시간적 표상(1996)[12]

무극의 장신대 연구실은, 필자의 기억으로는, 늘 한강이 잘 내려다 보이는 위치에 있었다. 그 역시 자신이 늘 내려다 보는 한강의 '흐르는 물' 이미지가 자신의

---

11) 출처: "농민의 속으로 가자," 『열린마음』, 통권 2호(1993.2).
12) 출처: "기독교와 민족운동," 『신학춘추』, 1996.11.26.

신학에 중요한 이미지를 제공하고 있음을 고백하기도 했다. 공간적 표상으로서의 '흙'이 신학의 실존적 자리라고 한다면, 시간적 표상으로서의 '물'은 신학의 시대정신성이라고 해도 될까? '물'은 신학의 변화가능성을 의미한다. '물'은 신학이 삶의 정황에 따라 운동 과정 속에 있음을 상징하는 것이다. 무극에게 있어서 '물'은 한국의 신학이 '한국신학'이어야 한다는 이미지적 표현이다. 무극 스스로도 자신을 '물'로 이미지화하기도 했다. 무극도 과정이다.

> "한국 사회의 변천과 한국 사람들의 의식구조 변화 및 서양문물 유입으로 인한 문화 양태의 변질 등으로 말미암아 한국신학 형성 작업에는 더 한층 새로운 한국의 요소가 보태져야 하며, 특히 한국 민속문화의 진수와 토속종교 및 재래상까지도 신학에 깊이 수용하여 한국적 토착신학으로 발전해야 할 시대적 요청에 부닥쳐 있다. 이장에서 고려된 모든 진술들은 기독교를 정적 기능에서 고찰하려는 점과는 반대로, 인간의 삶의 정황에서 활동 또는 역동으로서 역할하는 기독교의 본래 기능을 한국 근대사의 역사 속에서 펼쳐본 것이며, 분석한 것이다. 그러나 삶의 정황의 신학은 어떤 형태로든지 운동일 뿐만 아니라 과정 자체에 대한 신학화란 점에서 이미 한국신학은 과정 속에 있으며 운동 상태에서 실재임을 드러낸 것이다."

3) 공간적 표상으로서의 '흙'에 대한 본질적 반성: 사이버 신학론(1997)[13)]

무극의 '신토불이'(神土不二) 신학이 발전하는 과정에서 만난 예기치 못한 위기인가? 왜 느닷없이 사이버 신학인가? 1990년대 중반을 넘어선 이 시기에 아마도 무극의 자녀중 하나가 대학생이 되었던 것으로 보인다. 소위 사이버 세대의 자녀를 둔 아버지의 문화적 충격이 고스란히 신학적 문제의식으로 배어난 것일까? 무극의 사이버 문화에 대한 충격은 상상이상이었던 것으로 보인다. 그는 기독교 전래 2천년 동안의 신학적 토양에 까지 문제를 제기한다. "기독교 신학자들이 지난 2천년 동안 역설해 왔던 문화와 신학의 관계론이 21세기에도 설득력 있는 이론으로 수용될 수 있을까?" 20세기까지는 물리적 공간을 전제로 한 문화해석에 의존하여 왔고, 물리

---

13) 출처: "문화변동에 따른 신학의 변화 전망," 『장신논단』 제13집(1997.12).

적 세계관의 시각에서 문화해석론을 전개해 왔다. 그런데 "지금은 사이버공간에서 문화의 본질이 결정되는 신기원의 도래기이다."(487)

> "문화의 본질 전환은 곧 신학의 본실 전환에 직접적이고 결정적인 영향을 주게 된다. 앞으로의 신학은 가상현실의 세계에 깊은 관심을 갖고 대답할 것이며, 이것을 필자는 '사이버 신학'이라고 명명하며 21세기 신학의 한 유형으로 규정한다.(488~489) 이미 2천년 동안 인간이 생각할 수 있는 모든 주제들이 신학의 연구대상이 되어 신학적으로 논증되고 규명되었음에도 불구하고, 21세기에도 독창적이고 위대한 신학이 탄생할 수 있을까? 그렇다면, 이런 신학은 어떤 이름으로 발표되든 지간에 사실상 사이버 신학의 한 부류가 아닐까?"(489)

그는 주춤거리는가? 아니면 '나는 할 수 있다'는 또 다른 자신감의 표현인가? 지금까지의 모든 신학의 주제들은 한마디로 인간의 삶의 현장인 땅을 전제로 하고 토론되어 왔다.(510) 그렇기에 우리는 그 땅을 만져질 수 있는 '흙'으로 표현한다. 그러나 사이버 공간(땅)은 만져질 수 있는 '그 흙'이 아니지 않는가? 이처럼 그에게는 삶의 공간적 표상인 '흙'이 중요하다. 여기에서 무극은, 삶의 문제가 1~20세기에는 현실의 땅에서 이루어 졌다면 앞으로 21세기에는 가상의 땅에서 이루어 질 것이므로 신학은 사이버 문화와의 관계 정립을 통해 '새 세기의 새 신학'으로 탈바꿈해야 한다고 주창한다. 여기에서 그는 "신학 혁명"을 말하고, "제2의 종교개혁"을 언급한다.(513)

무극의 이 글은 그가 지금까지 발전시켜온 '신토불이' 신학과는 내용상 아무런 관련이 없어 보인다. 그러나 그에게는 분명 '토'(흙)의 개념 변화에서 오는 충격이 매우 컸던 것은 분명하며, 이를 통해 그의 신학이 "신학 혁명"이어야 하고, "제2의 종교개혁"이어야 한다는 사실을 더욱 절감했을 것이다.

4) '신토불이'(神土不二) 신학 선언(2000): '하나님과 흙은 분리될 수 없다.'[14]

이 글은 무극이 20세기를 마무리하는 시점에서 사이버 문화로부터 받은 충격에

14) 출처: "한국신학, 무엇이 문제인가?," 『장신논단』 제16집(2000.12).

서 벗어난 듯, 21세기를 맞이한 첫해를 보내기 전에 한국 신학계에 내어 던진 폭탄과 같은 선언이다. 그리고 무극이 그동안 그토록 고심해 왔던 신학적 문제의식이 무엇이었는지를 보다 확연히 드러낸 글이다. 그리고 이 글은 그의 신학의 결정판이다. 실제로 그는 이 글을 2003년에 출판한 『신학이란 무엇인가?』라는 책에서 그 제목을 "신토불이(神土不二) 신학"이라고 고쳐 붙였다. 모든 학자들의 글이 대부분 그러하듯 무극의 글들도 대부분 계몽적인 성격이 강하다. 그러나 이 글에서 그는 자신의 신학함에 독자들을 끌어 들인다. 이것만 보아도 심상치 않는 기운이 느껴진다. 그렇다. 실상 그의 '신학 선언'은 한국신학계 뿐만아니라, 세계 신학계에 던지는 21세기의 첫 화두이다. 그가 한국교회에 던지는 질문은 곧 세계교회에 던지는 질문이기도 하다. 그는 한국 신학계에 이렇게 질문한다.

> "1. 한국교회가 한국사회와 세계교회에 영향력을 행사할 수 있을 정도의 고유한 신학을 창출했는가? 또한 이러한 운동이 용인될 수 있을 정도의 학문적 풍토를 제공했는가.(809) 2. 한국 신학계에서 제창되고 있는 제 신학들(예컨대, 통일신학, 민족신학, 생명신학, 신복음주의 계통의 신학 등)이 한국적 신학을 정립할 수 있는 분명하고 명료한 독창적 사상과 방법론을 갖고 있었는가? 이러한 신학들은 외국신학의 각 부분품들을 여러 곳에서 수입해 와서 짜 맞춘 조립신학이 아닌가? 지금은 한국 신학계가 조립기술보다는 독창적인 생산기술을 필요로 할 때이다.(810) 3. 한국 신학자들이 다양한 신학운동을 전개했음에도 불구하고 한국적 신학이라고 본질 규정 할 수 있는 우리의 신학을 창출할 수 없었던 이유는 무엇인가?"(810)

그러나 무극의 '신토불이'(神土不二) 신학의 논리 전개는 단순하고 명료하다.

> "<u>(가) 모든 종교는 민족정서에 부합한다.</u>(811) [따라서] 하나님(神)과 복음이 전파되는 땅(土)의 관계를 민족정서의 차원에서 진지하게 생각하지 않을 수 없다.(811) 민족정서는 그 민족의 땅에서 태동한다.(812) 기독교의 중심사상은 하늘(하나님)과 땅(인간)의 대칭구조로 되어있다. 그러므로 하늘과 땅의 상관관계에서 기독교 신학은 새롭게 해석될 수도 있다.(812) <u>(나) 땅은 삶의 자리이다.</u>(813) 복음

의 씨앗과 문화창출의 모체인 땅이 새로운 시각에서 재해석될 때 진정한 그 땅의 신학과 그곳 나름의 기독교가 창출되는 것이다. 한국신학은 바로 이러한 문제성을 간파하고 '땅의 신학'에 대한 해석학에서 그 답을 찾아내야 한다.(814) (다) 민족의 삶의 자리는 문화이다.(814) 한국의 기독교는 하나님의 주권을 너무 강조한 나머지 하나님의 주권이 펼쳐질 땅은 무시했다.(814) 그렇기 때문에 한국에서는 기독교 신학이 신토불이(神土不二)의 신학으로 지향·발전되지 못하고, 신토분리(神土分離)의 신학으로 고착화되면서 표리부동한 모습을 보이고 있다.(815) 한 마디로 말해, 땅은 그 땅에 맞는 신(神)과 그리고 그 땅에 맞는 종교적 정서를 통해서 그 민족에게 새로운 삶의 자리와 영향과 양식을 제공할 수 있다. 우리는 이러한 것들을 다 합쳐서 문화라는 개념으로 규정한다. 그러니까 복음이 문화에 영향을 주고 문화에 의해 영향을 받으며 문화에 동화되고 부합될 때 복음은 그 땅의 복음이 될 수 있다. 이것이 신토불이 신학의 핵심이다.(815)[15]

사실 무극의 '신토불이'(神土不二) 신학은 그가 1980년 이후 전개해온 '삶'의 신학의 맥락에서 이해하지 않으면 그 내용의 깊이를 파악하기 힘들다. 그런 점에서 무극의 신학의 강조점은 '토'(흙)에 있어 보인다.

V. '신토불이'(神土不二) 신학의 문제의식(2005)

출처: "神土不二 神學," 장신대 종교개혁기념강좌. 2005.10.

"나는 연구실 창문을 통해 한강을 내려다보면서 가끔 학문의 정체성도 부단히 흐르는, 좀 더 정리하여 표현한다면 만물유전의 법칙에 따라 변전(變轉)하는, 그런 의미에서 속박되어 있지 않은 본질로 볼 수밖에 없지 않을까 라는 생각을 하곤 한다. 특히 햇볕이 따사롭게, 그리고 눈부실 정도로 연구실에 쏟아지고 아름답게 물들었던 잎사귀들이 누렇게 퇴색된 낙엽이 되어 바람이 일적마다 운동상을 이리지리 휘날려 굴러가는 늦가을쯤에는 더욱 이러한 시간(時間)과 운동(運動)의 연관성을 함께 생각하곤 한다. 물론 이러한 잡념이 구체적으로 문장화되거나 나의 논문의 한 제목으로 등장하지는 안았지만, 그러나 나의 글들의 곳곳에는 이러

15) 괄호( )번호와 밑줄은 강조를 위해 필자가 붙임.

한 사상의 근원적인 것들이 앙금처럼 침전되어 있다."(19)

"하지만 진정 학자적 양심을 갖고 기독교 신학의 2천년 사를 반추해 본다면, 비록 자신들의 신학노선을 변호할 목적에서 감정적 반론을 피력했지만, 솔직히 신학은 지금까지 신학의 핵심에는 접근하지 못하고 변죽만 울린 꼴이 된 것이 사실이 라는 것을 수긍할 수밖에 없을 것이다. 지금까지 신학은 주제를 중심으로 학문화되었거나, 신학의 본질을 신앙론으로 규정하며 신학화 했거나, 그렇지 않으면 달변가들에 의해 신학놀이(Theology Game)로 노리개화 되어 왔다. 그러다보니 신학은 주제에 따라 요동쳤고, 주제를 교세에 힘입어 박력 있게 밀어붙일 수 있는 인물에 의해 이끌려지거나 정형되어갔고, 때로는 신앙정서에 부응하여 철저한 신앙론으로 고착되기도 했으며, 더욱 안타까웠던 것은 신학이라는 학문성 자체를 놓고 요리하며 신학 논쟁만을 일삼았던 것이다."(20~21)

"나는 신학의 절대성을 주장하는 신학자이다. 어떤 사람들은 나의 신학이 '신학울타리'(Theologische Fakultät)에 머물러 있지 안다고 해서 배척하거나 신학의 전통적 분야에 소속되어 있지 안다고 신학자로 간주하기를 거부할지 모르지만, 엄밀히 말해서 나는 나만의 색깔로 채색된 신학을 갖고 있을 뿐만 아니라 오히려 잡다한 지류의 신학들과는 구별되는 총론적 신학 구조를 갖고 있다. 이런 의미에서 나의 신학은 천하평정의 신학이라고 할 수도 있을 것이다. 그 이유는 나의 신학함의 원리는 가장 창조신학적이기 때문이다, 만일 그런 이유 없이 날카로운 비판의 칼만 휘두른다면 나는 돈키호테일 수밖에 없을 것이다."(21)

"거듭 주장하거니와 나는 신토불이 신학을 복음을 한국 상황에 맞게 토착화 하자는 의미로 사용하지는 않는다. 신토불이 신학은 보다 창조신학적인 의미에서, 또는 보다 구속신학적 의미에서 신(神)과 토(土)의 관계를 신학화 하는 신학이므로, 토착의 관계론임에는 틀림없고, 이런 의미에서는 토착화 신학이라고 불려 질 수도 있겠으나, 정확히 말하면, 신과 토는 세계 어디에서나, 즉 하나님은 어느 땅에도 관계되고 있기 때문에 세계는 곧 하나님의 토착지이며, 그래서 땅 자체는 거룩한 곳이다. 이런 의미에서 이해하면 신토불이 신학은 비토착화 신학이다."(34)

"21세기를 맞이하며, 세계 신학계는 아직도 이렇다 할 신학을 제공하지 못하고 있다. 아마 장기간의 침묵이 상징하는 의미 속에는 그럴만한 이유가 있을 것이다. 하지만 객관적으로 서구 신학계를 들여다보면 서구에서는 더 이상 신학이 창출될 수 없다는 사실을 발견하게 된다. 그들은 아직도 신학화 할 수 있는 개념과 방법론을 갖고 있는가? 이미 서양은 신학의 휴경지에 접어든 것이다. 이런 상황에서 신토불이 신학이 세계 신학계를 향해 '참 신학은 이런 것이고, 이렇게 하는 것이다'라는 것을 보여주는 것만으로도 우리 한국 신학계는 새로운 신학 창조의 자존심을 갖게 되리라 확신한다. 신토불이 신학은 한국 내에서만 통용되는 내수용 상품이 아니며, 세계 표준을 준수한 표준판 세계 신학을 지향한다."(35)

"기독교는 그리스도의 강림을 하나님의 성육신으로 부르기도 하고, 화육으로 부르기도 한다. 신토불이 신학의 관점에서 보면 하나님이 친히 그가 창조한 땅에 스스로 흙으로 화해서 찾아온 사건이다. 성육신이란 '하나님의 땅화'인 것이다.(36)그리스도의 무소부재성은 시간적이며 공간적이다. 그리스도에게는 극이 존재하지 않는다. 그에게서 예루살렘과 할렘, 예루살렘과 아테네는 동일한 질적 가치를 지닌다. 예수 그리스도의 존재론적 양태(Mode)는 무극(無極)이다. 무극은 극을 지향하지 않고, 오히려 원심점으로 극이 모아지는 형태이다. 그리스도가 어느 땅, 어느 누구나 자신의 구속의 역사에 포용하는 모습은 무극의 극치이다. 이런 의미에서 나는 그리스도를 신토불이 신학의 내용으로 간주하며, 무극으로서의 그리스도는 바로 지금 이곳의 그리스도이기도 하다는 점을 강조한다."(37)

"신토불이 신학은 십자가의 사건을 하나님이 흙으로 왔다 흙으로 돌아가는 우주적 사건으로 이해한다. 하나님이 흙이 된 실체로서의 그리스도는 모든 인간도 다시 흙으로 돌아간다는 것을 보여준 표본이며, 상징이다.(38) Barth의 '말씀'의 신학이 20세기 세계 신학을 열었듯이, 신토불이 신학은 21세기 세계 신학의 새로운 시작이 될 수 있을 것이다. 한국 신학자들이 난도질하지 않고 힘을 모아 함께 축성해 준다면."(40)

Ⅵ. 결론적 고찰

이상으로 필자는 무극 한숭홍 교수의 신학사상을 그의 삶의 과정과 연결지어 고찰해 보았다. 그는 1980년 2학기부터 2007년 1학기 현재 만 27년째 장로회신학대학교 교수로 봉직하고 있다. 그가 교수해 온 세월만큼이나 그의 사상은 무르익어 정점에 도달해 있는 듯하다. 특히 무극의 '삶'의 신학은 '신토불이'(神土不二)신학에서 그 정점에 도달해 있다. 여기에서 가장 중요한 개념은 신학의 장, 그리고 삶의 장으로서의 '토'(흙)이다. 무극의 '흙(土)' 개념은 하나님과 인간의 삶뿐 만아니라 자연이 함께 어우러진 '삶의 자리'이다. 이 '흙'은 하나님과 인간과 자연이 함께 어울려 사는 코이노니아의 장이다. 그런 점에서 그의 '흙'은 21세기에 들어서 특히 그 중요성이 강조되어 주창되고 있는 창조신학과 생명신학을 아우르는 것이다.

그러나 무극의 '흙'이 너무 추상화 되지는 않았는가? 너무 거대담론 화 된 것은 아닌가? 이것은 곧 오늘날의 서양신학이 비판받는 점 아닌가? 하는 비판도 충분히 제기될 수 있다. 이런 느낌은 필자가 그의 고민을 다 읽어내지 못한 한계에서 오는 것이기도 할 것이다. 이 추상적 느낌은 더욱 구체적이고 실천적인 '삶'의 내용이 담겨질 때 자연 해소되는 것인데, 이것은 무극이 그의 후학들에게 주는 새로운 과제로 읽혀진다. 무극의 신학이 오늘날 한국사회에서 가장 구체적인 생명살림운동의 일환으로 전개되고 있는 토지공개념, 생태신학, 귀농운동 등의 실천적 차원에서 그 내용을 더해 가야하지 않을까?

본 필자가 알고 있는 한, 무극은 항상 그가 속한 공동체의 '변두리'를 지켜왔다. 그러나 무극은 자신의 '삶(역할)의 변두리'를 '의식(신학)의 중심'으로 대체하고 있다. '나는 감성하고 있다'(이는 곧, '나는 세상의 흐름을 바라보며 신학하고 있다'는 또 다른 표현도 될 것이다)는 자기 존재 의식을 만천하에 객관화시키고 있다.

무극에게 '그는 범신론자이다' 또는 '그는 범재신론자다'라는 아무런 의미 없는 딴지를 걸지 않는다면, 무극에게 있어서 '하나님은 흙이다'.

참고문헌

한숭홍. "합리와 비합리." 『신학춘추』, 1980.11.3.

______. "인간관계에 대한 실존철학적 조명." 『교육교회』, 제82호, 1982.5.

______. "신학과 비판철학의 접촉." 『신학춘추』, 1983.8.22.

______. "基督敎의 사랑 槪念에 對한 小考." 『박창환 박사 · 주선애 교수 화갑기념 논문집』, 서울: 장로회신학대학, 1984.

한숭홍. "구속사의 유비." 『그 나라와 그의 신학자 30인이 말하는 민족 선교론』, 서울: 초석출판사, 1986.8.

______. "한국인의 맥을 찾아서." 『신학춘추』, 1987.4.27.

______. "신정통신학과 한국신학." 『목회와 신학』, 제2호, 1989.

______. "한국신학사상의 흐름." 『목회와 신학』, 1990.1~1994.9.

______. 『한국신학사상의 흐름』 상하권, 서울: 장로회신학대학교출판부, 1996.

______ "실존적 인간이해와 시적 세계관-실존성과 사랑을 분석하며." 『교회와 신학』, 제21집, 1989.5.

______. "인간이란 무엇인가?." 『장신논단』, 제5집, 1989.12.

______. "철학적 신학의 기초이론에 관한 연구." 『장신논단』, 제6집, 1990.12.

______. "신학이란 무엇인가?." 『신학춘추』, 1992.6.19.

______. "농민의 속으로 가자." 『열린마음』, 통권 2호, 1993.2.

______. "기독교와 민족운동." 『신학춘추』, 1996.11.26.

______. "문화변동에 따른 신학의 변화 전망." 『장신논단』, 제13집, 1997.12.

______. "한국신학, 무엇이 문제인가?." 『장신논단』. 제16집, 2000,12.

______. "神土不二 神學." 『장신대 종교개혁기념강좌』, 2005.10.

정성한. "사랑방교회의 역사적 평가를 위한 서론적 고찰." 『코이노니아를 지향하는 교회』, 포천: 도서출판 사랑방, 2004.

레위기 19장에 나타난 하나님과 사람과 땅의 관계에 관한 고찰*

김 진 명
(서울장신대 교수, 구약학)

I. 들어가는 말

레위기의 특징들 가운데 하나는 하나님의 계시 현상이 '회막'이라는 작은 성소로 집중되어 나타나고 있다는 점이다. 출애굽기의 경우에는 시내산에서의 초자연적인 현상들과 함께 나타났던 하나님의 현현 사건을 웅장하고 장엄한 모습으로 묘사하고 있지만(출19:16 이하), 레위기에서는 이제 더 이상 이러한 규모의 신현현 사건에 관한 기록을 찾아보기 어렵다. 그 대신 레위기에서는 인간의 손으로 만들어진 이동식 성소인 '회막'이 세워진 이후, 여기서 하나님과 모세의 만남이 이루어지게 되었음을 이야기한다(레1:1).

이러한 집중 현상은 하나님과 인간의 보편적 관계로부터 이스라엘 자손들과의 특별한 관계 정립이 이루어지는 과정에서도 찾아볼 수 있으며, 하나님과 피조세계 전체와의 관계로부터 약속의 땅 가나안으로 모든 사건들의 초점이 맞추어지는 구약성경의 흐름 속에서도 파악해볼 수 있는 점이다. 하나님과 사람과 땅의 관계가 보편적인 차원에서 다루어지지 않고, 하나님과 이스라엘 민족과 가나안 땅의 제한된

---

* 본고는 필자의 박사학위 논문 (김진명, "레위기 19장의 정경적 전개에 관한 주석적 연구," (미간행 박사학위 논문, 장로회신학대학교, 2007)) 가운데 IV장의 B. 레위기 19장 주석 부분을 중심으로 본문을 재편집하고 보충한 것임을 밝혀두는 바이다.

문제로 집중되고 있는 특징은 구약성경의 역사 속에서 나타나고 있는 하나의 현상이라고 할 수 있으며, 이러한 점은 레위기 19장 본문에서도 찾아볼 수 있다.

본고에서는 한숭홍의 신토불이 신학의 주제들 가운데, 그가 '신독점주의'[1]라고 지칭하였던 현상을 구약에서는 구체적으로 어떻게 확인해 볼 수 있는가의 문제에 초점을 맞추어 내용을 전개하려고 한다. '신은 흙으로 지은 인간과 그 인간이 거처하는 땅과의 관계를 유지하며 활동한다.'[2]고 보았던 구약의 하나님에 관한 그의 신 이해는 레위기 19장의 전체적인 내용에서 볼 때, 하나님과 이스라엘 자손과 가나안 땅의 관계를 직접 혹은 간접적으로 다루고 있는 본문들에서 비교해 볼 수 있는 주제이기도 하다. 그는 히브리 사람들이 창조주 하나님을 "히브리인의 하나님"이라고 선포함으로써, 일종의 '신독점주의'를 선점하였다고 평가하였는데[3], 레위기 19장의 내용들 가운데 하나님과 이스라엘 자손들과 가나안 땅의 특별한 관계를 보여줄 수 있는 본문들에서 이러한 문제를 검토해 볼 수 있다.

Ⅱ. 레위기 19장의 구조와 특징

1. 구 조

레위기 19장의 전반부와 후반부는 동일하거나 유사한 주제와 본문들이 서로 상응하는 형태로 배열된 특징을 보여주고 있다. 쾨케르트(Matthias Köckert)는 이러한 구조가 십계명의 특징을 반영하는 것이고, 레위기 19장은 '하나님 경외'(14/32)와 '이웃사랑'(18/34)의 이중계명 안에서 총괄적으로 요약된 것으로 볼 수 있다고 설명하였다.[4] 레위기 19장에는 물론 십계명의 내용만 수록된 것이 아니므로 전체 내용에 이 설명을 적용하는 것은 무리가 따를 수 있지만, 이중구조와 이중계명의

1) 한숭홍, "신, 그는 누구인가?," 『본질과 현상』(2006, 5호), p.209.

2) Ibid., p.208.

3) *Ibid.*, p.209.

4) Matthias Köckert, *Leben in Gottes Gegenwart* (Tübingen: Mohr Siebeck, 2004), pp.155~166.

형태를 지적한 점은 일리가 있다.

레위기 19장에 나타난 '하나님의 자기계시 양식'으로서 두 가지 형태의 종결문구에서도 이러한 이중구조의 문제를 생각해 볼 수 있다. '나는 주 너희 하나님이다'라는 본문은 이스라엘 자손과 하나님의 관계성 속에서 정체성을 선포하는 '관계적 자기계시 양식'으로 볼 수 있으며, '나는 주다'라는 본문은 단독 형태로 자신의 정체성을 선포한 '단독적 자기계시 양식'이라고 구분해 볼 수 있다. 이 두 가지 형태의 본문은 레위기 19장에서 짝을 이루어 사용되고 있다.

2절과 36절에서도 출애굽기 20장 2절의 본문이 반영된 이중구조를 찾을 수 있으며, 19절과 37절에서도 하나님의 규례에 관한 본문에서도 이중구조의 형태를 확인할 수 있다. 3절과 30절의 안식일 준수 계명에서도 동일한 특징이 나타난다. 따라서 레위기 19장에는 십계명의 특징적인 구조를 반영한 이중계명을 포함하여, 이중구조로 이루어진 본문들과 주제들이 레위기 19장 전체를 구성하고 있는 것으로 평가할 수 있다.

2. 거룩함과 율법의 주제

레위기 19장은 한 장의 범위 안에 하나님 선포, 거룩함, 율법, 사랑, 사람과 공동체 등 복합적이며 다양한 주제들을 집약적으로 수록하고 있으며, 십계명에 해당하는 내용이 산재한 형태로 함께 포함되어 있다. 이러한 다양한 주제들을 포함하는 본문들은 명령문 형태를 통해, 매우 역동적인 성격의 문장들로 표현되고 있을 뿐만 아니라 구체적인 삶과 연관된 실천적인 성격을 보여주고 있다. 하지만 이 다양하고 복합적인 주제들은 레위기 19장은 2절과 19절의 총괄적인 명령문을 통하여, '거룩함'과 '율법'의 주제라는 큰 틀 안에 상응하는 형태로 정리되어 있다.

본문 주석을 통하여 레위기 19장의 문맥 속에서 찾아볼 수 있었던 '거룩함'의 의미는, 사람이 소유할 수 있는 속성이나 정적인 개념이 아니라 율법의 다양한 규정들, 즉, '규례와 법도'를 실천함으로써 경험할 수 있는 역동적인 개념으로 파악해 볼 수 있었다. 그리고 레위기 19장의 거룩함의 의미는 율법의 주제와 연결선상에서 해석될 수 있는 것임을 그 특징으로 요약해 볼 수 있다. 한자에서는 '거룩함'을 표현하는 용어로서 거룩할 '성'(聖)자를 사용하는데, 이를 세밀하게 풀어보면, 귀 이(耳)자와 입 구(口)와 사람 인(人)자와 흙 토(土)자가 결합된 형태로 분석해 볼 수 있다.

즉, 거룩할 '성'자는 '땅에 서 있는 사람이 귀를 열고 누군가의 입에서 나오는 말씀을 듣고 있는 모습을 형상화한 글자이다.[5] 레위기 19장에서 말하는 '규례와 법도'는 '하나님의 말씀'의 다른 표현이며, 하나님께서 말씀하신 것을 모세가 듣고, 모세가 전달하는 그 말씀을 사람들이 '듣는 것'을 전제한다고 할 때, 흥미로운 사실은 한자의 거룩할 '성'자에 담긴 의미와 레위기 19장에서 백성이 들어야하는 '하나님의 말씀'과 실천을 통해 경험될 수 있는 '거룩함'의 주제가 밀접하게 연결되는 특징이 비교가능하다는 점이다.

레위기 19장의 전반부와 후반부의 포괄적인 명령에 해당하는 '거룩함'과 '하나님의 규례와 법도'라는 주제들은 서로 다르게 표현되어 있지만, 세부적인 사항들에 있어서 서로 짝을 이루면서, 주제적인 발전의 관계를 보여주는 경우들도 나타나고 있다. 이 두 주제는 출애굽 사건과 시내산 언약이라는 그 시간적, 공간적 배경과도 밀접하게 결합되어 있으며, 이러한 점들은 각각의 주제를 중심에 두고 있는 19장 전반부와 후반부가 상호간에 밀접하게 연결되어 있음을 보여주는 실 예에 해당한다. 그런데 '거룩함'과 '하나님의 율법'(규례와 법도)의 주제가 연결되어 나타나는 특징은 레위기 19장이 속한 18~20장 단락의 다른 부분에서도 찾아볼 수 있다.

예를 들어, '규례와 법도'에 관한 문장들은 레위기 18장 2~5절, 26~30절, 20장 22~26절에서도 볼 수 있는데, 18장 2~5절 본문은 '애굽'과 '가나안'이라는 지명을 구체적으로 언급하면서, 그들의 풍속과 규례와 대립되는 개념들로서 이스라엘 자손들이 지켜야할 하나님의 규례와 법도를 제시하였다. 20장 22~26절 본문은 '가나안'과 같은 구체적인 지명 대신에 '내가 너희 앞에서 쫓아내는 족속'이라는 표현을 사용하면서 하나님의 규례와 법도를 지키라는 명령을 같은 방식으로 제시하였다. 그리고 20장 26절에서 '거룩함'의 명령을 언급함으로써 20장의 본문은 '규례와 법도'의 주제와 '거룩함'의 주제를 결합시키고 있다. 20장 22~26절 단락의 이러한 주제들과 표현은 레위기 19장의 전반부와 후반부의 관계에서 말하는 '거룩함'과 '하나님의 율

5) 김언종, 『한자의 뿌리 1』(서울: 문학동네, 2001), p.490.

법'의 주제가 연결되는 특징과 상응하고 있다.

레위기 19장의 '거룩함'과 '율법'의 주제는 추상적이고, 사변적인 개념들로만 묘사되는 것이 아니라, 구체적인 삶 속에서의 실천을 위한 명령의 형태로 제시되고 있다. 이러한 독특한 방식의 설명을 통해, 레위기 19장은 사람들에게 적용되는 '거룩함'의 주제가 사람이 소유할 수 있는 속성이 아니라, 다양한 '율법'들의 구체적인 실천을 통하여 경험될 수 있는 것임을 말해준다.

Ⅲ. 레위기 19장에서의 하나님과 사람과 땅에 관련된 표현들

1. 하나님

레위기 19장에서는 두 가지의 신명 형태가 나타난다. 하나는 〈아도나이〉라는 '신명사문자' 형태의 이름이고, 다른 하나는 〈엘로힘〉이라는 이름이다. 이 두 가지 형태의 신명을 사용하는 문장들은 19장 전체에 걸쳐 반복적으로 나타나고 있으며, 형식적으로는 한 단락 혹은 한 문장이 끝날 때마다 사용되는 종결어구로서 기능을 하기도 한다. 그리고 이 문장들은 내용적으로 19장에 수록된 명령들의 신적인 권위와 근거를 밝혀주는 기능도 하고 있다.

〈아도나이〉라는 신명은 1인칭의 인칭대명사와 연결하여 하나님의 자기 정체성을 독립적으로 드러내주고 있으며('나는 주다' - 단독적 자기계시 양식), 이에 비해 〈엘로힘〉이라는 신명은 2인칭 대명접미어와 결합하여 이스라엘 자손들과의 관계성 속에서 자신을 계시하는 형태로 나타나고 있다('나는 주 너희 하나님이다' -관계적 자기계시 양식). 〈아도나이〉는 출애굽기 3장 14~15절에서 조상들의 하나님 곧 아브라함과 이삭과 야곱의 하나님으로 모세에게 계시되었던 신명으로서, 레위기 19장에서는 '나는 주 너희 하나님이다'라는 형태의 반복되는 문장들을 통하여 '주님'이 바로 2인칭의 상대편으로 언급된 이스라엘 자손들의 하나님이심을 밝혀주고 있다.

레위기 20장 26절에서는 이스라엘 자손들이 하나님의 소유가 되었음 말하고 있으며, 이러한 본문들과의 연속선상에서 레위기 19장의 '나는 주 너희 하나님이다'라는 본문을 비교해볼 수 있다. 이러한 표현들은 하나님 자신이 이스라엘 민족과의 특별한 관계를 맺고 있는 분으로 밝혀줌으로서 하나님과 이스라엘 민족 간의 '상호적인 소속관계'를 드러내주고 있다.[6)]

2. 사 람

레위기 19장에서 '사람'으로 번역할 수 있는 용어는 20절의 〈이쉬〉라는 단어이다. 20절의 이 용어는 여자를 뜻하는 〈잇샤〉라는 말과 대비되는 개념으로서, 문맥상으로는 성적인 잘못을 저지른 '남자'로 번역된다. 레위기 19장 20~22절의 성적인 범죄와 관련된 본문에서 〈이쉬〉를 3인칭 '그'로 언급한 이외의 나머지 본문들에서 '사람'은 이스라엘 자손들을 지칭하며, 모두 2인칭 단수 혹은 복수로 표현하고 있다. 이는 하나님 자신을 '나'라는 1인칭으로 표현한 것과 대응하는 형태이다. 레위기 19장에서는 하나님과의 관계에 있어서 상대편으로 언급된 '이스라엘 자손들'과 관련된 다양한 표현들이 등장한다.

먼저 '회중'으로 번역된 2절의 〈에다〉는 일반적으로 민족적, 법적, 제의적 공동체를 지칭하는 낱말로서[7)], 구약에서는 특별히 출애굽한 이스라엘 백성들을 가리키는 용어로 사용되었다.[8)], 레위기 전체가 출애굽 사건과 시내산을 배경으로 한 내용임을 볼 때(레 7:37, 27:34 등), 19장 2절의 〈에다〉역시 출애굽한 이스라엘 민족을 지칭하는 용어로 파악할 있다. 이 용어는 구약에서 '이스라엘'이라는 낱말과 결합되는 경우에 〈아닷 이스라엘〉과 〈콜 아닷 이스라엘〉과 〈아닷 브네 이스라엘〉과 〈콜 아닷 브네 이스라엘〉의 네 가지 형태로 사용된다.

---

6) 김진명, "레위기 19장의 정경적 전개에 관한 주석적 연구," p.81 참조.

7) HAL, 790 ; <에다>는 짐승의 무리를 표현할 때도 사용되었으며, 구약에서 149회 사용된 가운데 129회가 육경에서 집중적으로 나타나고 있다. 민 1:2 이하에서는 20세 이상의 남자들에게 이 용어가 적용되었으며, 출 12:43~48에서는 거류민과 구별된 본토인을 지칭하는데 사용되었다. <에다>는 왕정이전 시대에 모든 자유하고, 장성한 남자들로 이루어졌으며, 민족 전체가 직면한 결정사항에 관하여 전권을 위임받은 "공공의 모임"으로 정리해 볼 수 있다 Levy / Milgrom, "에다" TWAT vol. 5, p.1081.

8) BDB, 417. 이 용어는 특별히 출애굽한 이스라엘 백성들을 지칭할 때 사용되는 용어로서 출 12:3, 6, 19, 47 ; 레 16:5, 19:2 ; 민 27:17, 31:16 등에서 사용되었다.

그러나 〈콜 아닷 브네 이스라엘〉형태는 출애굽기, 레위기, 민수기, 여호수아 본문에서만 나타나며(출 16:9, 10, 35:14 ; 레 19:2 ; 민 1:2, 8:20, 13:26, 15:25, 26 ; 수 18:1, 22:12)[9], 레위기에서는 19장 2절에서만 사용된 특징을 확인할 수 있다. '이스라엘 자손들의 온 회중'은 제사장만이 아닌 레위인과 이스라엘 백성 모두를 뜻하는 용어로서[10], 이 단어에 해당하는 구체적인 구성원들은 17장 2절과 21장 24절에서 언급되고 있다(아론, 아론의 아들들, 온 이스라엘 자손). 이 용어를 통하여 19장과 17~21장 단락의 관계성을 찾아볼 수 있다.

11절에서 '이웃'으로 번역된 〈아밋〉은 구약에서 12회 사용되는데, 레위기에서 11회, 스가랴 13장 7절에서 1회 나타난다. 이 단어는 공통된 신앙을 기반으로 하는 이스라엘 백성의 구성원을 의미하는 용어로서, 야훼를 주로 섬기는 공동체의 구성원을 지칭할 수 있다. 레위기 19장에서는 11, 15, 17절에서 〈아밋〉이 나타나고, 13, 16, 18에서는 〈레아으〉라는 용어를 사용하여 두 단어의 의미에 있어서 큰 차이가 없음을 보여주고 있는데, 레위기 18장 20절과 20장 10절의 간음에 대한 동일한 규정에서도〈아밋〉과 〈레아으〉를 치환해서 사용함으로서 두 단어 사이의 밀접한 관계를 드러내준다.[11]

13절의 〈레아으〉는 구약에서 원래 자기 지파의 일원(삼상 30:26), 형제와 같은 친구(시 88:19), 인사를 교환할 수 있는 지인(시 28:3)을 가리키는 말이었으며, 레위기에서는 19장 13, 16, 18절, 20장 10절에서 네 번 사용되었다. 십계명의 제 9, 10계명에서 이 용어는 매일 만날 수 있고, 이웃에 사는 사람에 적용되는 용어로서, 법적 권리와 재산권이 보호되어야만 하는 그 사회적 공동체의 일원에게 적용되었다.[12] 17절에서 '형제'로 번역된 〈아흐〉는 히브리어에서 주로 혈연적인 형제를 의미하거나(창 4:8~11, 25:26 ; 출 4:14), 종종 같은 민족의 구성원을 지칭하는 용어로 사용되었으며(신17:15, 18:15 ; 사66:20), '이웃'을 의미하는 〈레아으〉에 평행되거나 동의어로 사용되기도 하였다(레 19:17 ; 삼하 3:8 ; 시 35:14).[13]

---

9) Gerhard Lisowsky, *Konkordanz zum Hebräischen Alten Testament* (Stuttgart: Deutsche Bibelgesellschaft, 1993), pp.1027~1028.

10) J. Milgrom, *Leviticus* 17~22, pp.1602.

11) Zobel, "아밋," TDOT vol. XI, pp.192~196.

12) Kellermann, "레아으" TDOT vol. XIII, pp.522~532.

이 용어들은 모든 이스라엘인들이 형제라는 가족적인 연대성을 반영하고 있으며, 이스라엘 사람이 가난해지면 누구든지 도와야 한다는 율법에서도 이러한 의미를 찾을 수 있다(레 25:35 ; 신 15:7~11).[14] 17절의 '이웃'은 〈아밋〉의 번역이며, 18절의 '이웃'은 〈레아으〉의 번역이다.〈아밋〉과 〈레아으〉라는 두 용어는 의미적으로 밀접한 연관성을 가지고 있으며, 〈아흐〉 역시 레위기 19장 문맥에서 평행적으로 사용될 수 있는 용어임을 볼 때, '동포'를 의미하는〈암〉과 함께 17~18절에 사용된 네 가지의 각각 다른 단어들은 이스라엘 자손으로서 구성된 특정한 '공동체'를 지칭하는 개념이라는 공통점을 찾을 수 있다.[15]

이는 점층법적 구조를 보여주는 특징으로서 19장 문맥 가운데서 '이웃사랑'의 명령을 강조해 주는 기능을 하고 있다.

11-12		<아빗>		
13-14				<레아으>
15-16		<아밋>	<암>	<레아으>
17-18	<아흐>	<아밋>	<암>	<레아으>

18절에서는 '보복금지'와 '이웃사랑'의 율법을 함께 제시하고 있는데, 쿠겔(James L. Kugel)은 레위기 19장의 이웃, 형제, 백성, 동포의 개념이 그 자체의 그룹에 속한 구성원들을 지칭하는 개념들이었으며, 19장 18절의 '이웃사랑'의 명령은 역으로 외부인들을 미워하라는 요구를 뜻하는 것일 수 있다고 해석하였다.[16]

---

13) Ringgren, "아흐'," TDOT vol. I, pp.188~192.

14) Ringgren, Ibid., pp.188~192.

15) G. J. Wenham, *The Book of Leviticus*(Grand Rapids: Wm. B. Eerdmans Publishing Co. 1979), p.267. 웬함은 레위기 19장 17~18절에서 네 개의 이웃 관련 용어들이 사용된 특징에 관하여, 11~18절 단락에서 18절을 문학적으로나, 신학적으로 절정에 이르도록 하기 위하여 사용된 구조적인 장치라고 해석 했다.

16) James L. Kugel, *Traditions of the Bible* (Cambridge, London: Harvard University Press, 1998), p.757. 그 실 예로 그는 쿰란 문서 가운데 '공동체 규율' 9:16~17, 21의 사랑과 증오에 대한 규정을 제시하고 있다. ; Kellermann, TDOT vol. XIII, p.527. ; J. Duncan M. Derrett, "Love thy neighbour as a man like thyself?," p.55 ; 김윤희, "네 이웃을 네 몸과 같이 사랑하라," p.66 ; 샘플리(J. P. Sampley)는 엡 5:21~33 의 남편과 아내에게 수어진 사랑의 명령에 '이웃사랑'(레 19:18)의 계명이 반영되어 있다고 해석 하였다. J. P. Sampley, 'And the two shall

레위기 19장에 나타난 이러한 용어들은 출애굽 사건을 배경으로 하는 이스라엘 자손들이라는 제한된 범위의 사람들에 적용되었음을 볼 수 있다. 동시에 이 용어들은 가나안 땅에 진입하게 될 이스라엘 자손들을 지칭하는 의미로 사용되었다. 그리고 여기서 한 걸음 더 나아가 가나안 땅에 뿌리를 내리고 정착한 이슬라엘 자손들을 전제로 레위기 19장의 규정들이 주어진 것임을 확인할 수 있다. 34절에서 '본토인'으로 번역할 수 있는 〈애즈라흐〉는 그 땅에서 태어난 사람을 의미하며, 〈애즈라흐〉는 그 땅에 뿌리내린 가문에 속해 있으면서, 그 땅을 소유하고 있는 그룹에 속한 사람으로 파악된다.[17] 이에 대비되는 〈게르〉는 본토인들 사이에 거주하는 타국인으로서 '그 땅'이라는 울타리 내에 거주하는 사람들이라고 할 수 있다.

결국 '본토인'과 '거류민'의 공통분모에 해당하는 것은 '땅'이라는 터전이며, 이들은 동일한 공간 안에서 공동체를 이루고 더불어 살아가는 사람들이라고 이해할 수 있다. 19장의 규정들이 외국인에 대한 관심을 보여주지만, 그 외국인 역시 그 땅이라는 제한된 공간 안에서 함께 살아가는 '거류민'이라는 점은 레위기 19장에 수록된 규정들의 성격을 드러내주는 한 요소이기도 하다. 즉, 19장의 율법들은 모든 민족을 위한 율법이 아니라 이스라엘 자손들을 위한 율법이었으며, 모든 공동체를 위한 율법이 아니라 가나안 땅을 의미하는 '그 땅' 위에 세워지는 공동체를 위한 율법이었다고 해석할 수 있다.

그러므로 이러한 문맥 속에서 주어진 '거류민을 사랑하라'는 명령은 모든 이방인과 타민족의 사람들까지 포괄하는 적극적인 의미의 '인류애'에 해당하지는 않는다. 그럼에도 불구하고 34절은 법적으로 혹은 수적으로 '사회적 약자'에 속할 수밖에 없었던 외국인들에 대한 배려를 확인할 수 있는 본문이며, 이것은 출애굽 사건의 배경을 19장 본문에서 알려주고 있는 규정 가운데 하나이다. 출애굽기 22장 21절 이하의 고아와 과부와 객에 대한 규정은 출애굽기 23장 9절과도 평행을 이루고 있다.

레위기 19장 본문 상에서 하나님의 상대방으로서 하나님과 관계를 맺고 있는 사람은 출애굽 사건의 공통 경험을 가진 이스라엘 자손들과 가나안 땅에 진입하게

---

become one flesh' - *A Study of Traditions in Ephesians 5:21~33* (Cambridge: Cambridge University Press, 1971) pp.30~76.

17) HAL, 28 ; Levine, *Leviticus,* p.134. 이 용어는 이전의 가나안 거주자들에게 적용되지 않았다.

될 이스라엘 자손들을 지칭하는 제한된 의미를 갖는 것으로 해석할 수 있다.

3. 땅

레위기 19장을 포함하는 본문으로서, 17~21장의 단락 내에서 '그 땅'은 18, 19, 20장에서 집중적으로 나오는 용어로서 '가나안 땅'(18:3)과 '젖과 꿀이 흐르는 땅'(20:24)과 동일시된다. 대부분의 경우에 있어서, 땅은 완전히 중립적인 개념이 아니라 이스라엘 백성과 연결되어 나타나는데, 만일 종교적으로 가증한 풍속과 성적으로 가증한 행위들로 인하여 '이스라엘 백성'이 더러워지면, '그 땅'도 더러워지게 되고, 결국 땅은 그 거주민을 토해낸다고 말하고 있다(18:24~30, 20:22~23). 23~25절에서는 가나안 땅에 들어가 유실수를 심을 경우에 3년 동안은 그 실과를 '할례 받지 못한 것'으로 여기지만, 4년째가 되면 모든 과실은 8절의 제물처럼 하나님께 드린바 된 '거룩한 것'이 된다고 말하고 있다. 23절에서 언급된 할례는 족장시대 말부터 민족적 차이를 구분하는 표식으로 기능하였으며(창 34:14 ; 삿 14:3), 구약에서는 다양한 그룹들이 할례 받지 못한 사람들로 언급되었다(창 34 ; 사 52:1 ; 합 2:16). 블레셋과의 갈등시기 동안에는 적에 대한 모욕적인 개념으로 사용되기도 했다(삼상 14:6, 17:26 ; 대상 10:4 ; 삼하 1:20).[18]

'할례 받지 못한'이라는 형용사 〈아렐〉은 회개하지 않음의 의미로 귀(렘 6:10)와 마음에 적용되었으며(레 26:41, 신 10:16, 렘 4:4, 9:24~25, 겔 44:7, 9), 입술 (출 6:12, 30)에 적용된 용례도 구약에서 나타나고 있다. 그러나 23절처럼 '열매'에 '할례'의 개념이 적용된 것은 독특한 경우에 해당된다. 메이어(G. Mayer)는 과일나무의 열매들을 3년간 할례 받지 못한 것으로 여겨서 먹을 수 없었고, 4년째가 되면 그 열매들은 예루살렘 순례시의 잔치 비용으로 사용할 수산물의 십일조처럼 취급되었으며(신 14:22~26), 그런 다음에야 그 열매의 정식 소비가 가능할 수 있었다고 설명하였다.

그리고 '할례받지 못한' 열매란 할례받지 못한 포피가 제자리에 그대로 남아있는 것처럼, 그 열매도 그 자리에 그대로 남겨진다는 의미였을 것이며, 할례 받지 못한

18) G. Mayer, "아렐" TDOT vol. XI, pp.359~360.

자가 제의에서 제외되었던 것처럼, 할례 받지 못한 것에 해당하는 과일도 사람들이 먹을 수 없었다고 해석하였다.[19] 25절 본문은 이렇게 하는 이유가 "너희를 위해 그 소산물이 더 많아지도록 하기 위한 것"이라고 말하고 있다. 하지만 4년간 열매를 수확하지 않음으로 인하여, 직접적인 혜택을 얻게 되는 것은 토지와 새와 들짐승들이라고 할 수 있다.

왜냐하면 추수하지 않음으로 인해 시간이 지나면서 자연적으로 떨어진 과실들은 토양을 비옥하게 하며, 식물을 위한 거름이 되고, 온갖 들짐승들의 생존에 필요한 먹이가 될 수 있기 때문이다. 이 규정의 실천은 궁극적으로 그 땅에 거주하게 되는 이스라엘 자손들의 풍요로운 수확을 위한 기초 작업이 될 수 있는 것이다. 하지만 그 전 단계에서 '그 땅'과 그 안에서 살아가는 '모든 동물과 식물들'을 위하여 양식을 공급할 수 있도록 했다는 점에서 그 땅의 모든 생명체를 위한 배려가 이 규정들 속에 담겨 있었던 것으로 볼 수 있다.

레위기 19장은 전반부에서 '사회적인 약자들'과 더불어 살아가기 위한 규정들이 제시되었고, 공동체의 의미를 강조하는 내용은 19장 후반부에서도 이어지고 있다. 하지만 공동체의 범위는 사람과 사람 사이의 공동체라는 한계를 넘어서 그 땅과 그 땅에 속한 모든 생명들을 포괄하는 방향으로 전개되었다. 이를 위한 보다 상세하고 구체적인 규정은 레위기 25장의 안식년과 희년법에서도 나타나고 있으며, 레위기 22장 27~28절의 제물로 사용될 어미와 새끼에 관한 규정에서도 동물들에 대한 배려의 정신을 확인할 수 있다. 이러한 규정들은 안식일과 안식년 규정을 사람뿐만 아니라 모든 동물들을 위해서 적용하라고 요구하는 출애굽기 23장 10~12절의 가르침과 연속선상에 놓여있다.

19장 29절과 21장 9절은 각각 일반인과 제사장에게 적용되는 규정으로서 차이를 가지고 있지만, 딸의 '창기 노릇함'을 금지한다는 점에서 두 본문은 주제적으로 상응한다고 볼 수 있다. 이러한 요소는 19장을 21장과 연결시키는 '연결고리' 역할을 하는 사항들에 해당한다. 〈자나〉 동사가 다음 문장에서는 '땅'에 적용되며, 레위기 19장 26~32절의 내용이 이방종교와 관련된 풍습을 금지하는 규정들로 이루어진 점

19) Mayer, Ibid., pp.359~360.

을 고려해 볼 때, 땅이 창기 노릇(음행) 하지 못하게 하라는 29절의 두 번째 명령은 그 땅에서 행해질 수 있는 우상숭배 행위들을 금지하는 명령으로 해석해 볼 수 있다.

〈짐마〉는 일반적으로 '계획'이라는 뜻으로 사용되지만, 종교법에서 사용되는 전문용어로서 근친상간, 간음과 같은 '파렴치한 행위'를 의미하며[20], 이러한 행위는 땅을 더럽히는 범죄들에 해당한다. 그 땅에 거주하는 사람들과 그들의 음행으로 인하여 땅이 '난잡함'으로 채워질 수 있다는 29절의 본문도 19장 전후에 위치한 관련 본문들과의 비교를 통해, 보다 분명하게 파악될 수 있다. 예컨대, 18장과 20장에서 땅이 더러워질 경우에 땅은 그 사람들을 토해내고(18:27~28, 20:22~23), 하나님도 그 땅의 거주민들을 벌하고 추방한다는 설명(18:24~25)을 확인할 수 있으며, 이러한 본문들 역시 19장 29절과 18장과 20장 본문들을 연결시켜 주는 기능을 하는 요소로 평가해 볼 수 있다.

그러므로 29절과 30절의 두 개의 부정명령과 두 개의 긍정명령 사이에 위치한 평서문 속에 담겨 있는 경고의 의미는 18장 27~28절과 20장 22절의 '추방'의 주제와 관련된 본문을 확인함으로써 보다 명확하게 파악될 수 있다. 30절의 '안식일' 규정은 19장 3절과 연결되면서 19장 내에서 대칭을 이루고 있으며, 이 규정은 십계명의 제4계명과 비교할 수 있다. 3절에서는 안식일만을 언급하지만, 30절에서는 성소까지 규정의 범위를 확대하였다. 구약의 다른 본문들에 비해 레위기 19장의 안식일 규정은 1인칭 소유격과 결합되어 '하나님의 주권'이 강조된 특징을 볼 수 있으며[21], 23장의 '나의 절기,' '여호와의 절기,' '여호와의 안식일,' '여호와의 유월절'이라는 표현들에서도 동일한 요소를 확인할 수 있다.

레위기 23장 3절의 안식일 규정에서 주목할 만 한 점은 '성회'의 개념을 연결시키는 점이며, 23장의 연결 본문들을 통해 레위기에서 말하는 '안식일과 절기'는 일상의 노동으로부터 분리된 단순한 휴식의 차원에서 한걸음 더 나아가 제사를 드리며, 하나님과의 보다 적극적인 관계를 이루어가는 시간으로서 의미를 확인할 수 있다(레 23:37~38).[22] 성막 혹은 성전을 '공간 속의 성소'라고 한다면, 안식일은 '시간

---

20) HALOT, p.272.

21) Ibid., p.75. 참조.

속의 성소'라고 할 수 있으며, 안식일 준수의 계명은 하나님께 드려진 구별된 날로서 안식일을 기념할 것을 요구하는 수직적인 차원(출 20:10 ; 신 5:13)과 인간의 안식을 위한 관심을 담고 있는 수평적인 차원(신 5:14 ; 막 2:27)을 모두 포함하고 있다.[23)]

30절의 안식일과 성소에 관한 규정은 하나님과 이스라엘 자손 사이의 특별한 관계를 표현하는 핵심적인 요소들로 평가할 수 있다. 29~30절의 짧은 본문은 '하나님'과 관계된 시간과 공간으로서 안식일과 성소의 주제를 다루고, 이스라엘 자손이 살아가는 삶의 터전으로서 땅에 관한 문제를 언급하고 있다. 여기에는 '하나님과 사람과 땅'으로 연결되는 복합적인 관계가 반영되어 있는 것으로 요약해 볼 수 있다. 레위기 19장에서 나타나고 있는 이러한 복합적인 관계의 균형과 조화를 유지시키기 위하여, 19장에서는 '하나님의 규례들'을 준수할 것을 요구하고 있다.

레위기 17~21장 단락의 본문은 규례들의 준수 여부에 따라서, '거룩한 것'이 '부정한 것'이 될 수 있으며, 이로 인하여 '하나님과 사람과 땅'으로 이루어지는 복합적 관계의 균형과 조화가 깨어질 경우에 그 땅에서의 추방이라는 결과가 있을 것이라고 경고한다(레 18:25~30). 이 모든 요소들은 이스라엘 자손들이 그 땅에서 하나의 공동체로서 균형과 조화를 이루고 살아가는 일상의 삶과 관련되어 있다. 19장에서는 가난한 자와 부유한 자, 강한 자와 약한 자, 장애인과 비장애인, 동물과 식물과 사람이 더불어 살아가는 공동체를 위한 규정들을 제시하였고, 29절에서도 이러한 공동체가 '그 땅'이라는 구체적인 공간 위에 세워지는 것임을 구체적으로 말해주고 있다.

---

22) Gareth Lloyd Jones, "The Biblical Sabbath: An Oasis in time," SB vol. XXXIV (January 2004), p.15. 안식일은 십계명 가운데 하나님과 관계된 1~3계명과 사람과 관계된 5~10계명 사이에 놓여 있으며, 양쪽 모두에 연결되는 규정으로 볼 수도 있다.

23) G. L. Jones, "The Biblical Sabbath: An Oasis in time," SB vol. XXXIV(2004), pp.17~20.

Ⅳ. 레위기 19장에 나타난 하나님과 사람과 땅의 관계

1. 하나님과 사람

침멀리(Walter Zimmerli)는 "나는 주 너희 하나님이다"와 "나는 주다"라는 종결 문구를 '하나님의 자기 계시 양식'이라고 평가하였다.[24] 이 문장을 통하여 하나님께서는 이스라엘 자손들과 상호적인 소속관계를 가지신 분이심을 스스로 선포하신 것으로 해석해 볼 수 있다. 이 본문의 대응 구절로서 이스라엘 자손이 하나님의 소유됨을 표현한 내용은 레위기 20장 26절에서도 나타난다. 하나님과 이스라엘 자손은 서로가 서로에게 인격적인 상대방으로서 관계를 맺고 있음을 이 본문들을 통해 확인할 수 있는 것이다. 하나님은 이스라엘 자손들과 무관한 존재가 아니라, 스스로를 "너희 하나님"으로 선언함으로써, 이스라엘과 관계를 맺으시는 분으로 나타난다(19:2).

레위기 19장은 이 하나님을 '거룩하신 분'으로 선포한다. 그리고 하나님은 자신의 거룩함을 근거로 이스라엘 자손들에게 '거룩하라.'는 명령을 내림으로서, 사람이 '하나님을 닮아가는 삶'을 살 것을 요구한다. 하나님을 닮아가는 삶과 거룩함은 영속적인 상태와 소유의 개념이 아니라 말씀의 실천을 통해 경험되는 것임을 레위기 19장은 가르쳐 주고 있다. 또한 레위기 19장은 하나님을 '구원의 주님'으로 선포한다. 36절에서 "나는 이집트 땅으로부터 너희를 이끌어 내었던 주 너희 하나님이다."라는 본문을 통하여 이스라엘 자손의 거룩하신 하나님은 출애굽의 하나님이심을 밝히고 있다.

이스라엘 자손들에게 공정한 상거래와 정의로운 재판과 타국인에 대한 사랑 등을 명령하는 모든 규정들의 근거는 이스라엘 사람들을 이집트 종살이에서 구원해주신 '구원의 주님'이 이스라엘 자손의 하나님이 되시기 때문이라는 것이다. 레위기 19장은 이러한 하나님 선포를 통하여, 하나님과 관계를 가지며 살아가야 하는 사람들의 '인간상'을 제시하고 있다. 그리고 하나님과 관련된 규정들에서 안식일을 지키

24) Walter Zimmerli, "Ich bin Jahwe," W. F. Albright et al., *Geschichte und Altes Testament* (Tübingen: Verlag L.C.B. Mohr, 1953), pp.179~183.

고(3), 바른 제사를 드리고(5), 하나님의 이름을 모독하지 말고(12), 성소를 공경하고(30), 하나님을 경외하라(14, 32)고 구체적으로 명령하고 있다. 레위기 19장에서는 '하나님을 섬기며 사는 사람들은 어떤 사람들인가' 라는 주제를 존재론적인 설명이 아니라, 실천을 위한 여러 가지 규정들을 제시함으로써 '하나님을 섬기는 사람들이 어떻게 살아가야 하는가'를 말하는 독특한 방식으로 설명하고 있다.[25)]

13절의 세 가지 금지명령은 9~10절처럼 이웃과 사회적 약자를 위한 규정들을 담고 있는데, 9~10절이 농사짓는 상황을 전제한 것이라고 한다면, 13절은 고용주와 피고용주를 전제하는 다른 형태의 경제활동 상황을 배경으로 하고 있다. 그리고 14절의 두 개의 금지 명령은 장애인에 관련된 규정들이다. 이 규정들은 '사회적 약자'를 위한 명령들이지만, 이 명령의 직접적인 대상이 되는 사람들은 타인을 압제할 수 있고, 타인에게서 강탈할 수 있고, 품군을 부릴 수 있는 힘과 재력을 가진 사람들이다. 따라서 13절에 수록된 규정의 관심은 약자에게 놓여 있지만, 경제적으로 유리한 위치에 있는 강한 자를 대상으로 주어진 명령이라고 할 수 있다.

14절의 내용 역시 장애가 있는 사람에게 관심을 기울이고 있지만, 이 규정은 신체적인 장애가 없는 사람을 대상으로 주어진 규정들이다. 이처럼 19장의 많은 규정들은 강자와 약자, 장애인과 비장애인, 가난한 자와 부한 자가 함께 살아가는 공동체를 전제로 하여 주어진 명령들로서 특징을 가지고 있다. 그런데 이처럼 강한 사람이 약한 사람을 괴롭히고 핍박해서는 안 된다는 규정들은 무엇을 근거로 하였던 것일까? 레위기 19장 본문은 다른 설명을 덧붙이지 않는다. 단지 이 명령들에 이어지는 마지막 문장에서 '하나님 경외'라는 절대적 권위를 담은 규정을 결합시키고 있다.

"네 하나님을 경외하라"라는 명령문은 신명에 전치사 〈민〉이 결합된 형태로 이루어져 있으며, 이 형태의 문장은 19장 32절과 25장 17, 36, 43절에서도 동일하게 나타난다. 19장 32절 이외의 모든 본문들은 이스라엘 백성 가운데 경제적, 신체적 약자에 해당하는 사람들을 위한 규정들이라는 공통점을 가지고 있다.[26)] 여기서 사

25) 김중은,『설교를 위한 레위기 연구: 거룩한 길 다니리』(서울: 한국성서학연구소, 2001), p.33. 김중은은 레위기 11:44, 19:2, 20:7, 26에 기록된 '거룩함'의 명령은 레위 신학적인 성숙한 인간상의 제시이며, 시내산 계약의 내용인 "야훼 하나님의 보배로운 소유, 즉 제사장 나라와 거룩한 백성(출 19:5~6)의 구체적인 실현과 연관된 것이라고 해석하였다.

26) A. Even-Shoshan, *A New Concordance of the Old Testament* (Jerusalem: Kifyat Sefer Publishing

용된 〈야레〉 동사는 본래 '두려워하다'라는 의미를 가지고 있으며[27], 하나님과의 관계 속에서 '경외하다'라는 말로 번역될 수 있다. 권혁승은 '경외'의 개념을 두 가지로 구분하였는데, 하나님이 주격으로 해석되는 경우와 하나님이 목적격으로 해석되는 경우로서, 전자는 하나님의 거룩성으로 나타나고 후자는 인간의 경건성으로 표현된다고 설명하였다.[28]

이 구분에 따르면 19장 14절의 '경외'는 인간의 경건성을 드러내 주는 것과 관련된 문제로 볼 수 있으며, 13~14절 본문은 경제적으로나 신체적으로 강한 자와 약한 자가 함께 어우러져 살아가는 공동체 내에서 상대적으로 강한 자가 어떻게 행동하는 것이 경건한 삶이고, 하나님을 경외하는 삶인가를 구체적으로 말해주는 본문으로 해석할 수 있다.[29] 13~14절 본문의 규정들의 마지막에 주어진 '하나님 경외'의 명령은 우선 기본적으로 강한 자가 자신보다 약한 자를 대할 때, 자신보다 더 두렵고 강한 분이 존재함을 염두에 두고 상대방을 대하라는 의미로 해석할 수 있다.

약한 자를 착취하지 말고 괴롭히지 말라는 내용의 다섯 개 금지명령은 여섯 번째의 '하나님 경외'를 요구하는 긍정명령과 병렬되어 있으며, 이러한 본문 구조는 하나님 경외의 바른 길이 약자를 배려하는 정신을 실천하는 구체적인 삶 속에 있음을 알려준다.[30]

2. 사람과 사람

레위기 19장은 어느 특정한 계층의 사람만을 명령의 대상으로 삼은 것이 아니라

House, 1989), p.489.

27) HALOT, pp.432~433.

28) 권혁승, "여호와 경외로서의 언약," 『제 71회 한국구약학회 2006년 추계학술대회 자료집』 (2006. 9), p.18.

29) 박동현, "네 하나님을 경외하라 : 레위기 19장 13~14절," 『성서마당』 신장간 11호 (2006, 11), pp.34~35 참조.

30) 레 19:13~14에서는 하나님 자신과 사회적인 약자를 동일시하는 개념은 나타나지 않지만, '하나님 경외'의 주제와 '약자에 대한 배려'의 문제를 동일선상에서 긴밀하게 연결시켰던 관점은 마태복음 25장의 '인자의 재림' 시에 양과 염소로 비유된 사람들의 분류과정에서 '임금' 자신과 '지극히 작은 자 하나'를 동일시하는 내용 가운데서도 메아리치고 있는 것으로 볼 수 있다.

'이스라엘 자손의 온 회중'을 대상으로 선포된 말씀이다. 이 규정들은 우선 '상대적으로 힘을 가지고 있는 자들'에게 주어진 말씀으로 파악해 볼 수 있다. 레위기 19장은 밭과 포도원을 소유하고 있는 자(9~10), 품군을 부릴 수 있는 경제력이 있는 자(13), 신체에 장애를 가진 사람보다 유리한 위치에 설 수 있는 자(14), 재판할 수 있는 위치에 있는 자(15), 노예를 부릴 수 있는 자(20), 부모의 위치에 있는 자(29), 본토인으로서 기득권을 가진 자(34)에게 '상대적으로 약한 사람들'을 배려하는 마음을 가지고 살라는 요구를 제시한다.

이 규정들은 대인관계 속에서 평등한 위치에 있는 사람들에게 요구하는 내용들도 담고 있다. 도둑질과 속임수와 거짓을 금하고(11~12), 험담을 금하고(16), 마음으로 미워하는 것을 금하고(17), 사랑할 것을 명한다(18), 또한 정직하고 공정한 상거래를 요구한다(35~36). 19장에서는 이웃, 동포, 형제, 백성 등의 다양한 용어를 통해 '사람 대 사람'의 관계 가운데서 이스라엘 자손들이 어떻게 살아갈 것인가를 말해주고 있으며, 관련 본문들에서 찾아 볼 수 있는 중요한 원리는 정직함과 공정함과 사랑으로 요약해 볼 수 있다.

19장에서는 상대적으로 낮은 위치에 처한 사람의 입장에서 들을 수 있는 규정들도 제시되어 있다. 자녀의 위치에 있는 사람(3)과 나이가 적고 젊은 사람(32)에게 부모를 공경하고, 연장자와 노인들에게 존경을 표하라는 요구가 주어져 있다. 레위기 19장은 이러한 사람들이 모여 사는 공동체를 위한 규정들로 이루어져 있으며, 이 공동체는 강자와 약자, 장애인과 비장애인, 젊은이와 노인, 가난한 자와 부한 자, 본토인과 거류민이 더불어 살아가는 다양한 사람들의 공동체이며, 하나님에 대한 신앙을 중심으로 하여 하나님과 사람과 땅의 관계가 동시에 이루어지는 공동체라고 말할 수 있다.

3. 땅과 사람

레위기 19장을 전반부와 후반부로 나누어 살펴보는 과정에서, 19장에 수록된 다양한 규정들 가운데 많은 부분이 '사회적인 약자'들을 위한 배려의 의도를 내포하고 있으며, 이 규정들은 '그 땅'이라는 울타리 안에 포함된 동물과 식물들 까지도 배려의 대상에 포함하고 있다는 특징을 볼 수 있었다(23~25). 19장에서 땅의 개념은 '너희 땅'(9, 33)과 '그 땅'(23, 29)이라는 표현을 통해 이스라엘 자손들이 정착하게 될 가나안 땅을 지칭하는 경우와 이스라엘 사람들이 종살이의 경험을 했던 '이집트 땅'(34, 36)을 지칭하는 경우로 구분할 수 있다.

인간의 삶에 있어서 '하나님과 사람의 관계'가 영적인 차원의 문제로서 삶의 근본에 해당한다면, '사람과 사람의 관계'는 삶의 내용에 해당한다고 말할 수 있으며, '땅과 사람의 관계'는 삶의 틀거리를 제공하는 부분으로서, 모든 생명체의 삶과 공존을 위한 기본적인 바탕이 된다고 할 수 있다. '땅과 사람의 관계'라는 구분 속에는 모든 피조물들과 환경의 문제까지 포함 될 수 있다. 19장의 규정들은 철저하게 '그 땅'이라는 공간 위에 세워지는 공동체를 위한 것이었으며, 이 울타리 안에 포함된 모든 구성원들의 조화로운 삶과 생존을 위한 길을 제시하고 있다.

그러므로 레위기 19장의 '거룩함'과 '율법'의 주제가 반영된 다양하고 많은 규정들은 하나님과 인간, 인간과 인간, 인간과 땅(자연, 동물, 식물)의 관계라는 세 가지 차원을 공유하고 있는 것으로 요약해 볼 수 있으며, 19장의 규정들에서 나타나는 다양성의 특징은 다양한 관계와 대상들을 포함하고 있는 공동체의 성격과 불가분의 관계를 이루고 있다. 이러한 공동체를 위한 다양한 규정들은 그 근거를 '하나님의 거룩하심'과 '하나님의 말씀'에 두고 있는 것이다. 결국 거룩함이 경험될 수 있는 말씀의 실천은 '하나님과 사람과 땅'의 관계 속에서 이루어지는 '관계의 문제'임을 레위기 19장에서 확인할 수 있다.

	19:1~18	19:19~37
하나님과 사람	3 안식일 준수 4 우상들과 관계금지 5~8 화목제	21~22 속건제 30 안식일 준수, 성소 공경
사람과 사람	3 어머니, 아버지 공경 9~10 추수규정 11~18 여러 가지 규정들	20 여종과의 간음 금지 31 신접자, 점치는자들과 관계금지 26~29상, 32~36 여러 가지 규정들
땅과 사람	19 가축과 받자물의 혼합 금지	23~25 첫 4년간의 열매추수 금지 29하 땅의 불경함, 음행의 만연 금지

Ⅴ. 산상수훈의 조명하에서 바라본 하나님과 사람과 땅의 주제

1. 하나님 - 레위기 19:2 과 마태복음 5:44~48

레위기 19장 2절은 유대교 가르침들의 핵심이 되는 '하나님 닮음'(the imitation of God)의 개념에 있어서 전형적인 양식으로 볼 수도 있는데[31], 내용과 문장의 형태상 마태복음 5장 48절과 상응하고 있는 특징을 확인할 수 있다. '거룩함'의 개념이 '온전함'의 개념으로 대치되고 있으나[32], 이것은 거룩함의 개념에 대한 마태복음의 해석으로 평가해 볼 수 있다. 마태복음 5장에서는 "하늘에 계신 너희 아버지"라는 표현을 3회 사용하는데(5:16, 45, 48), 특별히 5장 45절에서는 "하늘에 계신 너희 아버지"를 "하나님"과 치환해서 표현함으로써 두 개념을 마태복음 5장에서 동일하게 사용하고 있음을 보여주고 있다. 레위기 19장에서 사용된 '주 너희 하나님'이라는 표현은 출애굽한 이스라엘 자손과 '상호적인 소속관계'를 맺으시는 분으로서,

31) J. Magonet, *A Rabbi reads the Bible* (London: SCM Press, 2004), p.177.

32) Mary Douglas, *Purity and Danger* (London, Henley: Poutledge & Kegan Paul, 1966), pp.51~53 ; Paul D. J. Kim, *The Idea of Perfection in Matthew's Gospel against Jewish Background*, (Ph.D dissertation of Aberdeen Univ. 2003), pp.5~33. 김덕중은 레위기19장의 '거룩함'은 '완전' 개념에 대한 구약의 다른 표현으로 볼 수 있다고 주장한다. 그는 레 22:22~24에 열거된 '제물의 완전성'에 대한 12개의 목록이 21:18~20의 '제사장의 완전성'에 대한 12개 목록과 연결될 수 있다고 보았고(16~17), 이 완전성의 개념은 레 19:18의 '사랑의 명령'에 요약되어 있음을 논증하고 있다.

레위기 21:18~20(제사장) 레위기 22:22~24(제물)

1. 시각장애인 1. 눈먼 것
2. 다리 저는 자 2. 상한 것
3. 코가 불완전한 자 3. 지체에 베임을 당한 것
4. 지체가 더한 자 4. 종기 있는 것
5. 발이 부러진 자 5. 습진 있는 것
6. 손 부러진 자 6. 비루먹은 것
7. 등 굽은 자 7. 지체가 더한 것
8. 키 못 자란 자 8. 지체가 덜한 것
9. 눈에 백막이 있는 자 9. 고환이 상한 것
10. 습진이 있는 자 10. 치인 것(고환)
11. 버짐이 있는 자 11. 터진 것(고환)
12. 고환 상한 자 12. 베임을 당한 것(고환)

이스라엘 민족과 특별한 관계를 맺으신 하나님에 대한 표현으로 이해할 수 있다. 그러나 마태복음 5장 45절은 하나님이 악인과 선인, 의로운 자와 불의한 자 모두와 관계를 맺으시고, 모든 사람을 돌보시는 분이라고 묘사함으로써, 하나님을 모든 사람과 보편적인 관계를 맺으시는 분이며, 그분의 관심의 대상은 이스라엘 민족만이 아니라 이스라엘 민족이 이웃으로 생각하는 이들과 원수라고 여기는 이들까지를 포함하고 있음을 알려준다(5:44, 47).

2. 사람 - 레위기 19:18 과 마태복음 5:43~44

레위기 19장 18절의 '네 이웃을 너처럼 사랑하라'는 요구는 일반적인 사람들이 아니라, 동료 이스라엘인들을 대상으로 하는 명령이라고 할 수 있으며, 34절의 타국인 사랑에 대한 명령에서는 명백하게 그 사랑의 대상이 확상되었음을 볼 수 있다.[33] 이러한 특징을 성경시대의 유대인들에게 '보편적 인류애'의 기초가 있었다고 해석하는 견해도 있지만[34], 레위기 19장의 이웃 사랑과 타국인 사랑에 관한 19장 18절과 34절의 규정은 가나안 땅에 세워진 공동체의 울타리 범위를 넘어서지 않고 있는 한계점을 분명히 가지고 있었다.

그러나 마태복음 5장에서는 이 명령이 더욱 강화되고 범위가 확대되어, '원수'까지 대상으로 포함하는 혁신적이고 새로운 차원으로 전개되었다.[35] 마태복음 5장 43절의 "네 원수를 미워하라"라는 구절에 관하여, 로우더(W. R. G. Loader)는 구약의 가르침이나 랍비들의 가르침이 아니라 그 당시 세계의 대중적인 견해였던 것으로 설명하였고[36], 쿠겔(J. M. Kugel)은 '이웃을 사랑하라'는 명령의 반대말을 '원수를

---

33) John Piper, *'Love your enemies'* (Cambridge: Cambridge University Press, 1979), pp.30~31.

34) J. Duncan M. Derrett, "Love thy neighbour as a man like thyself?," ET vol. 83 (1971~1972), p.55.

35) 여기서 '원수'는 당시의 유대인 입장에서는 로마사람 혹은 매국노에 해당하는 사람들일 수 있으며, '빛의 자녀들'로서 정체성을 가지고 있었던 쿰란 공동체의 사람들에게는 '어두움의 자녀들'에 적용되었다고 볼 수 있다. 한편, 누가복음 10:25~37에 수록된 선한 사마리아인의 비유에서는 누가복음의 예수님에 의해 새롭게 이해된 '이웃'의 개념이 제시되었다(29, 36, 37). 이 비유말씀을 통해 예수께서는 '이웃'의 개념에 유대인만이 아니라, 유대인들이 '이웃'의 범주에 포함시키지 않았던 사마리아인까지 포함될 수 있음을 보여주셨다.

36) William R. G. Loader, *Jesus' Attitude towards the Law, Wissenschaftliche Untersuchungen zum*

미워하라'로 해석할 수 있다고 보았으며[37], 파이퍼(J. Piper)는 쿰란에서 미워하라는 명령이 모든 '어두움의 자녀들'을 대상으로 적용되었다(1QS 1:10)는 자료를 제시하였다.[38]

마태복음 5장 43~44절에서는 레위기 19장의 이웃사랑에 관한 명령을 인용하면서도, 반대명제의 형식을 사용하여 '원수사랑'의 주제를 새롭게 전개하고 있는 특징을 찾을 수 있다. 마태복음의 예수께서는 이러한 형식을 통해 '사랑의 명령'을 유대인 공동체의 울타리 내에만 제한적으로 적용하려는 해석적인 전통을 거부하고 그 대상을 '원수'의 차원까지 확대한 것으로 평가할 수 있다.[39]

3. 땅 - 레위기 19:12 과 마태복음 5:33~37

레위기 19장 12절과 마태복음 5장 33~35절 본문은 잘못된 맹세의 관행을 금지하는 명령에 해당한다. 마태복음 5장의 경우는 여러 절을 할애하여, 옛 전통과 예수님의 새로운 가르침을 대비시키고 있다. 여기서 주목하고자 하는 부분은 맹세의 주제보다 이 주제를 설명하는 과정에서 사용된 수사학적인 표현의 문제이다. 34~35절에서는 마태복음의 예수께서 맹세 자체를 금지하심으로써 맹세에 관한 율법을 더 철저하게 강화하고 강조하신 것으로 설명한다. 이 과정에서 하늘과 땅과 예루살렘이 언급되었으며, 맹세의 매개체로 이들을 사용하는 것을 금지하고 있다.

그 이유는 하늘은 하나님의 보좌이고, 땅은 하나님의 발등상이고, 예루살렘은 큰 임금의 성이기 때문이라는 것이다. 여기서 사용된 하늘과 땅에 대한 표현은 하나님의 주권 사상을 강조하는 '대용(代用) 양식소'로서, 유대교에서는 하나님의 이름을 사용하는 것을 피하기 위하여 맹세할 때 사용하던 표현이었다.[40] 그렇다면 여기서 사용된 '땅'이 의미하는 바는 무엇인가?

Neuen Testament 2. Reihe 97 (Tübingen: Mohr Siebeck, 1997), p.178.

37) J. L. Kugel, *Traditions of the Bible*, (Cambridge, London: Harvard University Press), p.757.

38) John Piper, 'Love your enemies', p.91.

39) Ibid., p.95. 참조.

40) Ulrich Luz, Evangelium nach Matthäus, James E. Crouch(tr.) Matthew 1~7 (Minneapolis: Fortress Press, 2007), pp.264~265.

마태복음 5장의 예수님께서 '맹세금지'에 관한 말씀을 하시면서 인용하신 이 본문은, 본래 이사야서 66장 1절에서 전능하신 하나님께 필요한 것은 성전이 아니며, 하나님께서는 자신을 참되게 경외하는 사람을 찾으신다는 내용을 강조하는 문맥에서 사용되었다. 왓츠(John D.W. Watts)는 '땅'을 하나님의 통치권이 사람들에게 드러나는 장소로서 팔레스틴을 말한다고 해석하였다.[41] 하지만 이 견해에 동의하기 어렵다. 왜냐하면 여기서 언급된 하늘과 땅의 개념은 창조주 하나님의 초월적 주권을 강조하기 위한 표현으로서, 인간의 손으로 지은 성전과 대조되는 전체 피조세계가 하나님의 성소임을 말하기 위한 본문이었기 때문이다.[42]

여기서 말하는 땅은 가나안 땅만이 아니라 지구상의 모든 땅에 해당하는 개념으로 이해할 수 있으며, 하늘과 짝을 이루어 우주 전체를 의미하는 표현으로 해석할 수 있다. 마태복음 5장에서는 이사야서와 달리 예수께서 '맹세'에 관한 주제를 다루는 내용에서 하늘과 땅에 대한 표현을 사용하셨다고 말하고 있다. 비록 문맥과 주제는 달라졌지만, '하늘과 땅'이라는 표현 자체에 담겨 있는 의미가 축소되거나 변경되었다고 보기는 어렵다. 이 표현은 마태복음 5장에서도 모든 땅과 전체 피조 세계에 대한 하나님의 초월적 주권을 강조하기 위한 표현으로 해석할 수 있다.

그러므로 만일 마태복음 5장 35절의 '땅'을 온 세상에 해당하는 개념으로 해석하는 것이 타당하다면, 마태복음의 예수께서는 "하늘에 계신 너희 아버지"이신 하나님께서, 바로 팔레스틴 땅에서만 특수한 관계를 맺으시는 하나님이 아니라, 온 세상(땅)과 모든 민족과 관계를 갖고 계시는 보편적인 하나님으로 선포하고 계시다고 말할 수 있다. 이러한 본문들에서는 레위기 19장의 본문에서 확인할 수 있었던 '신독점주의'의 흔적들을 찾아보기 어렵다.

---

41) John D.W. Watts, Isaiah 34~66, WBC vol. 25 (Waco: Word Books, 1987), p.355.

42) John N. Oswalt, *The Book of Isaiah Chapters 40~66* (Michigan / Cambridge, U.K.: Grand Rapids, 1998), pp.666~667; Walter Brueggemann, Isaiah 40~66 (Louisville: Westminster John Knox Press, 1998), pp.251~252 참조.

Ⅵ. 나가는 말

레위기 19장에서 말하는 '이웃'은 철저하게 '이스라엘 땅'이라는 울타리 안에서 파악될 수 있는 개념이었으며, 여기서 하나님은 출애굽한 이스라엘 민족과 상호적인 소속관계를 선포하시는 '이스라엘자손의 하나님'으로 나타나셨다. 이러한 본문들에서는 한숭홍이 말한 바 '신 독점주의'라는 개념을 적용할 수 있는 내용들을 확인해 볼 수 있다. 그러나 레위기 19장을 전체적으로 반영하고 있는 마태복음 5장의 본문들에서는 새로운 '이웃'의 개념과 사랑의 명령 속에서 이스라엘 민족을 넘어선 보편적 인류애의 주제를 확인할 수 있으며, 맹세와 관련된 본문과 원수사랑의 명령에 관한 본문의 문맥에서 '이스라엘 땅'의 제한적 범위를 넘어선 피조세계 전체에 대한 하나님의 주권과 '이스라엘의 하나님'만이 아니라 온 인류와 우주 전체의 하나님에 관한 새로운 이해들을 찾아볼 수 있었다.

이러한 새로운 차원의 관계들에 관한 해석 가능성은 신약에서 찾아볼 수 있다. 예를 들어, 출애굽기 19장 5~6절에서 출애굽의 목적으로 이스라엘 민족에게 적용되었던 소유와 거룩한 백성과 제사장 나라의 특별한 개념들 역시 신약으로 넘어와 베드로전서 2장 9~10절에서 모든 그리스도인들에게 적용되고 있는 내용의 비교과정에서도, '신 독점주의'라는 평가를 가능하게 했던, 유대인만의 제한적 범위를 넘어서 인류의 모든 그리스도인들에게 적용될 수 있는 구약 본문에 대한 신약의 새로운 해석의 증거를 확인할 수 있다.

레위기 19장과 마태복음 5장의 '하나님과 사람과 땅'에 관련된 본문들의 비교 작업에서도, 우리는 유대인들이 가지고 있었던 것으로 평가할 수 있는 '신 독점주의'를 넘어서 예수님을 구주로 믿는 인류의 모든 그리스도인들에게 부여된 '하나님과 사람과 땅'에 관한 새로운 관계들의 해석 가능성이 신약의 본문에서 열려져 있음을 볼 수 있다.

무극 한숭홍의 기독교교육철학의 삼중적 구조를 통해서 살펴본 오늘의 기독교교육학의 과제

고 원 석
(부산장신대 교수, 기독교교육학)

Ⅰ. 무극 선생님과의 만남을 회상하며

한숭홍 선생님과의 첫 만남은 필자가 장신대 기독교교육과를 입학한 87년 2학기 철학개론 수업을 통해서 시작되었던 것으로 기억한다. 그때까지 철학을 골치 아픈 말장난처럼 생각하던 신학 초년생이 철학개론 강의를 통해서 배웠던 것 중, 아직도 기억하고 있는 말이 "철학함"(Philosophieren)이란 단어였다. 철학이란 하나의 고정된 학문체계라든가 사변적 사유의 대상으로 머무는 것이 아니라, 끊임없이 세계를 향해 질문을 던지고 거기에 대답을 추구해 가는 '동사'적인 인식의 노력이요 움직임이라는 것이었다. 철학이란 학문은 철학적 삶과 태도를 요구하고 있었던 것이다. 이 "철학함"이란 명사형 단어는 필자에게 신학과 기독교교육학이란 학문에도 똑같이 적용되어야 함을 일깨워 주었다. 곧 신학은 신학함의 태도를, 기독교교육학은 기독교교육함의 자세를 우리에게 요구하고 있음을 깨닫게 해 주었다. 철학을 포함한 모든 학문은, 학문을 하는 이들의 지식과 관찰의 대상으로만 머무는 것이 아니라, 학문하는 이들의 삶속에 녹아들어야 하고, 나아가 그 삶으로부터 표출되어 드러나야 한다는 진리를 어렴풋하게 발견하게 되었던 순간이었다.

기독교교육학을 전공한 자로서 필자는 이 소논문을 통해 은사이신 한숭홍 박사의 기독교교육철학사상을 되짚어 보고자 한다. 특히 고찰의 촛점을 기독교(신학)-

교육학-철학의 삼중적 구조에 집중할 것이며, 고찰에 이어 삼중적으로 기능하는 기독교교육철학이 오늘의 기독교교육학에 제기하는 문제를 기독교(신학), 교육, 그리고 학(앎)의 세 가지 측면으로 나누어 살펴보도록 하겠다.

Ⅱ. 한숭홍의 기독교교육철학 사상

1. 기독교교육의 학문적 이론 정립을 위한 기독교교육철학의 요청

신학자요 철학자로서 한숭홍은 기독교교육학에 대해서도 지대한 관심을 가지고 기독교교육학과 관련된 많은 학문적 활동을 전개하였다.[1)] 특히 한숭홍은 기독교교

1) "기독교교육철학에 관한 소고," 「신학춘추」(1981.8.21), p.2; "기독교 교육학의 철학적 이론 형성," 「교회와 신학」 14집 (1982), pp.253~275; K. E. Nipkow, 한숭홍 역, "기독교 교육과 성서적 신앙 ," 「교회와 신학」 14집 (1982), pp.277~302; 「기독교교육과 신앙」, 오인탁 편, 서울: 홍성사 1983, pp.47~73에 재수록; "기독교 교육철학이란 무엇인가?," 「신학사상」 38집 (1982), pp.565~595; "한국 기독교 100주년을 앞둔 교회교육," 「활천」 399호 (1982.10), pp.412~418; "선교 2세기를 향한 교회교육," 안: 「한국교회, 내일의 과제」, 이상근 편, 서울: 한국문서선교회 1982, pp.57~67; "교육과 철학," 「교육교회」94호 (1983.8), pp.409~420; "교육과 해석학," 「교육교회」 95호 (1983.9), pp.470~480; "교육학과 현상학," 「교육교회」 97호 (1983.11), pp.616~633; "교육학과 인간학(상 · 하)," 「새교육」360 · 361호 (1984.10 · 11), pp.17~22, pp.16~23; "기독교교육철학이란 무엇인가?," 안: 「기독교교육론」, 오인탁 외 공저, 서울: 대한기독교교육협회 1985(증보), pp.455~483; "청소년에게 삶을 어떻게 가르칠까?," 「교사대학 지도자 세미나 교재」, 서울: 대한예수교장로회 총회교육부 1986, pp.219~226; "청소년의 삶과 가치의 형성," 「교육교회」134호 (1987.5), pp.399~405; "여름성경학교에 대한 제언," 「기독교교육」234호 (1987.7·8), pp.15~20; "교육학의 사회적 기능," 「새교육」394호 (1987.8), pp.22~29; "기독교교육학의 과학성," 「교육교회」137호 (1987.8), pp.714~724; "부활신앙에 대한 기독교 교육학적 이해," 「기독교교육」242호 (1988.4), pp.15~19; "교회 청소년 문화의 현실과 전망," 「기독교교육」247호 (1988.10), pp.15~19; "20세기와 기독교교육," 「기독교교육」250호 (1989.1), pp.74~80; "민주주의와 기독교교육," 「기독교교육」251호 (1989.2), pp.57~64; "교회학교 교사론," 「기독교교육」252호 (1989.3), pp.52~58; "기독교 교육학의 학문성의 문제: 이론과 실제의 관계를 중심으로," 「기독교교육」255호 (1989.6), pp.50~56; "기독교교육의 목적," 「기독교교육」256호 (1989.7 · 8), pp.78~85; "신앙공동체와 기독교교육," 「기독교교육」257호 (1989.9), pp.50~58; "기독교교육학과 세계관의 변화," 「기독교교육」258호 (1989.10), pp.68~73; "기독교교육의 접근방법 유형들," 「기독교교육」259호 (1989.11), pp.52~61; "기독교교육학의 과학성: 구조적 측면에서," 「기독교교육」260호 (1989.12), pp.44~52; "기독교교육학의 과학성: 구조적 측면에서,"

육학의 학문적 이론 정립을 위해 많은 노력을 기울였는데, 이러한 노력의 이면에는 그의 과학(학문)철학적 관심이 자리하고 있다고 하겠다.[2] 한숭홍은 기독교교육학의 학문적 관점에서 볼 때, 현재의 기독교교육학의 영역 속에 명료화되지 못한 모호한 측면이 있음을 다음의 다섯 가지로 지적한다;[3]

먼저, 기독교교육학의 이론정립의 문제를 다룰 때 가장 먼저 부닥치는 문제가 기독교교육학을 지칭하는 명칭들이 너무 다양하다는 점이다. 기독교교육, 종교교육, 기독교교육학, 종교교육학, 교육신학, 성서교육, 교회교육, 종교교수, 기독교교리교수학(Katechetik) 등의 다양한 명칭들이 기독교교육학에 관련된 서적 속에서 다양하게 사용되고 있다. 이러한 다양한 명칭들이 단지 학자마다 다르게 부르는 이음동의어(異音同義語) 정도로 생각 할 수도 있겠으나, 실상 각 명칭들은 나름대로의 신학적 견지와 교수방법, 내용 등에 있어서 커다란 사상적 차이를 드러내고 있다.

둘째, 기독교교육학의 학문적 본질의 문제이다. 실천신학의 한 분야인지, 특수교육학의 학문인지, 아니면 신학명제를 풀이하는 기술이론이지, 성서전승을 가르치는

「쉐마」4집 (1989.12), pp.70~80; "기독교교육철학," 「기독교교육」261호 (1990.1), pp.51~58; "호모 크리스티아누스의 기독교 교육철학," 「기독교교육」262호 (1990.2), pp.56~63; "기독교 교육학의 철학적 기초," 「기독교교육」263호 (1990.3), pp.200~212; "신앙교육론," 「기독교교육」263호 (1990.4), pp.35~51; "기독교 교육철학과 현대사회," 「기독교교육」265호 (1990.5), pp.49~55; "교육화와 인간화," 「기독교교육」266호 (1990.6), pp.48~51; "인간화: 기독교 교육철학적 측면에서의 이해," 「기독교와 교육」4호 (1990.6), pp.14~20; "기독교 교육학의 미래적 위상," 「기독교교육」267호 (1990.7 · 8), pp.58~65; "기독교 교육철학과 평화신학1: 정의의 신학 측면에서," 「기독교교육」268호 (1990.9), pp.51~59; "기독교 교육철학과 평화신학2: 가능성 탐구의 한 시도," 「기독교교육」269호 (1990.10), pp.58~63; "기독교 교육철학과 평화신학3: 창조질서 보전의 신학 측면에서," 「기독교교육」270호 (1990.11), pp.37~45; 「기독교교육철학 사상」서울: 장신대출판부 1991 [²2002], 「기독교교육」(공서), 서울: 대한기독교교육협회 1992; "기독교와 문화," 「기독교 교육」, 한국 기독교 교육학회 편, 서울: 대한기독교교육협회 1992, pp.351~356, "기독교 문화 정착을 위한 바람직한 교육방안," 「제1회 교회여성문제 심포지움 자료집」, 서울; 대한예수교장로회 여전도회 전국연합회 한국교회 여성문제 연구소 1993, pp.16~24, "교회성장과 교회교육," 「장신논단」11집 (1995), pp.391~418; "사이버 문화와 기독교 교육," 「교회와 교육」152호 (2000 봄), pp.162~172 등을 참조하라.

2) 한숭홍, Wissenschaftsbegriff und Wissenschaftsarchitektonik bei Georg Leonhard Rabus, Aachen/Mainz 1978 [아헨 공과대학 철학박사 학위논문 1978]; "라부스의 철학과 자연과학의 사원구성적 체계이론," 「장신논단」10집 (1994), pp.636~655를 참조하라.

3) 한숭홍, 「기독교교육철학 사상」, (서울: 장신대출판부) 1991 [²2002], pp.220~222.

전수학문인지, 또는 평신도를 훈련시키는 기술이론인지, 성서수업, 견신례를 위한 학문인지 모호하다는 것이다.

셋째, 기독교교육학의 내용과 장(場)의 문제이다. 과연 기독교교육의 내용이 무엇인가 하는 문제는 신학적, 교육학적 입장에 따라 커다란 차이를 드러내고 있으며, 교육의 장 또한 가정, 교회, 사회, 국가, 역사, 인격, 예배, 성만찬 등 굉장히 포괄적이고 불분명하다는 것이다.

넷째는 기독교교육이 내포하고 있는 이데올로기 교육의 가능성 문제이다. 기독교교육이 하나님의 말씀을 절대적인 명령으로 생각하고, 기독교의 정신과 이념을 가르쳐야 한다고 할 때, 기독교교육은 이데올로기 교육으로의 위험성을 늘 안고 있다는 지적이다.

따라서 학문적 이론 정립을 수립하기 위해서 기독교교육학은 기존의 기독교교육에 대한 비판적 성찰의 작업을 가져야하며, 그것을 새롭게 체계화하고 조직화할 새로운 기독교 교육의 이념을 세워야 하는데, 이러한 과제수행을 위해 기독교교육을 철학과의 관계 속에서 성찰할 것을 한숭홍은 요청하고 있다. 왜냐하면 철학(함)이란 현상의 본질을 철저히 분석함으로써 현상자체를 종합적으로 이해하려고 하며, 현상의 본질에 대한 불확실한 지식이나 불분명한 인식을 보다 근본적이고 본질적으로 파헤쳐 밝혀주려는 구체적 행위이고, 아울러 얻어진 사실들과 가정들을 포괄적이며 논리적 일관성을 지닌 사고의 구조 틀로 형성함으로써 보다 객관적인 관점을 구성하고자 하기 때문이다. 또한 철학은 실재의 통전성(Totalität)에 관심을 둠으로 실체를 총체적 안목에서 바라볼 수 있게 하기 때문에, 타학문과의 관계성 속에서 자신의 자명성을 찾으려는 기독교교육학의 철학과의 관계성은 필수불가결한 요소임을 천명하고 있다.[4)]

한숭홍은 이러한 자신의 기독교교육학의 학문적 정립을 위한 연구활동을 "기독교교육철학"으로 집약화하여 표현하고 있다. 곧 기독교교육학의 "철학화" 작업을 말하는 것이다. 오해하지 말아야 할 것은, 기독교교육학의 철학화란 기독교교육이란 학문영역을 철학적 영역으로 전이시킨다거나 철학적 카테고리를 통해 설명해 내려

4) Ibid., pp.171~172; 한숭홍, "기독교 교육철학이란 무엇인가?," 안:「기독교교육론」, 오인탁 외 공저, (서울: 대한기독교교육협회, 1985)(증보), pp.461~463.

는 것이 아니라, 위에서 언급한 바대로, 근본적인 성찰과 질문을 통해 문제해결을 추구해 나가는 철학적 태도, 곧 철학함의 의의를 말하고 있는 것이다. 기독교교육은 그 본질에 있어서 누구에게나 접근 가능하게 주어져있는 성서와 창조세계, 그리고 인간을 통하여 드러나는 하나님의 자기계시를 체험하게 하고 이해하게 하여 하나님의 자녀로 그들이 자라가도록 하는 모든 노력을 포괄한다.[5] 즉 기독교교육이란 교육적 상황 속에서 벌어지는 기독교적인 총체적 행위이며 실천인 것이다. 따라서 기독교교육학은 교육의 방향성과 교육의 현상의 구성 및 검증, 평가의 기준(Kriterium)을 필요로 한다. 기독교교육철학은 "기독교 교육학적인 진술들이 과연 얼마나 그리고 어느 정도로 타당하며, 그러한 진술이 미치는 범위를 어떻게 탐구, 검증할 수 있는가 라는 [...] 물음에 대한 진지한 대결을 꾀하는 영역"[6]으로서 대체로 기독교교육(학)이 기독교 진리를 '어떻게' 체계화해서 가르칠 것인가라는 실천에 중점을 둔다면 기독교교육철학은 '왜' 가르쳐야하는가 라는 근본적 질문을 던짐으로 해서 기독교교육의 본래적 목적을 제시하고자 한다.[7]

정리하면 기독교교육철학은 기독교교육학이 기독교를 대상으로 하는 진정한 "가르침의 기술학"이 가능하도록 기독교교육학 그 학문의 궁극적 본질 깊이에로까지 철학함으로써 기독교교육학의 새로운 정립과 성격화를 추구하는 학문적 노력인 것이다.[8]

2. 기독교교육철학의 삼중적 구조

기독교교육학의 학문적 이론 정립을 위한 철학적 노력으로서 한숭홍의 기독교교육철학은 기독교교육(학)의 목적과 내용, 그리고 그 형태와 방법론에 대해서 질문을 던진다. 이 질문에 대한 해명작업을 한숭홍은 기독교(신학)-교육-철학이라는 기독교교육철학의 기본적인 삼중적 구조속에서 시도한다. 신학은 기독교교육학의 내용을, 교육학은 기독교교육의 형태 및 방법론을, 그리고 철학은 인식론적 측면에서

5) 오인탁, "기독교교육학의 카테고리적 성격," 「교회와 신학」13집(1981), p.217.
6) 오인탁, "기독교교육철학이란 무엇인가," pp.53~54.
7) 한숭홍, 「기독교교육철학 사상」, p.270.
8) Ibid., p.112.

기독교교육의 목적을 제공하는 삼위일체적 관계구조를 이루는 것으로 보고 있다.

1) 신학의 구조

> "기독교는 이미 하나님이 직접적으로 그의 말씀을 통하여 인간을 가르치시고 인도하시는 종교이다. 인간에게 삶의 정황에서 인간이 살아가는 방식과 태도를 가르쳐줄 뿐만 아니라 인간이 하나님과 가져야할 올바른 관계까지도 교육시켜주고 있다. 기독교 자체는 구원에 대한 신앙과 신념을 담고있는 종교로서 신앙과 신념을 인간이 어떻게 생활화할 것인가를 체계적으로, 그리고 성서적으로 교육하는 것이다."[9)]

위에서 한숭홍은 기독교가 가지고 있는 교육학적 차원을 분명히 하고 있다. 신학은 그 본질에 있어서 하나님의 말씀을 선포함으로써 기독교의 핵심인 하나님에 의해서 계시된 진리를 가르쳐야하는 교수학적(didaktisch) 과학인 것이다.[10)] 그렇다고 할 때, 신학은 기독교교육의 내용에 결정적인 관계를 가지고 있다고 할 수 있으며, 기독교교육철학은 기독교교육학의 내용을 어떻게 구조화 할 것인가에 대한 물음을 신학과의 관련성 속에서 성찰하지 않을 수 없다.

한숭홍은 신학의 본질을 네 개의 카테고리로 분류하여 설명을 시도한다; 먼저 신학은 하나님(Gott)을 대상으로 연구하는 학문(theos-logos)이다. 기독교의 신앙고백이 창조주로서 하나님의 절대주권에 대한 찬양에서 시작하고 있듯이, 하나님을 어떻게 가르칠 것인가의 문제는 기독교교육학의 핵심적 과제라고 할 수 있다. 둘째, 신학은 인간(Mensch)을 중심대상으로 연구하는 학문이다. 인간은 하나님의 형상(imago Dei)에 따라 하나님의 생기를 불어넣음 받음으로 창조된 존재(창1,26; 2,7)로서, 본래적으로 하나님 앞에서(coram Deo), 하나님과 함께 살아야하는 인격으로 규정된다. 따라서 초월적, 궁극적 실재에 숙명적으로 관계된 존재인 인간은 자기 자신으로부터, 지기를 향하여, 자기를 위하여 살아가는 존재가 아니라, 하나님으로

9) Ibid., pp.78~79.
10) Ibid., pp.230~232.

부터, 하나님을 향하여, 하나님을 위하여 살아야 하는 존재로 규정된다. 이러한 신학적 인간이해는 기독교교육학으로 하여금 인간교육에 대한 의미를 제공한다고 하겠다. 셋째, 신학은 그리스도(Christus)를 그 핵심대상으로 연구하는 학문이다. 그리스도는 인간의 죄와 타락으로 단절된 하나님과 인간의 사이를 화해시키고 중재하는 중보자이다. 기독교교육학은 그리스도의 죽음과 부활을 가르침으로써 진정한 사랑과 새 생명의 회복을 교육의 핵심으로 삼는다. 넷째, 신학은 세계(Welt)를 학문적 대상으로 인정하고 연구하는 학문이다. 세계는 인간이 활동하고 살아가는 역사의 장이며 하나님의 뜻이 드러나는 곳이기도 한다. 따라서 기독교인이 세계와의 바른 관계를 회복하지 못하는 한, 하나님과의 바른 삶은 불가능하다. 인간의 구원이 탈세계화가 아닌 세계로 보내심을 받는 것이라고 할 때, 인간이 속해 있는 세계의 인식과 바른 관계의 성취는 기독교교육학의 핵심내용의 하나일 수밖에 없다.[11]

2) 교육학의 구조

교육이란 지식의 전달뿐만이 아닌 인간의 개성, 인격, 성향, 세계관들을 개발·형성시킴으로써 사람으로 하여금 사람되게 하는 인간형성의 과정이다.[12] 사람이 본래 "사람임(Menschsein)"이 아닌 "사람됨(Menschwerden)"의 존재임을 전제한다면, 교육은 인간의 본질적 현상이며 필수적 과제이다. 한숭홍은 역사적으로 제기된 교육이해를 도야(Bildung), 만듦(Machen), 만남(Begegnung), 의식화(Bewusstwerden) 넷으로 집약화하여 설명하고 있다;

소위 문화교육학은 "도야" 이념을 기반으로 한다. 도야란 인간이 지니고 있는 어떤 힘, 한 인간의 내면 깊은 곳에 잠재되어 있는 개성과 가능성을 조화를 잃지 않으면서, 그리고 다양하고 독특하게 개발하고 전개시키는 것을 말한다. 문화교육학자들은 문화(Kultur)를 인간의 정신세계가 객관화된 것으로 규정하고, 인간 교육은 객관적으로 주어져있는 문화를 섭취함으로써 가능하다고 본다. 이런 점에서 도야의 교육은 이 문화 속에 담겨 있는 의미내용과 가치체계의 섭취를 통해 개인의 잠재적

---

11) Ibid., pp.197~200, pp.281~284; 김균진, 「기독교 조직신학 I」, (서울: 연세대출판부 1997), p.25, p.160, p.227.

12) 한숭홍, 「기독교교육철학 사상」, p.110.

인 가능성을 분만(Entbindung)시켜 정신적인 도약으로 이끌어 냄을 목적으로 하는 "문화의 번식작용" (Spranger)이다.13)

도야의 교육이 인간의 본래성(엔텔레케이아)과 개성을 중요시하였다면, "만듦"의 교육은 인간을 무한한 개조가능성(가소성)을 지닌 존재로 본다. 처음 태어난 아기는 아무것도 없는 백지(tabula rasa)와 같은 상태에 있다는 것이다. 교육자는 마치 백지위에 물감과 붓을 이용하여 그림을 그리는 화가처럼, 작품을 만들기 이전에 언제나 어떤 그림을 그릴 것이며 무엇을 표현하리라는 구상을 가지고, 재료와 기술을 동원하여 그 구상을 구현해 나가는 것이다. 이처럼 인간에게서 철저히 형성 가능한 재료로 보는 인간이해 위에 기초하고 있는 만듦의 교육은, 행동을 계획적으로 변화, 수정, 훈련시키는 인간기계공학이자 기술학이라고 규정할 수 있다. 따라서 만듦의 교육은 목적-과정-방법에 관한 이론을 포괄적이고 세분화된 경험적 교육조건의 분석에 기초하여 전개하며, 교육활동의 조건을 탐구해내고 교육행위의 통제가능성을 면밀하게 검토한다.14)

도야와 만듦의 교육은, 그 교육개념의 상이성에도 불구하고 모두 교육을 하나의 연속적 과정으로 보고 있다는 공통점을 가진다. 세 번째 교육개념인 "만남"의 교육은 교육의 단속적 측면을 강조한다는 점에서 앞의 두 교육이해와 차별성을 갖는다. "만남"이란 일종의 "정신적 접촉을 통한 현실성의 체험"을 뜻하는 것으로 "항상 인간이 지금 예상할 수도 없고, 예상되어질 수도 없으며, [...] 인간이 지금까지 표상하며 기대했던 것과는 전적으로 다른 [...] 어떤 것과 부딪치는 것"을 말한다. 하지

---

13) 한숭홍, "옷토 프리드리히 볼노의 실존교육사상,"「교회와 신학」19집 (1987), p.463; 이규호, 「교육과 사상」, (서울: 배영사 1976), p.51; 이상오, 「슈프랑어의 삶의 형식들 연구」, (서울: 학민사 1988) p.2, p.24, p.114.

14) 오인탁, "인간이해와 기독교교육" 「기독교교육」154집 (1980.4), p.13; 정범모, 「교육과 교육학」, (서울: 배영사 1976.), p.16. 존 듀이(John Dewey)는 교육을 자연과 인간, 사회의 연속성 안에서 보았다. 그는 인간의 행위를 인간성의 요소들과 자연적, 사회적 환경과의 상호작용에 의해 습득된 '습관'이라고 보았다. 습관이란 유기체(organism)고서 인간이 환경(environment)과의 함수관계에 의해서 습득한 후천적이고 인위적인 기예(art)이다. 결국, 교육이란 인간에게 어떠한 습관을 형성시키느냐의 문제, 곧 바른 습관을 통한 행동의 변화를 목적으로 하며 인간 행동의 바른 개조를 위한, 즉 바람직한 행위를 가능케 하는 객관적 조건에 관심을 기울인다. 이러한 듀이의 교육 개념은 교육을 "인간 행동의 계획적인 변화"로 정의하고 있는 정범모의 사상에서도 분명하게 발견된다. 이와 관련하여 J. Dewey의 「인간성과 행위」, 신일철 역, 서울: 사상계출판사 1963.

만 이 만남 속에서 인간은 언제나 숙명적인 그 무엇을 직면하게 되고, 이러한 체험은 너무나 강압적이어서 이것을 접한 사람은 어떤 새로운 방향을 취하지 않을 수 없게 된다. 종교적 체험이나 예술적 · 문학적 체험이 바로 이러한 만남의 사건을 의미한다고 하겠다. 만남의 교육이란 이러한 숙명적, 단속적 현실경험을 통해 "나" 자신의 참다움(Einheit)을 향해 전인적으로 대결하도록 하여 결단의 순간으로 인도함을 목적으로 한다.[15)]

의식화 교육은 교육의 사회비판적 · 이데올로기 비판적 연관성속에서 도출된 교육이해이다. 브라질의 교육학자 프레이리(P. Freire)는 자기 목소리와 자기 눈, 자기 귀를 잃어버린 억압된 존재로 전락해 버린 민중들의 상황을 보면서, 이러한 민중들이 자신이 삶의 주체자로서의 의식을 갖을 수 있도록, 기존의 지식 주입식 교육(은행저금식 교육, banking education)의 반대개념으로서 문제제기식 교육을 주장한다. 프레이리는 교육을 인간의 내면세계에 잠재된 지식과 가치를 끄집어내어 체계적으로 의식화시켜 주는 행위로 보고 있는데, 여기서 의식화란 학습자가 단순히 수용자로서가 아니라 지식습득의 주체로서, 그들의 삶을 형성하는 사회문화적 현실을 인지하고 그 현실을 변형시키는 그들의 능력의 심화를 달성해 나가는 과정을 가리킨다.[16)] "지식습득(knowing)이란 객체가 수동적으로 받아들이는 행위가 아니다. 지식은 세계와 마주선 호기심 많은 주체들의 존재를 필수요건으로 한다. 지식은 끊임없는 탐구를 요청하며 지식은 창조와 재창조를 포함한다. 지식은 각인에게 지식습득 행위(action of knowing) 그 자체에 대해서 비판적으로 성찰할 것을 요구한다. 지식은 이러한 인지과정에서 지식습득 과정과 그 과정을 지배하는 조건의 배후에 있는 존재이유를 깨닫게 되는 것이어야만 한다."[17)]

환언하면, 교육학은 기독교교육철학의 구조 속에서 기독교 교육의 원리 및 형식을 규정하다. 즉, 교육학은 기독교교육철학 안에서 신학이 제시하는 인간이해와 교육내용을 어떻게 교육할 것인가의 문제에 관심을 갖는다. 예를 들면, 어떻게 하나

15) 한숭홍, "옷토 프리드리히 볼노의 실존교육사상," p.451: O. F. Bollnow, 「실존철학과 교육학」, 오인탁·,정혜영 역, (서울: 민음사 1971), p.99; 이규호, 교육과 사상, p.121.

16) P. Freire. 「교육과 의식화」, 채광석 역, (서울: 중원문화 1978), p.204; 한숭홍, 「기독교교육철학」, 64; 「존재와 의식」, (서울: 장신대출판부 1989), p.273.

17) P. Freire. 「교육과 의식화」, pp.126~127.

님의 형상으로 도야시킬 것인가, 어떻게 하나님을 닮도록 만들어갈 것인가, 어떻게 하나님과 직접적 만남을 갖도록 할 것인가, 어떻게 하나님을 의식하게 할 것인가의 문제이다.

3) 인식(철학) 의 구조

학문(Wissen-schaft)이란, 단어의 의미에서 알 수 있듯이, 대상영역을 향해있는 보편타당한 인식의 체계이다.[18] "지혜에 대한 사랑(philos-sophia)"으로서 철학도 궁극적으로 진리로서 지혜, 곧 참된 인식에 도달하고자 개별 인식체계를 비판적으로 그리고 전체적으로 반성한다.[19] 이러한 학문적 · 철학적 관심과 관련하여 한숭홍은 "우리의 지식을 아는 것이 철학이다(Wissen um unser Wissen ist Philosophie)"라고 말한 독일출신의 유대 여류 사상가 라헬 바안하겐(Rahel Levin Varnhagen: 1771~1833)의 입장을 수용하여 기독교교육철학에 있어서 철학의 기능을 철저한 앎을 추구해 나가는 인식론적 측면에서 접근한다.[20] 사실 교육도 광의적인 의미로 "바른 앎"을 추구한다고 할 때, 기독교교육철학 안에서 철학은 기독교교육 활동의 목적을 제시하고 결과에 대해 반성토록 한다. 한숭홍은 철학적 앎(인식)을 본질이해로서의 앎, 세계에 대한 자기개방, 타인과의 공존, 실천으로의 행함, 이렇게 네가지 측면에서 설명한다;

철학적 앎(인식)은 먼저 앎에 대한 앎, 곧 지식(Wissen)을 뜻한다. 철학이란 현상의 본질을 철저히 분석함으로써 현상자체를 종합적으로 이해하려는데 있으며, 현상의 본질에 대한 불확실한 지식이나 불분명한 인식을 지양하여, 보다 근본적이고 본질적인 것을 파헤쳐 밝혀주려는 구체적 행위이므로 철저한 현상의 본질규명이야말로 철학의 가장 중요한 기능 중의 하나인 것이다. 이런 의미에서 철학은 지식체계를 구성하는 지식자체이기도 하다.[21]

둘째, 한숭홍의 입장을 따르면 철학적 앎이란 역사와 세계 속에서 자신을 개방함

---

18) J. Hessen, 「인식론」, 이강조 역, 서울: 서광사 1986, p.185.

19) P. R. Struhl/K. J. Struhl, ed., *Philosophy Now*, (New York: Random) 1975.5.

20) 한숭홍,「기독교교육철학 사상」, p.200. 바안하겐의 생애에 대해서는 D. Wunderlich의 인터넷 상의 글을 참조. http://www.dieterwunderlich.de/Varnhagen.htm(2001).

21) 한숭홍, 「기독교교육철학 사상」, p.201.

(Offenheit)을 의미한다. 이러한 입장은 인식의 영역을 지성적 · 논리적 영역을 넘어서 감성적 · 의지적 영역 속에서 관찰하게 한다. 인간의 삶이란 것이 언제나 새로운 것을 자기 스스로에게 흘러나오게 하는 원천이며 언제나 새로운 충동을 생산해 내는 뿌리이기 때문에, 세계를 향한 순수한 정신의 해방, 곧 개방을 통해서만 참된 인식에 도달할 수 있다는 것이다.[22]

철학적 앎의 세 번째는 인간존재가 공존재(Mitsein)임을 깨닫는 것, 함께 사는 존재임을 의식하고 그러한 삶을 형성하도록 촉진해 나가는 것을 말한다. 현대 사회의 인간은 군중 속에서 소외되어 있다. 군중 속에서 사람들은 자신들이 개별적 본질을 상실한 채 평균화된 사람들(man/독어 또는 one/영어)로서 살아간다. 부버(M. Buber)가 인간은 "나-너"의 관계를 맺음으로써 "너"와 더불어 현실에 참여한다고 말했듯이, 한숭홍도 공존재로서 앎을 이야기함에 있어서 우리가 어떤 대상을 지각할 때, 그 대상을 삶에 있어서의 나의 인격적 "파트너(Partner)" 곧 상대자(Du)로 보고 그 표현을 이해해야 한다는 것을 강조하고 있다.[23]

네 번째 철학의 앎이란 삶의 구체적 모습으로서의 "행함"이다. 정확하게 안다는 것은 자기의 현실에 대해 개입하는 것을 뜻한다. 철학의 비판적 성찰이란 단순히 이론의 이론이나 형이상학적 담론에 머무는 것이 아닌 실천적 앎을 추구한다는 것이다. 이러한 관점에서 철학은 현실을 객관적으로 보고 현실 참여와 자기 반성의 장을 제공함으로써 기독교교육학의 행함의 원리를 제공할 수 있다.[24] 행함으로서의 철학의 앎이란 삶의 역동성을 그 중심개념으로 포함하고 있는 인간의 행위자체에 대한 의미화 작업임을 한숭홍은 강조한다.[25]

4) 신학-교육학-철학의 구조적 결합

정리하면 한숭홍의 기독교교육철학은 신학, 교육학, 철학 세 학문의 유기적으로

22) Ibid., pp.201~202; O. F. Bollnow, 「삶의 철학」, (백승균 역, 서울: 경문사 1979), 193; 이규호,,「현대철학의 이해」, (서울: 대영사 1977)(증보), p.148.

23) 한숭홍, 「기독교교육철학 사상」, 202; M. Buber, 「나와 너」, 김천배 역, (서울: 대한기독교서회 1973), p.90.

24) 한숭홍, 「기독교교육철학 사상」, pp.202~203; P. Freire, 「교육의 의식화」, p.74. p.132.

25) 한숭홍, "전환점에선 기독교교육," 「기독교교육」 255호 (1989.6.), p.54.

결합으로 구성된다. 기독교교육철학의 한 축으로서 신학은 기독교교육학의 인간이해를 규정하고 동시에 가르쳐야 할 내용을 규정한다. 두 번째 축인 교육학은 어떤 방법적 원리로서 교육할 것인가에 대한 문제들을 기본적으로 갖고 있는 실천적 과학으로서 도야, 만듦, 만남, 의식화의 4가지 교육 원리를 통해 기독교교육학의 형식을 제공한다. 세 번째 축인 철학은 참된 인식 추구를 본래성으로 가진 학문으로서 기독교교육학이 궁극적으로 추구하는 목표를 여러 각도에서 제시해주고 그것에 대한 반성적 작업(평가)을 수행한다. 환언하면 기독교교육철학은 기독교교육학의 핵심적 요소인 내용과 형식, 목적 및 결과에 대한 반성의 작업을 신학 · 교육학 · 철학의 구조적 결합을 통해 추구해 나간다.

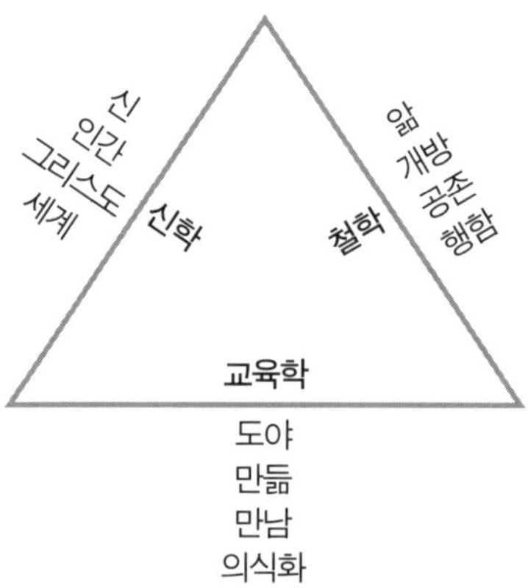

[도표 1] 기독교교육철학의 삼중적 구조[26)]

Ⅲ. 기독교교육철학의 삼중적 구조를 통해 제기되는 오늘의 기독교교육학의 과제

1. 기독교교육학의 내용과 관련한 기초화 과제

한숭홍의 기독교교육철학에 따르면, 기독교신학은 기독교교육학의 근거와 내용

26) 한숭홍, 『기독교교육철학 사상』, 206을 참조하라.

을 규정한다. 실제로 기독교교육 현장 속에서 성서의 내용과 기독교 교리 및 전통은 기독교교육을 통해 전달하고 이해시켜야할 내용의 상당부분을 차지하고 있다. 따라서 성서적 표현이나 신학화-교리화된 논제들을 어떻게 기독교교육 교수-학습과정 속에서 학습자들이 경험 가능한 언어와 문제로 내용화할 것인가의 문제는 기독교교육학이 신학과 관련하여 수행해야할 핵심적 과제라 할 수 있다. 이러한 과제를 우리는 기독교교육학의 "기초화"(Elementarisierung) 작업이라고 부른다. 기초화 작업이란 하나님, 그리스도, 인간, 세계에 대해 성서적-신학적 가르침을 기독교교육 현장 속에서 어떻게 구체화 또는 현실화시켜 나갈 것인가에 대한 교수학적(didaktisch) 과제를 말한다. 창조주로서 하나님, 죄인된 인간, 구원자 그리스도, 세계와 선교 등의 신학적 결과물을 - 교리문답식 교육처럼 기존의 교리적 명제나 설명을 교육현장에 그대로 도입 · 적용하는 것이 아니라 - 어떻게 신학적, 학문적 의미를 왜곡시키지 않으면서, 교회학교의 어린이나 청소년, 신학적 훈련을 받지 못한 평신도들에게 의미화 시킬 수 있을까 하는 물음에서 비롯된 고민이다. 간단히 말하면 내용의 왜곡을 가능한 한 피하면서 시도되는 "학문적인 단순화(wissenschaftliche Vereinfachung)"의 작업이라고 명명할 수 있다. 이 기초화 작업은 사실 1980년 대 초에 이미 한국에 소개된 바 있다. 오인탁의 "기독교교육학의 카테고리적 성격"[27], 한숭홍이 번역 소개한 닙코(K. E. Nipkow)의 "기독교교육과 성서적 신앙"[28]이란 글에서 이미 기초화 작업의 원리를 이론적으로 소개하고 있다. 단지 그 이후에 연계적인 실천적 작업이 계속 이루어지지 않은 것이 아쉬울 뿐이다.

현재 독일 기독교교육학의 중요한 학문적 이슈 중 하나인 "기초화"작업은 교육학자 클라프키(W. Klafki)로부터 교수학적 차원에서 제기된 시도였다.[29] 여기서 언급하고 있는 "기초화"에 해당하는 Element 또는 Kategorie란 단어는 어떤 인식을 가능케하고, 그 토대를 이루고 있는 근본요소, 기초 단위를 말한다. 중요한 점은 이 엘레멘트 또는 카테고리는 개별적인 특수요소이면서도 그 안에 보편적인 전체 원리

27) 오인탁, "기독교교육학의 카테고리적 성격," 「교회와 신학」13집 (1981), pp.213~238.

28) K. E. Nipkow, 한숭홍 역, "기독교 교육과 성서적 신앙," 「교회와 신학」 14집 (1982), pp.277~302; 오인탁 편, 「기독교교육과 신앙」, 서울: 홍성사 1983, pp.47~73.

29) W. Klafki, *Das Pädagogische Problem des Elementaren und die Theorie der kategorialen Bildung*, (Weinheim/ Bergstr. ^{3}1964 [^{1}1957].).

를 담고 있다는 점에서 기초요소란 사실이다. 떨어지는 사과를 보고 만유인력의 법칙을 발견한 뉴튼을 예로 들어보자. 나무에서 사과가 떨어지는 현상은 우리가 쉽게 발견할 수 있는 일상적인 개별현상에 불과 하지만, 그 안에 만유인력이라고 하는 보편적 법칙을 내포하고 있었다. 바로 "사과가 떨어지는" 현상은 만유인력의 법칙을 설명가능케 하는 기초적 요소, 카테고리로서 작용하고 있는 것이다. 마찬가지로 성서와 신학이 이야기하고 있는 신앙의 보편적 원리를 반영하면서도 삶속에서 구체화 시킬 수 있는 기초적 요소와 범례(Exemplar)를 발견하려는 시도가 바로 기초화 작업의 핵심이라고 하겠다.

기독교교육학의 기초화 과정에 있어서 고려해야 할 점은 크게 세 가지로 구분할 수 있다. [도표2]에 나타나듯이, 첫째는 다루어야 할 주제 또는 성서본문의 내용과 구조에 대한 기초화 작업이다. 주로 신학적 · 주석적 작업을 통해 교육의 내용으로 삼아야 할 성서 본문이나 신학적 주제를 구성하고 있는 기초개념과 기초구조를 이끌어내는 작업에 해당한다. 둘째는 교육의 학습자에 대한 고려로서, 학습자들의 현실과 경험의 수준을 관찰하고, 해당 주제와 텍스트에 대한 이해의 폭을 가늠하는 과정이다. 주로 인간학적 또는 발달심리학적 측면이 진지하게 고려되어야 한다. 그런데 문제는 신학적 · 교리적으로 고민되고 설명된 내용과 학습자의 경험 및 이해의 수준 사이에는 커다란 차이가 생길 수 있다는 점이다. 왜냐하면 사람들은 누구나 자신의 이해지평과 수준, 현실의 필요성에 근거해서 어떤 내용을 이해하고 받아들이기 때문이다. 따라서 기초화 과정의 핵심은 텍스트의 내용적 측면과 학습자의 인격적 측면을 변증법적으로 고려하면서 신학적 내용을 학습자의 현실속으로 어떻게 구체화 할 것인가에 있다. 내용의 기초화와 경험의 기초화의 변증법적 연계작업은 세 번째 요소인 "범례화" 과정을 통해 구체화된다. 범례화란 학습자의 경험과 이해수준에 적합하면서, 내용으로 다룰 주제로 인도할 수 있는 전형적인 예(떨어지는 사과와 같은)를 선정하는 것을 말한다. 적절한 범례(Exemplar)의 선정은 내용 전달 및 이해에 결정적인 역할을 담당한다.[30]

30) "기초화" 과정에 대해서 Zeitschrift für Pädagogik und Theologie 52집 (3/2000), pp.240~291에서 특집으로 다루고 있다. 특별히 F. Schweitzer와 D Zilleßen의 글(pp.240~262)을 참조. 닙코는 "기독교교육과 성서적 신앙"에서 마4:1~11(예수의 시험)을 예로 들어 기초화 과정을 설명한다. K. E. Nipkow, 「기독교교육과 신앙」, pp.60~73.

내용의 기초화 (das Elementare)	주제 또는 텍스트의 내용과 구조에 대한 학문적 성찰	신학적/ 주석적
경험의 기초화(das Fundamentale)	학습자의 경험과 현실에 대한 성찰	인간학적/ 심리학적
교육의 범례화(das Exemplarische)	주제를 담보하고 있는 전형적인 예(텍스트 등)의 선택	교육의 통로

[도표2] 클라프키의 기초화 과정

2. 신앙의 교육 가능성에 대한 문제 - 신앙의 언어교육으로서 기독교교육

한숭홍은 기독교교육철학 속에서 교육의 네 가지 개념으로부터 기독교교육학의 네 가지 형식론 또는 방법론을 이끌어 내고 있다. 기독교교육 현상에 대한 비판적 성찰과 검증을 기능적으로 수행할 기독교교육철학은 교육이란 차원과 관련하여 다음과 같은 문제를 제기할 수 있을 것이다.

역사적으로 소개된 다양한 기독교교육학 이론과 모형들 간에 나타나고 있는 지향점과 방법론의 차이와 상이성[31]에도 불구하고, 모든 기독교교육의 궁극적 목적은 올바른 신앙의 전수, 즉 하나님을 신뢰하며 이 세상을 살아가게 하는 신앙인을 양성함에 있다. 기독교 공동체의 역사 속에서 신앙을 전수하고 성장시키려는 목적으로 신앙을 교육하는 실천적 노력이 언제나 있었다는 사실은 주목할 만하다. 이미 구약성서의 초기부터 이스라엘 공동체를 향한 신앙교육의 모습이 나타나고 있고(참고: 출12,24~26;13,8~9; 신6,20f.; 수4,19~24), 예수 그리스도의 마지막 지상명령 속에도 가르침의 당부가 핵심적 위치를 차지하고 있다(마28,19~20). 신앙고백을 암송한다든지 성서본문이나 신앙교리를 암기하는 것들은 오랫동안 기독교 공동체의 역사속에서 행하여져왔던 가장 기본적인 교육적인 노력이었고, 그것을 통해 신앙이 전달되고 성장된다는 확신은 의심되어 오지 않았다. 그런 점에서 볼 때, 신앙은 신

31) 현대 기독교교육 이론을 개괄적으로 소개하고 있는 책으로는 J. 세이무어 / D. 밀러, 「오늘의 기독교교육 연구」, 맹용길 외 공역, (서울: 대한예수교장로회총회출판국 1989), 고용수, 「현대 기독교교육사상」, (서울: 장신대출판부 2003), pp.41 79 (미국)와 강용원, 「기독교교육의 과제와 전망」, (서울: 기독한교 2004), pp.275~299(독일)을 참조.

앙 공동체 안에서 교육해야할 이른바 "교육 필연적" 요소이다.

하지만 여기서 우리는 한 가지 중요한 질문을 제기하지 않을 수 없다. 실제로 이 신앙이란 것이 교육 가능한 것인가에 대한 질문이다. 교육의 이념과 방법에 따라 그 차이를 인정한다하더라도 모든 교육은 인간을 대상으로 하는 의도성을 가진 인간의 노력이다. 그렇다면 과연 기독교 신앙이 인간적 노력을 통해 전달되고 습득되어지는 것인가? 만일 하나님을 믿는다는 고백의 문제가 이 단순히 학습될 수 있는 것이라면, 또는 교육학적으로 전달 가능한 것이라면, 그것은 성서적 의미의 하나님에 대한 신앙을 말하는 것이 아닐 것이다. 왜냐하면 성서적인 측면에서 볼 때, 신앙은 하나님의 은혜의 선물이며 성령의 사역으로 주어지는 것이기 때문이다 - "너희는 그 은혜에 의하여 믿음으로 말미암아 구원을 받았으니 이것은 너희에게서 난 것이 아니요 하나님의 선물이라"(엡2, 8); "나를 보내신 아버지께서 이끌지 아니하시면 아무도 내게 올 수 없으니"(요6, 44). 종교개혁가인 루터(M. Luther)와 칼빈(J. Calvin)도 그들의 요리문답에서 신앙이란 인간 스스로 만들어 내거나 마련될 수 없는 신적 선물임을 강조하고 있다.[32] 신약성서에서 "네 믿음이 너를 구원하였다"란 예수의 표현 속에서도 결코 교육적인 요소가 드러나지 않는다. 결국 신앙은 선한 의지를 통해서도 또는 선행을 통해서 소유 가능한 것이 아닌, 다시 말해서 결코 종교적 행위나 특별한 경건의 훈련을 통해서 당연히 얻게 되는 것이 아니다. 이런 점에서 기독교 신앙은 교육 가능한 요소가 아니다. 여기서 우리는 서로 화해될 수 없어 보이는 신앙교육의 역설적인 두 측면, 신학적-성서적으로는 교육 불가능한, 하지만 역사적-현실적으로 교육 필연적인 양면성이 드러난다.[33]

이와 관련해서 신앙(종교)을 "절대의존의 감정"으로 정의하고 있는 슐라이어마허(F. D. E. Schleiermacher)는 신앙이란 결코 인간의 노력으로 교육가능한 요소가 아님을 분명히 하고 있다. 슐라이어마허에 따르면, 어떤 식의 신앙교육도 결국은 지식이나 형이상학 또는 도덕 교육의 수준에 머물 수밖에 없다는 것이다. 이것들은

---

32) M. Luther, Der kleine Katechismus, in: *Die Bekenntnisschriften der evangelisch-lutherischen Kirche*, (Göttingen [7]1976), p.511f.; J. Calvin, *Christliche Unterweisung*: Der Genfer Katechismus von 1537, Hamburg 1963, p.32.

33) 참고: 고원석, "양육교재의 반성과 제안," 「목회와 신학」 203호 (2006.5), pp.103~105.

종교와 비슷할 수는 있으나 같을 수는 없는 모사품에 불과하다는 것이다.[34] 그래서 슐라이어마허의 사상을 기독교교육에 적용한 카비쉬(R, Kabisch)는 신앙(종교)의 의미를 종교의 본래적 의미로서 경험적 신앙(또는 종교)과 이차적 의미로서 객관화된 신앙(또는 종교) - 인간의 제도와 문화에 의해 객관화된 것 - 로 구분한다. 카비쉬는 기독교교육의 과제를 바로 두 신앙(종교)의 양면을 연결시키고 객관화된 신앙을 경험적인 신앙으로 고양시키는 것으로 보았다.[35]

이상의 논의를 종합해 볼 때, 개혁신학적 전통 속에서 신앙 그 자체는 교육 가능한 요소가 아니며, 따라서 기독교교육은 학습자를 하나님과의 신뢰관계인 신앙으로 곧바로 이끄는 기술이나 방법이 될 수 없다는 한계성을 근본적으로 인정해야 할 것이다. 신앙은 인간의 내면으로부터 자연적으로 길러지는 것도 아니고, 그렇다고 주입되고 만들어지는 것도 아니며, 비판적 이성을 통해 획득될 수 있는 것도 아니다. 그렇다고 교육과정 속에서 하나님과의 인격적 만남을 계획하고 의도할 수도 없다. 그런 점에서 그리스도인들이 범할 수 있는 "교육만능주의" 또는 "프로그램 만능주의"에 대해 기독교교육은 분명한 한계선을 그어주어야 할 것이다.

신앙과 관련하여 기독교교육은 카비쉬의 표현을 빌리면 제도나 문화를 통해 객관화된 신앙을 대상으로 하고 있을 뿐이다. 그런 점에서 기독교교육은 "신앙 교육"이라고 일컫기 보다는 "신앙의 언어" 교육[36] 이라고 명명함이 옳을 듯하다. 언어란 한 공동체의 사고방식과 문화가 스며있는 정신적 삶의 객관화로서, 어느 누구도 공동체의 언어를 이해하지 않고는 그 공동체를 제대로 이해할 수 없다. 신앙의 언어 교육이란 궁극적으로 기독교 신앙공동체가 추구하고 있는 신앙의 세계(하나님 나라)속에서 통용되는 가치와 진리를 이해할 수 있게끔 하는 언어 교육과정에 속한다는 것이다. 언어는 인간의 생각을 전달하고 매개하는 도구이며, 그것을 위해 인간들간의 약속에 의해 만들어진 체계지만, 동시에 사회적으로 인간이 생각의 폭을 가늠하고 사유를 통제하는 초인간적 체계이기도 하다. 어떤 신앙의 언어를 습득하는가에 따라 그 언어는 우리의 신앙의 폭과 신앙의 사유를 가능케 하고 통제한다.

34) F. D. E. Schleiermacher, 『종교론』, 최신한 역, (서울: 대한기독교서회 2002), pp.123~125.

35) R. Kabisch/H. Tögel, *Wie lehren wir Religion?*, (Göttingen [5]1929), p.101, p.109f.

36) J. Kunstmann, *Religionspädagogik*, (Tübingen/Basel 2004), p.181.

신앙의 세계, 곧 하나님의 나라는 이 시대의 삶속에 함께 하면서 동시에 이 시대를 초월해 있는 세계이다. 기독교교육은 이 시대의 언어와 구별되면서 동시에 서로 대화관계에 있는 신앙의 언어 교육을 통해 신앙의 세계를 바르게 이해할 수 있는 통로를 마련해 주어야 한다. 이 시대가 이해하지 못하는 신앙의 언어는 구체성이 결여된 사변적 신앙세계로 인도할 것이고, 이 시대의 언어만을 답습하는 왜곡된 신앙의 언어는 사이비 신앙세계로 인도할 것이기 때문이다.

3. 바른 앎과 관련한 기독교교육의 목적으로서 정체성과 토착화의 과제

기독교교육의 한계성을 인정하면서 동시에 신앙의 언어 문제와 기독교교육의 과제를 언급하는 이유는, 신앙은 언제나 그 시대의 문화적 코드(기호), 그러니까 언어, 상징 또는 여러 표현형태 등을 통해서만 의사소통이 가능하기 때문이다. 신앙이 개념적으로 하나님에 대한 절대적 신뢰 또는 하나님과의 관계성을 의미하는 (신비적) 개념이긴 하지만, 이 신앙을 구체화시킨다거나 언어적으로 설명하기위해서 우리는 우리가 속해 있는 정신세계와 문화를 빌릴 수밖에 없다. 비록 신앙이란 것이 그러한 표현이나 행위, 태도 그 자체는 아니라고 할지라도, 필연적으로 우리는 가시적이고 구체적인 삶의 표현 형태와 관계하며 표현하고 설명해 나간다. 즉 우리는 신앙의 문제를 불가피하게 제도화된 종교의 틀 - 교회의 전통과 직제, 교리 등 - 속에서 이야기해야 하고, 우리를 둘러싸고 있는 문화의 범주 속에서 가시화하고 구체화하고 있다. 만일 교육이 인간 삶속에서 행해지는 필수불가결한 요소임을 인정한다면, 그리고 교육이 인간 문화의 핵심적인 요소이고 신앙이 인간의 문화적인 범주 속에서 논의될 수밖에 없다면, 기독교교육은 신앙의 문제와 무관할 수 없다. 기독교교육이 단지 신앙을 전수한다는 차원을 넘어서, 신앙공동체가 자리 잡고 있는 우리 세계의 문화적 코드가 무엇인지 살피고, 그 문화적인 코드로 성서적 신앙을 바르게 이해시키고 생활 속에서 적용시키는 작업이라고 한다면 신앙공동체의 정체성(Identität) 형성을 위해 교육은 핵심적 역할을 수행한다고 해야 할 것이다.

이러한 문화와의 관계 속에서 기독교교육의 역할은 한숭홍이 제시하고 있는 앎의 네 가지 차원과 무관하지 않다. 객관적 본질인식으로서 지식, 존재론적 측면으로서 앎으로서 개방, 사회적-공동체적 앎으로서 공존, 그리고 실천적 앎으로서 행위는 문화적 상황 속에서 그리스도인의 자기 정체성을 발견하는 기본적 인식구조를 말하고 있기 때문이다. 아울러 기독교교육의 목적인 정체성 문제와 관계해서 볼 때, 참된 앎으로서 기독교교육의 목적은 결국 토착화라는 문제와 연결되지 않을 수 없다. 진정한 앎이란 복음에 대한 본질 파악이며, 동시에 내가 몸담고 있는 내 삶의 터전을 향한 개방이며, 내가 몸담고 있는 가족과 이웃, 문화와 역사와 함께 하고 있다는 공존의 깨달음이고, 이 역사의 현장 속에 내 삶을 투신하는 실천적 과업이기 때문이다. 한국 신학계에서 토착화의 문제는 어제 오늘의 문제는 아닌 듯하다. 그러나 안타깝게도 기독교교육학과 관련하여서 토착화에 대한 논의는 전무한 상황이다. 실천신학적으로 예배의 토착화 문제가 관심을 보이고는 있지만, 기독교교육과 토착화 문제와의 관련성은 왠지 낯설기만 하다. 기독교교육학에서 소개되는 대부분의 이론적 작업은 여전히 서구의 기독교교육학자들의 이론에 절대적으로 의존하고 있으며, 학습자에 대한 이해 역시 서구의 발달심리이론에 전적으로 의존하고 있다. 하지만 독일이나 미국의 종교적 · 교육적 상황과 신앙에 대한 이해와 바탕이 우리의 것과 커다란 차이가 있음을 누구도 부정하지 못할 것이다. 또한 기독교의 토착화 과제는 궁극적으로 교육의 장에서 검증되고 구체화될 수밖에 없다는 점을 수용한다면 기독교교육학의 자리는 사실 토착화의 일선에 위치해 있으며 시급한 한국 기독교교육의 과제임이 분명하다.

한숭홍의 기독교교육철학의 앎의 네 가지 방식이 그리스도인의 정체성 문제와 깊은 관련성 속에 있다고 할 때, 그것은 자신의 신토불이 토착화 신학과 맥을 같이 하고 있다. 한숭홍은 토착화를 씨앗과 밭의 관계 속에서 풀어나간다. 곧 신앙(신학)은 씨와 토양(밭)의 결합에서 산출되는 것으로 본다. 하지만 토착화 논의를 기존의 "씨와 밭의 관계론"서 해서, 즉 불변의 유전인자로 이해되는 복음이라는 씨앗을 가변적인 틀 또는 용기에 해당하는 문화라는 밭에 파종하는 관계로 보는 도식을 넘어서고자 한다. 대신에 한숭홍은 이 토착화의 과제를 본질적으로 그리스도인의 정체성의 문제 속에서 바라보고자 한다. 복음의 증인이요 21세기를 살아가는 한국의 기독교인으로서 자기 정체성을 어떻게 확립할 것인가의 문제인 것이다.[37] 이를 위해서 한숭홍은 씨앗과 땅이라는 양 방향적 토착화를 강조한다.

먼저는 씨앗에 대한 성찰이다. 한숭홍은 복음이 우리나라에 소개되기까지 수많은 역사와 상황을 거치면서 새롭게 재해석되었고 변형되었음을 인정하자고 요청한다. 기독교의 복음은 2000년의 역사 속에서 결코 불변의 동일한 내용으로 머물러 있던 것이 아니라, 복음을 받아들인 토착민들에 의해 - 그것을 의식했든지 못했든지간에 - 나름대로 토착화 신학의 과정을 겪었다는 것을 말한다. 유럽에서 그러했고, 미국에서 또한 그러했다. 따라서 우리에게 있어서의 토착화 과제는 결코 서구 신학의 한국화를 말하는 것이 아니라는 것이다. 한숭홍이 말하는 씨앗에 대한 관심은 이러한 복음의 수용과정에서 자연스럽게 생겨난 토착화, 즉 지난 2000년간 서구에서 토착화된 복음의 상황성을 넘어서는 복음에 대한 관심이다. 이것을 그는 "신학 넘어의 신학" 즉 "메타테올로기아"(meta-theologia)라고 명명한다.[38]

둘째는 땅에 대한 관심이다. 이것을 한숭홍은 신학의 문화화, 간단히 "문화신학"이라고 부르고 있다. 문화화는 한국의 민족정서에 대하 관심을 우선으로 하지만 그것이 곧 서구 내지는 타문화에 대한 배타성을 의미하는 것이 아니라, 우리의 민족정서가 가지고 있는 긍정적, 부정적 측면이 필연적으로 우리의 신학적 성향과 과제에 불과분의 관계를 이루고 있다는 "신토불이" 적 측면에서 요청된다. 또한 문화화는 현대의 시대정신과의 접촉을 의미한다. 과거 농경사회의 의식구조가 깨어지고 있는 지금 새로운 문명과 사이버 시대 속에서 어떻게 신학의 틀과 신개념 - 한숭홍은 텔레-신(Tele-God)이란 표현을 사용한다 - 이 해석해내고 정착시킬 것인가의 고민이다.[39]

이상에서 언급한 한숭홍의 토착화 과정은 그의 기독교교육철학이 이야기하는 앎의 네 가지 형태에 접목할 수 있다. 본질인식으로서 앎이 복음에 대한 관심이라면, 개방과 공존, 그리고 행동은 문화에 대한 관심이라 할 수 있다. 오늘의 기독교교육학은 21세기의 문명 및 정신세계와 씨름해야하는 과제 속에서 진정한 앎의 과제를 토착화의 과제와 연계하여 수행해 나갈 수밖에 없으리라고 본다.

37) 한숭홍, 「신학이란 무엇인가? - 神土不二 신학의 이론적 연구」, (서울: 장신대 출판부 2003), pp.13~24, pp.100~117.

38) Ibid., pp.81~83, p.93.

39) Ibid., pp.86~88, pp.239~347.

참고문헌

O. F. Bollnow, 「실존철학과 교육학」, 오인탁/정혜영 역, 서울: 민음사 1971.

______, 「삶의 철학」, 백승균 역, 서울: 경문사 1979.

M. Buber, 「나와 너」, 김천배 역, 서울: 대한기독교서회 1973.

J. Calvin, Christliche Unterweisung: Der Genfer Katechismus von 1537, Hamburg 1963.

J. Dewey, 「인간성과 행위」, 신일철 역, 서울: 사상계출판사 1963.

P. Freire, 「교육과 의식화」, 채광석 역, 서울: 중원문화 1978.

J. Hessen, 「인식론」, 이강조 역, 서울: 서광사 1986.

R. Kabisch/H. Tögel, Wie lehren wir Religion?, Göttingen 51929.

W. Klafki, Das pädagogische Problem des Elementaren und die Theorie der kategorialen Bildung, Weinheim/Bergstr. 31964[11957].

J. Kunstmann, Religionspädagogik, Tübingen/Basel 2004.

M. Luther, Der kleine Katechismus, in: Die Bekenntnisschriften der evangelisch-lutherischen Kirche, Göttingen 71976.

K. E. Nipkow, "기독교 교육과 성서적 신앙." 한숭홍 역,「교회와 신학」 14집 (1982), 277~302; 오인탁 편, 「기독교교육과 신앙」, 서울: 홍성사 1983, 47~73.

F. D. E. Schleiermacher, 「종교론」, 최신한 역, 서울: 대한기독교서회 2002.

J. Seymour/D. Miller, 「오늘의 기독교교육 연구」, 맹용길 외 공역, 서울: 대한예장총회출판국 1989.

P. R. Struhl/K. J. Struhl, ed., Philosophy Now, New York: Random 1975.

D. Wunderlich, "Rahel Varnhagen (Biografie)." in: http://www.dieterwunderlich.de/Varnhagen.htm (2001).

Thema: Elementarisierung, in: Zeitschrift für Pädagogik und Theologie 52집 (3/2000), 240~291.

강용원, 「기독교교육의 과제와 전망」, 서울: 기독한교 2004.

고용수, 「현대기독교교육사상」, 서울: 장신대 출판부 2003.

고원석, "양육교재의 반성과 제안." 「목회와 신학」203호 (2006.5), 102~109.

김균진, 「기독교 조직신학 I」서울: 연세대 출판부 1997.

오인탁, "기독교교육학의 카테고리적 성격." 「교회와 신학」 13집(1981), 213~218.

______, "인간이해와 기독교교육" 「기독교교육」 154집 (1980.4), 10~14.

이규호, 「교육과 사상」, 서울: 배영사 1976.

______, 「현대철학의 이해」, 서울: 대영사 1977(증보).

이상오, 「슈프랑어의 삶의 형식들 연구」, 서울: 학민사 1988.

정범모, 「교육과 교육학」, 서울: 배영사 1976.

한숭홍, Wissenschaftsbegriff und Wissenschaftsarchitektonik bei Georg Leonhard Rabus, Aachen/Mainz 1978 [아헨 공과대학 철학박사 학위논문 1978].

______, "옷토 프리드리히 볼노의 실존교육사상." 「교회와 신학」19집 (1987), 446~467.

______,「존재와 의식」, 서울: 장신대출판부, 1989,
______, "라부스의 철학과 자연과학의 사원구성적 체계이론." 「장신논단」10집 (1994), 636~655.
______, 「신학이란 무엇인가? - 神土不二 신학의 이론적 연구」, 서울: 장로회신학대학교출판부, 2003.
[한숭홍의 기독교교육학과 관련된 참고문헌은 본 논문 각주 1)을 참조.]

무극 한숭홍의 신토불이 신학에 대한 소고

배 요 한
(장로회신학대 강사, 조직신학)

Ⅰ. 글을 시작하며

이 글을 쓰면서 "10년이면 강산도 변한다"는 말이 새삼 떠오른다. 지금부터 12년 전, 정확히 말하면 1995년 3월 필자는 7년간의 신학교 공부를 마치면서 성균관대학교 대학원에 유교철학 전공으로 석사과정에 입학했다. 야간에 다니는 유학대학원보다는 학부에서부터 유학을 전공한 동년배 학우들과 치열하게 공부하고 싶어 나름대로 열심히 사서(四書)를 읽고, 한국 유학사와 중국 유학사에 관한 책을 거의 외우다시피 하면서 시험을 준비하여 석사과정에 합격하였다. 스스로 참 기뻤다. 그러나 당시 신학교 선배들과 동학들의 의아해 하고 걱정스러워하던 수많은 눈빛은 지금도 나의 뇌리에 깊이 박혀 있다. 목사 되려고 신학을 공부해 졸업한 마당에 다시 유교를 전공하려는 나의 선택에 대해서 색안경을 끼고 바라보면서 저주에 가까운 악담을 들어야 했던 그 시절을 생각하면, 한숭홍 교수께서 신토불이(神土不二) 신학에 대한 내용을 책이나 소논문으로 출판하고 이에 대한 논문을 쓸 수 있는 풍토가 되었다는 것은 참 감사한 일이며 또 시대의 변화를 절감케 한다.[1)]

이 논문은 한 교수의 "신토불이 신학"에 대한 전체적인 내용을 자세히 다루고자 하는 것은 아니다. 그 내용은 이미 출판된 그의 여러 저작들을 살펴보면 될 것이다.

1) 한숭홍 교수는 이미 1994년에 "神土不二 신학"이란 새로운 혁명을 한국신학계에 소개했다. 한숭홍, "한국 토착화 신학의 현주소," 『침신대학보』, (1994.10.28), p.2.

이 논문에서는 한 교수의 “신토불이 신학”을 기존의 “토착화 신학”과 비교해서 살펴본 후에, “신토불이 신학”의 핵심 내용에 대해서 동양철학적 시각—주자학적 시각을 중심하여—으로 살펴보고자 한다.

Ⅱ. 신토불이 신학의 핵심 내용

우선 신토불이 신학에서 “토”(土)의 의미를 정확히 규정할 필요가 있다. 한숭홍 교수는 “토”의 의미를 다음과 같이 밝히고 있다.

> 흙은 크게 두 가지다. 하나는 하나님이 인간을 만드신 흙으로서 인간 자체의 실체(adamah)이고, 다른 하나는 하나님이 제 3일에 창조하셨고 만물의 삶의 터전이 되는 땅으로서의 흙(eres)이다.[2)]

이런 의미에서 그는 굳이 神-土-人 혹은 天-地-人을 말하지 않고 神-土 관계를 다루고 있다. 그 이유는 “土”라는 단어가 위에서 말하듯 “인간 자체의 실체”를 말하기도 하기 때문에 신-토 관계를 말하는 것은 곧 인간을 포함해서 말하는 것이 되기 때문이라고 이해할 수 있다.

또한 흙은 창세기 2장 7절과 19절에 의하면 하나님이 인간과 동물을 창조할 때 사용한 질료이며, 동시에 초목과 채소가 생명의 뿌리를 내리는 땅의 의미도 된다.[3)]

그리고 신토의 관계가 창조주인 신과 그의 피조물인 만물(土)의 관계에서 피조성 자체가 질료의 속성에 속하므로 한 교수는 넓은 의미에서 “흙, 땅, 원소, 공간, 심지어 가상공간(cyberspace) 등도 토(土)에 속하는 것”으로 해석한다.[4)] 같은 맥락에서 한 교수는 “성서의 중심 주제는 하나님과 그가 창조한 땅(eres), 그리고 그가 인간

2) 한숭홍, “기독교 인간관: 신토불이 신학의 관점에서,” 『본질과 현상』 통권2호 (2005 겨울), p.46. 한숭홍, “神土不二 神學,” 『제 488주년 종교개혁기념 학술강좌』(장로회신학대학교에서 2005년 10월 26일 행한 강연 자료집), pp.32~33 참조.

3) 한숭홍, “신, 그는 누구인가?,” 『본질과 현상』 통권5호 (2006 가을) pp.207~208.

4) 한숭홍, “식물은 무엇을 말하는가?,” 『본질과 현상』 통권6호 (2006 겨울), p.171.

을 만든 흙(adamah)이다. 즉 하나님(神)과 흙(土)이 성서 66권의 중심 주제이며, 절대 주제인 것이다"라고 주장한다.[5] 이러한 기본적인 이해를 기반으로 하여 그는 성서의 두 중심 주제인 '창조-구속'에 대해서도 다음과 같이 서술하고 있다.

> 기독론은 "흙으로 돌아갈" 수밖에 없는 인간이 '흙이 되어야 하는 것(Sollen zu Erde)'을 우주적 드라마로 펼쳐 보여준 하나님의 창조 – 구속의 목적에 부합한다. 하나님 자신이 인간을 흙으로 창조하셨고, 하나님과의 관계가 단절된 인간을 예수 그리스도를 통해 다시 흙의 원형질(adamah)이 되게 한 것은 그리스도가 하나님과 흙의 본원적, 창조신학적 관계에서 필연적으로 흙인 아담과, 만물의 존재 근원, 즉 "모든 산 자의 근원(die Mutter aller, die da leben)"인 하와의 그리스도가 되어야 함을 명확히 표현한 것이다.[6]

사실 한 교수가 신-토 관계를 성서의 중심주제로 보는 것도 새로운 통찰이지만, 신-토 관계로 성서의 가장 중요한 두 주제인 창조-구속을 해석해 내고 있다는 것만으로도 매우 중요한 신학적 작업이라고 평가할 수 있다. 이 점을 좀 더 명확하게 살펴보기 위하여 기존의 토착화 신학과 연관해서 살펴보도록 한다.

일반적으로 "토착화 신학"이라고 하는 용어는 그 범위가 아주 넓은 말이다. 왜냐하면 "토착화"란 개념을 어떻게 규정하느냐에 따라 토착화 신학은 매우 다양한 의미로 해석될 수 있기 때문이다. 우선 편의상 다음과 같이 분류할 수 있다고 본다.

실천적 차원에서: 기독교 전통의 한국적 변용(국악 찬송가를 널리 사용하는 일, 예배 형식의 한국적 표현 넣기 등).

이론적 차원에서: 기독교 복음과 문화의 관계에 대한 여러 가지 해석—정복모델(박형룡), 발효모델(김재준), 접목모델(유동식), 합류모델(서남동).[7]

---

5) 한숭홍, "神土不二 神學," 31. 한숭홍, 『신학이란 무엇인가?』(서울: 장신대 출판부, 2003), pp.106~107. p.106의 각주 7번도 참고.

6) 한숭홍, "기독교 인간관: 신토불이 신학의 관점에서," p.44.

7) 위의 네 가지 모델은 다음의 책을 참고하였다. Kim Kyounjae,.Christianity and the Encounter of Asian Religion (Zoetermeer, The Netherlands. Boekencentrum Publishing House, 1994). 그러나 이 논문에서 상세하게 다루지는 않겠지만 김경재의 네 가지 모델에 대한 규정은 엄밀하지 못한 점이 있다. 예를 들어 김경재는 박형룡의 경우를 파종모델, 혹은 정복모델로 표현

사실 정도의 차이는 있으나 실천적 차원의 토착화 노력에 대해서는 원론적으로 많은 신학자들이 동의하는 편이며, 그 논란이 크지는 않다.[8] 그러나 복음과 문화에 대한 이론적 견해에 대해서는 신학자와 교단의 입장에 따라 아주 다른 이해를 보이고 있기 때문에 그 관계를 간단히 다루기는 쉽지 않다.

그러면 한 교수의 신토불이 신학은 위의 토착화 신학의 이론적 네 가지 모델 중에서 어디에 속하는가? 결론부터 말하면 한 교수는 토착화 신학의 네 모델 중 어디에도 속하지 않는다. 정확히 말하면, 그의 신토불이 신학은 토착화 신학이면서도 토착화 신학이 아니기 때문이다. 일단 그의 신토불이 신학의 정의를 살펴보자.

> 거듭 주장하거니와 나는 신토불이 신학을 복음을 한국 상황에 맞게 토착화 하자는 의미로 사용하지는 않는다. 신토불이 신학은 보다 창조신학적인 의미에서, 또는 보다 구속신학적인 의미에서 신(神)과 토(土)의 관계를 신학화 하는 신학이므로, 토착의 관계론임에는 틀림없고, 이런 의미에서는 토착화 신학이라고 불려질 수도 있겠으나, 정확히 말하면, 신과 토는 세계 어디에서나, 즉 하나님은 어느 땅에도 관계되고 있기 때문에 세계는 곧 하나님의 토착지이며, 그래서 땅 자체는 거룩한 곳이다. 이런 의미에서 이해하면 신토불이 신학은 비토착화 신학이다.[9]

그는 1994년에 발표한 "한국 토착화 신학의 현주소"라는 논문에서 신토불이 신학이란 학명을 처음 사용했다. 여기에서 그는 다음과 같이 말하고 있다.

하고 있는데 박형룡을 정복모델로 볼 수는 있으나 파종모델이라고 규정하기는 어렵다. 왜냐하면 파종모델의 경우 복음을 씨앗으로, 기존의 한국의 종교와 전통을 땅으로 보고 있는데, 씨앗은 땅의 선한 영향력이 없이는 발아하고 자랄 수 없다. 땅은 수동성에만 그치지 않고 씨앗을 움트게 하는 영향력을 가지고 있기 때문에 씨앗은 땅을 근본적으로 변화시킬 수 없다. 이런 면에서 박형룡을 파종모델로 규정하는 것은 엄밀하지 못하다. 그리고 씨는 사실 풍토의 영향을 받기 때문에 그 씨앗이 어느 땅에서 자라느냐에 따라서 그 씨앗이 자란 열매는 그 맛이 다를 수밖에 없다. 이렇게 볼 경우 파종모델이 과연 복음과 문화에 대한 보수적인 모델인가에 대한 근본적인 질문을 제기할 수밖에 없다.

8) 한숭홍, "神土不二 神學," p.34. 한숭홍 교수도 이러한 노력의 가치는 인정한다. 그러나 이러한 노력에만 머무르는 것은 내용 자체가 아닌 "형식의 변형"에 머무는 것이라 부족하다고 비판한다.

9) 한숭홍, "한국 토착화 신학의 현주소," 『침신대학보』, (1994.10.28), p.2.

토착화 신학이란 기독교 신학과 그 신학이 전파된 땅(土)의 상관관계론이다. 이런 의미에서 토착화 신학이란 본질적으로 신토불이(神土不二)의 신학이다. 만일 하나님(神)이 이 땅(土)과 무관한 신이라면 그 신은 이방민족의 신으로서 수입된 신일 수밖에 없을 것이다.10)

같은 맥락에서 그는 다음과 같이 말하기도 했다.

하나님은 한국에서는 한국인의 모습으로, 유대에서는 유대인의 모습으로, 아프리카에서는 아프리카인의 모습으로 찾아오지 않았겠는가. 아프리카 신학자들은 이런 의식을 갖고 이미 흑인신학을 하고 있다. 이것이 흑인들의 신토불이 신학인 것이다. 신토불이 신학이란 신토 관계의 신학이므로 서양신학은 서양의 신토불이 신학이고, 아프리카신학은 아프리카의 신토불이 신학이다. 이 땅과 관계하고 있는 신이 이 땅의 신으로서 신앙되고, 이런 신학이 이 땅의 신학이며, 이를 이 땅의 신토불이 신학이라고 한다. 그렇기 때문에 한국적 신학은 한국의 신토불이 신학일 수밖에 없다.

한국적 신학을 창출하려면 먼저 이방 민족의 신관을 버려야한다(롬 3:29). 뿐만 아니라 이방 민족의 신에 관한 이야기에서 해방되어야 한다. 이런 의미에서 참된 해방의 신학은 신학의 해방으로부터 시작되어야 한다.11)

이로써 그는 신토불이 신학을 "해방의 신학," 창조와 구속의 신학으로까지 확대 진술한다.

신토불이 신학이란 하나님이 흙으로 빚은 인간이 하나님이 흙으로 이 땅에 오신 사건을 통해 다시 흙으로 돌아간 사건을 하나의 역사적 과정으로 진술한 기독교 창조신학이며 구속신학이다.12)

한 교수는 신토불이 신학에 대한 이러한 사상을 바탕으로 그의 신학을 정립해

---

10) 한숭홍, "神土不二 神學," p.34. 한숭홍, "기독교 인간관: 신토불이 신학의 관점에서," p.46.
11) 한숭홍, "오늘의 한국 기독교, 무엇이 문제인가?," 『장신논단』 제27집 (2007), pp.520-521.
12) 한숭홍, "神土不二 神學," p.35.

나간다. 그의 신학적 기본 얼개는 다음과 같이 정리될 수 있다.[13)]

1. 신토불이 신학의 전거는 어느 특정한 신학 이론이 아닌 성서이다

한 교수는 신학이 영속성 혹은 생명력을 갖기 위해서는 신학함의 주제가 그 원본인 성서에서 찾아내어야 한다고 주장한다. 그리고 그는 성서 전체를 꿰뚫고 있는 절대 주제를 하나님과 흙으로 이해하기 때문에 그의 신토불이 신학이 영구불변의 신학일 수 있다고 주장한다. 이에 비하여 기존의 신학은 성서에서 신학의 전거를 찾은 것이 아니라 신학 이론에서 찾아왔기 때문에 그는 그러한 신학을 "얼마안가 신학계에서 한줄기 빛을 발하며 유성처럼 사라져 버렸다. 이러한 신학들은 일회성 용기처럼 지속적인 사용가치를 견지할 수 없었다"[14)]고 평가한다. 이런 맥락에서 그는 명멸(明滅)을 반복한 여러 서구신학적 전통들에 대해서 "신학의 종언"이란 파격적인 개념까지 사용하며 비판한다.

2. 신토불이 신학은 토착화 신학과 같으면서도 다른 점이 있다

신토불이 신학은 일단 하나님(神)과 그 특정한 지역(土)의 관계에 대한 신학이므로 당연히 토착화 신학이다. 그러나 이와 동시에, 그 "땅"은 특정한 지역성을 말하는 의미도 되지만, "땅"이라는 주제는 동시에 보편성을 지니는 성서적 주제이며, 또한 "흙"은 인간과 동물 창조의 질료이면서 동시에 초목과 채소가 생명의 뿌리를 내리는 땅이다. 그러므로 그는 신토불이 신학이 토착화 신학의 "지역성"을 넘어서는 "비토착화 신학"이면서 동시에 보편적 신학, "신토율(神土律)의 신학"(theology of the thegeonomy)을 지향한다고 주장한다.[15)]

---

13) 이 내용은 한숭홍, "神土不二 神學," pp.19~40을 요약, 정리한 것임.

14) 한숭홍, "神土不二 神學," p.27.

15) 한숭홍, "평양대부흥운동의 神土不二 신학적 구조," 『교회와 신학』 제68호 (2007 봄), pp.6~9 passim.

3. 신토불이 신학의 방법론

한 교수는 신학과 신앙의 관계에 대한 기존 신학계의 입장을 뒤집으면서, 신학이 신앙을 위한 이론을 제공하기보다는 오히려 신앙이 신학을 위한 정행(正行)을 제공할 수 있도록 그 역할을 전도(顚倒)해야 한다고 역설한다. 이러한 비판에 입각하여 그는 신학이 참 신학이기 위해서는 기존 신학적 작업들의 제 조건들이나 구조들, 내용들이나 형식들까지도 과감하게 버려야 한다고 주장한다.

위에서 살펴보았듯이, 한 교수는 그의 신토불이 신학을 가장 성서적이면서도 혁신적이며, 지역적이면서도 보편적인 성격을 띤 새로운 신학으로 규정한다. 어쨌든 신토불이 신학에 대한 보다 정확한 이해를 위해 이 신학에 대한 분명한 입장과 논리적 구조를 밝혀내는 일은 매우 중요하다. 이를 위해 적어도 아래의 네 가지 질문들에 대하여 규명할 필요가 있다.[16)]

첫째, 성서 전체를 관통하는 주제를 신-토 관계로 설정하는 문제.

둘째, 신학과 신앙의 역전적 관계성에 대한 문제.

셋째, 토(土)의 문제: 지역성과 보편성의 연관성에 대한 문제.

넷째, 서구신학과 신토불이 신학, 그리고 한국적 신학의 새로운 좌표 설정에 대한 문제.

위의 네 가지 질문들 중에서 첫 번째 질문은 일차적으로는 성서 신학적으로 고찰할 문제이므로 이 논문에서는 다루지 않고, 본 논문의 주제와 연관하여 동양철학적 관점에서 두 번째 질문부터 네 번째 질문까지만 살펴보도록 하겠다.

---

16) 이 점은 또 다른 종류의 논문에서 심층적으로 다루어야 한다고 보고 이 글에서는 제외하였다. 특히 神-土를 성서의 중심 주제로 다룰 경우, 율법서를 제외한 성문서와 예언서가 이 문제와 어떻게 관계되는지, 또한 신약의 복음서 일부를 제외한 다른 신약의 서신들과 어떻게 관계되는지 면밀히 검토해야 할 것이다. 또한 인간의 구성 질료가 흙이라는 점을 인정하더라도 율법서, 성문서와 복음서를 제외한 신약 성서의 대부분이 인간을 주제로 한다는 점에서 물론 자연을 배제한다는 의미는 아니지만—"흙"이라는 단어가 과연 인간(adamah)이라는 단어와 연결된다는 사실만으로 성서 전체의 내용을 土라 하는 두 개의 키워드로 관통하는 것이 과연 얼마나 타당한지 검토해야 할 것이다. 동양의 경우는 인간이 흙으로(五行의 水火木金土의 한 구성 요소로서) 구성되었으나 天-地의 구조가 아니라 天-地-人의 삼중 구조로 늘 말하고 있는데, 그 관계가 성서신학적으로, 또한 비교종교학적 차원에서 분명하게 다루어져야 한다고 본다.

Ⅲ. 신토불이 신학의 주요 내용과 이에 대한 유교 철학적 분석

1. 신학과 신앙의 관계성: 거경과 궁리

원론적인 의미에서 "신학과 신앙"은 서로 밀접한 연관성이 있다. 칸트(I. Kant)의 명제를 빌어 표현한다면 "신앙이 없는 신학은 공허하고, 신학이 없는 신앙은 맹목이다"라고 표현할 수 있다고 본다.

신유학의 표현대로 하면 신학은 궁리(窮理)에, 신앙은 거경(居敬)에 비유될 수 있다.[17] 거경과 궁리는 성인(聖人)이 되기 위한 두 가지 가장 중요한 방법이다. 거경은 말 그대로 "공경한 상태로 늘 거한다"는 뜻이다. 거경은 주자학에서 "상성성"(常惺惺, 늘 마음이 깨어 수양하는 자세를 유지하는 것), "정제엄숙"(整齊嚴肅, 마음가짐이 정돈되어 가지런하고 엄숙한 모습), "주일무적"(主一無適, 마음을 오로지 올곧게 하여 잡념을 갖지 않는다는 뜻) 등으로 풀이되는데, 이러한 풀이에서 보듯 거경은 삶의 모든 순간순간에 마주 서는 인간의 공경의 태도, 삶에 대한 경외성과 엄숙성의 태도를 말한다. 이러한 거경의 삶의 태도는 초월자 앞에 마주선 인간의 삶에 대한 외경의 태도로도 볼 수 있다.[18] 왜냐하면 유학에서 "경"이라는 단어는 초월적 존재(天)가 인간의 마음속에 내재한다는 전제에서 가능한 단어이기 때문이다. 이런 의미에서 보면 성서에서 "내가 여호와를 항상 내 앞에 모심이여 그가 내 우편에 계시므로 내가 요동치 아니하리로다"(시 18:6)라는 말과 유사하게 이해될 수 있고, 이런 면에서 "거경"은 "신앙"과 매우 유사한 개념이라고 말할 수 있다. 궁리는 유학에서 "성인지학"(聖人之學, 성인됨에 목적을 두고 배워가는 과정)을 하는 학문의 자세를 뜻하는 용어이다. 말 그대로 이치를 궁구한다는 말인데, 신학으로 치면 신학의 여러 분야를 깊이 있게 공부하는 '신학함'(doing theology)을 말한다. 이 거경과

17) 사실 신유학이라는 용어와 주자학은 중국의 경우에는 동의어가 아니다. 신유학이라는 용어 속에는 주자학과 양명학이 함께 포함되기 때문이다. 그러나 우리나라의 경우에는 주자학이 대세를 이루어왔기 때문에 신유학과 주자학은 같은 의미로도 이해될 수 있다. 이 논문에서는 이러한 기본적인 입장에서 용어를 사용하였다.

18) 이 말이 유교에서도 기독교와 같은 똑같은 인격신이 있다는 표현은 아니다. 초월적 존재인 천(天)이 인간 속에 내재 되어 있다는(天命, 本性 등으로 표현된다) 것이 유교의 이해이다.

궁리는 양발처럼 서로 함께 가야 한다.[19] 거경이 없는 궁리도 안 될 말이요, 궁리가 없는 거경도 안 될 말이다. 그러나 주자학에서 목숨처럼 여기는 아주 중요한 내용이 있다. 그것은 거경이 뒷받침 되지 않는 학문은 참된 학문이 아니라는 점이다. 거경의 자세로 학문에 임해야만 그 학문은 내가 나 스스로를 갈고 닦으며(修己), 이웃을 더불어 사랑하고(治人), 나와 이웃 모두가 함께 어우러져 평화로운 세상(大同社會)을 이루는 데 그 뜻을 두게 된다. 유교의 대표적인 경전 중의 하나인 『대학』(大學)에 나오는 다음 구절을 보자.

> 大學之道 在明明德 在親民 在止於至善[20]
> 큰 배움의 도리는 [내 마음속의] 밝은 덕을 밝힘에 있으며,
> 백성[남, 이웃]을 한마음으로 사랑하는데 있으며,
> 나와 우리 모두가 함께 지극한 선한 상태에 나아가는데 있다.

위의 구절을 기독교식으로 풀어볼 수 있겠다. "신학의 도는 내 마음 속에 있는 하나님의 형상을 더욱 밝히고, 이웃을 내 몸같이 사랑하며, 나와 이웃 모두가 함께 하나님의 나라를 이루어가는 데 있다."[21]

필자는 위의 구절을 읽을 때마다 신학을 바르게 하고 있는지, 그리고 신학은 과연 위에서 인용한 그런 학문인지 자문하곤 한다. 멀리 가지 않더라도, 근대 이후 서구신학의 역사는 과연 발전한 것인가에 의구심을 갖곤 한다. 물론, 성서에 대한 역사비평학적 접근과 여러 분석방법 자체를 무조건 거부할 수는 없다. 핵심은 방법론 자체보다는 얼마나 그 방법론을 하나님 말씀으로 이해하기 위해서 "선용"하느냐

---

19) 學子工夫, 唯在居敬窮理二事, 此二事互相發. 能窮理, 則居敬工夫日益進, 能居敬, 則窮理工夫日益密. 譬如人之兩足, 左足行則右足止, 右足行則左" 朱熹 著, 黎靖德 編, 『朱子語類』卷 三, 補廣錄; 이기동, 『동양 삼국의 주자학』, p.185에서 재인용.

20) 大學 中庸』(大田: 學民出版社, 1992), p.24 참고.

21) 이 말은 어디까지나 이해를 돕기 위해 유비로 표현한 말이다. 유교의 내용과 기독교의 내용이 똑같다는 것은 아니다. 예를 들어 유교의 明은 인간 본성의 완전성을 말하지만 기독교의 하나님 형상은 선악과를 따먹을 수밖에 없는 인간의 실존적 한계성과 함께 이해되어야만 한다. 至의 사회를 인간의 힘으로 이룰 수 있다는 유교의 가르침에 비해, 기독교의 하나님 나라는 우리가 이룩해야 할 사명과 노력이 필요함에도 종국적인 완성은 하나님에 의해서 온전히 성취된다는 믿음을 갖는다. 다만 여기서는 이해를 돕기 위해 유비로 설명한 것이다.

에 달려있기 때문이다. 그러나 서구의 역사비평학이 일반적으로 갖는 가장 기본적인 전제와 경향성은 대체로 "이성"이라는 잣대로만 "성서"를 분석하고 재단한다는 데 있다. 기독교 복음은 그 자체에 이성적인 부분도 있으나 "초이성적인" 부분도 있음은 자명하다. 그러나 "초이성적인" 본문에 대해서 "이성적"인 안목으로만 접근하면 "초이성적인" 내용은 쉽게 "비이성적인 것"으로 판단되기 쉽다. 이러한 신학적 입장이 선행되면 이에 결과적으로 따라오는 "신앙"은 매우 합리적인 듯하나, 기독교 복음의 초월적 차원—예를 들어 창조 신앙, 예수님의 성육신, 구원자로서의 예수님의 성격, 예수님의 여러 기적, 하나님의 초자연적 권능 등—을 배제해 버리거나 "이성"으로만 재단하게 되므로 초이성적 복음의 내용은 설자리를 점점 잃어가게 된다. 교회 공동체가 목숨처럼 붙잡는 근본 내용들에 대해서 신학은 어떤 형식으로든지 설명해야한다. 신학이 초이성적 복음의 내용에 대해서 "이성적 이해"만을 통해 강조하게 되면, 그러한 논의는 소수의 전문가만 독해 할 수 있기 때문에 매우 공허하고 지나친 사변으로 빠져들게 될 것이다. 그리고 거기에 바탕을 둔 신앙은 신학 공부 이전의 소중한 영적 체험이나 순수한 열정과 태도를 때로는 무가치한 것으로 폐기하려고 하기도 한다. 물론 근대 이후 서구신학을 이렇게만 평가할 수는 없을 것이다. 그러나 서구신학의 이런 일반적 경향성에 대해서 분명히 문제 제기를 할 수 있어야 하고, 또 해야 할 것이다. 이러한 신학적 논의에 빠지면, "신학교 공부는 목회에 도움이 되지 않는다"는 자조 섞인 한탄을 하게 된다. 이것이 지금 한국신학계의 서글픈 현실이다. 이러한 현상을 유학적으로 말하면 "거경"적 차원을 배제한 채 "궁리"적 차원만을 지나치게 강조한 것의 부정적인 결과라 하겠다.

이런 의미에서 한숭홍 교수가 말하는 바, 신학과 신앙의 위치에 대한 역전은 어떤 면에서는 통렬하고 통쾌하기까지 하다. 그는 다음과 같이 말하고 있다.

> 신학이 신앙을 위한 이론을 제공하는 역할로 자기 정체성을 확립하지 말고, 오히려 신앙이 신학을 위한 정행(正行)을 제공할 수 있도록 신학과 신앙의 위치를 전도해야 한다. 신학자들에 의해 만들어진 신앙고백이 때로는 신학자의 개인적 학문 기초에 좌우될 수 있기 때문에 신앙의 확실한 행위가 신학의 주제를 결정하는 작용인이 되도록 해야 한다.[22]

똑같은 맥락에서 그는 다음과 같이 진술하기도 한다.

> 신학은 하나님에 관한 학문이다. 그러므로 신학은 하나님에 관하여 언급하며, 설명하며, 증거하며, 궁극적으로는 하나님을 참 존재로서 믿는 신앙의 학문이다. 뿐만 아니라 신학은 하나님의 모든 행위(창조-구속-섭리)를 믿으며, 하나님의 모든 진리를 믿는 학문이다. 그러므로 신학은 철저히 신앙의 학문으로서 인간의 계획이나 사상이나 이념에 의해서 결정되거나 좌우되는 것[학문]이 아니고 신에 관한 언급에 초점을 두고 있는 초이성적, 초이념적, 초과학적 학문이다.[23]

신앙적 태도에 입각한 신학이 중요하다고 하는 말을 좀 더 분명히 고찰해보자. 사실 신학자들은 그 입장이 어떠하든지 간에 나름대로의 신앙적 입장을 가지고 신학을 한다. 그렇다면 우리가 유학에서 말하는 거경적 태도로 학문을 함, 혹은 기독교 신학에서 "하나님에 관하여 언급하며, 설명하며, 증거하며, 궁극적으로는 하나님을 참 존재로서 믿는 신앙"을 가지고 신학을 한다고 하는 말에서 무엇이 바른 신앙적 태도인가에 대한 분명한 대답이 있어야 한다. 이를 위해서는 성서에 대한 상호공감의 해석학적 접근이 필요할 것이다.

이렇게 한번 생각해 보자. 군대에 간 이등병 아들에게 어머니가 편지를 보내셨다. 초등학교만 졸업하신 어머님은 아들에게 구구절절이 사랑의 마음을 담아 편지를 보냈고, 이등병 아들은 그 편지를 받아 펼쳐 들었다. 그 옆에 상병이 애인에게 편지 온 게 아닌가 하고 흘깃 같이 그 편지를 읽고 있다. 편지를 읽는 사람은 두 사람이다. 아들인 이등병과 고참 상병. 이등병인 아들은 그 편지를 읽고 눈물을 흘린다. 왜냐하면 그 활자 속에 담긴 "어머니의 사랑의 마음"을 "공감"하며 읽기 때문이다. 그러나 빈정거리는 상병에게는 그것은 애인의 편지가 아니어서 시시한 편지

---

22) 한숭홍, "神土不二 神學," p.23.

23) 한숭홍, "理念神學은 神學일수 없어," 『장로회보』, (1987.1.5), p.4. 그렇다고 이 점에 있어서 무조건 보수적인 신학만을 지향한다는 말은 아니다. 새로운 대안적 신학, 복음적 신학은 충분히 교회를 살릴 수 있는 신학이라는 의미에서다. 중세 가톨릭 입장에서 루터의 새로운 신학은 교회에 위협하고 해가 되는 신학이었을 것이 분명하다. 어떻게 보면 너무나 급진적이었기 때문에, 그러나 결과적으로 그것은 교회를 살리는 신학이 되었다. 기존의 보수성을 그대로 답습한 것이 아니라, 하나님의 말씀으로 돌아간 신학이기 때문이었다.

이다. 객관적으로 맞춤법이 틀린 것이 눈에 들어오고, 앞문장과 뒷문장의 연결이 매끄럽지 않고…… 그런 것만 온통 눈에 들어온다. 이윽고 말한다. "네 어머니 편지는 엉망이야. 맞춤법이나 문장 구조나, 영 어색한 게 많아……."

누가 더 편지를 "객관적"으로 읽었을까? 아마 상병일 것이다. 그러나 누가 편지를 "바르게" 읽었을까? 눈물을 훔치는 이등병 아들일 것이다. 여기서 우리는 앞서 말한 내용의 한 가지 힌트를 발견할 수 있다. 거경적 태도로 학문하기, 혹은 바른 신앙적 태도로 신학하기는 바로 이런 이등병 아들의 태도를 말한다. 일단 그 텍스트에 대한 충분한 경외감과 열린 마음으로 그 텍스트 자체가 말하게 하는 것—해석학적으로 복잡한 논의는 여기서 거론하지 않더라도—, 즉 그 텍스트의 기본 성격과 그 내용에 대해서 내가 "공감"하는 자세를 갖는 것이 일차적인 과제이다. 물론, 지나친 주관주의는 배격해야 한다. 그러기 위해서 "궁리"하는 것이 필요하다. 거경적 태도로 궁리하면 주관주의는 당연히 배격되는 것이고, 또한 여러 가지 "객관적 읽기"에서 제기되는 문제들도 거경적 태도가 전제된 "궁리"를 통해서 해결될 수 있다. 이쯤 해서 조선 유학자들이 항상 강조하고 외워왔던, 삶의 지표가 되었던 잠(箴) 중의 하나인 『숙흥야매잠』(夙興夜寐箴)을 통해 유학자들의 학문 하는 태도—거경적 태도로 궁리함—를 살펴보는 것도 유익하다고 본다.

> 닭이 우는 새벽녘에 깨어나면 생각이 차츰 일어나기 시작한다. 어찌 그 사이에 고요하게 마음을 안정시키지 아니할 수 있겠는가! 때로는 지난날의 허물을 반성하고, 때로는 새롭게 얻은 어떤 것들을 추려내어 차례에 맞게 조리를 세워 뚜렷하게 그리고 묵묵히 알도록 하여야 한다. 근본이 서게 되면 이른 새벽에 일어나서 세수하고 머리를 단정하게 빗고 의관을 단정하게 하고 조용히 앉아 자신의 몸가짐을 가다듬는다. 그리고 마음을 이끌기를 마치 떠오르는 햇살같이 환하게 한다. 엄숙하고 가지런하며 그저 밝고 고요해진다. 바로 이때에 책을 펼치고 성현(聖賢)을 대하게 되면, 공자께서 자리에 계시고 안자(顔子)와 증자(曾子)가 앞과 뒤에 자리하고 있다. 성현(聖賢)이 말씀한 것을 고맙고 고맙게 귀담아 듣고, 제자들이 질문하는 것을 몇 번이고 참고하여 바르게 한다. 여기서 얻은 지식을 사물에 비추어 보고 실지로 징험하여 본다. 이렇게 되면 천리(天理)의 환한 밝음이 눈에 들어온다. 지식을 사물에 비추어 보고 나면 나는 그저 나일뿐이니, 마음을 고요하게

> 하고 사념(邪念)에서 벗어난다.
>
> 움직임과 고요함이 순환하는 때를 오직 마음만이 보게 되는 것이니, 고요할 때에는 보존하고 움직일 때에는 잘 살펴서 둘이나 셋으로 갈라지는 일이 없게 한다. 책을 읽다가 여가를 이용하여 간간이 피로를 풀고 정신을 가다듬어 감정(情)과 본성(性)을 평안케 한다. 날이 어두워지고 사람이 짜증스러워지면 어두운 나쁜 기운이 쉽게 타고 들어오게 되니, 재계하고 가다듬어 정신을 밝게 이끈다. 밤이 깊어 잠을 잘 때에는 손을 가지런히 하고 발을 모으며 아무런 생각을 하지 말고 심신(心神)을 푹 잠들게 한다. 야기(夜氣)를 잘 기르게 되면 정(貞)이 다시 원(元)으로 돌아오게 되니, 생각을 계속 여기에 두고 끊임없이 계속 노력한다.[24]

참으로 학문하는 경건한 태도를 잘 표현한 말이다. 새벽녘에 일어나 경건한 자세로 경전을 대했을 때 마치 공자가 마주 보고 앉아서 경전의 한 구질 한 구질을 풀이하며, 함께 문답 하는듯한 그러한 학문의 태도 …… 그리고 그 되새긴 말씀을 하루 종일 묵상하며 살아가는, 참으로 귀한 학문의 태도이다. 성서읽기의 기본적인 태도역시 이 정도는 되어야 하리라고 본다.

이런 의미에서 보면 거경이 궁리의 전제조건이듯이, 신앙은 신학에 있어서 먼저(先)여야 한다. 그리고 신학은 올바른 신앙을 가진 상태에서 수행(後)되어야 한다. 그리고 동시에 바른 신학에 의해서(本) 신앙은 점검받고 아름다운 결과(末)로 나타나야 한다.[25] 그러므로 한숭홍 교수가 주장하는 신학과 신앙의 관계 역전은 신학을 하는 기본적인 자세에 대한 근본적인 문제 제기이며, 다르게 표현하면 "바르게" 신학하기에 대한 인식의 전환을 위한 정도(正道)를 제공하는 것이라 말할 수 있다.

---

24) 李退溪, 『聖學十圖』중 夙興夜寐圖. 한글 번역은 李滉 著, 소남국 譯, 『성학십도』(서울: 교육과학사, 1985), pp.101~107을 고하였다.

25) 本과 末에서 근본적인 것은 하찮은 것이라고 생각해서는 안 된다. 本과 末은 다 나무(木)에서 파생된 단어이다. 本은 나무의 아랫부분이라면(뿌리), 末은 그 뿌리에서 나온 윗부분(열매나 꽃에 해당)에 해당되는 글자임을 글자 모양을 통해서 확인할 수 있다. 즉, 올바른 신앙적 자세에서 신학은 수행되어야 하고, 그 신학적 활동은 또한 바른(한층 더 성숙한) 신앙의 열매로 나타나야 한다는 말이 된다. 이에 대한 내용과 철학적 설명은 物有本末 事有終始, 知所先後 則近道矣 『大學 中庸』, pp.32~33 참조.

2. 신과 토의 관계: 불상리, 불상잡

앞서 토착화 신학과 신토불이 신학의 차이점에 대해서 말했으나, 이 부분에서는 좀 더 면밀하게 그 핵심적 논의를 중심으로 살펴보면서, 신토불이 신학의 내용을 좀 더 명확하게 규명하고자 한다. 또한 이 내용을 주자학적 시각에서 좀 더 체계적으로 분석하고자 한다. 우선 한 교수의 신(神)과 토(土)의 관계에 대한 기본 입장을 들어보자:

> 땅은 그 땅에 맞는 신(神)과 그리고 그 땅에 맞는 종교적 정서를 통해서 그 민족에게 새로운 삶의 자리와 영향과 양식을 제공할 수 있다. 나는 이러한 것들을 다 합쳐서 문화라는 개념으로 규정한다. 그러니까 복음이 문화에 영향을 주고 문화에 의해 영향을 받으며 문화에 동화되고 부합될 때 복음은 그 땅의 복음이 될 수 있다. 이것이 신토불이 신학의 핵심이다.[26]

여기서 그는 神과 土의 관계를 복음과 문화의 관계로 치환하여 사용하고 있다. 여기서 유의할 점은 그가 결코 복음을 이질화시키는 것이 아니라는 점이다.[27] 그보다는 "복음은 그대로 순수하게 지키되, 그것이 전파되고 있는 땅에서 그 땅에 속한 사람들이 받아들일 수 있는 방식으로 복음을 전달하자"는 것이다.[28]

복음과 문화, 신과 토의 관계는 주자학의 이기론(理氣論)과 연관해서도 설명될 수 있을 것이다.[29] 그러면 먼저 이기론에 있어서 선후(先後) 문제를 살펴보자. 우리는 신에 대해 말할 때 신은 늘 특정 종교나 특정 지역의 신으로 나타날 때만이 우리는 그 신을 이해할 수 있다. 이 말을 이기론으로 치환해서 생각해 보면 리(理)는 "인식론적으로는" 개별적 사물에서 기(氣)와 결합되어 우리에게 드러날 때만이 우리

---

26) 한숭홍, 『신학이란 무엇인가?』, p.108.

27) Ibid., p.111.

28) Ibid., p.111.

29) 우리는 神을 理로, 土를 氣로 볼 수 있다. 이 말은 神과 理가 개념이 완전히 같고 土와 氣가 완전히 동의어라는 게 아니다. 神과 土를 넓은 의미로 보면 복음과 문화로 치환할 수 있는 것과 같이, 神 土도 理 氣의 관계로 유비적으로 볼 수 있다는 말이다. 그 가능성의 근거는 계속되는 논의의 맥락을 따라 이해할 수 있다.

는 개별 사물 속에 있는 이치를 말할 수 있는 것과 같은 맥락이다. 그러나 동시에 "존재론적으로는" "태초에 하나님이 계셨던" 것처럼, 리는 기와 결합되기 전에 존재론적으로 선행하였다. 즉 존재론적으로는 "이선기후"(理先氣後)이지만, 인식론적으로는 "기선이후"(氣先理後)가 된다. 그리고 "인식론적으로" 각 개별 사물에 존재하는 리―주자학에서는 "각구태극"(各具太極)이라 부름―에 대해서 우리는 말할 수 있으나, "존재론적" 측면에서 모든 것의 근원으로 존재하는 리-주자학에서는 "統體太極"(통체태극)이라 부름-에 대해서 우리는 우리의 인식대상이 아니므로 말할 수도 없고 알 수도 없다. 우리가 신론에서 유신론이든 무신론이든, 범재신론이든 범신론이든 그 어떤 신학으로도 하나님을 완전히 이해할 수 없는 것-하나님의 역사 속에서의 구체적인 행동과는 별도로 우리는 하나님의 존재 자체에 대해서는 파악할 수 없다는 의미에서―과 같은 이치이다.

신-토의 관계를 이기론에 적용시켜서 "인식론적인" 차원에서 좀 더 생각해 보자. 성서는 각각의 역사에서, 특히 이스라엘의 역사(이스라엘이라는 土)에서 역사하시는 하나님(神)에 관해 기록하고 있다. 이 말은 이스라엘 민족에게는 이스라엘이라는 구체적인 역사(氣)에서 역사하시는 하나님(理)을 말할 수 있어야 하고, 한국인에게는 한국 역사(氣)에서 역사하시는 하나님(理)을 말할 수 있어야 한다는 뜻도 된다. 리와 기의 선후 문제와 더불어 리기의 같고 다름(同異) 의 문제를 살펴보면 우리는 신토불이 신학에 있어서 신-토의 관계를 좀 더 명확히 이해할 수 있다.

좀 더 쉽게 풀어보자. 모든 만물의 공통된 이치(통체태극)는 만물이 태어나서, 자라고, 성장하여 열매를 맺고, 죽는다는 사실이다. 이러한 공통된 이치를 우리는 모든 만물을 통해서 발견할 수 있다. 사람의 인생도 나서 자라고 늙고 죽는 것이 그러하거니와 나무도 그러하고, 무생물인 돈도 오랜 기간이지만 그러한 과정을 거친다. 이런 면에서, 비록 사람이나 식물, 무생물인 돌은 그 모양새는 다 다르지만(氣異), "공통된 이치를 품수(稟受) 받고 있다"는 측면에서 이들의 이치는 모두 같다고 볼 수 있다(理同). 그러나 동시에 이렇게도 생각해 볼 수 있다. 나팔꽃과 장미꽃은 꽃이라는 의미에서는 그 모습이 같다(氣同). 그러나 나팔꽃은 나팔꽃일 수 있는 특성과 이치가 있다. 장미꽃도 마찬가지다. 나팔꽃의 잎에서 장미꽃의 가시가 돈을 수가 없고, 장미꽃에서 나팔꽃 모양의 꽃이 필 수는 없다. 그것은 나팔꽃의 이치와 장미꽃의 이치가 각각 다르기 때문(理異)이다. 모든 만물도 각각의 이치가 있다(理異). 주자학에 따르면 만물은 궁극적 근원인 이치(統體太極)를 품수 받아 태어났다(各具太極). 구체적으로 인간에 대해서 살펴보면 내 마음 속의 본성은 원래 하늘같은 존재로서 지역성과 보편성, 각 개별자와 보편자를 연결해 주는 존재론적 근원이다.

성리학이란 쉽게 말해서 내 마음 속의 이치, 그리고 각 사물 속의 이치(各具太極)가 곧 온 천지 만물을 이끌어가는 전체적 이치(統體太極)와 같다는 주장이다. 각각의 개별 사물 속에 있는 각구태극(各具太極)은 통체태극의 일부만 함유하고 있는 게 아니라, 마치 하늘에 떠 있는 달이 강에 비취면 강에 비췬 달은 하늘의 달의 일부만 비취는 것이 아니라 온전한 하늘의 달을 비취는 것과 같은 이치이다. 그러므로 누구든지 거경궁리(居敬窮理)를 통해서 끊임없이 성인(聖人)됨에 뜻을 두고 노력하면, 성인됨이 가능한 것이요, 이러한 성인은 천지와 더불어 그 덕을 합치는(聖人 與天地合其德) 단계에 나가게 되는 것이다. 바로 내 마음 속의 이치가 곧 천지 만물 전체의 공통된 이치요, 눈앞에 피어있는 한 송이 꽃의 이치나, 산 속의 이름 모를 돌멩이 하나를 구성하는 이치가 실은 내 몸을 구성하는 이치와 다르지 않음을 아는 것이 궁극적 깨달음이요, 이 궁극적 깨달음은 그저 인식해서 그럴 수 있겠다는 차원이 아니라 낙엽 하나 떨어지는 것과 내 육체가 죽는 것이 다름이 아님을 "온 몸으로" 아는 단계이기에 "체득"(體得)이라는 용어를 쓰게 되는 것이다.

여기서 우리는 지역성과 보편성, 개별자와 보편자에 대한 주자학의 귀중한 힌트를 얻을 수 있다. 즉, 개별자는 보편자와 아무런 연관이 없는 존재가 아니라, 개별자가 자신의 이치에 충실하면 그 이치가 보편자의 이치와 닿아 있다는 점이다(理一分殊說). 그리하여 궁극적으로 나의 이치가 보편자의 부분으로서의 이치가 아니라 보편자의 온전한 이치라는 점을 깨닫는 순간을 맞이하게 된다.

이러한 관계를 하나님에 한번 대입해서 생각해 보자.

첫째, 하나님은 온 인류와 온 만물의 하나님이시다. 이는 유학적으로 표현하면 "통체태극"(統體太極)과 유사하다.

둘째, 통체태극(統體太極)과 각구태극(各具太極)의 연관성에서 볼 때, 온 인류의 하나님은 동시에 한국 땅의 하나님이시다.

셋째, 둘째와 같은 개별자의 측면에서 보면, 온 인류의 하나님은 동시에 유대인의 하나님이시다.

넷째, 보편적 이치와 개별적 이치의 상관성의 측면에서 보면 온 인류의 하나님 = 한국인의 하나님 = 유대인의 하나님이라는 등식이 성립한다.

다섯째, 한국인이 가장 한국인다운 하나님의 이치에 충실하면, 그것은 곧 온 인류의 하나님과 연결되고 맞닿아 있게 된다. 이는 마치 나팔꽃이 나팔꽃의 이치에 충실하면 그 나팔꽃의 이치가 곧 모든 꽃의 이치, 모든 만물의 이치와 닿아 있음과 같다.

여섯째, 나팔꽃이 나팔꽃의 이치에 충실하지 않고 장미꽃의 이치에 충실하고자 한다면, 이것은 자연의 순리에 역행하는 것이다. 마찬가지로 한국인이 한국 땅의 하나님께 충실하지 않고 유대인의 하나님께 충실하고자 한다면, 이것역시 절대로 간과할 수 없는 모순이다

필자는 위와 같은 맥락에서 한 교수의 "그리스도의 한국화"를 신토불이 신학의 가장 핵심적인 표현으로 이해한다. 토착화 신학이 "기독교의 한국화"를 어떻게 할 것인가라는 문제로 지난 반세기동안 갑론을박하며 도출해낸 결론은 기독교에 한복(韓服)을 입히자는 것이었다. 이에 반하여 한 교수는 그의 신토불이 신학에서 "그리스도의 한국화"를 주창한다. 위에서 살펴보았듯이 "한국인으로서는 한국적 하나님 이해"가 바로 온 인류의 하나님 이해와 닿아 있는 것과 마찬가지이기에, 위의 표현에서 하나님을 그리스도로 바꾸어 보면 "그리스도의 한국화"가, 그리스도 예수로 바꾸어 보면 "그리스도의 한국인화"가 "신토불이 신학"의 핵심 명제로서 자리매김 될 수 있을 것이다. 이러한 맥락에서 한 교수는 다음과 같이 말하기도 했다.

> 기독교는 그리스도의 강림을 하나님의 성육신으로 부르기도 하고, 화육으로 부르기도 한다. 신토불이 신학의 관점에서 보면 하나님이 친히 그가 창조한 땅에 스스로 흙으로 화해서 찾아온 사건이다. 성육신이란 '하나님의 땅화'인 것이다.[30]
> 신토불이 신학의 구조는 하나님과 땅의 불이관계(the nondualistic nexus or

30) 한승홍, "神土不二 神學," p.36.

> correlation between God and earth)가 기저(基底)를 이루고 있는 민족신학의 체계이다. 하나님은 한 민족과 그 민족의 땅에 관계된 신이므로 신토 관계의 신학만이 각 민족 고유의 신학이 될 수 있다. 신토불이 신학의 요지(要旨)는 "하나님의 땅화"이다. "하나님의 땅화"란 한국의 삶의 자리에서는 그리스도의 한국화, 구체적으로 표현하면 그리스도의 한국인화가 실현될 때 비로소 하나님은 이 땅, 이 민족의 하나님이 될 수 있으며, 기독교는 한국의 기독교가 될 수 있다는 심오한 의미를 담고 있다.[31)]

그렇다고 히브리적인 하나님 이해가 전혀 필요 없다는 것은 아니다. 내가 수양을 통해서 성인(聖人)이 되려고 노력해도 때때로 밀려드는 나의 수양에 대한 주관적 회의 -'과연 내가 이렇게 수양을 하면 언젠가는 성인이 될 수 있을까? 되지 못하면 어떻게 할까?'- 를 극복하기 위한 좋은 방법은 성인들의 글을 읽거나(학문), 그들의 방법을 나의 방법으로 삼아서 그 회의를 극복하는 것이다. 마찬가지로 성서를 나의 수양 공부의 텍스트로 삼아 읽으면서, 그 속에 나타난 성인들의 삶속에 역사한 하나님 이야기, 그들의 삶 가운데 고백한 하나님 이해를 바탕으로 "지금 나에게, 우리 한국 민족에게" 가까이 오셔서 만나주시는 하나님을 찾고 고백하는 것은 매우 유용한 방법이다. 그러나 이 말이 결코 성서의 권위를 상대화시킨다는 의미는 아니다. 성서는 하나님을 드러내는 계시의 결정체이다. 다만, 히브리 민족 속에 함께 하시고 나타나신 하나님, 그 하나님의 "지금 여기, 나의 삶의 자리에서" 여전히 역사하시는 하나님으로 재해석하고 재독해하는 노력이 없이는 그것은 "나의 토(土)의 자리"를 무시한 성서해석과 고백일 것이며, 이는 신학적으로 불충분한 내용이라는 점이다.

그렇다면 보편자와 개별자, 즉 통체태극과 각구태극의 상호관계를 통해 내 속의 이치가 곧 온 만물의 공통된 이치라는 점을 인식시켜 주는 중요한 단서는 무엇인가? 주자학은 이것을 인간에 적용할 때는 "본성"(本性, 本然之性)이라 했고, 만물에 적용할 때는 "이치"(理)라 했다. 그러므로 주자학을 다른 말로 하면 "본성이 곧 이

---

31) 한숭홍, "평양대부흥운동의 神土不二 신학적 구조," 『교회와 신학』 제68호 (2007 봄), pp.12~13.

치"라는 의미에서 "성리학"(性理學)이라고 부른다. 통체태극과 각구태극, 인간의 이치로 표현하면 인간의 본성과 태극은 존재론적으로 연합(ontological unity)되어 있다. 원래 우리의 본성과 하늘의 본성은 맞닿아 있다는 것을 전제하고 시작하는 것이 한국 주자학의 특성이다. 한국 주자학에서는 이를 "천인무간"(No gap between Heaven and humanity, 天人無間) 이라고 부른다. 원래 나는 하늘과 같은 존재이므로 이를 "회복"하는 것이 학문의 목적이 된다. 그러므로 나의 개별자 속에 들어 있는 본성과 천지 만물의 공통된 이치가 같다는 점은 존재론적으로 이미 연결되어 있고, 그것이 "가능하다"는 전제에서 출발하는 것이 한국 주자학과 넓은 의미에서 보면 한국의 여러 사상들 –동학, 한국 무교, 한국 도가, 그리고 한국 불교 철학– 이다.[32]

그러나 성서는 어떠한가? 성서에서 우리 인간과 하나님의 연계성을 찾을 수 있는 첫 번째 내용은 인간은 "하나님의 형상"으로 창조되었다는 점이다. 인간이 하나님의 형상으로 창조되있기에 우리는 하나님께로 나아갈 수 있는 원초적인 가능성이 존재한다. 이런 면에서 성서의 "하나님의 형상"은 표면적으로 인간의 본성, 좀 더 정확히 말하면 본연지성(本然之性)으로 유비적으로 이해할 수 있다. 그러나 그렇다고 해서 주자학적 이해와 성서적 인간이해가 같은가? 결코 그렇지 않다. 성서는 인간이 하나님의 형상으로 창조되었음에도(창세기 1장), 선악과를 따먹는 불순종을 저지르는 나약한 인간(창세기 3장)임을 고발한다. 철학적으로는 하나님 형상을 인간의 본질적 가능성(substantial potentiality)으로, 선악과 사건을 인간의 실존적 한계성(existential limitation)으로 해석할 수도 있다. 본질적인 가능성을 지닌 인간임에도 우리는 하나님과의 완전한 합일(ontological unity)로 나아갈 수 없다. 그 이유는 인간의 실존적 한계성(existential limitation), 즉 필연적인 죄 때문이다. 그러기에 성서에서는 "모든 인간이 죄를 범하였으매 하나님의 영광에 이르지 못하더니"(롬 3:23)라고 분명히 선포하고 있다. "실존적 한계성"에 고꾸라져 버린 인간이 첫 번째 아담이라면 예수 그리스도는 하나님이 사람이 되신 분이시기에 "실존적 한계

32) 중국의 주자학과 일본의 주자학은 이와는 다르다. 중국은 천인분리를 전제하여 합에 이르는 철학으로, 일본은 천인분리에서 출발하여 인간의 사를 중시하며 사회철학적 유학체로 재편성했다. 이기동, 『동양 삼국의 주자학』(서울: 성균관대학교 출판부, 2003) 참조.

성"을 완전히 극복하신 분이다. 그러므로 그는 두 번째 아담(롬 5장)이시다.

이런 맥락에서 본다면 동양적 -더 정확히 말하면 주자학적- 인간이해와 성서적 인간이해와 차이점을 우리는 분명히 볼 수 있다. 인간은 본질적으로 하늘과 온전한 하나가 될 수 있다는 전제하에 시작하는 것이 동양의 철학적 전통이요, 그 본질적 가능성에도 불구하고 그 가능성을 완전히 실현할 수 없는, 실존적 한계성이라는 두 극단을 움켜잡고 있다는 것이 성서의 가르침이다. 그리고 그 두 극단의 간격을 완전히 극복하신 분이 예수 그리스도시요, 그 분 앞에서 실존적 한계를 깨닫고 용기 있게 무릎 꿇고 나아가는 인간이 참된 인간이다. 인간의 본질과 실존이 인간의 참 모습이며, 성서에서 가르치는 인간에 대한 기본적인 가르침이라 하겠다.

이러한 성서적 인간이해는 서구 기독교 인간학의 주류적 전통과도 다르다. 서구 신학의 기독교 인간학에서는 언제나 "죄인으로서의 인간"만을 가장 중요한 내용으로 다루어 왔다. 인간에 관한 성서의 첫 번째 가르침이 "하나님의 형상으로 창조된 인간"임은 대부분 간과되어 왔다. "하나님의 형상으로 창조되었으나 죄짓는 인간"이라는 강조점과, "인간은 원래 죄인"이라는 말이 담고 있는 그 뉘앙스는 사뭇 다르다. 후자만을 강조하게 되면 "구원"은 강조될 수 있으나 "성화"(聖化, Sanctification)는 그 강조점이 급속히 약화될 수 있다. 왜냐하면 원래 인간은 "죄짓는 게 당연한 일"이기 때문이라고 생각되기 쉽기 때문이다. 전통적으로 서구신학은 성화론을 조직신학의 주제들 중에서도 구원론의 부록정도로 취급하거나, 신앙서적에나 등장하는 아주 가벼운 주제정도로 취급하곤 했다. 20세기 조직신학의 태두(泰斗)이라고 불리는 폴 틸리히조차도 타락 이전의 아담의 상태를 "꿈속의 무흠상태"(the state of dreaming innocence)라고 불렀다.[33] 이 상태를 "존재론적으로" 인정한 것이 아니라 "논리적으로만" 인정한 것이다. 그러나 이 문제가 이처럼 가볍게 치부될 수 있는 것은 아니다. 인간의 본질적 가능성에도 불구하고 인간은 죄성 때문에 그 가능성을 절대로 달성할 수 없다. 나약한 모습의 인간, 예수 그리스도를 믿음으로써만 구원받고 성화될 수 있는 새로운 피조물로서의 인간, 그럼에도 불구하고 때로는 이 간격을 극복할 수 없다는 자괴감 때문에 마음껏 죄지으려는 우리를 끊임없이

33) Paul Tillich, *Systematic Theology*, vol. II (Chicago: The University of Chicago Press, 1967), pp.33~36.

다독거리시고 다시금 거룩한 존재로 살아가게 우리를 인도하는 성령의 역사, 바로 이러한 관계 맥락에서 우리는 성서적 인간론과 구원론의 요지를 발견할 수 있다. 정리해보면 성화론은 기독교 신학이 갖는 매우 중요하고 고유한 신학적 특성이므로 사변적으로만 이해될 수 있는 대상이 아닐 뿐만 아니라, 조직신학의 부록정도로 치부될 수 있는 교리도 아니다.

이와 같은 의미에서, 지역성과 보편성의 연결은 인간의 "하나님 형상"이 아니라 "예수 그리스도를 통한 구원"이 되어야 한다. 왜냐하면 아담의 타락사건이 상징하는 것은 인간이 하나님의 형상을 완전히 실현하여 살아갈 수는 없는 한계성을 가진 존재라는 점을 부각시키는 것이기 때문이다. 이 말은 두 가지 의미를 지닌다. 첫째, 성서의 하나님 형상론과 유학의 인간 본성론은 본질적인 측면에서는 유사함에도 불구하고 유학에서는 이의 완전한 실현이 가능하다고 보고, 기독교에서는 그것이 불가능하다고 본다. 유학에서는 '하나님 형상-인간 본성'의 연결고리로서 개체자의 완전한 자기실현 혹은 자기초월 곧 궁극적 존재자와의 합일 혹은 연합이 가능하지만, 성서적 측면에서는 불가능한 것이다. 둘째, 구약성서의 가르침에 의하면 아담의 타락—실존적 한계성을 드러냄—은 아담 한 개인과 하나님의 관계 단절뿐만 아니라 창조주 하나님과 피조물 전체의 관계 단절 혹은 왜곡을 뜻하게 되었다. 왜냐하면 아담의 타락과 함께 땅도 타락했기 때문이다(창 3:17 참고). 이는 이 세상 만물을 다스리도록 "청지기적 관리자"로 소명된 인간과 위탁자이신 하나님과의 관계가 어긋남으로써 자연과 인간의 관계마저도 왜곡되었지만, 구원자이신 예수 그리스도를 믿음으로써 그 관계의 온전한 회복이 가능하게 되었다는 것을 의미한다고 하겠다. 예수 그리스도를 믿기 이전의 인간은 하나님과의 관계는 물론 자연 만물과의 관계마저도 단절된 상태에서 살았던 생물적 존재에 불과했다. 이것은 인간뿐 아니라 자연도, 한정지어 말한다면 땅(土)도 왜곡된 관계로 있었음을 의미한다. 다음의 인용을 보자.

> 예수 그리스도의 복음의 씨가 떨어질 수 있는 땅은 모두 성지이며, 이 세상 어디에나 복음의 씨는 뿌려질 수 있기 때문에 땅 자체는 창조될 때부터 "하나님의 보시기에 좋은" 곳이다.[34]

창조 당시에 땅 자체는 "하나님의 보시기에 좋은 곳"이었다. 그러나 아담의 타락으로 상징되는 관계의 왜곡으로 말미암아 땅도 이제 관계가 왜곡되었다. 한 교수는 "신토불이 신학은 보다 창조신학적인 의미에서, 또는 보다 구속신학적 의미에서 신(神)과 토(土)의 관계를 신학화 하는 신학"이라고 규정했는데, 이 말은 이 세상의 보편적 땅, "복음의 씨가 떨어질 수 있는 땅"은 성지로서 창조신학적 의미와 연결해서 이해되어야 함을 역설한 것이다.[35] 한 교수는 "이미 성지인 땅"이 아담과 더불어 하나님의 저주를 받게 되었기에—"땅은 너로 말미암아 저주를 받고"(창 3:17)—, "구속과 회복의 필요성"이 요구된다고 했다. 이것이 한숭홍 교수가 이해하는 구속론의 출발점이다.

이런 의미에서 한 교수는 "기독교인인 나는 그리스도만이 구세주라고 믿고, 그를 통하지 않고는 누구도 구원받을 수 없다고 믿으며 고백한다"고 말하고 있다.[36] 동시에 그는 다른 종교의 종교성도 존중해 주면서 구태여 그 종교성의 질적 차이를 등급 매기기 위한 진부하고 끝없는 논쟁을 일단 보류하고 있다.[37] 즉 모든 지역에서 예수 그리스도 없이 구원이 가능하다는 의미는 아니다.

이와 같이 성서는 "예수 그리스도와 그를 통한 구원"을 지역성과 보편성의 매개로 간주한다. 그러므로 이 땅에서 복음에 충실하면 유대적인 것과 한국적인 것의 비교우위성을 전제하지 않는다. 왜냐하면 예수 그리스도를 믿는 땅이라는 점에서는 지역성과 보편성에 우열은 없다. 그러나 예수 그리스도를 믿지 않는 땅과 예수 그리스도를 믿는 땅은 여전히 우리의 선교적 측면에서 같은 "거룩한 땅"이라고 말할

34) 한숭홍, "神土不二 神學," p.32.

35) Ibid., p.34.

36) 한숭홍,『신학이란 무엇인가?』, pp.33~34. "광나루 지성의 생애와 사상: 한숭홍," 장로회신학대학교 교지편집위원회 편,『사건 Simulacre』통권34호 (2004.9), p.225 참조. 박준수 엮음,『무극 한숭홍』(서울: 장로회신학대학교, 2006), pp.20~47에 "광나루 지성의 생애와 사상: 한숭홍" 기사가 재 수록되어 있음.

37) 한숭홍,『신학이란 무엇인가?』, pp.33~34. 그러나 다른 자료에서 한숭홍 교수는 다음과 같이 말하고 있다. "다른 종교를 인정한다고 타종교의 구원관을 인정하자는 것은 아닙니다. 이러면 기독교의 정체성이 없어집니다"(박준수 엮음,『무극 한숭홍』, p.43). 그러면서 그는 나사렛 예수만이 그리스도인지, 다른 종교에도 창세구민의 지도자가 있으면 그리스도라고 불릴 수 있는지에 대하여 질문으로 대답하고 있다. 본문의 전후맥락을 읽을 수 있는 독자라면 질문 자체가 반어법으로 표현된 대답임을 깨달을 수 있을 것이다(한숭홍,『신학이란 무엇인가?』, p.34 참조).

수는 없다. 좀 더 엄밀히 말하면 "창조신학적" 측면에서는 같은 "거룩한 땅"이나, 이미 인간의 타락과 더불어, 예수 그리스도의 복음을 믿지 않는 땅은 구속신학적 측면에서는 "거룩하지 않은 땅"이기 때문이요, 이런 의미에서 지역성과 보편성의 연결은 궁극적으로 "예수 그리스도를 믿는가"의 여부에 달려 있는 것이지 땅 자체의 지역성과 보편성에 달려 있는 것이 아니다. 이런 맥락에서 이해하면 한 교수의 신학은 종교다원주의를 극복한, 다시 말해서 기독교 신학을 교조화하는 어떠한 신학의 극(極)도 초월한, 그래서 극 자체에 억죄어 있지 않은 무극(無極)의 신학인 것이다.

정리해 본다면, 동양철학은 인간의 본질적 가능성에, 서구신학은 인간의 실존적 한계성에 그 우선적인 무게 중심을 두고 있다. 그러나 성서에서는 인간의 본질적 가능성과 실존적 한계성, 그 간격을 뛰어넘을 수 없는 인간, 이 간격을 극복하신 예수 그리스도, 그리고 그를 믿고 그 은혜로 구원 얻은 자에 대한 내용이 강조되어 왔다.

이런 의미에서 보면 "그리스도의 한국화"란 실현해야 할 매우 중요한 내용이므로, 동시에 그 이해의 한계성도 인정해야 한다. 아니, 엄밀하게 말하면 초이성적인 내용을 이성적으로 접근하는 신학 자체의 한계를 인정하고 그 한계 내에서 겸손히 "그리스도의 한국화"를 추구해야 한다고 말하는 것이 더 정확한 표현일 것이다. 말하자면 우리의 한계를 인정하면서 "그리스도의 한국화"에 힘써야 하는 것이 신토불이 신학의 가장 중요한 과제가 되는 것이다. 그리고 이 과제를 바르게 실천하기 위해서는 앞서 한 교수가 말했듯이 "신앙이 신학을 위한 정행을 제공할 수 있도록" 해야 하는 노력이 필요한 것이다.

3. 서구신학의 전통과 신토불이 신학, 그리고 한국적 신학의 새로운 좌표

아마 이 부분은 좀 더 심층적으로 구조화해야 할 것이나. 이 작업은 매우 힘들고 험난한 만큼이나 중요하다는 것을 의미하기도 한다. 여기에서는 우선 서구신학의 토양과 한국신학의 토양의 차이를 분명히 직시해야 한다. 서구의 역사는 기독교가 그 주류를 이루며 오랫동안 발전해 오다가 20세기 중반부터는 다른 종교인들이 서구 사회에 본격적으로 이주해오면서 기독교 신학의 타종교에 대한 이해가 "종교 다원적 콘텍스트" 속에서 증진하기 시작했다. 그러면서 타종교에 대한 입장을 배타주의, 포용주의, 다원주의로 정리하기 시작했다.[38] 한국의 신학계에서도 앞 다투어 이 세 가지 입장을 소개하며 종교간의 대화, 혹은 타종교와의 대화를 어느 입장에서 하려하는가 묻고 있다. 그러나 이러한 접근법은 서구적 종교 현실에서는 타당할지 모르겠지만, 한국의 종교 상황에서는 아직 요원한 접근법이다. 기독교가 오랫동안 주류종교로 자리 잡고 있던 상태에서 타종교에 대한 관심이 고조되자 기독교에만 구원이 있다든가(배타주의) 혹은 비교우위성을 주장한다든가(포용주의), 아니면 다른 종교에도 구원의 가능성이 있다고 인정한다든가(다원주의) 하는 것은 한국적 종교 맥락에는 맞지 않다.

한국은 5천년 이상의 무속적 전통, 2천년 이상의 불교, 그리고 2천년 어간의 유교와 도교적 전통, 그 후에야 천주교(공식적으로 1784년), 그리고 개신교(공식적으로 1884년)가 소개되었다. 즉 한국의 기독교(천주교를 포함하여)는 "축적되어 여전히 영향력을 발휘하는 제 종교 전통들"(accumulated living religious traditions)의 바탕위에 소개된 것이다. 기독교적 전통이 배어있는 곳에서 기독교적 안목을 갖고 타종교를 바라보는 서구의 기독교와는 달리, 우리는 우리의 의지와는 상관없이 이미 타종교의 전통으로부터 막대한 영향을 받으며 기독교의 복음을 이해하고 수용해왔다. 그리고 그러한 종교 전통들은 여전히 큰 영향력을 미치고 있다. 일례로 보수적인 서구의 선교사들이 성서의 God을 "하나님"으로 번역한 것은 아주 좋은 예이다.

이런 의미에서 한숭홍 교수가 땅과 민족 정서의 상관성과 상호 연계성을 주장하며 한국인의 정체성을 문제 삼고 이에 대한 강조점을 피력한 것은 매우 중요한 시사점을 지닌다.[39] 물론, "한국인의 정체성"에 대한 내용을 어떻게 규정할 수 있는가

---

38) 이 내용에 대한 직접적은 근거가 되는 내용은 Paul Knitter, *No Other Name? A Critical Survey of Christian Attitudes toward the World Religion* (New York: Orbis Books, 1985), pp.73~167 참조. 위의 책의 저자인 니터(Paul Knitter의 최근의 좀 더 자세한 논의는 Idem, *Introducing Theologies of Religion* (New York: Orbis Books, 2002), pp.19~237 참조.

39) 한숭홍 교수는 신토불이 신학을 형성하는 데 기초가 되는 것을 민족의 얼, 즉 민족 정서라고 표현하고 있다. 자세한 내용은 박준수 엮음, 『무극 한숭홍』, p.45를 참조.

에 대해서는 아주 다양한 해석이 있을 수 있다. 그러나 그가 말한 대로 한국인의 종교 전통의 특성, 그리고 한국인임을 규정하는 여러 가지 장점과 단점을 객관적으로 진술하고 표현하는 것의 중요성은 새삼 다시 말할 필요가 없을 정도로 분명한 문제이다.

필자는 한숭홍 교수의 입장에 원론적으로 동의하면서, 논의를 보다 건설적으로 확대하기 위하여 한국인의 종교적 심성의 특징을 몇 가지 제안해 보고자 한다.

첫째, 한국인의 종교적 심성을 파악하기 위한 가장 좋은 자료가 되는 것은 "단군신화"이다. 이는 단군신화의 역사성을 규명하자는 것이 아니라, "신화" 자체의 종교학적 중요성과 연관하여 단군신화에 나타나는 여러 가지 한국적 종교 정서의 특성을 분석하고 추출해 내는 작업의 중요성을 말한다. 필자의 관점에서 단군신화의 기본적인 구조와 단군신화의 내용을 검토해서 얻을 수 있는 중요한 내용은 하늘 의식, 인간이해, 그리고 수양적 노력의 세 가지이다.[40]

둘째, 단군신화에서 추출한 한국인의 종교적 심성이 한국에 전래되어 한국화 된 제 종교의 전통들과 어떻게 연관되어 있는지 설득력 있게 설명할 수 있어야 한다. 여기서 한국의 제 종교라 함은 한국의 무속, 불교, 유교 및 도교, 그리고 자연종교 등을 지칭한다.[41] 그리고 단군신화에 담겨있는 세 주제들이 제 종교의 전통들에서 어떻게 계승, 왜곡, 변혁되었는지도 분석해 보아야 할 것이다.

셋째, 위의 두 내용에서 추출해 낸 내용이 여전히 한국 기독교의 특성과 밀접한 연관이 있는지를 분석해야 한다. 또한 위의 내용과 마찬가지로 한국 기독교의 특성과 세 가지 주제의 밀접한 관련성과 더불어 그 계승, 왜곡, 변혁한 내용, 그리고 또한 한국의 제 종교와의 관계 속에서 비교연구를 통해 비교종교학적 특성을 추출해 내고, 그 내용을 신학적으로 분석해야 할 것이다. 또한 이 단계에서 지배 계층뿐

40) 이에 대해서는 Yo-han Bae, "The Divine Human Relationship in Korean Religious Traditions: The Presence and Transformation of the Themes from the Tan'gun Myth in the Chosŏn Chujahak Tradition and Korean Protestant Christianity"(Th. D. diss., Boston University, 2007) 참조.

41) 동아시아 주류의 종교 전통이라 하면 일반적으로 유교, 불교, 도가를 말한다. 이중 도가 철학, 또는 이와 어느 정도 연관된 도교는 사실 한국의 종교 전통 속에서는 무속과 습합되어서의 구분이 어렵게 상호 침투되어있다. 이런 의미에서 여기서는 도가를 따로 취급하지 않았다.

만 아니라 일반 서민들에게도 미친 영향을 균형 잡힌 시각으로 분석할 수 있어야 할 것이다.

넷째, 세 가지 주제가 고대의 것만이 아니라 여전히 현대 한국인에게도 유효한가를 검토하고, 그 변화된 내용과 특성을 분석해야 할 것이다.

다섯째, 위에서 분석한 세 가지 주제에 대한 내용 분석이 과연 성서적 이해와 어떤 면에서 연결되는지, 그리고 서구신학에서 발달한 내용과는 어떤 관계에 있는지도 비교·분석해야할 것이다. 그리하여 성서적 이해와 한국적 이해, 서구신학의 전통에 대한 이해를 다각적으로 비교·분석하며, 장단점을 추출하여 서구신학만도 아니고 한국신학만도 아닌, 세계 신학적 가치와 전망을 분석하며, 이 작업과 병행하여 최종적으로 성서적 바른 이해를 도모해야 할 것이다. 또한 이 단계에서 미래사회의 변화 가능성에 대한 예측과 전망을 통해 혁명적으로 변해가는 미래 사회 속에서 바람직한 신학의 정위를 분석, 전망해야 할 것이다.[42)]

물론, 이 작업은 평생이 걸리는 작업일 것이고, 어느 한 개인이 완성할 수도 없는 작업이 될 것이다. 그러나 한숭홍 교수가 물꼬를 튼 신토불이 신학이 지역성과 보편성을 동시에 포함하면서도 성서적 중심주제(신-토 관계)에 입각한 신학적 흐름을 만들어 내기 위한 몸부림과 그 서막이 시작되었음을 생각한다면, 그 작업은 이미 시작된 내용이다. 이제 후학들이 그 내용을 더 확충하고 계승, 발전시키는 일이 중요하다 할 것이다.

4. 제 언

필자는 후학으로서 또한 한국적 신학에 관심을 갖고 있는 연구자로서 무극 한숭홍의 신토불이 신학에 대한 다양한 관점의 연구가 활성화되기를 바라는 마음으로 이 논문을 집필했다. 이제 이 논문을 마무리하며 신토불이 신학에 대한 동양철학적 관심을 두 가지 덧붙이고자 한다.

첫 번째 제언. 신토불이 신학의 "무극"(無極)에 대한 이해. 그의 자료들에서 무극과 연관된 내용을 간추려 보면 다음과 같다:

42) 한숭홍, 『신학이란 무엇인가?』, chaps.14~16의 내용 참조.

*그리스도와 무극: 무극 자체로서의 JX, 구세주와 무극으로서의 그리스도
*성령과 무극의 역학(아우름의 힘, 무극의 역동력): 인간의 역사에서의 성령의 역사(성령과 무극, 성령과 교회 내에서의 무극), 무극의 역학(Agape, Koinonia, Karitas, Diakonia, Ecumenical = 하나 되게 함)
*하나님의 나라와 삶(흙의 순환원리와 구조): 시공간의 초월성과 내재성의 무극으로서의 하나님의 나라 등이다.43)

이것은 무극의 원리가 신 인식론과 관계된다는 점을 시사하는 것이다. 이와 관련하여 그는 다음과 같이 설명하고 있다.

> 신토불이 신학의 신 존재 증명 방법은 무극(無極) 원리이다. 신은 피조물의 창조주(the Creator of creatures)로서, 우주의 근원(the ground of Cosmos), 우주적 존재들의 근원(the ground of the cosmic beings)이므로 유(有)인 태극(太極)이 존재할 수 있도록 한, 즉 무(無)로부터 유가 창조될 수 있게 한 존재 자체인 것이다. 이것이 무극이다. 무극은 태극의 제일 원인이다. 태극은 음양일체(陰陽一體)의 우주적 실재(cosmic reality)이며, 천지 만물의 원리이다. 무극은 "무로부터의 창조"(creatio ex nihilo)를 가능케 한 창조적 힘이며, 하나님의 속성이다. 광의적으로 해석하면 무극은 음양일체가 존재할 수 있게 한 '능동적 창조'(creatio activa)이고, 태극은 무극에 의해 창조되는 '수동적 창조'(creatio passiva)이다. 무(無)는 무이기 때문에 유(有)고, 유(有)는 유이기 때문에 무(無)인 한 무는 유고, 유는 무인 것이다. 이것은 '무극이태극'(無極而太極)이고, '태극이무극'(太極而無極)이라는 것을 깊이 음미해야함을 시사하는 것이다. 이것이 하나님이 인간이 된 사건과 같은 맥락에서 해석될 수 있는, 신토불이 신학의 인식론이다.44)

신유학에서 무극(無極)이라는 용어는 송(宋)나라 때 유학자인 주돈이(周敦頤, 호는 濂溪, 1017-1073)가 그린 태극도(太極圖)와 그 설명(太極圖說)에서 연유한 용어이다. 주돈이는 우주 만물의 발생에 대한 존재론적 과정을 그린 당시 도교의 그림을

43) 한숭홍, "神土不二 神學," p.39.
44) 한숭홍, "평양대부흥운동의 神土不二 신학적 구조," 『교회와 신학』 제68호 (2007 봄), p.14.

차용하여 태극도를 그렸고, 또 이 태극도에 설명을 붙여 신유학의 우주론과 존재론의 핵심으로 자리 잡게 된 태극도설을 완성했다. 이 태극도설의 첫 번째 구절에 "무극이태극"(無極而太極)이란 용어가 등장한다. 그리고 이에서 연유하여 우주 만물의 기원과 근원에 대한 문제를 태극 (太極)-음양(陰陽)-오행(五行)-만물(萬物)로 이어지는 우주론을 전개하였다.

그런데, 여기서 초점이 되는 문제는 무극과 태극의 관계이다. 태극도설의 첫 구절인 "무극이태극"을 "무극에서부터 태극이 나왔다"(이 경우는 "自無極而爲太極"의 의미)로도 해석할 수 있고, "무극이면서 태극"이라고도 해석할 수 있다. 그리고 이 문제는 양자 다 문법적으로 해석할 수 있을뿐더러 그런 각각의 해석이 가능한 상당한 철학적 근거도 가지고 있다. 만약 여기서 기독교 신학적으로 "무극에서부터 태극이 연유했다"는 입장에서 위의 내용을 기술한다면 주자학의 대전제인 "무극은 곧 태극"이라는 근본 입장과 상치되게 되어 복음이 유입되기 전에 최소한 500년을 지배했던 조선 주자학적 이해, 특히 위에서 기술한 개별성과 전체성의 관계에 대한 태극과 이기론의 이해와 관련성을 찾기가 아주 힘들어지는 문제가 발생한다. 즉, 이기론이 근본적으로 태극과 관계된 논의이므로[45] 태극과 리에 대한 기독교 신학적 해석 혹은 연관성을 찾는 노력 자체가 신유학의 입장에서는 불가능하게 된다.

그렇다고 해서 만약 주자학의 입장에 충실하여 "무극이면서 태극이다"는 주장에 서게 되면 주자의 무극에 대한 해석―무극은 태극의 무형(無形), 무성(無聲), 무취(無臭)의 상태를 형용한 말이라는 점―을 따른다는 의미가 된다. 말하자면 태극 이외에 무극이 또 다른 것으로 있는 게 아니라, 태극과 무극은 동전의 양면처럼 같이 있다는 말이다.[46] 즉 태극이라고 말하면 태극 자체가 존재의 생성원리이지만 동정이 있는 기적(氣的) 실체로 오해가 될 수도 있고, 태극을 말하지 않고 무극만 말하게 되면 그것은 공적(空寂)에 빠지게 되어 온갖 변화의 근본이 되기에는 부족하므로 주자학에서는 이러한 관점에서 "무극이면서 태극"이라고 해석한 것이다.[47]

---

45) 無極而太極, 只是說無形而有理 性理大卷之一, 太極圖의 朱子 太極圖說解 참조. 자세한 내용은 孔子文化大全 性理大(一), (山東: 山東友誼書社, 1989), p.70.

46) 無極에 대한 주자의 주석의 일부는 다음과 같다: 無極而太極, 非太極之外, 復有無極也 『性理大全』. 卷之一, p.70.

47) 不言無極, 則太極同於一物, 而不足爲萬化根本, 不言太極, 則無極淪於空寂, 而不能爲萬化根本

그러므로 신토불이 신학이 주자의 학설을 따르려 한다면, 만물과의 관계 –역사 속에서의 구체적인 관계– 를 말하기 위해 무극이 아닌 "태극"이라는 용어를 사용해야 유학적으로 타당한 표현이 된다. 왜냐하면 기본적으로 무극이 곧 태극이지만, 무극은 태극의 상태를 형용 –태극을 하나의 기적(氣的) 실체로 오해하지 않도록 하는 의미에서– 한 말이요, 태극은 역사와 궁극적 존재의 관계를 형용하는 말이기 때문이다.

그러나 한 교수는 신토불이 신학과 주자의 학설을 직접 연계시키지는 않았다. 그는 기독론이나 성령론, 신론, 교회론, 그리고 역사이해를 무극과 연관 지어 신학화하며, 위의 두 관점과 상관없는 독창적이고 새로운 입장에서 무극의 기독교적 이해를 시도하고 있다. 그렇기 때문에 한 교수가 무극(그의 호 또한 "無極"이다)을 그의 신학의 핵심개념으로 규정하는 것은 매우 새로운 작업이라 생각된다.

두 번째 제언. 서구신학의 역사를 신랄히 비판하면서 우리는 기독교의 하나님과 이기론에서 리(통체태극으로서의 理)의 연계성을 한번 주목해 볼 필요가 있다고 생각한다. 물론, 앞서 설명하였듯이 우리 마음속에 있는 이치(본성)를 완전히 실현하여 하나님과 같은 존재가 될 수 있다는 것은 성서의 가르침이 아니다. 성서는 인간 스스로의 힘만으로 하나님과 완전한 합일까지 이룰 수 있다고 말하지 않는다. 신-인의 관계를 다룰 때, 특히나 서양 근대 이후의 철학과 신학은 지나치게 인식론적으로 접근해 왔다고 본다. 특히 서양의 근대 이후의 신학은 신인식의 문제에만 지나치게 매달려오다 보니 "가치론"과 "신의 본질"의 연관성에 대한 문제는 소홀히 여긴 것이 사실이다. 이에 비하여 주자학에서는 리는 모든 존재가 존재할 수 있는 법칙(所以然之故)이면서 동시에 모든 가치의 근원(所當然之則)이다. 사물의 근본 이치를 탐구하는 주자학은 필수적으로 윤리적인 바른 삶을 학문적 활동과 함께 수반해야하는 철학이다. 아무리 아는 지식이 탁월하다해도 삶 가운데 덕행이 드러나지 않으면 그는 선비라 불릴 수 없는 것이 바로 이런 이유이다. 왜냐하면 선비가 "리"(理)에 뜻을 두고 학문을 한다는 의미는 리의 기본 성격이 되는 앎(인식론과 연관)과 덕행(가치론과 연관)의 상호 연관성을 전제로 추구한다는 의미가 전제되어 있기 때문이다.

목회자에게는 이러한 정서가 여전히 많이 남아있다. 기독교 윤리학자는 당연히 윤리적인 모범자여야 하고, 성서학자는 성서에 대한 식견과 더불어 성서적 삶의 모범을 보여야 하며, 기독교 교육을 전공하는 학자는 기독교 교육에 대한 이론적 전문가일 뿐 아니라 기독교 교육을 실행하는데 있어서 최고의 전문가여야 한다는 정서가 그 속에 들어있는 것이다. 즉 학문을 하는 자, 특히 신학을 전공한다 함은, 반드시 "신학 전공자다운, 목회자다운 삶의 모습"을 겸비하고 있어야한다는 정서가 그 속에 들어있는 것이다. 이런 안목에서 보면 인식론일변도의 서구신학도—주자학의 "리"의 근본성격이 존재론과 가치론의 근원임을 생각하면서—신에 대한 이해나 진술에 있어 가치론적 성격을 염두에 두고 개진할 필요가 있다. 일례로 기독론에 있어서 "말씀이 육신이 되어 우리 가운데 거하시"(요 1:14)는 것이 예수 그리스도에 대한 진술임에도 서구신학사는 전자, 즉 "말씀이 육신이 되어"에만 지나치게 치중하여 "왜 하나님이 인간이 되셨는가?"(Cur Deus homo)의 "이해"에만 편중되어 왔다. 이제부터라도 "말씀이 육신이 되어 우리 가운데 거하신" 예수 그리스도의 모범을 강조하며 그 분의 모범을 본받는 그런 내용이 기독론적 이해에 깊이 반영되어야 한다고 본다.[48]

Ⅳ. 글을 마치며

퇴계가 가장 훌륭한 유학자로 추앙받는 이유는 그가 정통 주자학에 가장 충실한 학자이면서도 그 내용을 "주체적"으로 더 계승 발전시켰다는 점에 있다. 공자가 존숭을 받는 이유도 주대(周代)의 예(禮)를 계승하면서도 그의 인(仁) 사상과 연관하여, 인(仁)과 예(禮)의 창조적 관계와 그 종합적 이해를 "중용적으로" 해석해 낸 데 있다. 주자가 위대한 이유도 주자 이전의 순자 철학적 계통과 맹자 철학적 계통의 제 학설을 자신의 "중용적"(中庸的) 체계로 통합하여 양 자 모두를 종합하면서도 창조적으로 융합시킨 데 있다. 경우는 다르지만 비교종교학적 시각에서 본다면, 예수

48) 이러한 맥락에서 한숭홍 교수는 "하나님의 땅화," "그리스도의 한국화," "그리스도의 한국인화"란 이론을 표방했다. 이것은 민족 정서와의 관계에서 기독론이 정립되어야 한다는 것을 역설하는 것이다.

그리스도와 바울이 중요한 이유도 구약의 전통을 계승하면서도, 새로운 상황에 처했음에도 그 전통에 담긴 근본정신을 훼파하지 않고, 창조적으로 계승, 발전시켜 유대인과 이방인 모두에게 구원의 길을 제시한, "중용적 통합"에 있다고 하겠다.

지금은 서구신학을 더 이상 신학의 모본(模本)으로 역설할 수도 없고, 그렇다고 한국신학의 고유성만을 국수적으로 강조할 수도 없는 시대면서, 동시에 또한 어설픈 양자의 종합도 해선 안 되고, 더더군다나 좋은 게 좋다는 식으로 종교다원적 상황이라 하여 종교다원주의를 쉽게 고백해서도 안 되는 그런 복잡하고 어려운 시대이다.

이런 복잡 다양한 시대 속에서 한국적인 것을 살리면서도 서구를 배척하지 않는 신학, 서구의 신학 전통의 장점을 흡수하면서도 결코 거기에 매몰되지 않는 신학, 신학의 고유영역만을 고집하며 동료 인문학의 연구결과에 등을 돌리지 않는 신학, 지역성과 보편성을 함께 아우르는 신학, 그 신학의 단초를 한숭홍 교수의 신토불이 신학에서 살펴보았다.

그리고 위의 내용을 정리하면서 하나님과 땅의 관계를 신학화한 표본, "예루살렘과 온 유대와 사마리아와 땅 끝까지"(행 1:8) 하나님의 성지로 신학화한 보기를 예수 그리스도의 모습 속에서, 사도 바울의 모습 속에서 부단히 애쓰며 유대인과 이방인 모두에게 구원의 길을 보이고, 그 속에서 때로는 논쟁하고 때로는 중재하면서도 복음의 문을 만인에게 활짝 열었던 그 훌륭한 예를 우리는 이미 성서를 통해 보았다.

이런 의미에서 시대를 막론하고 가장 바람직한 신학은 한숭홍 교수도 이미 언급하였듯이 "중용(中庸)의 신학"—같은 의미로 한 교수는 "합의 신학"(the synthesis theology, die Synthese Theologie), "아우름의 신학" 등으로도 표현함—이라고 생각한다.[49] 한숭홍 교수가 몸부림치며 만들어내고 있는 신토불이 신학처럼, 이 시대에는 이런 "아우름의 신학", "합의 신학"으로 가려는 몸부림이 많아져야 한다고 본다. 마치 바울의 고백처럼 저 푯대를 향해서 말이다.

---

49) 한숭홍, 『한경직의 생애와 사상』(서울: 장신대 출판부, 1993), p.223.

참고문헌

한숭홍. 『한경직의 생애와 사상』. 서울: 장신대 출판부, 1993.

______. 『신학이란 무엇인가?』. 서울: 장신대 출판부, 2003.

______. 『철학적 신학』. 서울: 장신대 출판부, 2006.

______. 『한국신학사상의 흐름』, 상권. 서울: 장신대 출판부, 2007.

______. "理念神學은 神學일수 없어." 『장로회보』, 1987.1.5.

______. "한국 토착화 신학의 현주소." 『침신대학보』, 1994.10.28.

______. "神土不二 神學." 『제 488주년 종교개혁기념 학술강좌』(자료집) (2005.10.26. 장로회신학대학교).

______. "한국교회 분열과 신학적 논쟁: 神土不二 神學의 사고지평에서 개진하며." 『장신논단』 제24집 (2005).

______. "기독교 인간관: 神土不二 神學의 관점에서." 『본질과 현상』 통권2호(2005 겨울).

______. "신, 그는 누구인가?." 『본질과 현상』 통권5호 (2006 가을).

______. "식물은 무엇을 말하는가?." 『본질과 현상』 통권6호 (2006 겨울).

______. "오늘의 한국 기독교, 무엇이 문제인가?." 『장신논단』제27집 (2006).

______. "기독교 문화와 교회의 미래." 『교회와 신학』 통권64호 (2006 봄).

______. "평양대부흥운동의 神土不二 신학적 구조." 『교회와 신학』 통권68호 (2007 봄).

______. "神學一念."(논단). *Newsletter* (장신대 교수학습개발원) 제4권 1호 (2007.3).

박준수 엮음. 『무극 한숭홍』. 서울: 장로회신학대학교, 2006.

이기동. 『한국의 위기와 선택』. 서울: 동인서원, 1997.

______. 『동양 삼국의 주자학』. 서울: 성균관대학교 출판부, 2003.

李滉 著, 조남국 譯. 『성학십도』. 서울: 교육과학사, 1985.

Bae, Yo han. "The Divine Human Relationship in Korean Religious Traditions: The Presence and Transformation of the Themes from the Tan'gun Myth in the Chosŏn Chujahak Tradition and Korean Protestant Christianity." Th.D. diss., Boston University, 2007.

Kim, Kyoung jae. *Christianity and the Encounter of Asian Religion*. Zoetermeer, The Netherlands: Boekencentrum Publishing House, 1994.

Knitter, Paul F. *No Other Name?: A Critical Survey of Christian Attitudes toward the World Religion*. New York: Orbis Books, 1985.

Knitter, Paul F. *Introducing Theologies of Religion*. New York: Orbis Books, 1985.

Tillich, Paul. *Systematic Theology*, vol. Ⅱ. Chicago: The University of Chicago Press, 1967.

孔子文化大全. 『性理大全』 (一). 山東: 山東友誼書社, 1989.

무극 한숭홍의 사상체계론

神土不二 神學과의 연계성을 중심으로

박 준 수
(장로회신학대, 신학대학원 재학)

Ⅰ. 서 론

본 논문의 목적은 무극 한숭홍의 神土不二 神學(theology of thegeonomy)을 사상체계적으로 분석·고찰하려는 데 있다. 이를 위해 II장에서는 그의 사상체계와 神土不二 神學과의 연계성을, III장에서는 그의 신학방법론을, IV장에서는 저서들에 나타난 주요사상을 神土不二 神學과 관련하여 살펴볼 것이다. 그리고 V장에서는 이상의 논의를 요약 · 평가하며 결론지을 것이다.

Ⅱ. 사상체계와 神土不二 神學의 연계성

1. 생성과 존재

무극(無極) 한숭홍(1942)의 학문여정은 다양성 · 동일성의 순환발전구조이며, 이것을 관통하는 중심 동인(動因)은 삶이다. 이 기초 위에서 무극은 이론과 실천의 종합을 학문성의 중심구조로 이론화하였다.

무극의 신학수업기는 다섯 단계로 나뉜다. 첫 번째 단계: 연세대학교 신과대학에서 신학에 입문한 시기로써 여기에서 그는 '양성의 기초'를 하나씩 쌓아가며 다양한 사상을 수용했고, 서남동 교수로부터 철학적 신학을 배우며 이에 대한 관심을 갖기 시작했다. 두 번째 단계: 연세대학교 연합신학대학원에서 조직신학을 심화해 가던 시기로써 '통일성의 첫걸음'을 내딛기 시작했으며, 「폴 틸리히의 역사철학 연구」를 통해 한국에서 배운 것들을 정리했다. 세 번째 단계: 뮌헨(Mnchen) 대학교에서의 수학 시기로써 '통일성의 기초'를 다지기 시작했으며, 이때 무극은 과학철학(뮌헨학파)에 접하게 되었다. 네 번째 단계: 튀빙겐(Tbingen) 대학교에서의 수학 시기로써 '다양성의 확대'를 위해 철학, 신학, 교육학 등을 집중적으로 연구하며 볼노브(Otto Friedrich Bollnow)의 영향을 받았다. 다섯 번째 단계: 아헨(Aachen) 대학교에서 수학하며 '통일성의 열매'를 맺어가던 시기로써 여기에서 무극은 라부스(Georg Leonhard Rabus)에 관한 연구를 통해 신학수업기 동안에 배운 것들을 정리했다.[1)]

무극은 장신대에서 교수생활(1980.9~2007.8)을 하는 동안 학생소요가 끊이지 않았던 시기에 교무처장 등 여러 보직과 삼양제일교회에서 협동목사(1986~2005)로 설교사역을 감당하면서도, 26권의 저서와 역서, 250 편 이상의 논문, 230 편 이상의 논단, 서평, 특강 등 매우 폭넓은 학문 활동을 했다.

2. 체험 - 표현 - 이해

교수생활 동안 무극의 학문은 크게 세 시기로 구분된다. 첫 번째 시기로 1980년대는 신학, 철학, 교육학의 삼원일체 학문 정립기이며, 두 번째 시기인 1990년대는 한국신학사상사 체계화와 神土不二 神學 형성기,[2)] 세 번째 시기인 2000년대는 神土

1) Soong-Hong Han, Wissenschaftsbegriff und Wissenschaftsarchitektonik bei Georg Leonhard Rabus (Aachen: Mainz, 1978 [Dr. phil. Dissertation, RWTH Aachen, 1978]). 한숭홍, 19세기 논리학 개혁운동에 대한 연구: 게오르그 레온하드 라부스의 평가를 중심으로, 『장신논단』 제7집 (1991.12). 한숭홍, "라부스의 철학과 자연과학의 사원구성적 체계이론," 『장신논단』 제10집 (1994.11).

2) 문헌상 최초로 神土不二 神學이란 용어가 언급된 곳은 '한국 토착화 신학의 현주소'라는 논문에서 이다. 이 논문에서 무극은 기독교와 문화의 불가분리 관계를 언급하며 神土不二 神學이라는 새로운 학명을 신학계에 제시했다. 한숭홍, "한국 토착화 신학의 현주소," 『침신대학보』, (1994.10.28), p.2.

不二 神學 정립기이다.[3]

	시기	수업기	특징	구조	동인
1	신학수업기 (1961~1978)	① 연세대학교 (1961~1964)	다양성	체험	삶 = 이론 + 실천
		② 연세대 연합신학대학원 (1965~1966)	통일성		
		③ 뮌헨 대학교 (1968~1969)	통일성		
		④ 튀빙겐 대학교 (1969~1973)	다양성		
		⑤ 아헨 대학교 (1973~1978)	통일성		
2	長神大 (1980~2007)	① 1980년대 삼원일체 학문 정립기	다양성	표현	
		② 1990년대 한국신학사상사 체계화	다양성		
		③ 2000년대 神土不二 神學 정립기	통일성	이해	

[도표 1] 무극의 학문여정

3) 무극의 神土不二 神學을 연구하기 위한 1차 자료는 다음과 같다: 한숭홍, 『신학이란 무엇인가?』 (서울: 장신대 출판부, 2003); 한숭홍, 『한국신학사상의 흐름』, 상권 (서울: 장신대 출판부, 1996), pp.3~36.; 한숭홍, 『철학적 신학』 (서울: 장신대 출판부, 2006), pp.5~6; 한숭홍, "이광수의 「흙」 - '농민의 속으로 가자'," 『열린 마음』 제2호 (1993.2), pp.18~21.; 한숭홍, "한국 토착화 신학의 현주소," 『침신대학보』, (1994.10.28), p.2.; 최윤배 편, 『21세기 신학의 학문성』(서울: 장신대 출판부, 2003), pp.91~98.; 한숭홍. "광복 60년사와 맞물려온 한국 신학의 변천사," 『목회와 신학』 제194호 (2005.8), pp.74~81.; 한숭홍, "神土不二 神學," 『제488주년 종교개혁기념학술강좌』(자료집, 19~40). 장로회신학대학교 총학생회 학술국, 2005.10.26.; 한숭홍, "기독교 인간관: 神土不二 神學의 관점에서," 『본질과 현상』 통권2호 (2005 겨울), pp.37~50.; 한숭홍, "한국교회 분열과 신학적 논쟁: 神土不二 神學의 사고지평에서 개진하며," 『장신논단』 제24집 (2005.12), pp.553~582.; 한숭홍, "신, 그는 누구인가?," 『본질과 현상』 통권5호 (2006 가을), pp.200~214.; 한숭홍, "식물은 무엇을 말하는가?," 『본질과 현상』 통권6호 (2006 겨울), pp.161~179.; 한숭홍, "호모 에코노미쿠스," 『본질과 현상』 통권7호 (2007 봄), pp.161~179.; 한숭홍, "오늘의 한국 기독교, 무엇이 문제인가?," 『장신논단』 제27집 (2006.12), pp.505~532.; 한숭홍 "기독교 문화와 교회의 미래," 『교회와 신학』 제64호 (2006 봄), pp.6~11.; 한숭홍, "마침표 앞에 써본 낙서(편집후기)," 『교회와 신학』 제63호 (2005 겨울), p.188., 한숭홍, "편집후기(편집후기)," 『교회와 신학』 제64호 (2006 봄), p.180.; 한숭홍, "一片落穗(편집후기)," 『교회와 신학』 제65호 (2006 여름), p.196.; 한숭홍, "디지털과 영성(편집후기)," 『교회와 신학』 제66호 (2006 가을), p.204.; 한숭홍, "글을 엮고 나서(편집후기)," 『교회와 신학』 제67호 (2006 겨울), p.196.; 한숭홍, "주님께 드리는 편지(기도)," 『2006 말씀과 기도』 (서울: 장신대 출판부, 2005). pp.43~44.; 한숭홍, "神學一念 (논단)," Newsletter (장신대 교수학습개발원) 제4권 호(2007.3), p.2.; 한숭홍, "평양대부흥운동의 神土不二 신학적 구조," 『교회와 신학』통권68호 (2007년 봄), pp.6~15.; 한숭홍, "神學一念," Newsletter (장신대 교수학습개발원) 제4권 1호 (2007.3), p.2.

딜타이의 체험-표현-이해의 해석학적 틀을 빌리자면, 무극은 신학수업기 동안 '체험'한 다양한 사상들을 라부스에 관한 연구로 통일성을 이루었고, 그 종합은 저작과 동시에 다양한 분야로 '표현'되기 시작했다. 무극이 저술활동을 한 분야는 크게 5가지로 ① 신학, ② 철학, ③ 기독교교육철학, ④ 종교학, ⑤ 한국신학사상사이며, 그 해당 저서는 아래의 도표와 같다.

	분야	저서
1	신학	『신학이란 무엇인가』(2003), 『철학적 신학』(2006)
2	철학	『존재와 의식』(1989), 『철학 12강』(2005)
3	기독교교육철학	『기독교 교육철학 사상』(1991, 2002)
4	종교학	『문화종교학』(1987, 1993)
5	한국신학사상사	『무교회주의』(1991), 『한경직의 생애와 사상』(1993), 『한국신학사상의 흐름(상・하)』(1996)

[도표 2] 무극의 저술분야와 저서들

교수생활 동안 '체험'한 삶의 제 분야들과, 이를 표현한 그의 작품들은 결국 삶의 신학인 神土不二 神學으로 귀결된다. 산 정상에서 아래를 가장 잘 볼 수 있듯이, 무극의 저서들은 그의 사상의 봉우리인 神土不二 神學의 조명하에서 '이해' 되어져야 한다. 역으로 말하자면, 神土不二 神學은 무극의 모든 저서들 속에 잠수되어 있기에 그의 전 저서들을 기초로 하여 '이해' 되어져야 한다.

무극의 저서에서 나타나는 다양성은 신토율(the thegeonomy)로 정리된다.[4] 무극은 땅(土), 즉 공간을 물리적 공간(physicospace), 심리적 공간(psychospace), 사이버 공간(cyberspace)으로 분류한다.[5] 물리적 공간에는 ① 신께서 창조하신 '피조세계', ② 그 땅에서 형성된 '문화', ③ 흙(adamah)으로 창조(창 2:7)되어 문화를 형성해 가는 '인간'이 포함되며,[6] 심리적 공간은 ④ 인간 안에 있는 '마음'이며, 사이버

4) 한숭홍, "神學一念," Newsletter(장신대 교수학습개발원) 제4권 1호 (2007.3), p.2.

5) 한숭홍, 『신학이란 무엇인가?』(서울: 장신대 출판부, 2003), p.261.

6) 한숭홍, "기독교 인간관: 神土不二 神學의 관점에서," 『본질과 현상』 통권2호 (2005 겨울),

공간은 ⑤ 현대인의 삶에 지대한 영향을 끼치고 있는 '가상현실'(virtual reality)이 포함된다.

무극의 사상에 의하면 신(神)은 천지만물(土)과 합일(合一)하지도 않고 분리(分離)되지도 않으며 불이(不二, nondualistic nexus or correlation) 구조로 존재한다.[7] 무극은 신토합일(神土合一)은 신비주의의 형식이나 공간적 성현(hierophany)을 신앙하는 지모신(地母神) 숭배의 한 형식으로 전락하며, 신토분리(神土分離)의 그리스도는 나의 그리스도가 될 수 없다는 것과 이원론(二元論)으로 귀착하게 된다는 점, 바로 이점을 무극은 지적한다.[8] 즉, 무극은 신토불이 신학은 신비주의도 아니고 이원론도 아니다라고 잘라 말한다.[9]

어쨌든 신은 땅과 불이의 관계로 존재하기 때문에 신의 속성도 땅과 연계되어 있다. 무극은 신의 존재 양태에 속하는 역동적 속성 자체를 신토율(神土律)이라고 규정한다. 단적으로 말해서 신토율은 신의 의지에 의해 신 토 관계가 실현되게 하는 신의 행위이다. 신은 모든 땅, 심지어 가상공간과도 관계되기 때문에 신토불인 신학은 지역주의(localism)를 철저히 지양한다.[10] 신토율은 틸리히의 신율, 자율, 타율, 마성 등과는 근본적으로 다른 우주적 개념이다. 그러므로 무극의 神土不二 神學은 신학의 원형(the archetype of theology),[11] 비토착화 신학,[12] 삶의 신학(Lebenstheologie, Theologie des Lebens)이다.[13]

神土不二 神學의 방법론은 합리와 비합리, 이성과 감성, 우주적 이(宇宙的 理, cosmic principia)와 우주적 기(宇宙的 氣, cosmic energia) 이며,[14] 전거는 성서, 교회사, 한국의 역사와 문화이다. 특히 무극은 신학의 기초는 성서인 점을 매우 강

p.42. 여호와 하나님이 흙으로 사람을 지으시고 (창 2:7).

7) Ibid., p.49.

8) Ibid.

9) Ibid.

10) 한숭홍, "神土不二 神學," (『제488주년 종교개혁기념학술강좌』, 2005.10.26), p.35.

11) 한숭홍, "오늘의 한국 기독교, 무엇이 문제인가?," 『장신논단』 제27집 (2006.12), p.532; 한숭홍, 『철학적 신학』 (서울: 장신대 출판부, 2006), p.6.

12) 한숭홍, "神土不二 神學," p.34.

13) Ibid., p.40.

14) 한숭홍, "평양대부흥운동의 神土不二 神學적 구조," 『교회와 신학』 통권68호 (2007년 봄), p.9.

조하며, 신학은 성서 전체를 꿰뚫고 있는 하나의 절대 주제에 의해 해석되고, 이러한 기초 위에서 신학의 학문성이 정립해야 한다고 주장한다.[15] 서남동이 민중신학을 정립하기 위해 한국사를 이념적으로 해석했던 것과 달리, 무극은 한국 민족 정서에서 역사를 해석해 내는 민족 사관의 입장에서 한국사를 정립했다.[16]

3. 기-승-전-결

무극은 슐라이어마허의 저서들을 논문의 구성부분에 따라 분류하며, 『종교론』을 전 신학사상의 서론이며, 개념정의의 부분으로, 『신학연구에 관한 단편적 서술』을 논문의 뼈대, 조직, 구조, 방법론의 장으로, 『신앙론』을 논문의 본론에 해당하는 주제로 비유한 적이 있다.[17]

			슐라이어마허	한숭홍
1	기	서론 및 개념정의	『종교론』	『철학 12강』, 『존재와 의식』, 『문화종교학』, 『기독교 교육철학 사상』
2	승	조직, 구조, 방법론	『신학연구에 관한 단편적 서술』	『철학적 신학』, 『한국신학사상의 흐름』 (상 · 하권), 『무교회주의』, 『한경직 의 생애와 사상』
3	전	본론	『신앙론』	『신학이란 무엇인가』

[도표 3] 슐라이어마허와 한숭홍의 저서들에 대한 논문 비유

이와 마찬가지로 무극의 저서들을 神土不二 神學이라는 논문의 구성부분으로 분류해 보면, 『존재와 의식』, 『문화종교학』, 『기독교 교육철학 사상』, 『철학 12강』은 전 신학사상의 서론이며, 개념정의의 부분이고, 『철학적 신학』, 『무교회주의』, 『한경직의 생애와 사상』, 『한국신학사상의 흐름』(상 · 하권)은 논문의 뼈대, 조직, 구조, 방법론의 장에 해당하는 부분이며 『신학이란 무엇인가?』는 논문의 본론에 해당하는 주제로서 神土不二 神學의 이론적 기초가 되는 부분이다. 그러므로 『신학이란 무엇인가?』에서는 이론적 기초만 제시되어 있기 때문에 神土不二 神學에 대한 연구

15) 한숭홍, 神土不二 神學, p.22.
16) 박준수 엮음, 『무극 한숭홍』 (장로회신학대학교, 2006), p.45.
17) 한숭홍, 『철학적 신학』, p.122.

는 기(起)-승(承)-전(轉)-결(結)에서 전(轉)의 단계에서 계속 연구 중에 있다. 무극의 神土不二 神學은 생성 중이다.

Ⅲ. 신학방법론

무극은 과학철학적으로 학문성을 인정하는 척도인 학문의 4대 요소는 ① 학문의 대상(Gegenstand), ② 학문의 역사(Geschichte), ③ 학문의 방법(Methode), ④ 학문의 분야(Gebiet)라고 말한다.[18] 무극은 학문의 4대 요소 중에서 특히 '방법론'을 중시한다.

무극의 저서들을 관통하는 방법론은 ① 과학이론(Rabus, Horkheimer), ② 현상학(Husserl), ③ 해석학(Dilthey)이다. 무극에게 과학이론은 모든 학문을 폭넓게 그리고 종합적으로 보게 하는 혜안을 제공한 방법론이다.[19] 후설의 현상학과 딜타이의 해석학은 무극의 철학과 신학방법론을 결정하는 데 결정적인 영향을 주었다.[20] 사실 그 자체를 파악하려는 후설의 현상학과 삶을 그 자체에서 이해하려는 딜타이의 해석학은 본질 자체를 추구하려는 점에서 공통적이다.[21]

1. 과학이론

1) 수용과정

무극의 과학이론은 라부스의 과학철학과 막스 호르크하이머(Max Horkheimer)의 비판이론의 수용에 의해서 형성된다. 무극은 그의 박사학위 논문인 「게오르그 레온하드 라부스의 과학개념과 과학구조체계론」(Wissenschaftsbegriff und Wissenschaftsarchitektonik bei Georg Leonhard Rabus)에서 라부스의 사원구성(四元構成)적 방식에 따른 과학철학은 철학의 원리에 관한 철학이며,[22] 모든 과학

18) 한숭홍, 『문화종교학』 (서울: 장신대 출판부, 1993), p.24.
19) 박준수 엮음, 『무극 한숭홍』, p.31.
20) 한숭홍, 『철학 12강』 (서울: 장신대 출판부, 2005), p.16.
21) 한숭홍, 『기독교 교육철학 사상』, 개정증보판 (서울: 장신대 출판부, 2002), p.52.

의 원리들의 근원을 철학으로부터 연역 하려는[23] 학문의 기초 이론이라고 했다.[24] 이것은 신학을 포함한 그의 전 사상이 철학적 기초 위에 형성되었다는 것을 의미한다.

프랑크푸르트 학파의 창시자인 막스 호르크하이머는 그의 저서 『철학의 사회적 기능』에서 진리란 이론만으로는 성립될 수 없으며, 이론(Theorie)과 실천(Praxis)의 영역에 속하는 사건들, 현실성, 경험이 얼마나 일치하여 있는가에 의해서 진리체계가 인정된다[25]고 주장했다. 진리란 이론과 실천의 종합으로 성립된다는 것은 신학에서도 예외는 아니다.

2) 과학이론과 학문성

이론과 실천의 일치 문제인 과학이론은 학문성 정립문제와도 직결된다.[26] 무극은 이 문제를 그의 저서 『기독교 교육철학 사상』에서 집중적으로 다룬다. 왜냐하면 그의 학문의 토대가 되는 신학, 철학, 교육학의 본질규정이 여기에서 이루어지기 때문이다. 무극은 이 저서에서 기독교 교육학의 정체성에 대한 통일적 입장이나 이해가 결여된 한 가지 이유는 학문의 기본구조인 이론과 실천의 연계성이 기독교 교육학에서 무시되었기 때문이라고 지적한다.[27] 그의 주장에 따르면 기독교 교육학의 학문성은 경험적 지식(실천성)을 인식론적-분석적-해석학적 방법을 통하여 보편타당한 진리로 체계화(이론화) 하는 작업과 깊이 관련되어 있다.

과학이론에 의하면 학문성이란 경험으로부터 얻은 인식론적-분석적-해석학적 방법을 통하여 보편타당하게 믿을 수 있도록 설명한 체계를 말한다. 이런 과학이론에 따르면 학문으로서의 기독교 교육학도 경험적 지식(실천성)을 인식론적-분석적-해석학적 방법을 통하여 보편타당한 진리로 체계화(이론화) 해야 할 것이다.[28]

---

22) 한숭홍, "라부스의 철학과 자연과학의 사원구성적 체계이론," 『장신논단』 제10집 (1994.11), p.655.

23) Ibid., p.655.

24) 한숭홍, 『기독교 교육철학 사상』, p.34.

25) 한숭홍, 『존재와 의식』 (서울: 장신대 출판부, 1989), p.99.

26) 한숭홍, 『기독교 교육철학 사상』, p.176.

27) Ibid., p.271.

28) Ibid., p.275.

무극은 현대 학문이론에 의하면 모든 학문은 그 본래성을 규명할 수 있는 이론적 요소와 그 학문이 학문화 되기 시작하여 필수적으로 수반해야 하는 실천적 요소를 반드시 겸비해야 된다고 역설하며,[29] 학문은 이론에 의해서 실천이 유도되어야 하며, 동시에 실천을 통한 이론의 정립이 가능해야 하는 이론과 실천의 상호작용과의 관계에서 형성될 수 있다는 주장을 펴고 있다.[30] 이론적 기초가 없는 실천 자체는 그 실천의 내용과 본질을 정당화해 줄 수 있는 논리적, 조직적, 논증적 자료가 없기 때문에 결코 학문성을 가질 수 없다는 것이다.[31] 같은 맥락에서 그는 기독교 교육학은 이론과 실천의 상호의존적 관계를 통하여 학문성을 정립 해야 한다는 점을 강조하기도 한다.[32] 한마디로 말해서 진리가 진리일 수 있으려면 진리 자체가 창조적 이론과 적극적 실천의 완전한 종합을 수용하고 있어야 한다[33]는 것이다. 그러므로 무극은 기독교 교육철학은 궁극적으로 기독교적 삶을 이론화해야 할 뿐만 아니라, 이론화된 삶의 본질을 실천해야 하는 이론과 실천의 통일적 진리를 생활화 하는 일에 공헌 해야 한다고 주장한다.[34]

무극은 이론과 실천을 통한 학문성 정립에서 더 나아가 기독교 교육학의 철학화란 이론과 실천의 기초 위에서 기독교 교육학이 학문성을 갖추기는 했지만 그 자체가 목적이 아니고, 기독교 교육의 목적, 내용, 대상, 방법을 어떻게 탐구하고, 분석하고, 인식하고, 해석하여 체계화할 것이며, 삶에 적용할 것인가를 규명하는 것이다[35]라고 말한다.[36]

정리하면, 무극의 과학이론이란 모든 학문의 본질은 철학으로 소급된다는 것이며[37], 모든 학문에 사용되는 이론은 현실성, 즉 실천성을 겸비해야 한다는 것이다.

---

29) Ibid., p.273.
30) Ibid., p.283.
31) Ibid., p.279
32) Ibid., p.279
33) Ibid., p.395.
34) Ibid., p.334.
35) Ibid., p.420.
36) 과학이론적 구성원리에는 목적, 내용, 대상, 방법이 포함된다.
37) Ibid., p.34.

3) 과학이론과 神土不二 神學

무극의 학문을 관통하는 개념은 다양성과 통일성 이며,[38] 이 다양성과 통일성을 연결하는 고리가 삶 이다.[39] 그 삶을 구성하는 원리는 이론과 실천의 종합이다. 한숭홍은 神土不二 神學에서 예수 그리스도의 존재론적 양태(mode)는 무극(無極) 이라고 규정한다.[40] 무극이란 극을 지향하지 않고, 오히려 원심점으로 극이 모아 지는 형태이다.[41] 이론과 실천을 양극이라고 볼 때, 이론과 실천의 종합은 무극의 다른 표현이다. 이런 점에서 무극이란 그의 신학방법론인 합(合)의 신학의 또 다른 표현이다.

합의 신학으로서의 신토불이 신학은 신토체계(the thegeosystem)에 의해서 형성되는 신학으로서, 그 역동력은 '수직적'(vertical) 관계로 진행되며 확대·발전한다. 신토불이 신학은 각론적 신학 진술서가 아니고, 신과 신에 의해 창조된 전 우주적 실재(土)와의 관계에 의해 신학을 구축하려는 우주적 신학의 구조론이다.

2. 현상학

1) 수용과정

무극의 신학 형성에 영향을 준 여러 학자들 중에 틸리히를 빼놓을 수는 없다. 틸리히는 그의 존재론적 신학을 위해 하이데거(M. Heidegger)의 실존철학을 수용하여 그의 틀을 만들었다.[42] 틸리히에게 영향을 준 하이데거는 존재론은 오직 현상학으로서만 가능하다는 전제 하에, 후설의 순수 선험적 현상학을 존재론으로 규정하며, 자신의 주저 『존재와 시간』의 이론적 기초를 형성하는 데 응용한다.[43] 물론 하이데거의 이러한 주장은 그의 스승인 후설의 입장을 재표명한 것이다.[44] 이는 사상적으로 후설의 현상학(現象學)이 하이데거를 거쳐 틸리히에게 유입되었으며, 한

38) 박준수 엮음, 『무극 한숭홍』, p.34.
39) 한숭홍, 『철학 12강』, p.5.
40) 한숭홍, "神土不二 神學," (『제488주년 종교개혁기념학술강좌』, 2005.10.26), p.37.
41) Ibid., p.37.
42) 한숭홍, 『신학이란 무엇인가?』, p.263.
43) 한숭홍, 『기독교 교육철학 사상』, p.61.
44) Ibid., p.55.

숭홍은 한국에서 신학공부를 할 때인 1960년대에는 틸리히의 영향 받았으나, 독일에서 공부하던 1970년대에는 후설과 하이데거의 원서를 탐독하며 이들의 사상을 수용하여 철학-신학-교육학의 학문구조와 원리구축에 적용하기 시작했다.

2) 후설의 현상학

후설의 현상학은 무엇인가? 무극의 정의에 따르면, 후설(Edmund Husserl, 1859~1938)의 현상학은 본질 자체를 직관하는 본질직관의 학문이며, 철학의 많은 대상 중에서 가장 근원적인 것에 대하여 직관하려는 방법이므로 과학이론적으로 규정해보면 철학의 근본과학이다.[45] 현상학에서 사용하는 현상이란 오관의 행위에 의해서 지각되는 경험적 실재가 아니고, 이데, 형상, 원형, 본질 등과 같은 것이며, 관념의 대상 이다.[46] 훗설의 현상학은 형상적-관념적 본질(das Eidetisch-Ideale)을 본질직관(Wesensschau)을 통해 얻는 방식에 관한 이론이며 방법론이므로[47] 무극은 현상학을 인식론이라고 규정하기도 한다.[48] 본질직관을 통해서 얻어지는 본질은 설명되거나 기술될 수 있는 것이 아니고 오직 직관될 뿐이다.[49] 후설은 사물의 순수한 본질을 얻기 위해 피규정성을 유보하는 행위,[50] 본래적인 개념에서 한 사건에 대한 여러 편견, 전제, 견해, 지식, 사변 등을 배제하는 행위를 판단 중지라는 의미의 에포케(Epoche)를 한다.[51]

무극은 현상학을 神土不二 神學의 인간론을 정립하는 데 사용했다.

누구든지 하나님의 흙에 대하여 창조신학적으로 이해하려 한다면 우선 흙에 대한 고정관념이나 편견을 철저히 버려야 한다. 예를 들면 흙은 검붉기도 하고 무겁기도 하다든가, 질그릇의 재료가 될 수도 있고 건축자재가 될 수 있다든가 라는 판단을 정지할 때 비로소 하나님의 흙 자체를 이해할 수 있을 것이다. 이러는 한에서

45) Ibid., p.54.
46) Ibid., p.53.
47) 한숭홍, 『문화종교학』, p.152.
48) 한숭홍, 『기독교 교육철학 사상』, p.68.
49) 한숭홍, 『문화종교학』, p.152.
50) Ibid., p.154.
51) Ibid.

하나님의 흙에 대한 이해가 가능하며, 아담, 곧 흙으로서의 인간이해가 가능하다. 기독교 인간관은 하나님의 흙에 대한 현상학적 기술에 의해서 보다 성서적으로 파악될 수 있다.[52]

즉, 흙에 대해 바르게 이해하려면 흙에 대한 편견을 판단중지하고, 현상학적 접근을 해야 된다는 것이다.

3) 종교현상학과 神土不二 神學

神土不二 神學은 후설의 현상학보다는 그의 영향을 받은 종교현상학(Phnomenologie der Religion)과 보다 관련이 깊다. 무극은 종교현상학에는 초월적인 본질과 내재적인 본질, 선험적인 것과 후험적인 것, 종교적인 본질과 이성적인 본질, 성과 속, 종교와 문화와 같은 대립적인 요인들이 서로 동시에 작용하고 있다고 본다.[53] 그 예로 종교와 이해의 이율배반(Antinomie)으로 틸리히와 같은 신학자는 이성과 계시의 상관관계(correlation)로, 엘리아데는 성과 속의 변증법(Dialektik)으로 서술하였는데 이 두 요소는 종교현상학의 중심적 원리를 구성하는 것들이다.[54] 무극은 종교현상학이 이 두 요소를 함께 지향한다[55]는 점에 착안하여 신(神)과 흙(土)의 상관관계 방법론을 형성했다.[56]

무극의 이러한 이해는 철학은 그 본질을 감각적인 것과 초감각적인 것과의 상호 유기적인 종합적 실체 속에서 이해해야 하며, 또 감각적인 것에서부터 출발하는 질료적 과학과 초감각적인 것에서부터 출발하는 형상적 과학과의 상관관계적 맥락에서 종합적 과학의 원리로 이해되어져야 한다는 라부스의 과학철학과 매우 유사하다.[57] 아리스토텔레스의 사상으로부터 영향을 받은 라부스는[58] 철학은 자연과학을 질료와 형상의 종합체로, 신학을 감각적인 것과 초감각적인 것, 곧 피조물과 창조자

52) 한숭홍, "기독교 인간관: 神土不二 신학 관점에서," p.42.

53) Ibid., p.162.

54) Ibid.

55) Ibid.

56) 한숭홍, "神土不二 神學," p.26, p.30.

57) 한숭홍, "라부스의 철학과 자연과학의 사원구성적 체계이론," 『장신논단』 제10집 (1994.11), p.654.

58) Ibid.

의 관계를 인정하며 출발하는 믿음의 과학으로, 인간학을 인간의 종합적 삶이 진선미와 심리적 상태의 유기적 분석에 기초해 분류되는 과학으로, 그리고 신지학을 기독교 믿음에 대한 철학함으로 이해한다.[59]

무극은 에리히 프르지바라(Erich Przywara)의 말을 인용하며 종교의 이중적인 관점을 지적한다.

종교의 문제는 개존의 측면에서 그리고 현존의 측면에서 이중적인 관점을 갖고 있다. 개존 문제란 인간과 신의 관계를 내용적인 상태들에 따라 진술하는 것이고, 현존 문제란 인간과 신의 관계를 인간에게서 시작되었건 신에게서 시작되었건 간에 현실적으로 진술하려는 것이다.[60]

여기서 개존(Sosein)이란 한 사상(事象)의 본질로서 사물의 본래성(本來性)이며, 현존(Dasein)은 사물의 실재로서 사물의 본래성이 가시적으로 표현된 대상성(對象性)이다.[61] 무극은 사람을 보기로 들어보면, 기독교 신학자는 개존을 하나님의 형상(Imago Dei)이라는 창조신학 원리에서 말할 것이며, 인간의 현존은 학생, 농부, 군인, 목사, 시인 등과 같은 그 인간의 현재적 신분 상태에서 서술할 것이라고 본다.

현상학적 이해에 기초하여 神土不二 神學을 구명(究明)해 보면, 창세기는 흙의 현상학 이고,[62] 인간을 하나님의 형상으로 보는[63] 神土不二 神學의 신(神)과 흙(土)의 관계는 개존(Sosein)의 문제에 관한 것이다.[64] 무극은 인간 창조의 질료인 흙[65]을 철저하게 현상학적 방법을 통하여 본질직관한다. 무극에게 있어서 흙은 하나님의 피조물(土)의 보편적 실재를 의미한다.[66]

---

59) Ibid.
60) 한숭홍, 『문화종교학』, p.147.
61) Ibid., p.148.
62) 한숭홍, "기독교 인간관: 神土不二 신학 관점에서," p.41.
63) Ibid., p.40.
64) Ibid., pp.42~45.
65) Ibid., p.42.
66) 한숭홍, "식물은 무엇을 말하는가?," 『본질과 현상』 통권6호 (2006 겨울), p.175.

3. 해석학

1) 수용과정

무극은 그의 사상을 움직이는 한 원동력은 베르그송(H. Bergson), 딜타이(W. Dilthey), 짐멜(G. Simmel), 슈프랑거(E. Spranger), 막스 쉘러(M. Scheler), 볼노브(O. F. Bollnow)로 이어지는 삶의 철학 이라고 고백한다.[67] 이점은 슈프랑거가 교육철학에서 그의 스승 딜타이의 해석학을 심화시켰다는 것,[68] 볼노브가 슈프랑거 석좌교수로 이 전통을 계승하였다는 것, 무극은 튀빙겐에서 교육철학을 볼노브로부터 전수 받았다는 점에서 타당성을 갖는다.[69] 물론 딜타이가 이해의 기술을 보편적인 해석학 이론의 의미에서 발전시킨 슐라이어마허의 해석학적 방법론[70]을 역사적 세계를 구성하기 위한 정신과학의 기초방법으로 발전[71]시켰다는 점에서 슐라이어마허를 간과해서는 안 된다. 사상적으로 무극의 해석학은 '슐라이어마허-딜타이 슈프랑거-볼노브-한숭홍'으로 연결된다. 특히 딜타이의 해석학은 무극의 방법론을 형성하는 데 큰 영향을 주었다.

2) 딜타이의 해석학

그렇다면 딜타이의 해석학은 무엇인가? 무극은 해석학을 정신과학의 방법론으로 발전시킨 딜타이는 정신과학의 학문적 기초를 정립하는 데 기여했을 뿐만 아니라, 정신과학을 자연과학과 구별하는 데도 큰 공헌을 했다[72]고 평가하며, 딜타이의 자연과학적 탐구방법은 '설명'(erklren)하는 것인 반면, 정신과학적 탐구방법은 '이해'(verstehen)에 의해서 실재에 접근하는 것이라는 점을 부각했다.[73] 딜타이의 표현을 그대로 인용하면, 자연을 우리는 설명하고, 정신적 삶을 우리는 이해한다 (Die Natur erklren wir, das Seelenleben verstehen wir)고 말한 것과 일치한다.[74] 이해

---

67) 한숭홍, 『철학 12강』, p.12.

68) 한숭홍, 『기독교 교육철학 사상』, p.46.

69) Ibid., p.9.

70) Ibid., p.42.

71) Ibid.

72) Ibid., p.44.

73) Ibid.

의 방법은 해석학적 순환의 동인을 이루는 체험(Erlebnis), 표현(Ausdruck), 이해(Verstehen)이다.[75] 딜타이는 삶(Leben)과 정신(Geist)을 거의 같은 본질로 보며,[76] 인간의 정신적 삶은 역사적 이라고 파악한다.[77] 딜타이는 인간의 내면성은 과거의 위대한 정신적 유산과 통전적 인간의 정신적 표현이 용해되어 이루어진 형식이요, 내용 이라고 보며[78] 역사를 인간 본연의 정체성에서 이해 하려 한다.[79] 해석학은 역사의 변화에 기초하는 것이므로 보편타당한 법칙의 학문이 아니고, 늘 역사적 삶을 해석하는 방법의 학문이다.[80] 딜타이는 이렇게 역사연구를 하는 정신과학의 본질을 철학적 인간학으로 보았기에 인간은 모든 정신과학 탐구의 출발점이며, 동시에 종착점이라고 본다.[81]

딜타이의 해석학은 철학에서 인식론, 과학이론, 문화철학, 실존철학에 영향을 깊이 주었다.[82] 특히 해석학(Hermeneutik)을 어원적으로 합목적적인 실천적 행위와 체계적인 이론적 조치를 인식케 하는 과학적 방법 이라고 정의할 때,[83] 해석학은 무극의 또 다른 방법론인 이론과 실천의 조화를 추구하는 과학이론과 유사하다. 더불어 해석학을 정신적 삶을 형성하는 역사를 인식에 도달하기 위한 정신과학적 방법론으로 규정할 때,[84] 해석학과 현상학은 모두 인식론에 관한 것이다. 즉, 해석학과 과학이론은 이론과 실천을 중시한다는 점에서, 해석학과 현상학은 인식론에 관한 것이라는 점에서 공통적이다. 그러므로 무극의 방법론인 과학이론-현상학-해석학은 내적으로 상호의존적이라는 것을 의미한다.

74) Ibid.
75) Ibid., p.46.
76) Ibid., p.45.
77) Ibid.
78) Ibid.
79) Ibid.
80) Ibid., p.49.
81) Ibid., p.45.
82) Ibid., p.46.
83) Ibid., p.40.
84) Ibid.

3) 해석학과 神土不二 神學

신학에는 성서신학과 역사신학이 딜타이로부터 직접적인 영향을 받았다. 무극은 그의 역사신학서라고 할 수 있는 『한국신학사상의 흐름』, 『한경직의 생애와 사상』, 『철학적 신학』에서 사상과 삶의 상관구조[85]에 따라 종교-사회-문화적 측면에서[86] 딜타이의 해석학적 방법론을 사용하여 각 사상가들을 분석-평가-이해하였다.

해석학은 神土不二 神學에서 어떻게 사용되는가? 해석학은 神土不二 神學의 신약성서의 인간관을 정립할 때 사용된다. 무극은 복음서는 흙의 해석학[87]이라고 규정한다. 무극은 구속사적 맥락에서 그리스도의 삶을 흙의 관점에서 해석한다.

복음서의 중심주제는 흙이다. 보다 광의적으로 말하면 복음서는 하나님이 흙이 되어 흙인 이 땅에 오시는 과정이므로 인간이 그리스도를 통해 하나님의 흙으로 돌아가야 하는 종말론적 종점까지를 묘사하고 있다. 그러므로 복음서를 이해하기 위해서는 흙의 해석학이 필요하다.[88]

神土不二 神學의 관점에서 성육신은 하나님이 친히 그가 창조한 땅에 스스로 흙으로 화해서 찾아온 사건(요 1:9~14)이기에[89] 무극은 성육신이란 신의 땅화 로 이해한다.[90] 또한 神土不二 神學은 인간의 삶의 자리인 이 땅이 그리스도가 오신 곳이기에[91] 땅이 어디든지 간에 그리스도와 본래적으로 직결된 곳이므로 그리스도가 이 땅의 그리스도라는 전제로부터 출발한다.[92] 이러한 이유로 무극의 神土不二 神學은 그리스도의 한국화에 초점이 맞추어져 있다.[93] 이는 슐라이어마허가 그의 저서 『신앙론』에서 그리스도를 신의식의 각성자로 보지 않고, 구원자로써 믿음으로써 '기독론 중심'으로 기독교를 서술 하려 하였듯이,[94] 무극의 神土不二 神學도 그리스

---

85) 한숭홍, 『한국신학사상의 흐름』, 상권 (서울: 장신대 출판부, 1996), p.28.

86) Ibid., pp.90~91.

87) 한숭홍, "기독교 인간관: 神土不二 신학 관점에서," p.41.

88) Ibid., pp.45~46.

89) 한숭홍, "神土不二 神學," 『제488주년 종교개혁기념학술강좌』, (2005.10.26), p.36.

90) Ibid., p.36.

91) 한숭홍, "기독교 인간관: 神土不二 신학 관점에서," 『본질과 현상』(2005년 통권2호), p.47.

92) 한숭홍, "神土不二 神學," p.46.

93) 한숭홍, 『신학이란 무엇인가?』, p.12.

94) 한숭홍, "슐라이어마허의 신앙론에 대한 분석적 이해," 『장신논단 요약집1』, (2006), p.398.

도의 땅화를 요청하는 삶의 신학으로서 기독론 중심의 신학이다.[95] 슐라이어마허와 무극은 기독론 중심의 신학자이라는 점에서 공통분모를 갖는다.

Ⅳ. 저작들의 구조와 주요사상

1. 神土不二 神學을 위한 서론 및 개념정의적 저서들

神土不二 神學을 위한 서론 및 개념정의적 저서들에 해당되는 무극의 저서로는 『철학 12강』(2005), 『존재와 의식』(1989), 『문화종교학』(1987, 1993), 『기독교 교육철학 사상』(1991, 2002)이다. 이 네 권 중에서 『철학 12강』이 가장 늦게 출판되었지만, KBS 3TV에서 1986년에 방송 강연한 원고를 출판하였기에 실제적으로는 가장 먼저 쓰여진 작품이다. 가장 먼저 쓰여진 작품답게 『철학 12강』은 라부스의 과학철학처럼 철학은 모든 학문의 어머니라는 것과 삶의 제 분야들에 대해서 포괄적으로 기술한다. 반면에 『존재와 의식』은 현대철학 중에서 사회철학을 주로 다루고 있는 사상서이고, 『문화종교학』은 종교학 입문서이다. 마지막으로 무극의 『기독교 교육철학 사상』은 그의 삼원일체(三元一體) 학문으로 신학, 철학, 교육학의 종합이 이루어진 저서이다. 이 순서에 따라 각 저서들의 구조와 주요사상을 약술하겠다.

1) 『철학 12강』

무극은 1948년 바젤 방송국의 요청으로 12회에 걸쳐 행한 방송 강연을 모아 책[96]으로 출판된 야스퍼스(Karl Jaspers, 1883~1969)의 『철학입문』(Einfhrung in die Philosophie, 1948)에 대해서 그의 사상을 핵심만 쉽게 간추려 놓은 점에서 매우 가치 있는 책이다라고 평가했다.

『철학 12강』(What is Philosophy, 2005)은 무극이 야스퍼스처럼 KBS 3TV의 요

95) Ibid., p.50.
96) Ibid., p.349.

청으로 12회에 걸쳐 방송 강연을 한 것을 출판한 것이다. 무극은 『철학 12강』의 서문에서 이 책의 철학적, 신학적, 사상적 관점은 나 개인의 관찰과 생각의 결과이다라고 밝힌다.[97] 이것이 이 책의 의의이다. 그의 관점이란 한마디로 말하면 삶의 철학이다.[98] 그는 삶을 거시적 관점에서 파악하여 삶이 구현된 형상을 문화로 간주하며,[99] 삶과 문화는 동질동본(同質同本)이라고 본다.[100] 『철학 12강』의 목차는 1강 철학이란 무엇인가, 2강 삶과 철학, 3강 실존과 철학, 4강 인간이란 무엇인가, 5강 문화와 역사, 6강 교육과 철학, 7강 종교와 철학, 8강 사회와 사상, 9강 인간과 예술, 10강 과학과 철학, 11강 문명과 기술, 12강 철학의 미래이다.

무극은 철학의 기본형식은 천(天), 지(地), 인(人), 진(眞), 선(善), 미(美), 이(理), 기(氣) 의 8가지 인식대상들과[101] 지성(知性), 정서(情緒), 의지(意地), 지각(知覺), 표상(表象), 판단(判斷), 이해(理解)[102]의 7가지 인식방법의 조합으로 형성된 56가지 뿐이라고 보며,[103] 철학의 궁극적 관심은 삶[104]이라고 규정한다.[105] 철학의 영역은 자연(고대철학), 신(중세철학), 인간(근 · 현대철학)이다.[106] 무극은 인간의 삶이라는 하나의 유기체를 시간적으로 형식화한 것이 역사이고, 공간적으로 형식화한 것이 문화이다. 문화는 역사의 실체이고 역사는 문화의 표현 이라고 본다.[107] 무극은 교육학은 철학에 의존하면 할수록 교육학의 학문성은 재고된다는 점과,[108] 사회란 나들(Ichs)로 구성된 점과,[109] 예술이란 종교와 마찬가지로 인간의 삶의 형식이며

97) 한숭홍, 『철학 12강』, p.5.

98) Ibid.

99) Ibid., p.6.

100) Ibid.

101) Ibid., p.21.

102) Ibid.

103) Ibid., p.29.

104) Ibid., p.35.

105) 한숭홍과 틸리히의 철학비교 틸리히의 철학은 이성과 계시의 상관관계에서 작용하는, 단색(monotone)의 형태를 띤 사유행위일 뿐이다. 그 반면에 무극의 철학은 56가지로 1차 분류되고, 그 각각은 수십 가지로 다시 분류되며 계속 새로운 철학의 종(species)을 형성해 가는 매우 광범위하고 다양한 사유행위이다.

106) 한숭홍, 『철학 12강』, pp.30~31, p.266.

107) Ibid., p.113.

108) Ibid., p.139.

삶이 창조적이고 절대적인 한 예술 역시 창조적이고 절대적이고, 삶의 체험-표현-이해라는 해석학적 순환성과 '삶=문화, 문화=삶' 이라는 하나의 삶의 철학적 궤적 속에서 예술을 이해하는 한 예술은 철학이며, 문화의 딸일 뿐이다라는 점과[110] 과학은 실재의 철학 이라는 점을 강조한다.[111] 뿐만 아니라 그는 과학기술의 시대인 21세기에는 삶의 형식을 새로운 시대성에 맞추어 구조할 수 있는 틀을 제공해 줄 수 있는 철학이 요청된다고 역설한다.[112] 무극은 이 새로운 기술로 파생되는 것 중에 가장 영향력 있는 것을 사이버(Cyber)로 파악하며, 이에 대한 대응책으로 神土不二神學에서 사이버 공간(cyberspace)을 토(土)의 범주에서 다룬다.[113]

2)『존재와 의식』

『존재와 의식』(Being and Consciousness, 1989)의 부제는 현대사상의 철학적 기초(Philosophical Foundations for Contemporary Thought)이다. 이 책의 목차는 1장 새로운 철학방법 서설, 2장 인간의 조건, 3장 자유의 정의, 4장 이데올로기의 기초이론, 5장 이데올로기와 국제이해, 6장 막스 호르크하이머와 그의 철학, 7장 에리히 프롬과 그의 마르크스상, 8장 사회와 사상, 9장 기독교 사관과 유물사관, 10장 변증법적 유물론과 유물사관, 11장 통일교육론이다.

목차만 보아도 알 수 있듯이 이 책은 사회철학적 요소를 많이 담고 있다. 이것은 무극이 성장하며 겪었던 사회문화적 배경이 그대로 반영된 책이다. 무극은 이데올로기 문제로 인하여 어린 시절에 월남 했으며, 독일로 유학을 갔을 때는 이데올로기로 분단된 서독에서 공부를 했다. 그는 스탈린의 대숙청, 히틀러의 유대인 학살, 중공의 문화혁명을 이데올로기의 놀음이며,[114] 20세기 시대 정신은 이념에 관한 이해와 해석의 문제로 말미암아 이념대립으로 인하여 크게 양분되었다고 보았다.[115]

109) Ibid., p.187.
110) Ibid., p.209.
111) Ibid., p.235.
112) Ibid., p.257.
113) 한숭홍,『신학이란 무엇인가?』, pp.259 295.
114) 한숭홍,『존재와 의식』, p.81.
115) 한숭홍,『기독교 교육철학 사상』, p.109.

1942년생으로 이데올로기의 실상을 목도했던 무극은 자연히 이데올로기의 문제인 민주주의와 사회주의, 기독교사관과 유물사관에 대해서 관심을 가지게 되었다. 말하자면 6 · 25 전쟁과 동서 냉전 시대에 청소년기를 보낸 무극은 비교적 일찍 사회철학이면서도 역사철학인 인생의 궁극적 문제에 관심을 갖기 시작한 것이다. 이 문제를 풀기 위해 그는 종교사회주의자였던 틸리히의 역사철학에 대해 관심을 갖고 연구를 하여 석사학위를 받았다.[116)]

왜 무극은 6장에서 호르크하이머를 다루었는가? 1차적으로는 무극의 신학형성에 지대한 영향을 주었던 틸리히 때문에 관심을 갖게 되었을 것이다.[117)] 틸리히는 프랑크푸르크 대학의 철학과 사회학 교수로 있을 때 호르크하이머와 교분을 나누었다.[118)] 특히 이곳에서 비판이론을 발표한 호르크하이머와의 교분은 그 후 그에게 사회사상 및 사회철학의 이해에 새로운 시각을 열어 주었다. 틸리히와 호르카이머는 일생동안 서로 깊이 신뢰하는 동료로 지냈다.[119)] 나치의 박해를 피해 미국으로 건너와서도 이들의 관계는 지속되었다.[120)] 6장에서 무극은 호르크하이머가 이론과 실천의 조화를 중시하며, 철학의 사회적 기능을 강조한 점에 대하여 높이 평가했다.[121)]

---

116) 한숭홍의 틸리히의 종교사회주의 비판: 한숭홍은 틸리히가 신율문화의 표본으로 유형화하였던 종교사회주의에 대해서 신율문화란 이상적인 문화형식에 불과하다고 비판한다. 더 나아가 한숭홍은 틸리히를 비롯한 당시의 종교사회주의자들에 대해서 평하기를 이들은 사회구원이 이미 예수 그리스도로 말미암아 시작되었고 역사적으로 실현된 사실을 알지 못하였다고 비판한다. 더불어 한숭홍은 틸리히의 문화론의 한계점은 기독교처럼 계시종교가 아닌, 율법 종교나 자연종교를 가진 종족들의 종교와 문화와의 관계설정에서는 설득력이 없다는 것을 지적한다. 한숭홍, 『신학이란 무엇인가?』, p.276, p.304. 한숭홍, 『존재와 의식』, p.202.

117) 한숭홍과 틸리히 무극이 사회철학에 많은 관심을 가지게 된 보다 근본적인 이유는 그의 삶에서부터 형성된 질문 때문이다. 더불어 무극이 틸리히에 대한 많은 연구를 하였다고 하여 무극을 '제2의 틸리히' 정도로 평가할 수는 없다. 무극의 神土不二 神學은 틸리히와 여러 면에서 다르다. ① 틸리히의 카이로스(kairos) 개념은 시간의 차원만을 다룬다면, 한숭홍의 무극(無極) 개념은 시간과 공간의 차원을 다룬다. 왜냐하면 흙은 시간 개념과 공간 개념을 공유한 실체이기 때문이다. ② 틸리히의 방법론은 이성과 계시의 상관관계인 반면, 무극의 방법론은 하나님과 땅의 상관관계이다. ③ 종교와 문화와의 관계에서 틸리히는 종교를 문화의 뿌리로 보지만, 무극은 문화를 철학과 종교, 사회와 사상, 과학과 기술, 또는 예술과 교육 등에 이르기까지 인간의 삶의 제 현상들을 모두 포괄하는 류(Genus) 개념으로 본다.

118) 한숭홍, 『철학적 신학』, p.200.

119) Ibid., p.200.

120) Ibid., p.201.

무극은 7장에서 왜 에리히 프롬을 다루었는가? 호르크하이머와의 관계 때문이다. 에리히 프롬은 1929년부터 1932년까지 막스 호르크하이머가 주재하던 「사회과학 연구소」에서 연구생활을 하며 동시에 「푸랑크푸르트 정신분석 연구소」에서 강의와 학문탐구를 하였다.[122] 에리히 프롬은 나치의 박해를 비해 미국으로 왔을 때 막스 호르크하이머의 도움으로 1935년에서 1939년에 이르기까지 컬럼비아 대학교 객원교수로 있으며 호르크하이머가 개설한 부설 사회과학연구소에서 연구와 강의를 하였다.[123] 7장에서 무극은 프롬이 마르크스의 사상을 심하게 왜곡한다고 비판했다.[124]

틸리히(P. Tillich)는 사랑, 힘, 정의를, 브룬너(E. Brunner)는 자유를, 니그렌(A. Nygren)은 사랑을 중심으로 기독교를 이해하려 한 반면,[125] 무극은 9장에서 사랑과 자유를 기독교 사관의 모티브로 본다.[126] 그는 프롬이 마르크스 사상을 왜곡했던 우(愚)를 범하지 않기 위해 유물사관에 대한 원전들을 근거로 하여 해석한 후, 이 사관에서 인간이 벌이나 개미와 다를 바 없는 노동 동물로 전락하게 될 뿐이라고 비판했다.[127] 같은 맥락에서 무극은 이념신학에 대한 비판도 했는데, 그에 의하면 이념신학이란 기독교의 본질을 마르크스주의적으로 해석하려는 유물변증법적 사회철학의 한 유형이므로,[128] 구속신학을 대치하는 이념신학은 성경의 생활화로 단호하게 거부되어야 한다고 역설한다.[129]

본서의 핵심인 존재와 의식이란 질료의 철학과 형상의 철학에 관한 문제로서 인간이 의식을 결정하는가 혹은 의식이 인간을 결정하는가라는 세계관의 문제이다.[130] 무극은 의식이 인간을 변화시킨다는 입장을 취하고 있다.[131]

---

121) 한숭홍, 『존재와 의식』, p.99.
122) Ibid., p.118.
123) Ibid., p.119.
124) Ibid., p.124.
125) Ibid., p.204.
126) Ibid., pp.204~208.
127) Ibid., p.238.
128) 한숭홍, "理念神學은 神學일수 없어," 『장로회보』(1987.1.5), p.4.
129) Ibid.
130) 한숭홍, 『존재와 의식』, p.251.
131) Ibid., p.270.

3)『문화종교학』

『문화종교학: 종교학파와 방법론을 중심으로』(1987, 1993)는 종교학 입문서로 크게 2부로 구성되어 있다. 제1부에서는 종교란 무엇인가?라는 질문에 대한 대답으로 인간의 종교성을 여러 이론과 주장에 따라 서술하였고, 제2부에서는 종교는 어떻게 이해되는가?라는 질문에 대한 대답으로 인간의 종교적 체험이 어떻게 상징화되는가 하는 점을 종교현상학적 방법으로 서술하였다.[132] 이 책의 제2부는 현상에 대한 본질 직관의 방법으로 종교적 현상들을 규정하기 위하여 성스러운 본질이 세속적인 데서 현현되는 것과 세속적인 본질이 성스러운 것으로 상징화되는 성(sacred)과 속(secular)의 변증법적 관계를 규명하고 있다.[133]

무극의 종교학 이해의 사상적 배경은 슐라이어마허, 루돌프 오토, 멀치아 엘리아데이다.[134] 하지만 무극의 성(the Sacred) 개념은 슐라이어마허의 절대의존의 감정(das schlechthinige Abhngigkeitsgefhl), 오토의 성스러움(das Heilige), 엘리아데의 성(the Sacred)과 속(the Profane)과는 다르다. 특히 무극에게 있어서 성은 속을 포함하는 대개념이지만, 엘리아데에게 있어서 성은 속과 분리되는 개념이므로 이 둘은 구분되어야 한다. 이런 맥락에서『문화종교학』의 영어 제목은「The Sacred in Religion and Culture」(종교와 문화에서의 성스러운 것)이다.

왜 무극은 이 책의 이름을 '종교문화학' 이라고 하지 않고 '문화종교학' 이라고 하였는가? 이는 그의 문화신학으로부터 기인한다. 무극의 문화신학은 틸리히와 정반대이다. 틸리히는 종교는 문화의 실체요 문화는 종교의 형식이다(Religion is the substance of culture and culture the form of religion) 라고 역설하지만, 무극은 문화는 종교의 뿌리요 종교는 문화의 열매다(Culture is the root of religion and religion the fruit of culture) 라고 주장한다.[135] 틸리히는 문화를 종교의 형식에 불과한 종(Species) 개념으로 규정하지만, 무극은 문화야말로 종교, 사회, 사상, 과학과 기술, 또는 예술과 교육 등에 이르기까지 인간의 삶의 제 현상들을 모두 포괄

132) 한숭홍,『문화종교학』, p.27.
133) Ibid., p.27.
134) 한숭홍,『철학 12강』, p.16.
135) 한숭홍,『신학이란 무엇인가?』, p.5.

하는 속(Genus) 개념으로 사용한다.[136] 즉, 무극에게 있어서 문화는 종교도 포괄하는 포괄적 개념이기 때문에 『문화종교학』(文化宗教學)이다.

21세기 기독교는 문화 다원주의에 직면할 것이다.[137] 다원주의란 다양한 사람들에 대한 이해이다.[138] 예수 또한 무엇이든지 남에게 대접을 받고자 하는 대로 너희도 남을 대접하라(마 7:12)고 가르쳤다. 이런 맥락에서 무극은 모든 종교는 문화화된 것이라는 점에서 동일하기 때문에 타종교의 종교성도 존중해 주어야 한다고 본다.[139] 물론 다른 종교를 인정한다고 타종교의 구원관을 인정하자는 것은 아니다.[140] 무극은 21세기의 다원주의 사회와 문화에서 사역을 해야 하는 교회지도자는 타종교의 문화적 성격 정도는 넓은 가슴으로 안아줄 수 있는 포용력을 가져야 한다고 본다.[141] 그럼에도 불구하고 그가 종교상대주의로 빠지지 않은 것은 그를 형성시켜준 장로교 신앙 때문이다.[142] 그는 자신의 신학을 복음적, 개혁주의적, 에큐메니칼 이라고 선언하며,[143] 개혁전통에 선 복음주의 신학[144]이라고 규정한다.

4) 『기독교 교육철학 사상』

『기독교 교육철학 사상』(Philosophy for Christian Education, 1991, 2002)은 삼원일체 학문이므로 신학, 교육학, 철학에 관한 종합적 이해와 각각의 원리에 관한 개체적 이해를 독자들에게 요구하기에 세 학문 가운데 어느 한 학문에 관해서라도 이해가 부족하다면 궁극적으로는 기독교 교육철학 자체를 이해할 수 없게 되는 무극의 독특한 합(合)의 신학 형태의 작품이다.[145] 기독교 교육철학은 신학이면서도 신학만은 아니고, 교육학 이면서도 교육학만은 아니고, 철학이면서 철학만은 아닌

136) Ibid., p.5.
137) Ibid., p.178.
138) 박준수 엮음, 『무극 한숭홍』, p.43.
139) 한숭홍, 『신학이란 무엇인가?』, p.33.
140) 박준수 엮음, 『무극 한숭홍』, p.43.
141) 한숭홍, 『신학이란 무엇인가?』, p.179.; 박준수 엮음, 『무극 한숭홍』, p.43.
142) 한숭홍, 『철학적 신학』, p.189.
143) 한숭홍, 『기독교 교육철학 사상』, p.8.
144) 한숭홍, 『한국신학사상의 흐름』, 하권, p.578.
145) 한숭홍, 『기독교 교육철학 사상』, p.4.

정?반(正?反)을 넘어선 합(Synthese)이다.[146] 신학적으로 삼위일체 하나님이 삼위의 섞임이나 혼합이 아니고 하나님의 인격체인 것과 같이 세 학문의 종합체로서의 기독교 교육철학은 완전한 한 실체이며, 한 학문이다.[147]

『기독교 교육철학 사상』의 목차는 제1편 교육학과 철학, 제2편 기독교 교육과 신앙공동체, 제3편 철학과 사상으로서의 기독교 교육학, 제4편 기독교 교육철학의 과학이론적 구조이다. 이 책은 방법론 면에서 과학철학, 현상학, 해석학이 모두 사용 되어진 매우 분석적이고 체계적인 작품이다.

무극은 기독교 교육은 그리스도인화 하는 종교적 신념발달의 과정을 취급하는 학문인 반면,[148] 기독교 교육철학은 인간의 그리스도인화 과정에서 신념발달, 기독교 교과과정, 기독교 교육원리 등과 같은 문제들을 분석-해석-이해-규정하는 학문이라고 규정한다.[149]

과학구조적 측면에서 신학의 대상은 신, 인간, 그리스도, 세계이며, 교육학의 방법은 만남, 의식화함, 도야함, 만듦이며, 철학의 기능은 앎, 개방함, 공존함, 행함이다. 이것이 신학-교육학-철학의 학문내용과 형식들이다. 신학, 교육학, 철학의 내용, 방법, 기능을 네 가지로 제한하여 볼 때, 가능한 기독교 교육철학은 64가지이다.[150]

신학적 인간학은 루돌프 오토의 개념을 빌린다면 누미노제, 즉 성성(聖性)을 가진 본질로서의 인간(homo religiosus)이 초월자와 어떻게 관계하고 있는가 하는 점을 중심 관심사로 갖고 그런 관점에서부터 인간과 제 현상들을 연결시켜 가면서 인간을 이해하는 학문이다. 엄밀히 말해서, 신학적 인간론은 인간에 관한 조직신학적 혹은 성서적 인간이해이고 신학적 인간학은 인간에 관한 철학적 신학의 인간이해이다.[152] 무극은 인간의 본래성이란 하나님의 형상이라고 본다.[153] 그래서 무극은 훌륭한 기독교 교육은 하나님의 형상으로 인간을 만드는 것[154]이라고 주장한다.

---

146) 한숭홍, "한국교회의 분열과 신학적 논쟁," p.555.
147) 한숭홍, 『기독교 교육철학 사상』, p.292.
148) Ibid., p.375.
149) Ibid., p.375.
150) Ibid., p.294.
151) Ibid., p.293.
152) Ibid., p.379.
153) Ibid., p.381.

신학	신 (Gott), 창세기
	인간 (Mensh) = Imago Dei, 신학적 인간학
	그리스도 (Christus), 카이로스
	세계 (Welt), 문화신학 (문화, 사회)
교육학	만남 (Begegnen), 「Ich – Du」, Buber
	의식화함 (Bewußtseinwerden), P. Freire
	도야함 (Bilden), Bollnow
	만듦 (Machen), 정치교육, 이념교육
철학	앎 (Wissen) → 이론 (규범과학자들, 경험과학자들)
	개방성 (Offenheit), M. Scheler
	공존 (Mitsein) = Mitleben
	행함 (Tun) → 실천, Dewey, Wittgenstein, Horkheimer와 프랑크푸르트 학파 철학

[도표 4] 신학-교육학-철학의 학문내용과 형식들[151)]

인간의 인간화란 그의 원형인 하나님의 형상으로 환원하는 것이다.[155)] 기독교 교육 철학적 측면에서의 인간화란 신학, 교육학, 철학이라는 세 원리의 방법들에 의해서 인간화가 설명되고 이론화 되어야 하는 것이다.[156)]

2. 神土不二 神學을 위한 조직, 구조 및 방법론적 저서들

神土不二 神學을 위한 조직, 구조 및 방법론적 저서들은 『철학적 신학』(2006), 『무교회주의』(1991), 『한경직의 생애와 사상』(1993), 『한국신학사상의 흐름』(1996)이다. 『철학적 신학』은 서양 신학자들의 생애와 사상에 관한 것인 반면, 『무교회주의』, 『한경직의 생애와 사상』, 『한국신학사상의 흐름』은 한국 신학자들의 생애와 사상을 다룬 것이다. 『철학적 신학』(2006)은 이 중에서 가장 늦게 출판 되었지만,

154) Ibid., p.335.

155) Ibid., p.388.

156) Ibid.

157) Ibid., p.389.

학문영역 / 인간화 과정	기독교 교육철학		
	신학	교육학	철학
인간화의 대상	피조된 인간 (원죄)	자연인 (미성숙)	사유하는 존재 (이성적 본질)
인간화의 방법	신학화 (theologisieren)	교육화 (erziehen)	철학화 (philosophieren)
인간화의 내용	그리스도 인간 (homo Christianus)	교육인간 (homo educandus)	철학인간 (homo philosophicus)
인간화의 목적	하나님의 형상을 회복한 인간이 됨	문화화 된 인간이 됨	진선미 지향의 인간이 됨

[도표 5] 기독교 교육철학의 학문 영역과 인간화 과정[157]

책을 구성하는 논문들의 대부분은 『한국신학사상의 흐름』 보다 먼저 쓰여졌다. 그래서 『철학적 신학』에서 자주 등장하는 학자들은 『한국신학사상의 흐름』에서 나오는 학자들의 사상적 배경으로 자주 언급된다.

『무교회주의』는 후에 『한국신학사상의 흐름』(하권)에 포함되어 출판되었기에 무교회주의에 관한 내용은 『한국신학사상의 흐름』에서 다루겠다. 무극은 장로교(통합)의 신학노선이 한경직 목사의 제3의 신학에서 정초되고 정립되고 수용 발전[158]되었다고 판단하고서 한경직 목사를 『한국신학사상의 흐름』보다 먼저 다루어서 출판하였다. 그러므로 『한경직의 생애와 사상』은 장로교(통합)을 다룬 『한국신학사상의 흐름』 제3권이라고 보고서 가장 먼저 『철학적 신학』을 다루고 나서 『한국신학사상의 흐름』을 살펴본 다음, 마지막으로 『한경직의 생애와 사상』을 정리평가하겠다.

1) 『철학적 신학』

왜 『철학적 신학』이 神土不二 神學인가? 무극은 그의 저서 서문에서 철학적 신학이 神土不二 神學이라는 점을 시로써 표현한다.

---

158) 한숭홍, 『한경직의 생애와 사상』 (서울: 장신대 출판부, 1993), p.92.

철학적 신학은
문화적 관점에서 정립하면 문화신학이요
성서적 관점에서 정립하면 신토(神土)신학이다.
신학은 신이 땅에 역사(役事)하는 하향적 행위(Agape)이며,
땅의 흙인 인간이 신에게로 접근하는 상향적 행위(Eros)이다.
그래서 神土不二 신학을 신학의 원형이라 하지 않은가.[159]

무극은 철학의 신학적 행위를 못마땅하게 여기는 바울에서부터 바르트에 이르는[160] 테르툴리아누스(Tertulliamus)주의자들을 염두하며 아우구스티누스로부터 틸리히[161] 까지의 철학적 신학은 사상적 기능에서 보면 정통이론(Orthotheorie)이고, 사회적 기능에서 보면 정통실천(Orthopraxis)[162]이라는 점을 명확히 피력했다. 이로써 그는 철학적 신학의 당위성을 역설한 것이다.

철학적 신학이란 무엇인가? 철학적 신학은 신학의 대상인 신에 관한 진술에 순수 철학적 방법론으로 접근하는 것이다.[163] 즉, 철학적 신학은 인격적 신을 존재론적으로 설명하며 그 실재성을 제시하는 데 학문의 목적을 두고 있다.[164] 철학적 신학자들은 신에 대해 존재론적 접근방법을 사용하여 신의 존재를 설명하려 하는 데 반해, 교의학자들은 신앙적 접근방법을 통해 신의 존재를 설명하려 하기에 신 이해가 달라진다. 이는 결코 신에 대한 근원적 경험의 차이가 아니라,[165] 단지 서로 다른 관찰방식에 따른 것이다.[166] 바로 이런 맥락에서 무극은 철학적 신학은 신학이며 동시에 철학이라고 규정하는 것이다.[167]

『철학적 신학』의 목차는 제1부 철학적 신학이란 무엇인가?, 제2부 철학적 신학의 원리와 구조, 제3부 철학, 신학 그리고 철학적 신학이다. 1부에서는 철학적 신학

159) 한숭홍, 『철학적 신학』 (서울: 장신대 출판부, 2006), p.6.
160) Ibid., p.12.
161) Ibid., p.6.
162) Ibid.
163) Ibid., p.18.
164) Ibid., p.17.
165) Ibid., p.18.
166) Ibid., p.19.
167) Ibid.

의 본질규정을 다루고 나서, 2부에서 무극의 철학적 신학에 깊은 영향을 준 슐라이어마허, 니체, 루돌프 오토, 틸리히, 맥쿼리, 니그렌을 집중적으로 다뤘다. 더불어 실존철학과 관련하여 아우구스티누스의 시간관도 다룬다. 3부에서는 무극의 철학적 신학에서 중요한 역할들을 하는 데카르트, 스피노자, 라이프니츠, 칸트, 슐라이어마허, 니체, 하이데거, 야스퍼스, 프크트, 요아힘 바흐, 틸리히, 맥쿼리, 발터 슐츠 등의 중요개념이나 저서들을 생애와 함께 간략하게 다뤘다.

『철학적 신학』에서 중요하게 다루어지는 이들의 대부분은 틸리히에게 직·간접적으로 영향을 준 학자들이다. 슐라이어마허, 니체, 오토, 하이데거, 야스퍼스는 틸리히가 그의 신학을 형성하는 데 큰 영향을 준 학자들이다. 맥쿼리는 영국의 틸리히라고 불리는 학자다.[168] 이들은 특히 무극의 철학적 신학을 형성하는 데에도 영향을 주었다. 니그렌으로부터 사랑 개념을 전수 받은 무극은 틸리히에게 영향을 주었던 슐라이어마허의 절대의존 감정을 해석하는 데 사용했다.[169] 이를 고려할 때 무극은 대체적으로 19~20세기 사상가들로부터 영향을 받아 그의 사상을 형성하였다는 것을 알 수 있다. 그러나 무극은 이들의 사상을 흡수하는 데에 안주하지 않고, 이들을 넘어서 자신의 신학인 神土不二 神學을 정립해 가고 있다.

무극은 『철학적 신학』을 통하여 서양의 방법론(正)과 『한국신학사상의 흐름』에서 알 수 있듯이 한국의 역사와 문화(反)에 대한 탐구를 통하여 합(合)의 신학인 神土不二 神學을 창출한 것이다.

2) 『한국신학사상의 흐름』

『한국신학사상의 흐름』(History of Korean Theological Thought, 1996)은 기독교와 문화의 상관관계성[170], 다시 말해 하나님(神)과 토(土)의 관점에서 집필된 것이다.

'우리의 신학은 무엇인가?' 라는 본질의 문제와 '우리의 신학을 어떻게 형성할 것인가'라는 방법의 문제[171]정립하기 위해 한국신학사상사에 독창적인 신학을 남긴

168) Ibid., p.372.
169) 한숭홍, 『철학적 신학』, p.81.
170) 한숭홍, 『한국신학사상의 흐름』, 상권, p.30.

인물들을 인물을 소설화하거나 신화화 하지 않고 유형화해 가며,[172] 그들의 광범위한 이론들과 경향들을 상세히 분석-해석-평가 하여 서술한 저서이며,[173] '선교사의 사관'을 탈피하여 '민족사관'에서 한국신학을 역사적 탐구한 결과물이 바로 상?하권을 합쳐서 1253페이지에 달하는 『한국신학사상의 흐름』이다.

제1편 한국신학사상 서설에서는 연구방법론과 한국근대사를 다루며, 제2편 문화와 신학에서는 아펜젤러 · 최병헌 · 정경옥 · 양주삼 · 홍현설 · 윤성범 · 유동식 · 변선환[174]으로 이어지는 감리교의 종교상대주의 신학[175]에 대해서 중점적으로 다뤘다. 제3편 사회와 신학에서는 기독교와 사회문제를 신학의 중심주제[176]로 한 송창근, 김재준, 김정준, 서남동을 다룬다. 이들은 민중신학으로 꽃을 피운 기장신학 계통의 신학자[177]이다. 제4편 성서와 신학에서는 장로교 신학자인 남궁혁, 박형룡, 박윤신을 다뤘다. 제5편 신학이해의 다양성에서는 이용도, 무교회주의(김교신, 함석헌 등), 최태용, 심웅소, 정현경을 다뤘다. 무극은 정현경의 초혼신학을 농경사회에서의 대표적인 종교 형태인 지모신 신학(地母神 神學)이며, 물활론과 샤머니즘이 혼합된 종교신학정도로 단정했다.[178] 제6편 한국신학 사상계보 계관에서는 초기 선교사들의 신학과 한국신학사상사를 계보별로 분류하여 제시한다. 여기서 무극은 본인의 신학 노선을 개혁전통에 선 복음주의 신학이라고 규정했다.[179]

3) 『한경직의 생애와 사상』

무극은 『한경직의 생애와 사상』(1993)에서 神土不二 신학의 관점에서 먼저 한경직의 고향인 서북지방(土)의 정서를 먼저 서술한 후 그의 삶과 사상에 극적인 전환점이 된 신(神)과의 만남 과정을 그려나갔다. 무극은 한경직을 사람을 잘 봉사(사

171) Ibid., p.4
172) 한숭홍, 『한경직의 생애와 사상』 (서울: 장신대 출판부, 1993), p.13.
173) Ibid.
174) 한숭홍, 『한국신학사상의 흐름』, 하권, p.581.
175) 한숭홍, 『한국신학사상의 흐름』, 상권, p.3.
176) 한숭홍, 『한국신학사상의 흐름』, 하권, p.3.
177) Ibid., p.580.
178) Ibid., p.500.
179) Ibid., p.578.

랑)함이 하나님을 잘 봉사(경배) 하는 것이라는 경천애인(敬天愛人) 사상과[180] 정교분리 원칙[181]을 가지고 한국 기독교 1세기와 함께 아모스가 아닌 호세아로서 동행[182]하며 합의 신학[183], 중용의 신학[184], 실천 신학[185]을 한 인물로 평가한다. 무극은 한경직에 대해서 니체의 초인[186](bermensch)과 같은 가장 이상적인 인물로 서술하고 평가한다.

3. 神土不二 神學을 위한 본론적 저서

1) 신학이란 무엇인가

『신학이란 무엇인가: 神土不二 신학의 이론적 기초』(2003)의 목차는 제1편 하나님과 땅, 제2편 삶의 자리와 기독교, 제3편 사이버 문화와 신학이다. 神土不二 神學에 대한 원론은 1편에 집중되어 있다.

제1편 하나님과 땅에서는 神土不二 神學의 기초가 되는 한국인의 정체성과 신학에 대한 본질 규정을 다룬다. 그는 타율주의(他律主義), 강한 종교성, 현주주의자, 숭문사상(崇文思想), 한의 문화, 여성문화, 개인주의, 문화의식 결핍, 자연보존 민족이 한국인의 특징이라고 규정했다.[187] 무극은 신학이란 도상(途上)의 학문, 개체적, 보편적, 비판적, 삶에 관한 학문, 형상적 학문, 개혁적, 그리스도를 한국화하는 신앙 과정론, 포용적 이라고 규정했다.[188]

神土不二 神學(theology of thegeonomy, Theologie der Theonomie)이란 복음과 문화의 상관관계에 관한 신학이며[189] 신토불이 신학의 구조는 하나님과 땅의 불이

---

180) 한숭홍, 『한경직의 생애와 사상』, p.223.
181) Ibid., p.223.
182) Ibid., p.219.
183) Ibid., p.222
184) Ibid., p.223
185) Ibid., p.221
186) Ibid., p.193.
187) 한숭홍, 『신학이란 무엇인가?』, pp.15~24.
188) Ibid., pp.37~49 passim.
189) Ibid., p.108.

관계(the nondualistic nexus or correlation between God and earth)가 기저(基底)를 이루고 있는 신학체계 이다.[190] 삶의 자리인 땅은 민족정서를 형성하고, 일정한 땅에 뿌리를 둔 한 민족의 공통된 정서는 그 민족의 독특한 삶의 양식을 형성하며, 거기로부터 문화가 형성되며 문화는 한 민족의 삶의 자리를 형성하게 된다.[191] 그러므로 기독교도 민족정서를 창출하며 규정하는 땅의 위력에서 결코 탈피할 수 없다.[192] 무극은 기독교와 땅의 관계를 교회사 2000년사로 본다.

> 기독교는 애굽과 중근동의 문화적 영향을 받은 유대교를 예수께서 완전케 (마 5:17) 하며 시작되었고, 바울이 3차례나 선교여행(행 13~21장)을 하며 이방문화를, 특히 유럽 문화를 유입하며 변형되었고, 콘스탄티누스 (Constantinus) 황제가 313년 신교자유를 윤허하는 밀라노 칙령(das Toleranzedikt von Mailand)을 공포하면서 급속히 확산되어 가다가 381년 국교로 공인되며 'Pax Romana의 종교', 세계문화가 유입되어 혼합된 로마 문화의 종교로 로마신학자들에 의해 인위적이고 제도적으로 거의 새로운 종교, 좀더 구체적으로 표현하면 정치를 목적으로 하는 듯한, 이데올로기적 양상을 띤 종교로 변모되었으며, 거의 팽창주의적이고 제국주의적 교황권 신봉주의(Papismus)로 절대권위를 주장하며 기독교의 본질 자체를 심하게 일탈해 가다가, 1517년 마르틴 루터(Martin Luther)에 의해 종교개혁이 시작되었으며 또 하나의 새로운 종교로 독자적인 신앙의 길을 가게 되었다. 개신교의 경우 루터와 칼뱅은 여러 면에서 차이를 드러냈으나 특히 성만찬에 대한 견해 차이는 서로 양보할 수 없는 간극을 이루고 있었다. 칼뱅에 의해 주도된 소위 5대 강령인 인간의 완전타락(Total inability), 무조건 예정(Unconditional election), 제한된 속죄(Limited atonement), 불가항적 은총(Irresistible grace), 성도의 견인(Perseverance of the saints)은 장로교의 중심신학으로 장로교 형성의 기초가 되었으며, 제네바에서 발원하여 프랑스 일부와 네덜란드 일부 지역, 루마니아, 체코, 폴란드 등지의 동유럽 일부 지역과, 그리고 스코틀랜드 등지에서 세력을 과시하며 개신교의 양 축의 하나를 점하게 되었다. 1620년 영국에서 신대륙 아메리카로 건너간 청교도들

---

190) 한숭홍, "평양대부흥운동의 神土不二 神學적 구조," p.12.

191) 한숭홍, 『신학이란 무엇인가?』, p.107. 삶의 자리 → 민족정서 → 삶의 양식 → 문화 → 삶의 자리.

192) Ibid.

> 의 신앙은 엄격한 칼뱅주의와 감상주의적 경건주의로 뉴잉글랜드를 중심으로 강력한 경건주의 문화를 창달하는데 공헌했고, 이들의 종교 형식은 구심점이 없었던 개척시대의 미국에서 암묵리에 국가종교처럼 이용되며 독특한 정체성을 형성・기질화하여 '미국=신교(信敎)국가'로 인식하게 하는데 한 몫을 했다. 19세기 말엽의 미국 기독교는 그 정체성에 있어서 감상주의적 보수주의 신앙의 표본이었다.[193)]

교회사 2000년을 보듯이, 神土不二 神學은 복음의 다형변정[194)](多形變晶)을 솔직히 인정하자는 신학이다. 특히 현재 神土不二 神學의 목적은 미국화된 기독교를 극복하고[195)] 그리스도를 한국화 하는 데 있다.[196)] 무극이 구상하는 한국적 신학은 다음과 같다.

> 하나님을 중심으로 한 천・지・인(天地人)의 창조신학(創造神學), 인간의 관점에서 하나님을 해석하려는 진・선・미(眞善美)의 철학적 신학(哲學的 神學), 그리스도가 주체가 되는 길과 진리와 생명의 구속신학(救贖神學) 등이 삼원일체로 엮어진 하나의 신학, 이 신학이 앞으로 한국 기독교가 수용해야 할 한국적 신학이다.[197)]

이것이 바로 무극이 만들어가고 있는 神土不二 神學이다.

---

193) 한숭홍, "한국교회 분열과 신학적 논쟁: 신토불이 신학의 사고지평에서 개진하며," (『연세 신학 학술 심포지움』, 2005), pp.24~25. cf. 한숭홍, 『한국신학사상의 흐름』, 상권, p.29. 한숭홍, 『신학이란 무엇인가?』, p.45.

194) 한숭홍, 『신학이란 무엇인가?』, p.111.

195) Ibid., p.112.

196) Ibid., p.12.

197) 한숭홍, "오늘의 한국 기독교, 무엇이 문제인가?," p.532.

V. 요약 및 평가

무극의 사상체계는 아래와 같이 정리된다.

첫째, 무극의 신학은 다양성·통일성의 순환발전구조이며, 이것을 관통하는 중심 주제는 삶이다. 그의 학문구조는 신학, 철학, 교육학의 삼원일체 학문이며, 그의 학문의 통일성의 결론은 神土不二 神學이다. 무극의 신학 노선은 개혁전통에 선 복음주의 신학이다.

둘째, 무극의 신학방법론은 과학이론, 현상학, 해석학이다. 무극에게 과학이론, 현상학, 해석학은 상호의존적인 방법론이다. 神土不二 神學에서 과학이론은 학문성 정립에 사용되며, 현상학은 구약성서의 전거를 확보하는 데 사용되며, 해석학은 신약성서의 전거를 확보하는 데 사용된다.

셋째, 무극의 사상적 배경은 주로 19~20세기의 현대철학과 현대신학이다. 무극은 ① 아리스토텔레스와 라부스를 통해 학문체계를, ② 슐라이어마허, 루돌프 오토, 멀치아 엘리아데를 통해 종교학에 대한 이해를, ③ 틸리히와 존 매쿼리를 통해 철학적 신학에 대한 통각을, ④ 베르그송, 딜타이, 짐멜, 슈프랑거, 막스 쉘러, 볼노브를 통해 삶의 철학을, ⑤ 슐라이어마허, 키에르케고르, 쇼펜하우어, 루돌프 오토를 통해 감성과 비합리를, ⑥ 하이데거를 통해 실존철학을, ⑦ 호르크하이머를 통해 학문의 실천성을, ⑧ 쉘링, 키에르케고르, 틸리히를 통해 사고의 틀을 그의 사상적 배경으로 삼았다.

넷째, 무극의 저서들은 神土不二 神學을 위한 ① 서론적인 책, ② 방법론과 구조적인 책, ③ 본론인 책으로 구분된다. 무극은 이러한 연구물들 안에서, 그리고 이 바탕 위에서 神土不二 神學을 정립해 가고 있다. 神土不二 神學이란 신학의 원형, 비토착화 신학, 삶의 신학이며, 神土不二 神學의 방법론은 합리와 비합리, 이성과 감성, 우주적 이(宇宙的 理, cosmic principia)와 우주적 기(宇宙的 氣, cosmic energia)이며, 전거는 성서, 교회사, 한국의 역사와 문화이다. 무극은 한국 민족 정서에서 역사를 해석해 내는 민족 사관의 입장을 취한다.

다섯째, 무극의 사상을 구축(構築)하고 있는 주요 주제어들은 삶(Leben), 경계선상(Auf der Grenze), 신학·철학·교육철학의 평행과 수렴의 삼원일체, 문화는 종교의 뿌리요, 종교는 문화의 열매다, 종교성의 본질규정, 도상의 신학, 합의 신학, 민족사관, 한국적 신학, 신토불이 신학(神土不二 神學, theology of the thegeonomy, the nondualistic nexus or correlation between God and earth), 신토율(thegeonomy), 신토체계(thegeosystem)이다.

무극 한숭홍 교수
정년퇴임 기념 논문집

제2부

박동현

임성빈

양금희

윤철호

조용훈

이장형

오현선

Gunther Wenz

이스라엘 역사에서 본 오늘 한국교회의 진정한 부흥*

박 동 현
(장로회신학대 교수, 구약학)

Ⅰ. 들어가는 말

1. 한자말 부흥(復興)의 뜻

'부흥'이라는 낱말을 한글학회에서 1992년에 펴낸『우리말큰사전』에서 찾아보면, "쇠퇴하던 것이 다시 일어나거나 일어나게 함"이라고 풀이되어 있다. 그렇다면 오늘 우리가 한국교회의 부흥을 바란다는 것은 우리 교회가 쇠퇴하고 있음을 전제한다. 한국교회가 차차 줄어지고 약해져서 그전보다 못하게 되었다는 것이며, 따라서 한국교회가 다시 일어나기를 바라는 간절한 마음을 담아 이런 주제를 이번 사경회에 붙인 것이라 하겠다.

2 개역성경에 나오는 부흥: 하박국 3장 2절의 부흥

놀랍게도 개역성경에서 '부흥'이라는 낱말은 단 한 번 하박국 3장 2절 앞부분에 나온다. "여호와여 내가 주께 대한 소문을 듣고 놀랐나이다 여호와여 주는 주의 일

---

* 이 글은 지난 2007년 3월 장로회신학대학교에서 열린 "평양부흥 100주년 기념사경회"의 주제 강연 원고로, 필자의 허락을 받아 편집위원회에서 축약 및 문구를 수정하였음을 밝힌다.

을 이 수년 내에 부흥하게 하옵소서"가 그것이다. 여기서 '부흥하게 하다'로 옮긴 히브리 동사는 '무엇이 다시 살아나게 하다', '되살리다'를 뜻한다. 그렇게 다시 살아나게 할 것, 되살릴 것은 주의 일 곧 여호와 하나님의 일이다. '일'로 옮긴 히브리 낱말은 본디 '행동', '행위'를 뜻한다. 구체적으로는 여호와께서 당신의 백성을 어려움에서 건져내시기 위해 이 인간 세계의 역사에 개입하여 하시는 행동, 행위를 가리킨다. 예언자 하박국은 주전 600년쯤에 북쪽의 크고 힘센 나라 바벨론의 군대가 힘없고 작은 조국 유다를 위협하는 어려운 상황에서 여호와 하나님께 기도했다. 하나님이 그때까지 당신의 백성을 돕기 위해 여러 가지 구원의 사건을 일으키셨듯이 지금도 가까운 시일 안에 그런 구원의 조치를 해 주시기를 바라면서 "여호와여 주는 주의 일을 이 수년 내에 부흥하게 하옵소서"라고 기도한 것이다. 이렇게 보면, 하박국이 곧바로 이스라엘의 부흥을 위해 기도했다고 하기는 힘들어 보인다. 그렇지만 여호와께서 당신의 행위를 되살리셔야 이스라엘이 위기에서 벗어나 되살아날 수 있으므로, "여호와의 행위를 되살리소서"라는 이 기도야말로 참으로 이스라엘을 되살리는 기도, 이스라엘의 부흥을 위한 기도라 할 수 있다.

오늘 우리도 우리가 속한 한국교회의 진정한 부흥을 바란다면 너무 성급하게 "하나님, 저희 한국교회를 부흥시켜 주옵소서"라고 기도할 일이 아니다. 한국교회의 부흥을 우리가 하나님께 강요할 수는 없는 것이다. 그보다는 "하나님, 지금까지 한국교회를 살리시려고 여러 가지로 놀라운 행동을 하셨듯이 지금 그러한 당신의 행동을, 행위를 되살리소서"라고 기도하는 것이 더 낫지 않겠는가? 이처럼 부흥을 바라는 하박국의 기도에서 우리는, 한국교회의 부흥은 오로지 하나님께 달린 것임을, 하나님이 은혜를 베풀어주셔야만 우리 한국교회가 되살아날 수 있다는 너무나 마땅한 사실을 깨닫는다.

평양 부흥 100주년인 올해 우리 남한 교회 안의 움직임을 보고 있노라면 1995년이 생각난다. 1980년대 후반부터 우리 교계 일부에서는 1995년을 평화통일희년으로 선포하고 여러 가지 행사를 준비해 왔다. 해방 후 50주년이 되는 1995년에는 반드시 통일을 향한 큰 진전이 있기를 바랐던 것이다. 그렇지만 정작 1995년 그 해에 아무 일도 일어나지 않았다. 그 뒤로는 아무 일도 없었다는 듯이 조용해져 버렸고, 물론 교회 안에서 통일 논의하는 일을 보기가 매우 힘들어졌다.

우리 자신을 비롯하여 지금 남한의 그리스도인들과 교회들은 평양 대부흥 100주년을 맞이하여 올해 안에 무슨 큰일을 이루어내어야 한다는 강박감에 사로잡혀 있는 듯이 보인다. 물론 100주년이 중요한 해이기는 하지만, 그렇다고 해서 이 100주년에 반드시 무엇을 해 주시도록 우리가 하나님을 강요할 수는 없지 않겠는가? 하나님이 당신의 행위를 되살리실 때가 2007년이 아니라 2008년일 수도 있고 2013년일 수도 있다. 그런 만큼 우리로서는 올해도 언제나 그랬듯이 하루하루, 한 달 한 달을 소중하게 생각하며 최선을 다해 살아가며 하나님의 때를 기다리면 되지 않을까? 2007년에 아무 일이 일어나지 않더라도 그것 때문에 실망하거나 좌절할 필요는 없지 않을까?

3. 구약의 이스라엘과 오늘의 한국교회

이스라엘과 관련되는 구약의 내용은 오늘 우리 한국교회에 적용할 수 있다. 옛 이스라엘이 여호와 하나님의 백성이었듯이, 오늘 한국교회도 하나님의 백성인 것이다. 이스라엘이 옛 언약의 백성이었다면, 교회는 새 언약 백성의 모임이며, 한국교회는 그 새 언약 백성의 한 부분이다.

4. 구약의 이스라엘이 부흥한 적이 있었는가?

이스라엘은 다윗과 솔로몬 시대에 가장 융성했다. 그런데 그 시대는 이스라엘 통일왕국이 제대로 꼴을 갖추게 된 시대이다. 한 나라의 부흥이란 융성하던 나라가 쇠퇴해지다가 다시 일어서게 되는 것을 말한다. 솔로몬 시대가 끝난 뒤에 이스라엘은 남북왕국의 둘로 나누어짐으로써 구약 하나님 백성의 나라는 약해지기 시작한다. 한 나라가 둘로 나누어졌으니 나누어진 각 나라가 아무리 부흥한들 통일왕국 시절의 세력을 되살릴 수는 없었다. 다만 북왕국의 경우에는 주전 8세기 중엽의 여로보암 2세 때가, 남왕국의 경우에는 주전 7세기 후반의 요시야 때가 어느 정도 부흥한 시대라 할 수 있다. 41년이라는 긴 세월에 걸쳐 사마리아에서 북왕국을 다스렸던 여로보암 2세는 북으로는 시리아 지역의 중심 성읍 가운데 하나였던 하맛

어귀에서부터 남쪽으로는 사해에 이르기까지 통치 영역을 넓혔다. 또 이 때 나라 안의 경제도 크게 발전한 것으로 보인다. 그런데 바로 이렇게 나라가 부흥한 때에 내부 사회는 빈부의 격차가 커져 양극화가 깊어지고 경제적 불평등과 착취가 심해져서 불의가 판을 치는 상황에 이르렀다. 이런 상황은 무엇보다도 아모스의 예언에서 어렵지 않게 알아차릴 수 있다. 이런 여로보암 2세를 가리켜 열왕기하 14장 24절에서는 "여호와 보시기에 악을 행하여 이스라엘에게 범죄하게 한 느밧의 아들 여로보암의 모든 죄에서 떠나지 아니하였"다고 한다. 그러고 보면 나라 힘이 겉보기로 강해졌다고 해서 그것이 무조건 하나님이 내리신 복의 결과라고 할 수는 없다. 하나님을 거스르는 가운데서도 나라가 부흥할 수 있지만 그런 부흥은 진정한 부흥이 아닌 것이다.

31년 동안 예루살렘에서 남왕국을 다스린 요시야의 경우는 어떤가? 요시야는 성전을 수리하는 과정에서 발견된 율법책의 내용을 두렵게 받아들였다. 그리하여 그 내용을 온 국민에게 알려 온 나라가 하나님을 바르게 섬길 것을 약속하게 했다. 뿐만 아니라 그동안 선조들이 섬기던 우상들을 없애는 일 등으로 온 나라의 신앙을 새롭게 했다. 아울러 앗수르에게 빼앗겼던 북왕국 땅도 되찾으려고 했던 것으로 보인다.(열왕기하 22~23장) 안타깝게도 요시야는 앗수르가 약해진 틈을 타 북쪽으로 쳐 올라오는 이집트의 임금 느고를 막아서다가 목숨을 잃는다. 역대하 35장 20~22절에 따르면, 이집트의 임금 느고가 요시야에게 자기가 올라온 것은 유다를 치려는 것이 아니고 하나님의 명령을 따라 메소포타미아 지역을 치려는 것이므로 자기를 막지 말라고 했으나 요시야는 "하나님의 입에서 나온 느고의 말을 듣지 아니하"고 (22절) 느고에 맞섰다가 전사했다. 아무튼 요시야의 죽음으로 유다왕국 중흥의 꿈도 물거품이 되고 만다. 요시야 다음에 유다 임금이 된 여호아하스를 이집트 임금 바로가 이집트로 끌고 가버렸고, 그 대신에 여호야김을 임금으로 삼았다. 4년 뒤에 이집트 군대가 바벨론 군대에게 싸워 크게 지자, 유다 땅은 바벨론의 영향 아래 들어가고 바벨론의 손에서 벗어나고자 여러 모로 애쓰다가 마침내는 망하고 말았다.

5. 본받지 말아야 할 구약 이스라엘의 역사

앞에서 말한 것처럼 구약성경에서 이스라엘이 제대로 부흥한 기록을 찾아보기는 힘들다. 따라서 오늘 진정한 부흥을 간절히 바라는 우리 한국 교회에 교훈이 될 만한 내용을 구약 이스라엘 역사에서 찾으려 한다면, 왜 이스라엘이 부흥하지 못했는가 알아보는 것이 차라리 더 나을 것이다. 이런 의미에서 고린도전서 10장에서 바울 선생님은 이스라엘의 선조들이 이집트를 떠나 광야 길을 오는 동안 하나님을 거스른 역사를 말하면서 11절에서 "그들에게 일어난 이런 일은 본보기가 되고 또한 말세를 만난 우리를 깨우치기 위하여 기록되었"다고 한다. 우리는 이스라엘의 제대로 부흥하지 못한 역사를 오늘 진정한 부흥을 바라는 한국 교회의 반면교사(反面教師)로 삼을 수 있다. 결과를 두고 보면 구약의 이스라엘은 실패했다. 그래서 메시아 예수 그리스도께서 이 세상에 오셨다. 하나님이 그토록 놀라운 은혜를 많이 끊임없이 베풀었지만 둘로 갈라진 나라는 북왕국이 먼저 망하고 뒤이어 남왕국도 망했다. 나중에 하나님이 다시 은혜를 베푸셔서 망한 나라 백성을 유다 땅에 불러들여 살게 하셨지만, 그들조차 제대로 하나님을 섬기지 못했다. 우리는 왜 이스라엘이 그런 실패의 길을 걸었는지를 잘 살펴보고 그 잘못을 저지르지 않으면, 부흥할 수 있는 것이다. 그런데 다른 한편으로 구약의 이스라엘이 언제나 실패했다고 할 수는 없다. 부분적으로는 성공한 적이 없지는 않았다. 앞서 말한 요시야뿐만 아니라 그에 앞서 히스기야나 포로기 이후에는 에스라와 느헤미야가 있고, 구약의 예언자들이 있었다. 이들은 각기 나름대로는 그야말로 가시밭의 백합화처럼 파국으로 치닫는 겨레와 조국을 살리려고 하나님의 뜻을 받들어 정성을 다했다. 이스라엘의 역사의 이런 긍정적인 요소도 한국교회가 제대로 부흥하는 길을 찾는 데 타산지석(他山之石)의 교훈이 될 수 있을 것이다.

Ⅱ. 구약의 이스라엘이 부흥하지 못한 까닭

1. 하나님의 말씀을 듣지 않은 하나님 백성

스가랴 1장 1~4절의 말씀에 나오는 페르시아 임금 다리오 제2년 여덟째 달은 주전 520년 10월 11월의 어느 시점이다. 이는, 포로로 바벨론에 사로잡혀갔던 유다 사람들이 다시 유다 땅에 돌아와 유다 공동체를 재건하기 시작하여 18년이 흐른 때이다. 이런 때에 하나님은 스가랴를 통해 유다 사람들에게 "너희는 내게로 돌아오라"고 권고하신다. 그리하시면서 "너희 조상들을 본받지 말라"고 하시는데, 그 히브리어 문장을 직역하면, "너희는 너희 조상들처럼 되지 말라"이다. 곧 "너희가 너희 조상들과는 달라야 한다"는 것이다. 조상들은 하나님이 돌아오라고 권고하신 말씀을 듣지 않았기 때문이다. 이 말씀으로 하나님은 스가랴 시대까지 진행된 이스라엘 역사를 하나님의 말씀을 듣지 않은 역사, 한마디로 불순종의 역사라고 하신 것이다. 하나님의 백성이 하나님의 말씀을 듣지 않았다는 표현은 구약성경 특히 예레미야서에 자주 나온다(3:13, 25; 7:13; 25:3, 4, 7; 26:5; 29:19; 34:17; 35:14, 15; 37:2; 42:21; 43:4). 이는 유다 멸망 직전후 유다의 상황이 예레미야서에 가장 두드러지게 나타나기 때문인 것으로 보인다. 곧 남왕국 유다가 부흥하지 못하고 망한 것도 하나님의 백성이 하나님의 말씀을 듣지 않았기 때문인 것이다.

2. 하나님을 배신한 하나님 백성

하나님의 백성이 하나님의 말씀을 듣지 않는다는 것이 이스라엘의 통치자들과 백성이 하나님을 배신한 현실에서 아주 구체적인 모습으로 나타난다. 그런 뿌리는 이미 통일 왕국의 세 임금에게서 찾아볼 수 있다. 이스라엘의 첫 임금 사울은 사무엘이 하나님의 명령을 받들어 미스바에서 온 백성을 불러 모으고 그를 임금으로 뽑았을 때 남보다 큰 키의 몸을 짐보따리들 사이에 감출 정도로 처음에는 겸손했다. 그러나 몇 번 전쟁에서 이기고 나자 마음이 높아져서 하나님이 사무엘을 통해 경고하신 바를 따르지 않았다. 제 멋대로 처신하다가 정신도 희미해지고 그저 다윗을 해치려고만 하다가 마침내는 블레셋 군대와 싸우다가 목숨을 잃고 만다.

그러면 다윗은 어떠했나? 사도행전 13장 22절에 따르면, 하나님이 친히 "내 마음에 맞는 사람이라"고 하셨던 임금이 바로 다윗이다. 또 이스라엘 역사에서 그래도 통치자의 모범으로 여기는 사람이 다윗이라는 사실은 열왕기상하, 역대상하에서 어렵지 않게 알아차릴 수 있다. 실제로 하나님은 다윗이 왕이 되어 땅을 넓히기 위해 전쟁을 할 때마다 다윗이 어디로 가든지 이기게 하셨다(삼하 9:13). 그런데 이스라엘의 군대가 마침내 요단 동쪽의 암몬 자손의 나라의 수도를 점령하기에 이르렀을 즈음에 다윗은 왕궁에 남아 있다가 부하 장수의 아내 밧세바를 범하는 잘못을 저지른다. 그뿐만 아니라 이를 감추려고 충직한 장수 우리야를 죽이게 하는 무서운 일까지 벌였다(삼하 11장). 이 일 때문에 예언자 나단을 통해서 하나님이 엄히 꾸짖으시자 다윗은 뉘우치고 용서받는다(삼하 12장). 그렇지만 그 후유증은 심각했다. 사무엘상하의 흐름을 보면, 이 사건 이후 다윗과 더불어 다윗 왕국도 내리막길을 달린다. 밧세바가 낳은 아이가 죽었다. 다윗의 큰 아들 암논이 배다른 누이 다말을 범했다. 그 때문에 셋째 아들 압살롬이 맏형을 죽이고 달아났다가 반란을 일으키기까지 했다. 다윗은 잠시 동안이지만 예루살렘을 떠나 피난하는 신세가 되었다(삼하 13~19장). 압살롬이 죽은 뒤에는 넷째 아들 아도니야가 스스로 왕위로 올랐다가 솔로몬에게 목숨을 잃었다(왕상 1~2장).

솔로몬도 한결같지는 않았다. 임금이 되어 처음에는 기브온 산당에 가서 나라를 잘 다스릴 수 있도록 지혜를 달라고 하나님께 간구하여 응답을 받았다. 그리하여 나라 안팎으로 지혜로운 통치자로 이름을 떨치고 성전과 왕궁을 짓고 국방을 튼튼히 했다(왕상 3~10장). 그렇지만 하나님의 명령을 따르지 않고 이집트 임금의 딸을 비롯하여 여러 다른 나라 여인들을 아내로 삼으면서 그 마음이 하나님을 떠나 온갖 우상을 섬기는 지경에까지 이르렀다. 말년에는 여기저기서 반란이 일어났다(왕상 11장). 그리하다가 마침내 그 아들 르호보암 때에는 나라가 남북의 두 나라로 나누어진다(왕상 12장). 그 뒤로 남북왕국에 들어선 임금들도 크게 나을 것이 없었다. 북왕국을 세운 여로보암은 처음부터 두 금송아지를 만들어 백성으로 그것들을 섬기게 함으로써 하나님을 노엽게 했다. 그 뒤로 북왕국에서는 여덟 차례에 걸쳐 왕위를 두고 피비린내 나는 싸움이 벌어졌다. 그런데도 누가 임금이 되든지 이들은 약속이나 한 듯이 하나님을 거스른다. 정당하게 권좌에 오르지 못한 임금들은 경쟁이나 하듯이 이방 신들을 섬겼고 이방 종교를 끌어들였다. 열왕기상하에서는 북왕국 임금들이 여로보암의 길로 걸어갔다고 거듭거듭 말하다가(왕상 15:26, 34; 16:26 등) 마침내 북왕국 이스라엘 사람 전체가 그리했다고 하면서(왕하 17:22) 건국 초기부터 생긴 잘못이 대대로 이어지고 있었음을 알려준다. 이런 안타까운 상황을 두고 호세아 8장 4절에서는 "그들이 왕을 세웠으나 내게서 난 것이 아니며 그들이 지도자들을 세웠으나 내가 모르는 바이며 그들이 또 은, 금으로 자기를 위하여 우상을 만들었나니 결국은 파괴되고 말리라"고 한다.

북왕국 이스라엘의 임금들과 백성에 견주어 보면 남왕국 유다의 임금들과 백성은 그런 대로 괜찮았다고 할 만 한다. 실제로 앞서 잠시 언급했던 요시야를 비롯하여 몇 몇 임금들은 제 나름대로는 하나님의 뜻을 헤아려 나라를 바르게 다스리려고 애쓴 흔적이 엿보인다. 그렇지만 큰 흐름을 보면, 남왕국도 날이 갈수록 하나님을 떠나 다른 것을 의지하다가 망하고 만다. 특히 예언자 예레미야(3:7~11)와 에스겔(16:47)은 형제의 나라 북왕국이 망하는 것을 보고도 깨닫지 못하고 멸망의 길로 치닫는 남왕국의 잘못을 지적한다. 남왕국은 북왕국의 멸망을 반면교사로도 타산지석으로도 삼지 못한 것이다. 역사에서 배우지 못한 것이다.

3. 어려울 때 하나님을 의지하지 않은 하나님 백성

어려움을 겪는 하나님 백성이 그 어려움에서 벗어나려면 마땅히 하나님을 의지해야 한다. 일찍이 다윗도 힘든 상황이 벌어지면 먼저 하나님께 여쭙기도 하고(삼상 23:2; 삼하 2:1; 5:19,23) 간구하며(삼하 12:16; 21:1) 하나님을 의지했다. 특히 전쟁 상황에서 백성과 함께 하나님을 의지하여 승리를 이끌어낸 이스라엘 왕들이 있다. 백만 명의 에티오피아 군대가 유다로 쳐들어왔을 때 유다 임금 아사는 하나님께 간절히 기도했고 하나님은 그들을 물리쳐 주셨다(대하 14:9~15). 모압 자손과 암몬 자손과 마온 사람들이 유다에 침입했을 때에도 임금 여호사밧과 온 백성이 하나님께 간절히 기도하자 하나님이 그들을 이기게 하셨다(대하 20장). 앗수르 임금 산헤립의 군대가 유다로 쳐들어왔을 때에는 임금 히스기야가 간구하여 하나님이 앗수르 군대를 물러가게 하셨다(왕하 18~19장; 사 36~37장).

그런데 역사를 통틀어 보면 이스라엘은 위기 상황에서 대체로 하나님을 의지하기보다는 다른 데서 살 길을 찾으려 했음이 드러난다. 이스라엘은 남쪽의 이집트, 북쪽의 앗수르나 바벨론 같은 큰 나라들 사이에 있었을 뿐만 아니라 여러 작은 나라들과 이웃하여 살아야 했다. 이런 상황에서 이스라엘은 강대국의 틈바구니에서 살아남기 위해서 줄타기 외교 동맹 정책을 펼치며 나라 안팎의 군사력과 무기를 하나님보다 더 의지할 때가 많았다. 앞서 언급한 바와 같이 솔로몬이 여러 이웃나라 여인을 아내로 삼은 것과 북왕국 오므리 왕조의 아합이 시돈의 여인 이세벨을 아내로 삼은 것도 그런 흐름에서 이해할 수 있다.

다른 한편으로 남북왕국이 인척관계를 맺거나(왕하 14:8~14) 힘을 모아 아람(왕상 22장)이니 모압(왕하 3장)과 싸우기도 했지만, 때로는 형제의 나라를 이기려고 이방 나라와 손을 잡기도 했다. 곧 유다 임금 아사는 북왕국의 위협에서 벗어나려고 북왕국이 이미 동맹 관계를 맺고 있던 아람 왕 벤하닷을 설득하여 그 동맹을 깨고 유다와 조약을 맺게 했고(왕상 15:19), 북왕국 임금 베가는 아람과 동맹을 맺고 남왕국을 반 앗수르 동맹에 가담시키려고 했다. 그렇지만 오히려 남왕국 임금 아하스의 요청을 받아 쳐내려온 앗수르에게 망하고 만다(왕하 16~17장). 옛 이스라엘은 이처럼 하나님을 의지하기보다는 때로는 북쪽의 강대국을 의지하고 때로는 남쪽의 강대국을 의지하여 나라를 지키려 했다. 이것이 잘못임을 예언자들은 힘써 지적했다. 예레미야 2장 18절에서는 남북 강대국 사이를 왔다가다 하는 유다 백성을 가리켜 어찌하여 나일강물을 마시려고 이집트로 가고, 유프라테스 강물을 마시려고 앗수르로 가는 길에 있느냐는 식으로 꾸짖는다. 이사야 7장 9절에서는 유다 임금 아하스에게, 믿어야 다윗 왕가가 계속 살아남을 수 있으리라고 경고한다. 그렇지만 아하스는 동맹을 맺고 유다에 쳐들어온 아람과 이스라엘 군대를 물리치려고 앗수르에게 굴복한다. 그 결과 아하스는 형제의 나라 북왕국의 멸망을 재촉하였을 뿐만 아니라 유다조차도 앗수르의 손아귀에 들어가게 되는 비극을 불러들인다. 아하스의 아들 히스기야는 앞서 언급했듯이 앗수르 산헤립의 침공을 믿음의 기도로 물리쳤지만, 곧바로 마음이 높아져서 바벨론 사신들에게 유다 내부를 다 보여준다. 이럴 즈음에 유다 안에서는 이집트의 힘을 빌어 앗수르의 손아귀에서 벗어나려는 움직임이 강했던 것으로 보인다. 이사야 20장과 30장 1~5절과 31장 1~3절에서 그런 점을 엿볼 수 있다.

4. 약자를 괴롭힌 사회

이렇게 하나님을 떠난 하나님 백성의 사회는 힘이 하나님처럼 되어 힘 있는 자들이 자신들이 지닌 힘으로 힘없는 사람들을 마구 내리누르는 불의한 사회가 되었다. 이스라엘 사회를 하나로 묶어주던 여호와 신앙이 무너진 상황에서는 그 사회 구성원들은 제각기 자신의 이익을 좇아 다른 사람들 특히 힘없는 사람들을 마구 짓밟는다. 이런 잘못된 사회의 모습을 예언자들이 끊임없이 지적했다. 하나님이 일찍부터 당신의 백성에게 고아, 과부, 나그네처럼 힘없는 사람들을 잘 돌볼 것을 명령하셨고, 특히 다윗 왕가에 하나님의 공의와 정의를 실천하여 하나님 백성을 잘 돌볼 책임을 맡기셨다(렘 22:3 등). 그런데 왕들을 비롯하여 고위 정치인들은 자신들의 지위와 권력을 악용하여 백성 특히 서민들을 착취하고 괴롭혔다. 미가 3장 1~3절에서는 정의를 아는 것이 이스라엘 통치자들의 본분인데도 이들이 하나님 백성의 가죽을 벗기고 그 뼈에서 살을 뜯어 먹기를 냄비와 솥 가운데 담을 고기처럼 한다고 통렬히 비난한다. 에스겔 34장에서는 이런 정치 지도자들을 양들을 제대로 먹이기는커녕 잡아먹는 못된 목자들에 견준다. 더 나아가서, 에스겔 22장 29절에서는 통치자들뿐만 아니라 '이 땅의 백성'도 일반 민간 지도자들마저 약한 사람들을 못살게 굴었다고 하는데, 이 경우에 '땅의 백성'으로 옮긴 히브리어 표현 〈암 하아레츠〉는 토지를 소유하고 마을에서 상당한 영향력을 행사하는 사람들 곧 지방의 민간 지도자들을 가리키는 것으로 보인다.

5. 경박하고 거짓된 종교지도자들

앞에서 말한 바와 같이 구약의 하나님 백성인 이스라엘이 하나님의 말씀을 듣지 않고 하나님을 배신하여 어려울 때에도 하나님을 의지하지 않아 나라가 부흥하기는커녕 망하게 된 것은 임금을 비롯한 정치 지도자들의 잘못이 크다. 그렇지만 그

못지않게 종교 지도자들의 잘못도 크다. 예레미야 6장 13~14절에서 이를 한탄하는 소리를 들을 수 있다. 즉 유다 왕국 백성이 모두 탐욕을 부리는 상황에서 예언자들과 제사장들도 다 거짓을 행했다. 하나님 백성의 상처를 가볍게 여기면서 평강이 없는데도 평강하다 평강하다고 했다. 온 나라가 병들어 썩어 들어가는데도 아무 문제없으니 안심하라는 식으로 백성을 거짓으로 위로하며 속였다는 말씀이다. 거짓된 안전 신앙을 퍼뜨려 나라를 망친 것이다. 이런 한심한 상황을 에스겔 13장 10절에서는 조금 달리 표현한다. 유다의 예언자들이 평강이 없는데도 평강이 있다고 하면서 하나님 백성을 유혹하며 남이 쌓는 담에 회칠을 한다는 것이다. 더 나아가서 22장 28절에서는 이런 예언자들이 불의한 이익을 얻으려고 힘없는 백성을 해치는 고위 관리들을 위해서 회칠했다고 한다. 불의를 행하는 못된 지도층의 행동을 하나님의 이름으로 정당화하고 합리화했다는 말씀이다. 에스겔보다 한 백 년 앞서 활동했던 미가는 미가 3장 5절에서 자기 시대의 잘못된 예언자들을 가리켜 '이에 물 것이 있으면 평강을 외치나 그 입에 무엇을 채워 주지 아니하는 자에게는 전쟁을 준비하면서 하나님 백성을 유혹하는 자들'이라고 했다.

6. 돌아오기를 거부한 하나님 백성

하나님을 떠나 서로를 해치는 백성에게 하나님은 끊임없이 예언자들을 보내어 돌아오라고 권하셨는데, 이들은 그 권고를 받아들이지 않았다. 오히려 그들을 박해하고 죽이기까지 했다. 사정이 이렇게까지 나빠진 데에는 무엇보다도 지도자들의 책임이 크지만 잘못된 지도자들을 아무 생각 없이 뒤좇은 일반 백성에게도 책임이 있었다. "이 땅에 무섭고 놀라운 일이 있도다 선지자들은 거짓을 예언하며 제사장들은 자기 권력으로 다스리며 내 백성은 그것을 좋게 여기니 마지막에는 너희가 어찌하려느냐"는 예레미야 5장 30~31절 말씀이 이를 알려 준다(렘 14:13~16도 참고).

우선 북왕국 백성의 경우, 아모스 4장 4~11절에서 하나님이 여러 가지 재앙을 내려 그들을 당신께로 돌아오게 하려 하셨으나 이들이 끝까지 하나님께 돌아오지 않았다고 한다. 남왕국 유다의 경우도 이와 다르지 않았다(렘 5:3, 15:7; 학 2:17

참고). 말라기 3장 7절을 보면, 심지어 포로기가 지나 다시 고향 땅에 돌아와 살게 된 유다 사람들조차 "내게로 돌아오라"는 하나님의 말씀에 "우리가 어떻게 하여야 돌아가리이까"하고 대들고, 13~15절에서는 하나님을 섬기는 것이 헛되고 교만한 자가 복되며 악을 행하는 자가 번성하며 하나님을 시험하는 자가 화를 면한다고 하면서 하나님께 대들면서도 "우리가 무슨 말로 주를 대적하였나이까"라고 말한다.

Ⅲ. 이스라엘의 부흥과 재건을 위한 노력

1. 남북왕국 시대

이스라엘 역사는 한 마디로 불순종과 배신의 역사라 할 수 있다. 그러나 그런 어두운 역사 가운데서도 나라와 겨레를 되살리려고 노력한 모습이 전혀 없었던 것은 아니다. 일찍이 북왕국에서도 단 한 번이기는 하지만 임금 예후는 바알 숭배를 뿌리 뽑으려고 힘썼다(왕하 10:18~29). 무엇보다도 남왕국 유다 임금 요시야가 나라를 되살리기 위해 몸부림친 역사는 이미 앞 1.(5)에서 말한 바 있다.

2. 에스라 느헤미야 시대

포로기가 끝난 뒤에는 예언자 학개와 스가랴의 도움을 받아 총독 스룹바벨과 대제사장 여호수아가 성전을 다시 짓는 일을 이끌었고, 그 뒤로는 느헤미야가 불탄 예루살렘 성벽을 다시 쌓게 했고 에스라가 유다 공동체를 신앙적으로 다시 세우려 애썼다. 이처럼 이스라엘을 되살리는 일에는 또한 일반 백성도 적극적으로 참여했다. 느헤미야 8장 1절에서 이를 알 수 있다. 허물어진 예루살렘 성을 다시 쌓은 뒤에 "모든 백성이 일제히 수문 앞 광장에 모여 학사 에스라에게 여호와께서 이스라엘에게 명령하신 모세의 율법책을 가져오기를 청"했다고 한다.

우리는 흔히 에스라가 율법책을 읽어주고 가르치면서 유다 공동체의 재건에 힘썼다고 말한다. 그렇지만 이 한 절 말씀은 그런 모임을 열자고 한 사람이 에스라가 아니라 백성이었음을 분명히 한다. 모든 백성이 일제히, 직역하면 '한 사람처럼' 모였다고 한다. 마찬가지로 이 단락이 끝나는 12절에서도 주어가 백성이다. 이처럼 느헤미야 8장 1~12절에서 나오는 백성은 그저 지도층의 지시에 따르기만 한 어중이떠중이가 아니다. 오히려 스스로 발 벗고 나서서 지도층을 움직인다. 에스라는 그저 백성의 요청에 응했을 따름인데, 백성은 에스라가 율법책을 읽을 때 귀 기울여 들었다. 그뿐만 아니라, 에스라가 찬송하자 아멘으로 응답하며 여호와께 경배했다. 더 나아가서 백성은, 레위 사람들이 율법책을 읽고 해석해주는 바를 듣고 울었으며, 에스라와 느헤미야와 레위 사람들은 이런 백성을 위로하고 격려하기에 바빴다.

또한 이 본문에서는 레위 사람들의 역할이 두드러지게 나타난다. 에스라는 6절까지 중요한 역할을 하고, 7절 이하에서는 레위 사람들이 앞서 에스라가 하던 역할을 떠맡을 뿐만 아니라, 에스라보다 더 많은 일을 한다. 3절에서 에스라는 율법책을 읽기만 했는데, 7~8절에서 레위 사람들은 율법책을 읽어줄 뿐만 아니라 그 뜻을 해석하여 백성으로 하여금 깨닫게 했다.

그뿐만이 아니다. 이 모임 이후에 벌어진 회개 장면을 묘사하는 느헤미야 9장 1~2절에서도 일반 백성과 레위인들의 자발적이고 적극적인 참여를 볼 수 있다. '그 달' 곧 8장에서 말한 모임이 있은 칠월의 "스무나흗날에" 이스라엘 자손이 다시 모인 것은 누가 지시하고 명령해서 된 일이 아니다. 백성이 스스로 모인 것이다. 이는 8장 1절에서 모든 백성이 일제히 모였다고 한 바와 마찬가지 상황이 벌어졌음을 뜻한다. 이들은 누가 시키지도 않았는데 얼마 전에 에스라와 레위 사람들이 읽어준 말씀을 듣고 깨닫고 보니, 요즘 말로 말씀의 은혜를 받고 보니, 가만히 있을 수가 없었던 것이다. 그리하여 스스로 '금식하며 굵은 베 옷을 입고 티끌을 무릅쓰며 모든 이방 사람들과 절교하고 서서 자기의 죄와 조상들의 허물을 자복'했다. 여기서 지나쳐 보지 말아야 할 것은 이들이 자기들의 죄만 자복한 것이 아니라 조상들의 허물도 자복했다는 점이다. 이들은 자기 시대로부터 거슬러 올라가서 이스라엘 역사를 통틀어 이스라엘이 저지른 잘못을 하나님 앞에서 인정하고 가슴 아프게 여긴 것이다.

뒤이어 4~38절에서는 레위사람들이 찬송하며 기도한 내용이 길게 나온다. 에스라가 기도한 것이 아니다. 에스라는 에스라 8장에서 예루살렘에 처음 도착하여 지도층의 이방 혼인 사실을 알게 된 뒤에 충격을 받고 기도한 적이 있다. 느헤미야 9장에 나오는 레위인들의 기도 가운데서도 이들이 백성과 마찬가지로 자신들의 죄뿐만 아니라 조상들의 죄를 두고서 회개하는 내용을 찾아볼 수 있다. 16절에서 이들은 "우리 조상들이 교만하고 목을 굳게 하여 주의 명령을 듣지 아니하고"라고 아뢰고 뒤이어 35절에 이르기까지 조상들이 얼마나 자주 하나님을 거슬렀는지를 자세히 말한다. 지금까지 이어온 이스라엘의 역사가 배신의 역사인 점을 그 구체적인 보기를 낱낱이 들면서 하나님 앞에 인정한 것이다. 그런데 느헤미야 8~9장에서 또 한 가지 지나쳐보지 말아야 할 것이 있다. 다름 아니라 백성이 주도해가는 움직임의 중심에 율법책이 있다는 사실이다. 율법책에 들어 있는 하나님의 말씀이 백성과 지도층을 하나로 묶은 것이다.

Ⅳ. 오늘 한국교회가 부흥하지 못하는 까닭

오늘 한국교회가 부흥하지 못하는 원인을 두고 현대사회의 다원화성을 비롯하여 사회학적으로 여러 가지로 찾아보지만, 이스라엘의 역사에 비추어 보면 그 근본 까닭은 한국교회와 하나님 사이를 가로막는 죄에 있다고 나는 생각한다. 이 점에 관해 앞에서 언급한 바에 비추어 좀 더 구체적으로 말해 보겠다.

1. 하나님의 말씀을 듣지 않는 한국교회?

우리 한국교회는 말씀을 강조하고 성경공부를 많이 하는 교회이다. 그런데 중요한 것은 우리 한국교회 지도자들과 평신도들에게 정말 하나님의 말씀을 들을 마음이 있는가 하는 문제이다. 우리 교역자들은 정말 하나님의 말씀을 들으려 하는가? 우리 장로님들, 권사님들, 집사님들에게 하나님의 말씀을 듣고 싶은 마음이 정말 있기나 한 것인가? 오히려 내 신앙과 신학의 경향에 맞아 내 맘에 드는 말씀만 하나님의 말씀으로 받아들이고 나를 불편하게 하고 내 맘에 들지 않는 말씀은 받아들이지 않는 것이 우리 한국교회의 일반 성향이 아닌가? 그리하여 성경공부조차도 그리스도인들을 인도자가 정한 방향으로 끌고 가기 위한 수단으로 쓰이는 경우가 없는지 나는 묻고 싶다. 중세 가톨릭교회가 그러했듯이 개교회, 개교단, 한국교회의 전통이나 권위가 말씀 위에 자리 잡고 하나님이 성경을 통해 말씀하시는 바를 통제하려고 하지는 않는지 돌이켜 보아야 한다. 오늘 한국교회 안에 있는 여러 가지 신앙과 신학과 교회의 전통과 교권이 오히려 그리스도인들이 하나님의 말씀을 듣는 데 방해가 되지 않는지 돌이켜 보아야 하는 것이다.

2. 하나님을 배신하는 한국교회?

한국교회는 지난 120여년의 역사 가운데서 하나님을 신실히 따라 온 것인가? 세계 선교 역사에서 그와 비슷한 보기를 찾아보기 힘들 정도로 짧은 기간 안에 크게 발전했다는 자만에 빠져 한국교회 자신을 하나님보다 더 높인 것은 아닌가? 성장과 발전을 하나님으로 잘못 알고 무슨 수를 쓰든지, 그러니까 하나님 뜻에 도저히 맞지 않고 하나님께는 도무지 어울리지 않는 방법을 쓰더라도 교인수와 교회 재정만 늘이고 교회 건물만 크게 하고 일거리만 많이 만들어 해 나가면 된다는 식으로 교회를 움직여 와서 실제로는 하나님을 떠난 것은 아닌가? 에스겔 시대에 하나님의 영광이 예루살렘 성전을 떠났듯이 지금 한국교회에서 하나님의 영광이 떠나고 있는데도 그것을 전혀 보지 못하고 있는 것은 아닌가? 옛 언약 백성 이스라엘이 바알을 비롯하여 생산의 신들을 섬겼듯이, 오늘 한국교회도 경제와 명예와 사회적인 지위와 권력을 좇아 하나님을 배신한 것은 아닌가?

3. 어려울 때 하나님을 의지하지 않는 한국교회

구약의 이스라엘은 남북의 강대국과 이웃의 여러 작은 나라들 틈바구니에서 하나님보다는 나라 안팎의 군사력과 무기와 자신들의 외교 정책을 통해 나라를 지키려 했다. 그처럼 오늘 한국교회 안에도 복잡한 국제 정세 속에서 한편으로는 여러 강대국들에게 안전을 위협받고 다른 한편으로는 이웃의 작은 나라들에게서조차 도전받는 상황에서 하나님을 의지하기보다는 첨단무기를 갖추고 국방력을 강화하며 강대국과 동맹을 맺어야 안전하다고 생각하는 흐름이 너무 강한 것은 아닌가? 지나 몇 해 동안 이 땅에서 교회 지도자들과 그리스도인들이 움직인 모습을 한 번 생각해 볼 때, 우리 한국교회 지도자들과 그리스도인들은 진정 군사력과 강대국보다 하나님을 더 믿고 있다고 말할 수 있는가?

4. 약자를 괴롭히는 한국교회?

오늘 우리 한국교회가 사회적 약자들을 위해 하는 일들이 아주 적다고 할 수는 없겠지만 아직은 크게 모자란다. 또 사회에서 힘이 없어 여러모로 어려움을 겪는 사람들이 교회 안에서도 마찬가지로 대접받는 경우가 보통이 아닌지 돌이켜 볼 필요가 있다. 모든 교역자들이 그러한 것은 아니고 모든 평신도 지도자들이 그러한 것은 아니지만, 교역자들이나 평신도 지도자들 가운데는 교인들이나 일반 평신도들을 마치 종 부리듯이 부리며 거들먹거리며 괴롭히는 분들도 있다. 무엇보다도 이주노동자들과 북한 이탈 동포들과 세계 각지에 흩어져 살다가 들어온 동포들을 아직 우리 교회가 따뜻이 품지 못하고 있다는 느낌을 떨쳐버릴 수가 없다.

5. 경박하고 거짓된 지도자들?

하나님을 섬기는 사람들이 가야할 올바른 길을 가르치기보다는 그저 교인들이 듣기 좋게만 설교하고 복만 빌어주는 교역자들이 적지 않다고 한다면 지나친 말이겠는가? 한평생 희생적으로 교회와 이웃을 섬겼지만 억울하게 교회에서 내쫓겨 어렵게 지내는 교역자들도 계시지만, 교인들을 그저 자기 욕심을 이루는 도구나 수단으로 알고 마구 부리는 교역자들도 적지 않아 보인다. 심지어 교회와 사회 안에서 권력을 행사하기 위해 이런저런 옳지 않은 모임에 교인들을 마구 동원하는 교역자들도 있다. 교역자는 교인들 때문에 있는 존재인데, 교인들이 교역자를 위해 있어야 하는 것처럼 생각하고 처신하는 사람들이 있다. 에스겔 34장의 표현대로 한다면, 양을 먹여야 할 사람들이 양을 잡아먹는 이리가 된 것이다. 또 자신의 비윤리적인 행동으로 교회에 큰 문제를 일으키는 교역자들도 없지 않다. 이런 교역자들 때문에 교회들이, 교인들이 지울 수 없이 큰 상처를 입고 신음하고 있다. 무엇보다도 교회의 신뢰도가 땅에 떨어지고 마침내는 하나님의 이름이 더럽혀졌다.

6. 돌아오기를 거부하는 한국교회?

사회에서 교회를 비난하는 소리를 높이면 그저 기독교를 공격하기 위한 처사라 하면서 변명하기에 바쁘고 진정으로 자신들을 돌아보아 잘못을 인정하고 뉘우치고 고치는 모습은 오늘 한국교회에서 찾아보기 힘들다. 오늘 우리 한국교회의 가장 큰 잘못은 참회할 줄 모른다는 데 있다. 죄 중에 가장 큰 죄는 죄를 죄로 인정하지 않고 자꾸 궁색하게 변명만 하는 것이다. 여기서 구약성경에서 말하는 돌아옴의 뜻을 한 번 알아볼 필요가 있다. 하나님께 돌아오라는 구약성경의 권고를 신약에서는 회개하라는 말로 표현한다. 개역한글판 구약성경에도 회개라는 말이 나오지 않는 것은 아니지만 아주 드물다(시 7:12; 겔 18:30). '회개하다'를 뜻하는 헬라어 〈메타노에오〉 자체는 마음을 바꾼다는 뜻이다. 이 낱말이 신약성경의 구체적인 문맥에서는 이보다 더 넓은 뜻으로 쓰인다. 그 배경에는 '돌아오다'를 뜻하는 구약 히브리 낱말 〈슙〉이 있다. 이 말은 우선 말 그대로 어디를 떠났다가 본디 떠났던 곳으로 돌아옴을 뜻한다. 곧 하나님을 떠났다가 하나님께 돌아온다는 뜻이다. 이리하여 구약의 '돌아오다'는 한 개인이나 공동체의 존재 전체가 달라진다는 아주 실제적이고 전면적이고 총체적인 느낌을 준다. 위의 맥락에서 오늘 우리 한국교회의 구성원 된 한 사람 한 사람, 또 전체 교회 공동체는 참으로 하나님께 돌아온 것인가 질문되어야 한다.

V. 오늘 한국교회가 진정으로 부흥하는 길

한국교회가 진정으로 부흥하는 길은 앞서 4에서 살펴 본, 한국교회가 부흥하지 못하는 까닭을 뒤집어 보면 곧 드러나지만, 다만 몇 가지는 좀 더 구체적으로 생각해 볼 필요가 있다.

1. 교회의 부흥은 하나님이 이루시는 일

맨 먼저 생각해야 할 것은 이 시간 첫머리에 읽은 하박국 3장 2절에서 드러나듯이 우리가 겨냥해야 할 것은 한국교회의 부흥이기에 앞서 하나님 행위의 부흥이라는 점이다. 하나님이 지금까지 당신의 백성을 위해 해 오신 놀라운 행위들을 우리 시대에도 새롭게 하신다면 그것이 바로 오늘 우리의 부흥이 된다는 말씀이다. 앞서 말한 대로, 한국교회의 부흥은 오로지 한국교회의 주이신 하나님께 달린 일로 하나님만이 이루실 수 있는 사건이지, 우리 사람들이 이루거나 강제할 수 있는 일이 아니다. 우리로서는 하나님이 그런 은혜를 베푸시기를 간절히 바라고 우리가 할 수 있는 대로 준비하면서 기다릴 수밖에 없다. 교회의 탄생 사건이라 할 수 있는 오순절 성령 강림 사건에서 성령 강림이 하나님의 선물이었다고 할 수 있다면, 오늘 한국교회의 진정한 부흥도 하나님의 선물일 수밖에 없다. 이렇게 부흥을 하나님이 이루시는 사건이라고 한다면 오늘 하나님이 이루실 부흥이 1907년에 일어난 부흥 운동의 모습 그대로 나타나야 한다고 나는 생각하지 않는다. 하나님은 새 시대에 어울리는 새로운 모습의 부흥, 우리가 전혀 예상하지 못한 방식의 부흥을 이루실 수 있기 때문이다. 중요한 것은 하나님이 부흥을 이루신다는 것이지, 100년 전의 부흥을 그대로 재현하거나 복사하는 것이 아니기 때문이다.

2. 하나님께 돌아가야 할 한국교회

오늘 우리가 한국교회의 진정한 부흥을 바란다면 하나님을 믿는다 하면서 하나님을 떠나 살고 있는 개인들이 하나님께 돌아오는 것만 말할 것이 아니라, 그런 개인들이 모여서 이루어진 한국교회 전체가 하나님께 돌아가야 하는 문제도 깊이 생각해야 한다. 이제 우리는 헛된 자만에서 벗어나 그동안 하나님 아닌 것을 하나님처럼 받들던 데서 돌아서서 하나님께로 돌아가야 한다. 하나님을 제쳐 놓고 우리 자신들의 프로그램을 앞세워 부흥을 꾀한다는 것은 정말 우스꽝스러운 일이 아닐 수 없다. "천부여 의지 없어서 손들고 옵니다"라는 마음으로 빈손과 빈 마음으로 하나님께 돌아가야 한다.

3. 말씀을 되찾아야 할 한국교회

이제 더는 사람의 무엇을 얻기 위해 성경을 써먹는 잘못을 저지르지 말아야 한다. 손해를 입을 수 있고 어려움이 닥칠 수 있더라도 그것이 하나님의 말씀이면 조금도 더하거나 빼거나 하지 않고 그대로 받아들이고 그 뜻을 받들어 살아가는 그리스도인들과 교회가 되도록 해야 한다.

4. 어려울 때 하나님만 의지해야 할 한국교회

하나님이 오늘 우리 시대에도 이 세상 역사를 이끌어 가신다는 사실을 의심하지 않는다면 불의가 나라 안팎에 성행하더라도 한국교회는 하나님만 의지하며 불의에 맞서 하나님의 뜻이 이 땅에 이루어지는 데 참여해야 한다. 무엇보다도 강대국들의 이해관계가 복잡하게 얽힌 가운데서 이 나라 이 겨레를 지키는 길이 어디에 있는지를 깊이 생각하고 연구하여 실천하는 교회가 되어야 한다.

5. 말씀에 비추어 공동체의 죄도 회개해야 할 한국교회

1907년에 일어난 회개운동은 주로 개인의 죄를 인정하고 뉘우치고 고치는 식으로 일어났다. 물론 그런 개인의 변화가 교회 공동체와 사회의 변화로 나아갔지만, 아직 선교 초기였던 그 때와 교회 역사가 120년이 넘어선 오늘의 회개는 그 내용과 방식이 달라질 수 있다. 특히 교회 공동체 곧 교회 전체의 죄를 회개해야 한다는 점에서 그러하다. 앞에서 살펴 본 느헤미야 9장을 보면, 오랜 포로 생활에서 돌아와서 성전도 다시 짓고 예루살렘 성벽도 다시 쌓은 유다 사람들은 에스라와 레위 사람들이 읽어주는 율법 말씀을 듣고 믿음을 새롭게 하면서 무엇보다도 자기들의 죄와 조상들의 허물을 자복했다. 그런 분위기에서 레위인들은 이스라엘 역사를 통틀어 보면서 조상들이 지은 죄를 고백했다. 이는 구약의 중요한 전통 가운데 하나이다. 구약성경에서는 죄를 고백하고 회개하는 일이 개인의 문제인 경우가 드물고 대부분 하나님 백성 전체의 문제로 나타난다. 다윗과 욥의 경우에서 개인이 회개하는 경우를 볼 수 있지만 구약의 대부분, 특히 예언서에서는 이스라엘 백성의 죄를 문제 삼고 있다. 에스라 9장에서 에스라가 회개한 것도 에스라 자신의 죄 때문이 아니라 유다 백성의 죄 때문이었다.

그렇다면, 오늘 한국교회도 개인 차원을 넘어서서 우리 선배 그리스도인들, 지난 120년을 통틀어 우리 한국교회를 두고 그 죄를 고백하고 회개할 필요가 있다. 여기서 제2차 세계대전이 끝난 뒤에 독일 교회가 범죄의 고백문을 정하여 1945년 10월 18/19일에 발표한 사실을 기억해 볼 만하다. 쉬투트가르트 범죄 고백문이 그것인데, 이 고백문을 발표하는 일을 두고 독일 교회 내부에서조차 반대하는 목소리가 없지는 않았다. 그렇지만, 이 범죄 고백문을 발표함으로써 독일 교회와 세계 교회의 관계가 새롭게 열리게 되었다. 다음은 그 가운데 한 부분이다. "…… 바로 우리를 통하여 숱한 민족들과 나라에 끝없는 괴로움이 닥쳤음을 우리는 큰 아픔을 느끼면서 인정합니다. …… 나치 폭력정부에 무시무시한 모습으로 나타난 잘못된 영을 거슬러 지난 여러 해 동안 우리가 예수 그리스도의 이름으로 싸워왔습니다만, 더 용감히 고백하지 못하고, 더 신실히 기도하지 못하고, 더 기쁘게 믿지 못하고 더 뜨겁게 사랑하지 못한 우리 스스로를 고발합니다. ……"

내가 믿는 가정 출신이라면 내 가정이 예수를 믿은 뒤 오늘에 이르기까지 잘못한 것이 없는지도 돌이켜 보면 좋다. 또 자기가 다니는 교회의 역사가 오래되고 교세가 대단하다고 자랑만 할 일이 아니다. 그 오랜 세월이 흐르는 동아 그렇게 교세가 커지는 동안 이 교회가 하나님께 잘못한 적이 없는지를 곰곰 생각해 보고 잘못이 생각나면 온 교우들이 깊이 뉘우치고 용서를 빌며 바로잡아나가야 한다. 우리 장로회신학대학교도 역사가 100년 넘었다고 자랑만 할 것이 아니다. 지난 100년 동안 잘못한 것을 인정하고 뉘우치고 고쳐야 할 점은 없는지, 더 나아가서 우리가 속한 교단, 한국교회가 지난 세월동안 하나님과 민족 앞에 어떤 잘못을 저질렀는지를 깊이 생각해 보아야 한다. 이렇게 생각하면 하나님께 돌아가는 일인 회개는 그저 어느 한 순간에 며칠 만에 끝내버릴 수 있는 간단한 일이 아니다. 내가 속한 가정과 교회와 학교와 교단과 한국교회가 지난 오랜 세월에 걸쳐 잘못한 일이 무엇인지를 깊이 생각해 보고 꼼꼼하게 따져보아야 하기 때문이다. 그뿐만 아니라, 그런 잘못을 고백했을 때 감당해야 할 부끄러움과 이런저런 어려움도 달게 받을 각오를 해야

하기 때문이다. 또 잘못이 너무 오래되어 그 잘못을 바로잡는 데도 시간이 많이 걸리기 때문이다. 이리하여 우리는 어쩌면 적어도 2007년 한 해 동안만이라도 계속 회개에 힘써야 할 지 모른다.

우리 한국교회는 지난 120년 동안 지은 죄 가운데 우리 머리에 가장 먼저 떠오르는 것은 신사참배를 비롯하여 친일의 죄일 것이다. 우리 한국교회는 진심으로 이 신사참배와 친일의 죄를 공개적으로 제대로 인정하고 겨레 앞에 용서를 빌었는가? 매우 안타깝게도 한국교회사 책들을 들추어 보면 이제까지 우리 한국교회는 한 번도 친일의 죄를 제대로 정리한 적도 회개한 적도 없음을 알 수 있다. 우리 한국교회는 참으로 신사참배의 죄를 회개한 교회로서 더 이상 우상을 섬기지 않고 있는가? 힘센 나라에 빌붙어 자신들만의 안전과 번영을 꾀하는 못된 버릇을 버렸는가? 해방 이후 독재 정권에 알고 모르게 협력한 죄, 정부의 위협이 두려워 불의에 함구했던 죄, 이런 죄들을 두고 우리 교단이, 한국교회가 겨레 앞에 공개적으로 인정한 적도 용서를 빈 적도 없다.

통일을 위해 힘써야 하는 사회에서 교회가 앞장서서 대립하고 분열한 죄는 우리가 어떻게 회개해야 할까? 경제절대주의, 실적주의, 성장제일주의에 교회가 굴복한 죄는 또 어떤가? 농어산촌교회와 지역사회를 제대로 돌보지 않는 우리 도시교회의 죄는 어떻게 해야 하겠는가? 여성 교역자들이나 평신도 지도자들의 수고를 제대로 인정하지 않고 그저 남성의 종처럼 부려먹기만 죄는 어떤가?

요즈음 사립학교법 개정 문제를 둘러싸고 시끄럽지만, 그런 사태가 벌어지기 전에, 기독교 학교를 세워 선교에 힘쓴다 하면서 실제로는 사리사욕을 채우느라 이런 저런 못된 짓을 한 그리스도인들을 막지 못한 죄를 우리 교회가 사회 앞에 고백하고 용서를 빌어야 하지 않는가? 그런 사립학교를 우리 스스로 온바른 학교로 만들어야 하지 않았는가?

그렇지만 우리 한국교회가 회개할 죄를 두고 생각할 때 이는 일차적으로 나를 비롯한 교역자들의 죄가 크다는 사실을 인정하지 아니할 수 없다. 앞서 말한 신사참배, 친일, 독재 지지, 분열, 부정, 부패 등의 여러 죄는 교역자들이 앞장서서 저지른 죄들이다. 가슴 아픈 것은 오늘에 이르기까지 이런 죄를 지은 교역자들이 스스로 자신의 죄를 고백하고 자숙하는 모습을 보인 적이 거의 없다는 사실이다.

일제시대에 어떤 양심적인 평신도 아동문학가 한 분은 청소년 시절에 학교 졸업장을 반납했다고 한다. 자기는 열심히 공부하지 않았기 때문에 졸업장을 받을 자격이 없다고 생각했기 때문이라는 것이다. 그런데 우리 교역자들 가운데 신사참배한 죄를 고백하며 스스로 교역자의 일을 일정 기간 동안이라도 하지 않으며 애통해 한 분들이 몇 분이나 계셨는지 모르겠다. 요즈음도 교회에서 목회자가 잘못한 것이 분명히 드러났을 때, 그 잘못을 솔직히 인정하고 하나님과 사람 앞에 뼈아픈 눈물을 흘리며 스스로를 탓하고 삼가는 모습을 보이는 교역자는 거의 만나 볼 수가 없다. 자기의 그릇된 행동을 어떤 식으로든 변명하고 합리화하고 정당화하려고 할 뿐만 아니라 자기를 지지하는 교인들이나 세력을 동원하여 상처받은 사람들을 괴롭히는 일까지 서슴지 않는다. 그래서 나는 예배 시간에 "침묵 가운데 주님만이 아시는 나의 죄를 고백하고 용서를 빌도록 합시다"라는 인도자의 말을 들으면, "뻔히 드러난 죄도 인정하지 않는데……"라는 생각이 들곤 한다.

이 시간 아무래도 나 자신의 죄부터 고백하지 아니할 수 없다. 일찍이 나의 선생님으로 우리 학교에서 오래 교수로 계셨던 박창환 전 학장님이 입버릇처럼 하시던 말씀이 다시 생각난다. "한국교회의 문제는 신학교의 문제요, 신학교의 문제는 신학 교수의 문제입니다. 한국 교회에 문제가 많다면, 이는 교역자들에게 문제가 많기 때문이고, 한국 교역자들에게 문제가 많다면, 이는 교수들이 신학교에서 제대로 가르치지 못한 탓이라 할 수밖에 없습니다."

나 스스로 알고 모르는 사이에 괜히 교수라는 권위에 집착하여 수업 시간이나 일상의 만남 가운데서 학생들이나 선후배 교역자들이나 평신도들에게 오만하게 말하고 행동하여 상처를 준 적이 적지 않았을 터인데 이 죄를 두고 진심으로 용서를 빌고 싶다. 교수로서 열심히 연구하여 교회와 사회의 발전에 조금이라도 이바지할 만한 좋은 논문을 지난 몇 해 동안 한 편도 발표하지 못한 죄도 있다. 제대로 성실히 준비하지 못한 채 허세를 부리면서 임기응변식으로 수업한 죄도 있다. 여러 해 전에는 피곤하고 바쁘다는 핑계로 모처럼 용기를 내어 제 연구실 문을 두드린 학생을 다음에 보자고 하면서 그냥 돌려보냈는데 그 사람이 그 뒤로 끝내 나타나지 않았던 적이 있다. 그 뒤로 그 이름을 기억하면서 기도하지만 다시 만날 수 없어서 미안한 맘을 늘 품고 있다. 그뿐만이 아니다. 나도 모르게 괜히 서양 교회나 신학만

부풀려 소개하고 우리나라 교회나 신학은 내리깎는 식으로 말하여 학생들과 교역자들에게 신학 사대주의를 심어주고 해외 유학을 통한 출세의 허영심만 키워준 점도 있었다.

생각만 하고 고치지 못하는 나의 이런저런 잘못을 인정하고 고백하는 이 순간에도 앞으로 같은 문제에 부딪쳤을 때 나의 태도가 지금과는 달라질 수 있을까 하는 물음에는 자신에게 대답하기가 힘들다. 스스로를 돌이켜 볼 때 비겁하다는 생각을 버릴 수가 없다. 내가 누리고 있는 혜택의 적은 부분이라도 기꺼이 버리는 훈련이 매우 부족하기 때문이다. 또한 불의한 일을 보고 더는 침묵하지 않고 외치는 것이 내가 해야 할 참 회개라면 이 회개를 하기 위해서 내게는 아직 몇 해가 더 필요할지 모르겠다. 이렇게 보더라도 회개는 한 순간에 해치워버릴 수 있는 사건이 아니라 오랜 시간 동안 성령님의 도움을 받아 자기 자신과 싸우면서 자신을 이기고 해내야 할 장기적인 사건이라는 생각이 든다.

이번 사경회를 계기로 우리 모두 다시 한 번 우리 한국교회 전체를 죄를 곰곰이 생각해 보고 뉘우치고 고백하고 용서를 빌며 바로잡아 가는 길을 이전보다 더 본격적으로 앞으로 계속해야 하리라 생각한다. 그렇다면 우리가 함께 모여 큰 소리로 기도하고 손들고 찬양하며 again 1907을 외칠 뿐만 아니라 각자 홀로 조용한 가운데 기도실에서, 골방에서, 강의실에서, 예배당에 꿇어 엎드려 오늘 우리 한국교회를 향한 하나님의 뜻을 헤아리고 깨달은 대로 우리의 어그러진 공동체를 바로잡기 위해 몸부림치는 일에 더욱더 힘을 모아야 하지 않을까? 이는 그야말로 피말리는 괴롭고도 힘든 일이라 하지 않을 수가 없다.

6. 부흥의 총체성과 전면성과 공동체성

부흥은 그냥 일어나지 않는다. 하나님이 당신의 일을 되살리실 때, 그 하나님의 뜻을 깨달은 사람들이 하나님의 말씀에 맞추어 개인과 공동체의 삶을 총체적으로, 전면적으로 바꾸어 나갈 때 일어나는 사건이다. 그리하여 개인뿐만 아니라 교회 공동체와 민족 공동체와 세계 공동체가 발전하고 성숙하는 방향으로 돌아서는 사건이다. 특히 하나님의 교회가 "그리스도의 장성한 분량이 충만한 데까지 이르"(엡

4:13)려고 다시 몸부림치는 사건이다. 내 표현이 좀 거칠기에 용서를 바라지만, 그저 몇 번 요란하게 찬양하고 성경 좀 읽고 통성기도하고 눈물 조금 흘리면서 회개를 끝내버리는 정도로는 그런 부흥을 경험할 수 없다. 나날의 삶에서 자신과 공동체의 문제를 두고 진지하게 고민하고 간절히 기도하며 자기에게 닥칠 손해와 부끄러움을 무릅쓰고 잘못을 바로잡아 나가는 가운데 하나님의 부흥을 맛볼 수 있지 않겠는가?

Ⅵ. 나오는 말

이스라엘의 역사에서 본 오늘 한국교회의 진정한 부흥 - 내가 받은 이 숙제를 이제 끝맺으려고 한다. 여기서 이 숙제에 답한 내용은 구약성경을 조금이라도 읽어 본 사람이라면 어렵지 않게 알아차릴 수 있는 상식에 속하지만, 나는 새삼스레 길게 늘어놓았다. 이스라엘은 이 세상 어느 겨레도 누리지 못한 놀랍고도 큰 은혜를 하나님께 입고서도 하나님의 말씀을 듣지 않고 하나님을 배신했다. 나라가 어려울 때 하나님을 의지하지 않고 그들 가운데 있는 약자들을 억눌렀다. 이런 상황에서도 대부분의 종교지도자들은 경박하고 거짓되이 처신했다. 이스라엘은 끝내 하나님께 돌아오기를 거부했다. 요시야 왕이나 에스라 느헤미야처럼 힘을 다해 겨레의 부흥과 재건을 위해 헌신한 사람들이 없었던 것은 아니지만 이스라엘 역사를 통틀어 보면 이스라엘은 한 번도 제대로 부흥해 보지 못한 채 사그라졌다.

우리 한국교회와 한국사회도 이스라엘 못지않게 하나님께 말로 다할 수 없이 큰 은혜를 입었다. 그런데도 또한 이스라엘 못지않게 하나님을 거슬러 겉으로는 큰소리치지만 속으로는 큰 위기감을 느끼고 있다. 하나님과 우리 사이를 가로 막는 죄들이 크기 때문이다. 이런 상황에서 하나님이 다시 은혜를 베풀지 아니하시면 우리 힘만으로는 다시 살아날 수가 없다. 그 은혜를 진심으로 갈구하면서 우리는 우리 나름대로 하나님께 돌아가기를, 말씀을 되찾기를, 하나님만 의지하기를, 한국교회 전체의 죄 고백하고 잘못을 바로잡기를 더욱더 힘쓰지 아니할 수가 없다. 이것이 우리 한국교회가 진정으로 부흥하는 길이다.

통합적 통일을 위한 통일신학의 정립과 실천의 과제

임 성 빈
(장로회신학대 교수, 기독교와 문화)

Ⅰ. 21세기 과제로서의 통일

2000년 6월 15일에 남북한의 두 최고 지도자가 발표한 '6.15 남북공동선언'은 해방 이후 갈등과 대립으로 점철된 남북관계를 화해와 협력의 차원으로 반전시켰다는 점에서 역사적 사건으로 평가된다. 이후 남북관계는 다소의 우여곡절 속에서도 수차례의 장관급 회담을 비롯하여 각종 당국자간의 회담이 진행되면서 정부차원의 대규모지원과 함께 민간차원의 교류도 획기적으로 증가하는 듯 했다.

그러나 2001년 1월 부시 행정부의 등장 이후 한반도 정세는 긴장국면에 들어서게 되었다. 국제적인 차원에서는 국가미사일방어체제(NMD)를 개발하려는 미국의 입장과 이에 강력히 반발하는 중국과 탄도탄요격미사일협정(ABMT)을 유지 강화시키려는 러시아 입장이 첨예하게 대결하기 시작하였다. 남북차원에서는 제 5차 장관급회담의 돌발 무기연기와 김정일 위원장 서울 답방 합의가 지연되었으며, 남한 국내차원에서는 경제적 어려움 속에서 대북 원조 지속여부와 김정일 위원장 답방 여부에 대한 문제를 놓고 남남갈등이 심화되는 양상이 심화되게 되었다. 이러한 갈등은 북핵문제의 부상과 북한의 핵실험으로 더욱 악화되었다. 그러나 우여곡절 끝에 성사된 2.13 북핵 합의로 인하여 남북문제는 북한의 핵보유상황에도 불구하고 새로운 국면에 접어들고 있다.

한반도에서 전개되고 있는 이러한 일련의 정황들은 남북의 진정한 화해와 협력을 가능케 하기 위하여 우리가 해결하여야 할 문제들의 범위와 성격을 구체화시켜 주었다는 점에서 의미를 갖는다. 남북의 화해와 협력은 국제적인 차원에서의 환경 조성과 남과 북 사이에서 뿐만이 아니라 남과 북 내부에서의 이해와 신뢰를 전제로 한다.

21세기를 맞이하는 한국 신앙인들이 감당하여야 할 과제들 중 하나는 분명히 통일이다. 물론 통일은 한국인들 모두가 책임지고 실천하여야 할 21세기의 과제이다. 그러나 통일은 특별히 신앙인들의 과제가 되어야 한다. 그것은 온갖 인간적인 수단과 방법이 동원된다고 하더라도 통일의 완성이란 매우 어려운 과제이기 때문이다. 또한 모두가 바라는 바람직한 통일, 즉 평화로운 통일은 하나님과 인간, 인간과 자연, 인간과 인간사이의 화해로 상징되는 기독교 복음의 핵심이 구체적으로 실천되었을 때만이 가능한 것이기 때문이다.[1)]

통일은 입술로 완성되는 것이 아니다. '우리의 소원은 통일'을 매일 아침, 저녁으로 눈물을 흘리며 부른다고 하여서 저절로 이루어지는 것은 아니다. 그만큼 민족감정이상의 현실적 문제들이 통일의 길에는 산적하여 있다. '우리는 하나다'라는 당위적 통일론은 적지 않은 사람들의 민족감정을 일깨워 통일 장정에 참여하도록, 동기를 부여하는 역할을 할 수 있다. 그러나 '우리는 하나다'라는 민족적, 역사적 당위론은 곧 '그러나 남과 북은 매우 다르다'는 현실인식에 의하여 주춤거리게 된다. 나아가 정치경제적인 현실에서 볼 때, 멀어만 보이는 통일에의 여정과, 감당할 수 없이 크게만 보이는 통일비용은 적지 않은 사람들을 오늘의 현실에 안주하도록 유혹하고 있다.

우리는 이러한 비관적 현실인식 자체를 부정적으로 보지는 않는다. 오히려 이러한 회의론이 맹목적인 환상적 통일지상주의보다 현실적인 것이기 때문이다. 평화통일은 분명한 현실인식으로부터 출발되어야 하기 때문이다. 통일이라는 과제는 감정에 의하여 한 순간에 이루어지는 것이 아니기 때문이다. 매일 매일, 조금씩 조금씩, 우리의 마음과 행동이 바뀌면서, 결국 우리가 몸담아야 할 체제 자체도 모두가 동

---

1) 물론 이것은 기독교인들만이 통일을 이룰 수 있다는 말은 아니다. 진정한 의미에서의 평화통일은 신앙적인 차원에서만 가능할 정도로 어렵다는 것을 강조하기 위한 표현이다. 또한 그 어려운 평화통일의 과제수행을 위한 신앙인들의 책임적인 자세를 강조하기 위함이다.

의할 수 있는 통합적인 형태를 취하여야 할 것이기 때문이다.

우리가 경계하는 것은 암울해 보이는 현실인식에 함몰되어 비관적인 자세로 현실에 안주하는 삶의 태도이다. 우리의 통일방법론은 될 수 있는 대로 명확한 현실인식을 기초로 평화통일이라는 이상을 놓치지 않으면서 구체적인 접근을 하여 나가는 것이어야 한다. 이러한 접근은 통합적인 통일을 지향하는 통일신학을 기초로 전개되어야 할 것이다. 그러므로 통일신학의 정립이 본 소고의 기본적 관심이다. 나아가 한국교회와 신앙인들이 통일을 위하여 지금, 현재 (hic et nunc) 공헌할 수 있는 구체적 실천도 모색하고자 한다.

1. 통일의 당위성에 대한 도전과 과제

1) 역사적, 민족적 관점에서

'우리는 하나다'로 상징되는 통일의 역사적, 민족적 당위성에 대한 주장은 통일논의를 촉발케 하는 기본정서를 조성하는 데에 큰 역할을 한 것이 사실이다. 우리 모두가 배달겨레요 단군의 자손이라는 민족공동체 구성신화는 이러한 주장이 더욱 포괄적으로 받아들여질 수 있는 배경을 조성한다. 이러한 관점에서 본다면 통일논의에 적극적이지 않다거나, 통일운동에 참여하지 않는 사람들은 반 역사적이며, 반 민족적인 사람들이다. 이러한 관점은 자신을 한민족 구성원 중의 한 사람이라고 생각하는 모든 사람들에게 자신의 이익이나 그 어떤 이데올로기 보다 우선하는 최우선 과제로서 통일을 인정할 수밖에 없는 당위성을 제공하는 장점이 있다.

그러나 이와 동시에 '우리는 하나다'라는 민족적, 역사적 호소는 '우리가 남이가'로 상징되는 지역이기주의와 민족이기주의 내지는 국수주의로 오도될 위험성도 가지고 있다는 사실이 동시에 지적되어야 할 것이다. 지역공동체와 세계공동체를 위한 민족공동체라는 포괄성이 자칫 '우리는 하나다'라는 관점에서는 간과될 수 있기 때문이다. 또한 한반도에서의 국가는 단일국가여야 한다는 주장에 대하여서도 회의적인 관점에서의 질문이 대두될 수 있다. 5000여년의 역사를 통하여 한반도가 얼마 동안이나, 얼마만큼의 영역에서 단일국가로 존재하였었는가에 대한 질문은 역사적, 민족적으로 우리는 하나다라는 주장의 당위성을 도전할 수도 있는 것이다.

그러므로 진정한 통일준비는 우리 민족의 역사적, 민족적 하나됨에 대한 객관적 연구와 함께 지구촌사회에 공헌할 수 있는 미래지향적 역사적 민족관을 향하여 남과 북이 함께 수렴하여야 한다는 과제수행으로 구체화되어야 할 것이다.

2) 사회문화적 관점에서

'우리는 하나다'라는 통일에의 당위성으로부터 촉발되어지는 남과 북의 만남은 오히려 통일의 현실적 가능성이 매우 어렵고 긴 과정을 필요로 하는 현실임을 깨닫게 한다. 특별히 '폐쇄적 주체문화'와 '상업적 대중문화'로 상징되는 북과 남 사이의 엄연한 사회문화적인 차이는 많은 사람들에게 깊은 좌절감을 느끼게 한다. 이러한 사회문화적 차이에 대한 인식은 과거에 가졌던 '뿔달린 공산당'식의 인식보다 오히려 통일에 대한 어려움을 절감케 한다. 쉽게 극복할 수 없어 보이는 심각한 사회문화적 차이는 통일의 열정을 식게 만들며, 나아가 좌절감마저 느끼도록 하기 때문이다. 만나기만 하면 내가 도움을 줄 수 있다고 생각하였던 북한인식이나, 내가 가진 힘으로 혼내 줄 수 있다고 생각하였던 북한인식보다는 결코 만만찮은 자존심과 힘을 가진 북한으로서의 현실인식은 통일의 어려움을 절감케 한다.

심각한 사회문화적 이질감은 도대체 어떻게 통일이 가능할는지에 대한 염려뿐만이 아니라, 통일이 된다고 하더라도 어떻게 같이 살 수 있을 것인가를 심각하게 고민하도록 만들고 있다.[2] 이러한 현실적 좌절감은 오랜만에 만나도 껄끄러운 상대인데 굳이 함께 살면서 어려운 상황을 더욱 악화시킬 필요가 있겠느냐는 통일회의론을 낳는 정서적 환경을 조성할 수 있다는 점에서 통일준비를 위하여 극복되어야 할 주요한 과제 중 하나로 부각되고 있다.

3) 정치경제적 관점에서

통일이 되면 우리는 어떠한 나라에서 살 것인가? 즉 통일한국은 어떠한 정치경제체제를 갖춘 나라가 되어야 할 것인가? 사실 이러한 질문을 의식하지 아니하고

2) "호시탐탐 남침을 노리는 북한"이라기 보다는 "덜 떨어진 북한" "촌스런 북한"이라는 표현으로써 더욱 포용하기 어려운 대상으로서 인식되기 시작함(김명섭, "통일방안으로서의 고려문명권" 한홍수 (편) 「한국정치동태론」(서울: 오름, 1996), p.771

통일준비를 진행할 수는 없다. 그러나 이러한 질문을 앞세우면 통일준비는 더욱 어려워 질 수도 있다. 왜냐하면 특정한 정치경제체제로의 통일을 전제한다면 그 체제를 반대하는 사람들은 통일자체를 반대할 것이기 때문이다. 이미 대한민국이라는 정치경제적 틀 안에서 사는 사람들 사이에서도 내각제와 대통령제 사이에 많은 이견이 노출되고 있는데, 사회주의에 바탕을 둔 주체사상과 자유민주주주의 체제라고 하는 정치경제체제를 놓고 지난 수 십년간 전쟁을 치르면서까지 경쟁한 이질적 집단에 속한 다양한 사람들이 통일 전에 통일 후의 체제에 대하여 합의를 모색할 수 있을까?

더욱이 구소련과 동구사회주의권 몰락이후에 더욱 강화되고 있는 북한 지도층내의 위기감이 그들 간의 결속을 더욱 강화시켜 주고 있다는 사실이 위와 같은 염려를 더욱 뒷받침하여 준다. 남한정부에 의한 흡수통일은 곧 사회주의체제 내에서의 기득권자들의 몰락을 의미한다는 현실인식과 또한 그러한 염려를 더욱 부추기도 있는 선전선동은 전쟁불사론 까지도 쉽게 조장할 수 있는 정서적 공감대를 형성할 수 있다. 물론 대다수의 남한에 사는 사람들로서는 북한식 통일체제는 상상할 수조차 없는 것이다. 과연 이러한 상반된 현실 속에서 전쟁 없는 평화통일이 가능할 것인가?

더욱이 아직도 북한에서는 물론 남한에 사는 일부 사람들조차도 사회주의 자체는 자본주의보다 도덕적으로 좋은 것인데, 북쪽의 일부 당간부들이 잘못하여 경제적인 어려움을 겪고 있다는 인식이 존재한다. 이러한 상황 속에서는 북한정권이 붕괴하더라도 사회주의는 좋은 것이라는 생각을 계속 유지하게 될 수도 있을 것이다. 이러한 정치경제적 현실에 대한 냉철한 인식에 바탕을 두고 수행되어야 할 통일과제는 다시 한 번 우리들에게 벅찬 과제로 다가 온다. 통일이란, 특별히 평화통일이란 참으로 단순한 문제가 아니라는 사실을 실감케 하여 준다. 통일에의 당위성에는 누구나 공감할 수 있지만, '어떻게'의 문제에 이르러서는 그중 절반 이상의 사람들이 좌절감에 빠지게 된다. 그렇다면 과연 '어떤 통일'이어야 하는가 라는 최종적인 문제에는 얼마만큼의 사람이 동의를 이룰 수 있을 것인가?

그러므로 평화통일을 위한 우리의 통일준비는 체제통합적인 정치경제적 비전을 요청한다. 여기에서 체제 통합적이라 함은 획일적인 하나의 정치경제체제만을 의미하는 것은 아니다. 통일한국의 시민들이 받아들일 수 있는, 즉 대다수의 남북한주민들의 동등한 생존권과 번영권을 담보하는 정치경제체제를 의미한다. 과연 그러한 체제통합이 가능할 것인가? 물론 매우 어려운 과제이다. 그러나 진정한 평화통일은 독일통일의 시행착오가 이야기하여 주듯이 통일국가의 구성원 중 일부만을 중심으로 한 통일, 즉 흡수통일로서는 성취될 수 없다는 점을 우리는 분명히 하여야 할 것이다. 이러한 관점에서 정치경제적 관점에서의 통일과제는 민족구성원 모두의 유익을 담보할 수 있는 더욱 복합적인 체제통합의 가능성을 준비하여야 한다는 벅찬 과제로 도전하고 있다.

2. 신앙적 과제로서의 통일: 하나님은 통일을 원하실까?

지금까지 우리는 통일의 당위성에 대한 근거와 도전적 현실을 역사적, 민족적 관점에서, 사회문화적 관점에서, 또한 정치경제적 관점에서 간략하게 살펴보았다. 위에서의 관찰을 통하여 우리는 통일에로의 길이 매우 험난한 그것임을 다시 한 번 확인할 수 있었다. 바로 이러한 객관적 현실인식은 우리에게 통일이 매우 신앙적인 과제임을 알려 준다. 물론 통일준비는 매우 치밀하게 준비되어져야 한다. 감상적인 통일론만으로 감당하기에는 너무나도 벅찬 현실이며, 미래이다. 그 벅찬 현실과 미래를 극복하기 위하여서는 통일준비를 신앙적인 차원으로 이끌어 올려야한다. 그것은 인간적인 어려움을 극복할 수 있는 힘이 신앙적인 차원에서 가능하기 때문이다. 즉 엄청난 통일비용에 대한 부담감, 이질적인 사회문화적 현실에 대한 좌절감, 통일 후의 혼란을 방지할 수 있는 정치경제적 체제통합에 대한 부담감 등으로 인하여 통일을 기피하며 현실에 안주하는 삶으로 나타나는 자기중심성을 극복할 수 있는 돌파구는 통일을 신앙적인 차원으로 승화시키는 데에서 가능하기 때문이다.

신앙적인 차원이란 삼위일체 하나님에 대한 절대적 신뢰와 충성이 바탕이 되는 삶을 말한다. 하나님 이외에는 그 어느 것도 우리의 신뢰와 충성의 절대적 대상이 될 수 없음을 말한다. 그러므로 하나님이 원하시는 하나님 사랑, 이웃 사랑보다도 자신의 경제적 이득이나, 사회문화적 안정이나, 정치경제적 권력을 유지함을 앞세우는 자세는 신앙적인 자세가 아니다.

신앙이란 또한 그리스도를 통한 십자가의 사랑으로 확증된 하나님의 주권에 대한 믿음으로부터 소망을 가지고 살아가는 삶의 태도를 말한다. 그러므로 아무리 현실이 어두워 보이고, 미래마저 암울해 보인다고 하더라도 종말적인 소망을 가지고 살아가는 것이 신앙적인 삶의 태도이다. 그러므로 통일을 기대할 수 있는 사회문화적, 정치경제적 조건이 아무리 열악하다고 하더라도 하나님의 주권과 사랑에 대한 믿음을 가지고 '그럼에도 불구하고'통일준비를 하여 나갈 수 있는 힘은 신앙으로부터 가능한 것이다.

그러나 우리가 먼저 확인하여야 할 물음이 있다. 과연 하나님은 통일을 원하시는가? 즉 통일에 대한 신앙적, 신학적 당위성이 적절하게 응답되어질 때, 신앙으로서의 통일준비가 그 정당성을 인정받게 될 것이다. 그런 의미에서 우리는 물어야 한다. '하나님은 통일을 원하시는가?'

1) 하나님은 통일을 원하신다!

왜냐하면 하나님께서는 자매, 형제끼리 불화하며 사는 것을 원치 아니하시며, 화목하게 사는 것을 원하시기 때문이다. 예수님께서는 심지어 예물을 제단에 드리는 것보다 형제와의 화목이 우선임을 분명히 하셨다. (마 5:23~24) 지난 반 세기동안 우리 민족은 이유야 어찌되었건 서로 피를 흘리면서까지 반목하며 살아왔다. 이것은 서로 사랑하라는 새 계명에 대한 정면도전 이었다. 이제 우리는 서로 화해하여야 한다. 우리가 서로 용서함에 바탕을 두고 화해하여 우리의 아버지 되신 하나님을 기쁘시게 하여 드려야 한다. 그러므로 하나님은 우리의 온전한 화해의 통일을 원하신다

2) 하나님은 통일을 원하신다!

왜냐하면 분단이라는 지리적, 정신적 허리잘림은 이산가족을 포함한 많은 사람들로부터 서로 사랑할 수 있는 기회를 앗아가고 있기 때문이다. 서로 사랑할 수 있는 공간적 시간적 기회를 강탈하고 있다는 점에서 분단은 하나님의 계명과는 어긋난다. (마 22:37~40, 요 13:34~35) 그러므로 하나님은 서로가 마음껏 사랑할 수

있는 공간과 시간의 통일을 원하신다!

3) 하나님은 통일을 원하신다!

왜냐하면 분단상황은 남과 북 양편에 모두 정치경제적 부정의와 그로 인한 사회문화적 왜곡현상을 유발하고 있기 때문이다. 하나님의 형상대로 지어진 인간으로서의 존엄성, 즉 인권이 인정받지 못하는 상황이 분단이라는 특수한 상황을 빌미로 정당화되고 있는 이 현실은 하나님이 원하시는 그것이 아니다. 그러므로 하나님은 인간의 존엄성이 존중되어지는 통일을 원하신다!

4) 하나님은 통일을 원하신다!

왜냐하면 분단으로 인하여 우리의 하나님 찬양이 온전하여지지 못하기 때문이다. 때로는 하나님을 자신의 이데올로기로도 사용한다. 때로는 하나님께 드리는 예배마저 정치적으로 억압받기도 하며, 또한 정치적으로 이용되기도 한다. 하나님께서는 우리로부터 온전한 예배 받으시기를 원하신다. 그러므로 우리는 하나님이 우리 민족이 평화롭게 하나님을 '신령과 진정으로' 예배할 수 있는 맥락이 보장되는 통일을 원하심을 믿는다! (요한 4:24)

5) 하나님은 통일을 원하신다!

왜냐하면 하나님은 만물의 통일됨을 원하시기 때문이다. 만물의 통일됨을 통하여 하나님은 영광 받으시기를 원하신다. 통일과 하나님의 영광 받으심, 즉 예배는 서로 직결된다.(엡2:4) 참된 영적 예배는 우리의 몸들을 하나님이 기뻐 받으시는 산 제사로 드리는 것, 즉 삶으로 드리는 것이라는 의미에서도 분단된 남과 북은 온전한 영적 예배를 못 드리고 있다. 분단이데올로기와 현실은 분단시대를 살아가는 신앙인들마저도 이웃을 사랑할 수 없도록 만들었다. 오히려 누가 나의 적인가를 열심히 살피며 나의 생존을 모색하게 만들었다. 나아가 남북한간의 긴장상황은 군비확장을 부추김으로 인하여 동북아지역의 평화에도 위협이 되고 있으며, 나아가 세계평화에도 매우 위협적인 역할을 하고 있다.

이런 상황에서 하나님의 피조 세계를 이웃으로서 나의 몸과 같이 사랑하며 살아감으로써 하나님께 진정한 영적 예배를 드리는 것은 참으로 어려운 일이다. 이제 우리는 세계를 사랑하는 공동체가 되기를 원한다. 그럼으로써 하나님께 영적 예배를 드리기를 원한다.(롬 12:1) 이러한 관점에서 우리는 다음의 사실을 믿을 수 있다. '하나님은 하나님의 영광을 최종 목적으로 하는 만물의 통일됨의 주요한 한 부분으로서의 한반도의 통일을 원하신다!'

3. 통일실천을 위한 교회의 과제

통일이 하나님이 원하시는 것임을 확인한 이상, 통일은 신앙인들의 과제이다. 또한 인간적인 모든 노력으로도 남과 북이 원하는 통일을 달성하기는 어렵다는 현실인식이 가져오는 좌절감의 극복은 신앙적인 차원의 통일준비를 요청한다. 이제 우리는 남과 북의 화해를 전제와 목표로 하는 평화통일을 위한 교회의 준비를 구체적으로 모색하고자 한다.

1) 평화통일을 위한 통일신학의 정립

(1) 성경적 토대구축

무엇보다도 먼저 우리는 분단이데올로기에 의하여 영향 받았던 기존의 해석틀을 벗어나서 하나님께서 원하시는 통일조국의 모습과 거기에까지 이르는 과정에 대한 성경적 토대를 구축하여야 할 것이다. 구약성경 읽기를 통하여 우리는 정의와 사랑을 담보하는 언약(covenant) 공동체를 발견할 수 있다. 하나님 중심의 공동체를 가능케 하여주는 언약의 틀 안에서 이스라엘 공동체에게 주어진 율법이 은혜였음을 우리는 발견하다. 안식년과 희년을 비롯한 수많은 규정들은 인간들의 자유를 억압하기 위한 도구가 아니었다. 오히려 정치경제적 부정의로부터 공동체를 보호하기 위한 강력한 제도적 장치였다. 구약 읽기는 하나님과의 언약은 모든 인간의 삶의 전 영역에 미치는 것이었음을 우리에게 깨우쳐 준다. 예컨대 노아와의 언약으로부터는 하나님의 언약 대상에는 인간뿐만 아니라 자연도 포함되어 있다는 사실이 발견된다.

우리가 꿈꾸는 통일공동체는 기본적으로 언약공동체적인 성격을 가져야 한다.

무엇보다도 이것이 의미하는 바는 우리가 그리는 통일공동체가 하나님을 중심으로 하는 공동체이어야 한다는 것이다. 그것은 곧 남이나 북 중 어느 한 편의 사람들만을 중심으로 하는 통일공동체가 되어서는 안 된다는 것이다. 하나님이 사랑하는 피조물로서의 남북한 모든 국민들을 위한 공동체를 지향하여야 한다는 것이다. 나아가 이 통일공동체는 남북한 국민들만을 위한 것이 아니라, 동아시아와 아시아, 나아가서는 전 인류와 우주공동체의 자유와 정의를 담보하는 그것이어야 한다는 포괄적 도전으로써 구약성경은 우리에게 다가온다.

나아가 신약성경 읽기를 통하여서 그러한 우주공동체를 이루어 가는 하나님의 방법을 우리는 발견할 수 있다. 신약성경은 우리에게 만유의 화해와 통일을 주관하시는 분으로서의 하나님을 증거한다. 또한 피보다 진한 물, 즉 세례로써 탄생하는 교회를 통하여 이러한 화해와 통일이 진행되어 가는 역사와 섭리를 우리에게 보여준다. 그러므로 민족적, 역사적 단일성에 기초한 통일논의는 전 인류의 화해와 통일을 위한 섬김 공동체를 지향하는 담론으로 승화되어야 할 것이다. 특별히 신약성경은 예수 그리스도의 가르침과 십자가로서, 진정한 화해와 통일은 용서를 전제로 한다는 사실을 분명히 들려주고 있다. 통일과 화해와 용서는 신구약 성경을 통하여 우리에게 다가오는 신앙적 도전과 과제를 잘 요약하여 준다. 용서 없는 화해는 불가능하며, 화해 없는 통일은 불행하며 불완전한 것이라는 사실을 우리는 성경으로부터 발견하며 확인할 수 있는 것이다.

더욱 구체적인 신약성경 읽기를 통하여 우리는 약한 자와 강한 자가 함께 하는 공동체 유지의 방법을 배울 수 있다. 특별히 고린도전서 12:12~27이나 사도행전 2:42~47로부터 우리는 상이한 문화적 배경에서 성장한 사람들이 함께 지낼 수 있는 방법을 배운다. 즉, 서로 섬기며, 약한 자를 우선적으로 배려하고, 능력 있는 자들이 공동체를 세우기 위해 섬기는 생활 등을 배운다.

(2) 신학적 토대구축

사회문화적, 정치경제적 이질성의 극복은 강력한 민족공동체의식을 필요로 한다. 그러나 반 세기이상을 이질적인 역사적, 민족적 교육체제아래에서 지내왔으며, 더욱이 전쟁까지 불사하면서 적대적인 이데올로기로써 갈등하여 왔던 사람들에게 갑

자기 통일된 민족공동체의식을 요구한다는 것은 쉬운 일이 아니다. 바로 이때 요청되는 것이 지금까지의 역사적, 민족적 교육과 사회문화적 이질감과 정치경제적 체제차이를 상대화시키면서 하나의 민족공동체를 담보하여 줄 수 있는 초월적인 토대이다. 우리는 이러한 초월적 토대를 신학적인 관점에서 발견할 수 있다. 즉 하나님은 어느 누구만의 하나님이 아니며, 우리 모두의 창조자이시며, 심판자이시며 구원자이시라는 사실은 남과 북 중에 어느 한쪽 공동체의 역사, 문화와 체제만을 절대화하려는 유혹으로부터 우리를 자유케 한다.

또한 성육신하신 그리스도로부터 우리는 통일준비에 임하는 이들이 가져야 할 기본적인 태도와 정신의 모형을 발견한다. 특별히 북한과의 경제적 격차와 사회문화적 이질감으로 인하여 야기되는 남한 사람들의 겸손하지 못한 자세는 성육신의 정신으로 새롭게 거듭나야 할 것이다. 또한 구원의 역사를 이루어 가는 과정에서 사람들로 하여금 오로지 하나님께만 영광을 돌리도록 하기 위하여 자신을 낮추고 숨기며, 남에게 자신의 능력을 과시하기 위하여서가 아니라 약한 자와 굶주린 자와 애통해 하는 자들을 불쌍히 여기는 마음에서 기적을 행하시는 예수님의 모범으로부터 우리는 통일장정에 임하는 자세의 모범을 발견할 수 있다.

성령님과의 교제로부터 시작되며, 인도되는 성화된 삶은 신앙인들로 하여금 "일상적인 삶의 거룩성(sanctity)과 창조의 거룩한 신비"를 새롭게 발견할 수 있도록 이끈다.[3] 예컨대 우주의 주인되신 하나님이 우리에게 관심을 기울이고 계신다는 사실을 깨닫게 된 사람은 자연히 우주 공동체에 대한 관심과 참여를 하게 된다. 그것은 성령의 교제(koinonia)는 성령에 의하여 형성된 공동체의 몇몇 만이 아닌 모든 지체들에 대한 섬김(diakonia)으로 인도하기 때문이다.[4] 나아가 하나님이신 성령님과의 교제는 우리로 힘이 있다고 하여 남을 억압하는 삶이 아닌, 즉 폭력적 무력사용을 포기함으로 가능하여지는 공생적인 평화의 삶으로 인도한다.[5] 우리는 성령님과의 교제로부터 우리의 통일이 왜 평화통일이 되어야 하는 지를 더욱 분명히 할 수 있으며, 통일방법론 역시 평화적인 것이 되어야 한다는 확신을 갖게 된다.

---

3) Moltmann, *The Life of Spirit*, p.171.

4) Ibid., pp.299~300.

5) Ibid., p.172.

동시에 성부, 성자, 성령되신 하나님의 삼위일체적 존재양식은 사회 구성원들 사이에 정의로운 조화와 협동과 사랑의 관계, 즉 사회적 삼위일체의 모형을 강력히 제시하여 준다. 그러므로 통일후의 체제는 그 형태가 어떠하든지 내용에 있어서는 공동체 구성원들의 협동과 사랑에 바탕을 둔 정의로운 조화로 채워져야 한다는 방향성을 분명히 하여 준다. 성부, 성자, 성령 사이의 삼각적 관계성, 즉 삼위일체적 교제는 인간사회의 영원한 표본으로서 기존의 모든 사회들에 대한 비판의 준거가 될 수 있다.[6] 레오나드 보프에 따르면, 개인적인 차원에서의 삼위일체는, 하나님의 형상을 따른 인간이 된다는 것은 곧 거미줄과 같이 연결되어진 영원하며 적극적인 관계성안에서 사는 것임을 뜻하는 것이다. 반면에 사회적인 차원에서의 삼위일체는 "삼위일체의 표본을 따라 출현하게 될 사회는 친교(fellowship)와 기회의 균등과 관대함(generosity)이 담보된 사회를 뜻한다"고 주장한다.[7] "삼위일체적인 삶을 산다는 것은 곧 하나님의 삶을 사는 것이다." 그것은 곧 "하나님의 집안에 있는 모든 피조물과 조화와 교제를 이루며 함께 살아감"[8]을 의미한다. 이러한 관점으로부터 우리는 다음과 같은 사실을 추론할 수 있다.

우리는 삼위일체적인 신앙을 삶으로써 "하나님은 다른 만물들을 힘으로 억압하시려 하지 않으며, 오히려 그 힘과 삶을 나눔으로써 공동체를 이루려 하시는 분"임을 확신할 수 있게 된다. "삼위일체의 하나님의 능력(power)은 강제적인 것이 아니며 오히려 창조적이며, 희생적이며, 다른 이들에게 힘을 불어 넣어 주는 사랑(empowering love)이다."[9] 이제 우리는 삼위일체로 존재하시며, 역사하시는 하나님으로부터 다음과 같은 통일공동체 구성을 위한 윤리적 기준을 주장할 수 있다. "자기 나눔(self-sharing), 이웃 돌보기(other-regarding), 그리고 공동체를 형성하는 사랑(community-forming love)"[10]이 그것들이다.

---

6) Leonardo Boff, *Trinity and Society* (Maryknoll, New York:Orbis Books, 1988), p.148.

7) Ibid., pp.149~150.

8) Ibid., pp.400~401.

9) D. Migliore, *Faith Seeking Understanding* (Grand Rapids, Michigan: Wm.B. Eerdmans Publishing Co., 1991), p.63.

10) Ibid., p.64.

(3) 기독교윤리학적 토대구축

신앙은 하나님의 우리를 향한 구원의 부르심으로부터 출발한다. 이때 우리의 하나님의 은혜에 대한 응답은 성령의 교제와 성화의 사역으로 인하여 주도적으로, 그러나 상호응답적으로 시작되는 것이다. 그러므로 우리들의 응답은 전인적인 응답이며 그 응답의 장은 하나님이 관계하시는 모든 영역, 우리의 삶의 모든 영역으로부터 전우주적인 차원에 걸쳐서 이루어져야 할 것이다.

기독교윤리학은 우선적으로 신앙인들의 책임적인 삶에 관심을 가진다. 과연 "책임"("responsibility")과 우리의 신앙과는 어떠한 관계가 있겠는가? 한 마디로 우리의 신앙의 깊이와 넓이가 곧 우리의 책임으로 구체화되어지는 것이다. 예컨대, 성령의 교제와 성화의 사역을 통하여 이루어지는 매 순간 순간의 회개는 우리로 하여금 삼위일체 하나님에 대한 좀더 온전한 이해에로 인도한다. 회개를 통하여 우리는 하나님이 항상 나의 생각보다 크신 분인을 깨달으며 종전에 가지고 있던 나의 편견에서 비롯되는 온갖 우상들을 부순다. 그러므로 성령의 역사는 책임 있는 그리스도인들로 하여금 우상타파적 특성을 갖게 한다. 또한 성령과의 교제로 인하여 가능하여지는 우리의 삼위일체적인 하나님에게로의 돌아섬, 즉 회개는 우리의 이웃이 확대되어 가는 모습을 보여준다. 예컨대 회개하기 전에는 원수였던 사람이 혹은 나와는 아무런 관계가 없다고 생각되었던 사람이, 이제는 우리 아버지의 또 다른 자손이라는 점, 즉 나의 형제요 자매라는 사실이 우리에게 깨달아질 때 나의 이웃은 더욱 확대되어 가는 것이다. 그러므로 북한의 주민은 나의 원수가 아니라 '형제요 자매'인 것이다.[11]

우리가 적극적으로 지향하여야 할 책임윤리는 역사적, 사회문화적, 정치경제적 이질감에도 불구하고 남과 북 모두를 주관하는 하나님의 주권과, 남과 북 모든 사람들의 창조주이시며, 남북 모두의 역사의 주관자이시자 구속주로서의 하나님, 즉 삼위일체 하나님을 통전적으로 신앙함으로부터 비롯되는 통일공동체적 삶의 의식이요 양식이다. 이러한 삶의 의식과 양식은 남과 북의 문제가 모두 나의 문제가

11) 궁극적으로 창조주 하나님을 주인으로 하는 모든 세상이, 물론 자연까지도 포함하여, 우리의 이웃이 될 수 있을 것이다. 그러므로 우리의 삼위일체 하나님에 대한 좀더 통전적인 신앙은 우리의 삶의 책임의 영역을 전우주적으로 인도한다.

되도록 하며, 그 문제에 내가 응답(response)하도록 한다. 물론 그러한 응답은 그러한 사건들 속에서 고난받는 이들이 나와 같이 하나님의 형상대로 지음 받은 자매요 형제라는 사실과 하나님은 우리가 그들의 고난에 동참하기를 원하신다는 해석(interpretation)에 의하여 보다 구체화되기 시작한다.

나아가 우리의 윤리적 응답은 나 자신을 중심으로 한 것이 아닌 예전에는 원수인 줄로 알았던 이웃들을 위한 삶의 계획과 결단을 모색한다는 의미에서 항상 대중적인 책임(public accountability)의 차원을 의식하여야 한다. 동시에 나의 이러한 계획과 결단이 사회윤리적인 차원에서의 책임적인 윤리로 이어지기 위하여서는 항상 나와 다른 너(Thou)를 포함한 다른 사회 및 종교공동체의 구성원들로부터의 검증과 협력, 즉 사회적 연대(social solidarity)를 필요로 한다.

지금까지 우리가 구축한 성경적, 신학적 토대를 바탕으로 기독교윤리학은 다음과 같은 포괄적 통일비전과 방법론을 신앙인들에게 제시한다. 예컨대 평화통일을 위한 성경적이며 신학적인 토대구축으로부터 추론되는 하나님 중심적인 언약공동체로서의 통일공동체로의 비전은 남북 분단의 파괴적 현실 속에서도 우리들로 하여금 '하나님의 형상대로 지어진 우리 이웃으로서의 북한사람들'의 존재를 항상 기억하도록 할 것이다. 나아가 우리가 성령의 교제하심의 사역으로부터 추론한 바, "자기 나눔(self-sharing), 이웃 돌보기(other-regarding), 그리고 공동체를 형성하는 사랑(community-forming love)"으로 요약될 수 있는 삼위일체적 윤리기준들은, 한국 기독교인들로 하여금 남북 분단의 상황에 안주하지 아니하며 적극적인 통일운동에 나설 수 있는 책임적인 신앙적 삶의 구체적 모형을 제시하여 준다. 또한 통일운동이란 결코 특정교파나 신앙인들만의 노력으로 이루어질 수 있는 것이 아니라 가능한 한 많은 민간사회단체들(NGO)과의 연대를 통하여 수행되어야 함도 우리에게 알려 주고 있다.

2. 평화통일을 준비하는 교회의 실천적 과제

평화통일은 우리의 삶으로 준비되어야 한다. 그 준비가 매우 구체적일수록 통일의 날은 가까워 질 것이다. 우리의 통일준비의 구체성은 곧 통일의 걸림돌들을 하나하나 제거함으로써 지표화될 수 있을 것이다. 우리는 이미 사회문화적, 정치경제적 이질감과 서로 다른 관점에서 반세기동안 지속되어 온 역사관과 민족관이 통일을 위하여 극복되어야 할 주요한 걸림돌들이자 동시에 과제들임을 확인한 바 있다. 그리므로 전략적인 관점에서 이제부터의 통일준비는 이러한 걸림돌들의 극복에 집중되어야 할 것이다. 과연 이러한 과제수행에 교회는 어떠한 역할을 감당할 수 있을 것인가? 아니 어떠한 역할을 감당하여야 하는가?

1) 통일공동체의 역사적 비전

무엇보다도 먼저 교회는 남한 사회를 통일공동체의 전형이 될 수 있도록 개혁하는 작업에 앞장서야 한다. 그 개혁작업의 우선적 과제는 하나님 중심적인 언약공동체의식의 뿌리내림과 확산작업이다. 남한사회의 25%에 달하는 기독교 인구들을 대상으로 분단이데올로기보다 우선하는 근본적인 하나님 중심적인 통일공동체의 성격에 대한 교육과 의식화가 우선되어야 할 과제이다. 이때 분명히 강조되어야 할 것은 하나님 중심적인 공동체가 곧 기독교를 국교로 하는 종교공동체를 의미하는 것이 아니라는 사실이다.[12] 하나님 중심적인 언약 공동체란 그 공동체 구성원이 모두 하나님의 피조물이자 자손들임으로(자신들이 그것을 의식하고 있느냐의 여부에 상관없이) 모두의 존재가치가 무한히 귀중하다는 사실에 기초한 공동체를 의미한다. 그러므로 그 언약공동체는 어느 한 부분의 구성원들만(예: 기독교인들, 남한 사람들)의 이익을 담보하지 아니하며, 모든 구성원의 하나님의 형상된 자로서의 존엄성을 존중하며, 나아가 하나님이 주인되신 우주 공동체에 대한 충성을 모색하는 공동체이다. 그러므로 통일공동체는 국수주의적인 공동체가 될 수 없다. 교회가 선포하고 교육하여야 할 통일공동체의 비전은 세계 공동체를 품는 역사적, 민족적 비전과 함께, 통일 공동체 구성원들의 존엄성이 평등하게 반영되는 내용을 담고 있어야

12) 물론 우리에게 '민족복음화'는 포기할 수 없는 과제이다. 그러나 이제 이루어 가야 할 통일은 기독교인들만의 과제가 아니라 75%에 달하는 비기독교인들의 과제이기도 하다는 사실을 우리는 잊지 말아야 한다. 그러므로 통일작업에 있어서 동원되는 신앙적, 신학적 용어들은 배타적(차별적) 의미보다는 포괄적 의미에서 사용되어야 할 것이다. 배타적인 의미에서의 신앙적, 신학적 용어의 사용은 그리스도인으로서의 자발적인 희생을 전제로 한 경우에만 사용 가능할 것이다.

할 것이다.

2) 사회문화적인 이질감의 극복

두 번째로 교회는 사회문화적인 이질감의 극복에 앞장서야 한다. 북한문화에 대한 이해를 통하여 이질감을 극복할 수 있도록 '북한바로알기' 교육을 체계적으로, 지속적으로 진행하여야 할 것이다. 그러므로 교회는 남북한 문화교류에도 각별한 관심을 기울여야 할 것이다. 또한 교회의 주일학교 커리큐럼에도 북한을 바로 알고, 복음적으로 통일을 이해하기 위한 내용들이 반영되어야 할 것이다.

동시에 교회는 특별히 '상업적인 대중문화'가 주류 문화로 자리하고 있는 남한사회의 문화 개혁을 주요한 과제로 삼아야 한다. 북한 사람들의 입장에서 본다면 이러한 문화에 편입된다는 것은 커다란 도덕적 수치가 될 수 있기 때문이다. 어떤 의미에서 이러한 북한 사람들의 입장은 '상품으로서의 가치'와 '구매력'이 만물의 척도가 되어버린 소비주의 문화에 오염되어 있는 남한의 교회와 사회에 각성을 촉구하는 예언자적인 관점을 반영하고 있다. 물론 북한의 '폐쇄적인 주체문화'도 개혁의 대상이지만 그것은 남한 교회로서는 2차적인 과제이다. 남한사회가 더욱 하나님의 형상으로서의 인간의 존엄성이 존중되고, 자유와 평등이 정의롭게 조화되는 문화로 개혁되었을 때 북한사람들을 자연스럽게 통일공동체로 초대할 수 있게 될 것이다.

그러므로 남한의 교회는 문화변혁의 작업에 목회적인 관심을 더욱 기울여야 할 것이다. 시민사회의 성숙과 함께 교회가 사회로부터 소외되어 더욱 게토 (ghetto)화 되지 않도록 NGO들과 적극 협력하며, 교인들로 하여금 건전한 문화정착을 위한 시민운동에 적극 앞장서도록 독려하여야 한다. 경실련, 우리 민족서로돕기 운동, 선명회, 기독교윤리실천운동 등의 단체들과의 유기적 연대를 통하여 교회는 북한사람들을 품을 수 있는 건전하면서도 포용적인 문화를 남한사회에 정착시킴으로써 통일공동체를 향한 희망을 제공하여야 할 것이다.

3) 정치경제적 통합을 위한 노력

세 번째로 교회는 정치경제적인 통합을 위하여 요청되는 정의로운 사회체제창출에 앞장서야 할 것이다. 교회는 인간의 존엄성과 자유와 평등의 정의로운 조화를 담보하는 법체계의 확립과 시행에 관심하여야 한다. 또한 세계시장경제체제의 성숙과 더불어 요구되는 경쟁력이 있으면서도 투명한 기업문화의 확립, 무한경쟁의 이데올로기가 횡행하는 직장 속에서의 공동체적 윤리관 확립 등이 오늘의 교회가 관심하여야 할 분야이자 과제들이다. 만약 이것들은 교회와는 상관없는 분야라고 생각하면서 포기한다면 우리는 세상의 주관자이신 하나님의 주권과 그 주권회복을 통한 하나님께 영광돌림이라는 우리의 직무를 유기하게 된다는 사실을 잊어서는 안될 것이다. 남한사회의 정치경제체제가 더욱 정의로운 그것이 될 수 있도록 교회는 시민들의 정치의식함양과 경제정의를 위한 제도적 개혁에 더욱 관심하여야 한다. '택한 족속이요 , 왕같은 제사장이요 거룩한 나라요 하나님의 백성' 답게 살아가는 기독시민의식을 교회는 힘써서 고양하여야 한다. 동시에 정의로운 조세제도의 수립과 시행이 가능할 수 있도록 청결한 양심을 갖춘 기독시민들을 교회는 양육하여야 한다. 이러한 신앙인들을 향한 교육이 우선되어, 열매를 거둘 때 교회는 과감히 사회에도 예언자적인 선포를 할 수 있을 것이다. "나를 따르라"

Ⅱ. 맺는 말

통일은 백지에 그려지는 것이 아니다. 역사적으로, 문화적으로, 정치경제적으로 힘의 공백상태에서 이루어지는 것이 아니다. 그러므로 통일은 매우 역동적인 성격과 과제를 갖는다. 우리는 통일준비를 위하여 역사적, 문화적, 정치경제적 통합이 필요함을 공감하였다. 남과 북 중 어느 한 쪽의 일방적인 역사나 문화나 정치경제체제만을 가지고는 신성한 의미에서의 평화통일이 불가능하기 때문이다. 현실상황에 대한 냉철한 인식은 평화통일이 낙관적으로 이루어지기 어렵다는 것을 깨닫게 한다. 이러한 현실인식으로부터 우리는 평화통일이 신앙적인 차원에서 준비되어야 함을 주장하였다. 신앙적인 차원이 요청된다는 것은 평화통일에 이르기까지의 과정이 자신의 유익이나 이데올로기의 포기를 요구한다는 것을 의미한다. 또한 평화통일이란 과거의 잘못에 대한 용서와 상대방의 현실적 존재에 대한 받아들임과 미래지향적인 소망이 없이는 불가능하다는 것을 깨달았기 때문이다.

그러나 동시에 우리는 신앙적인 차원에서의 통일준비는 구체적이어야 함도 확인하였다. 신앙이란 오늘의 삶 속에서의 하나님에 대한 신뢰와 충성이기 때문이다. 그러므로 신앙이란 삶이다. 우리는 우리의 삶으로서의 신앙, 신앙으로서의 삶이 책임적이어야 한다는 사실을 신학적 토대로부터 도전받았다. 우리의 삼위일체 하나님에 대한 신앙은 우리의 책임영역이 우선은 동료 신앙인들로부터 시작하여 결국에는 하나님이 창조주이신 모든 피조세계에 미치는 것임을 깨달았다. 그러므로 북의 자매와 형제는 바로 나의 자매와 형제였다. 이제 우리는 모두가 하나님의 형상답게 인간적인 존엄성을 유지하며 살 수 있는 통일공동체를 지금, 여기에서 준비하기로 결단하였다. 이때 우리 남한 교회의 신앙인들에게 부과되는 과제는 남한사회 개혁 작업의 핵심으로서의 교회의 역할이었다. 남과 북 중 어느 누군가는 통일공동체가 내용으로 할 통합체제에 가까운 체제를 구체적으로 제시할 수 있어야 한다. 그런 의미에서 남한의 책임은 더욱 크다고 볼 수 있다. 지금 우리에게는 통일공동체에 걸맞는 대한민국이 되기 위한 개혁 작업의 주체로서의 교회의 역할모색과 신앙인으로서의 역할이 요구되고 있다.

윙크(W. Wink)의 변증법적 성경공부 방법의 해석학적 의미

양 금 희
(장로회신학대 교수, 기독교교육학)

I. 들어가는 말

본고는 성서해석의 문제를 핵심적인 관심으로 하면서 해석학적 기독교교육에 근본적 통찰을 주고 있는 월터 윙크(Walter Wink)의 해석학적 성경공부에 관한 고찰이다. 윙크는 그룸이나 무어와 같은 대표적인 해석학적 기독교교육학자들이 해석학적 저술을 썼던 1980년보다 훨씬 이전인 1973년에 해석학적 통찰력이 넘치는 작은 책자 『인간변형을 위한 성서』[1]를 발표하였는데, 이 책을 통해서 그는 특별히 기존 성서비평학자들이 시도해왔던 역사 – 비평적 방법의 핵심적 문제점을 비판하면서, "인간의 변형"에 기여하는 성서연구의 새로운 가능성을 제시하였다. 엄격히 말하면 그는 기독교교육학자이기 보다는 성서해석학자이고, 그의 책도 그러한 그의 관점에서 쓰여 졌다고 할 수 있다. 그러나 그가 제시하는 "인간변형을 위한 성서해석"의 모델은 결국 성서를 현대인의 인간형성과 변형의 출발점으로 삼고자 하는 기독교교육의 목표와는 근본적 관심을 공유하는 것이라고 할 수 있다. 후에 발표된 『인간을 변형시키는 성경공부(Transforming Bible Study)』[2]는 그가 『인간변형을 위한 성서』

---

1) Walter Wink, *The Bible in Human Transformation* (Philadelphia, Fortress Press, 1973).

2) Walter Wink, *Transforming Bible Study* Nashville: Abingdon, 1980. 한국어 번역 이금만 역, 창의적 성경공부(고양: 한국신학연구소, 2000).

에서 제시하였던 기본적 개념들을 구체적이고 다양한 성경공부의 방법을 통하여 제시한 책으로 기독교교육 현장에서 쓰여질 수 있는 책이다. 본고에서는 성서해석과 해석학과의 관계를 특별히 인간변형의 문제와 관련시켜 중점적으로 다루고 있는 『인간변형을 위한 성서』를 중심으로 윙크의 해석학적 성경공부방법에 관하여 고찰해 보고자 한다.

Ⅱ. 성서비평학 비판

윙크는 그의 책, 「인간변형을 위한 성서」를 먼저 성서비평학의 문제점을 비판하는 것으로 시작하면서, **"성서비평학은 파산했다"**라고 하였다.[3] 그는 성서비평학은 수없이 많은 연구결과를 통해 수많은 자료와 성서연구의 새로운 가능성을 제시하였지만, 궁극적으로는 파산하였다고 선언하였다. 성서비평학이 파산한 주원인은 그것이 더 이상 탐구할 새로운 기반이 없어서가 아니라, 비평학을 실천하는 사람들에게 그의 본래 목적, 즉 **"과거를 생생하게 다시 살리고 개인적, 사회적 변형을 위한 가능성과 더불어 우리의 현재를 해명해 주는 것"**이라는 목적을 성취하는데 있어서 무기력하다는 점 때문이라는 것이다.[4] 그러면서 윙크는 성서비평학이 실패한 구체적인 이유를 다음과 같은 다섯 가지로 설명하고 있다.

첫째, 성서비평학은 성서의 원래 의도와 서로 어울리지 않는다.[5] 윙크는 신약성서기자들은 자신들을 믿음에로 이끈 사건들을 '증언'하였다고 하면서, 그들은 독자들 안에서 믿음이 더 자라게 하기 위한 목적으로 '믿음에서 믿음에 이르도록' 그것들을 기록하였다고 하였다. 그러나 비평학은 그와 같은 성서의 의도와 본질적으로 맞지 않는 방법이었다는 것이다. 비평학은 현대의 과학적 역사적 탐구방법을 사용하였는데, 이와 같은 탐구방법의 핵심은 '객관성', '가치중립성'이고, 그것은 성서로부터 개인적 신앙에 답을 찾는 노력을 도울 수 없다는 것이다. 비평학의 질문 자체

---

3) Wink, *The Bible in Human Transformation.*

4) Ibid.

5) Ibid., p.2f.

가 다른데, 어떻게 다른 답을 기대할 수 있겠느냐는 것이다. 성서의 기자들에게 그들이 경험한 과거는 지속적으로 그에게 말 걸어오고, 그들의 길에 질문을 던지고, 자극과 도전을 주는 그러한 과거이다. 그러나 비평학자들은 객관성이라는 이름으로 자기 자신들은 그 질문에서 빠져 나와 성서로부터 고립시켰다는 것이다.[6] 그들은 성경은 탐색하지만, 자신들은 탐색하지 않는다는 것이다. 윙크는 그럼으로써 역사비평방법은 성서를 하나의 죽은 문자로 축소하였다고 하였다.

둘째, 성서비평학이 추구하는 객관주의 이데올로기는 오류이다. 윙크는 성서비평학이 근간으로 하는 '객관주의'는 하나의 이데올로기로, 그것은 현실과의 관련성이 없는 허구라고 하였다. 객관주의는 연구자의 감정, 의지, 관심 등을 배제하여, 결국 이론을 실천과, 정신을 몸과, 이성을 감정과, 앎을 경험과 분리시키는 데로 나아가게 하는 결과를 낳았다고 하였다.[7] 윙크는 이 세상에 우리의 삶과 사회의 구체적인 문제와의 갈등으로부터 나오지 않는 질문이 있는지를 반문하며, 그렇게 보았을 때 성서 비평학은 우리의 일상적 삶에 존재하는 살아있는 사람의 실제적인 문제를 다루는 데는 무기력함을 나타내었다고 하였다.

셋째, 성서 비평학은 점차로 '기술지상주의(technologism)'의 나락으로 떨어졌다.[8] 윙크는 성서 비평학이 오직 객관적이고 과학적(?) 방법이 대답할 수 있는 질문만을 적법한 것으로 치는 기술주의에 빠졌다고 하였다. 그러는 과정에서 그들에게는 자신들이 가지고 있는 전제들을 비판적으로 검토해 볼 수 있는 자리를 잃었고, 기술의 적합성에 대한 질문을 던질 능력도 상실했다고 하였다.

넷째, 성서 비평학은 성서연구와 삶을 연결시키려 하는 공동체로부터 차단되었다.[9] 윙크에 의하면 성서비평학은 그것이 처음 시작될 때, 정통주의 교회와는 반대편에 섰던 자유주의 교회의 무기와 같은 역할을 하였다고 하였다. 그러나 결과적으로 그것은 생동적인 공동체로부터 외면당하고, 성서학자들의 길드만이 그와 관련된 공동체로 남게 되었다고 하였다. 따라서 윙크는 자유주의 학자들에게 가장 시급한

---

6) Ibid., p.4.

7) Wink, Ibid., p.6.

8) Ibid., p.8f.

9) Ibid., p.10f.

문제는 그들의 성서해석이 의미를 줄 수 있는 콘텍스트를 찾는 것이라고 하였다.

다섯째, 성서 비평학이 나오게 된 상황은 이제 변화하였고, 오늘날의 상황에서는 시대에 뒤떨어 졌다. 윙크는 성서 비평학은 정통주의에 대항하는 무기로서 처음 사용되었다고 하였다. 그 이후 그것은 카톨릭교회가 개신교회를 공격하거나, 보수주의를 공격하기 위한 무기로 사용되었지만 오늘날의 상황은 그와 다르고, 따라서 그것은 달라진 오늘날의 상황이 요청하는 것을 담보할 수 없다는 것이다.

Ⅲ. 성서연구를 위한 새로운 패러다임

윙크는 위에 살펴본 바와 같은 성서비평학에 대한 비판을 바탕으로 하여서 성서연구에 있어서 패러다임 전환의 필요성과 시급성을 언급한다. 그리고 그 나름대로 성서연구를 위한 새로운 패러다임을 제시하는데, 이것이 그가 말하는 소위 "**변증법적 해석학**(dialectical hermeneutic)"이다. 윙크는 변증법적 해석학은 "**병합**(fusion)", "**거리두기**(distance)", "**융합**(communion)"의 세 단계를 통해서 진행되는 해석의 방법이라고 하였다. 그가 자신의 패러다임을 '변증법적 해석학'이라고 부르고 있는 것은 한 단계로부터 시작한 해석은 그 다음 단계에서 부정되고, 그것은 다시 그 다음의 단계에서 다시 부정되면서 진행된다는 의미에서 그러할 뿐 만 아니라, 또한 이 진행과정은 각 단계 간의 지속적인 대화(dialog)를 통한 순환의 과정에 있다는 점에서 그러하다. 또한 이 과정에서 텍스트와 해석자의 자기이해 간의 대화가 일어나고 이 대화를 통해서 텍스트의 주석(exegesis)을 시도한다는 점도 그의 모델이 변증법적인 한 이유가 될 수 있겠다. 그럼 각각의 단계들을 순서에 따라 살펴보자.

1. 병 합

윙크는 먼저 일반적으로 해석은 전통과의 병합(fusion)과 더불어 시작된다고 하였다. 병합이란 해석의 과정에서 해석자가 거의 무의식적으로 취하게 되는 행동으로 우리가 전통과 문화 안에 존재하는 한 필연적으로 일어나는 현상이라고 보았다. 왜냐하면 '전통'은 우리가 그 안에 들어가 사는 세계 그 자체이고, 따라서 우리는 전통의 눈을 통해 세계를 볼 수 밖에 없으며, 전통 없이 존재한다는 것 자체가 불가능하다고 하기 때문이라는 것이다.[10] 전통은 우리가 세상을 보는 필터이고, 우리의 지평이다. "병합"의 현상은 과거의 것이 이미 현재의 것이 되어서 우리의 존재를 인식하는 모체가 되는 현상을 의미한다. 전통은 여기에서 우리의 개념을 형성하는 틀이 되고, 우리의 언어를 형성하며, 신앙적 측면에서도 합리화의 통로를 형성한다.

2. N1 병합의 부정

윙크는 그러나 해석은 단순히 병합에서 머물러 있지는 않는다고 하였다. 해석자는 어느 순간 그 병합에 대한 부정이 있을 때에만 텍스트의 의미를 보다 선명하고, 전체적으로 볼 수 있는 안목을 얻을 수 있다고 생각하게 된다는 것이다. 그래서 이 '병합'을 '부정'하는 첫 번째 부정의 단계가 오는데, 윙크는 이를 'N1', 즉 '병합의 부정(negating the fusion)'이라고 칭하였다.[11] 병합의 부정 단계에서는 전통에 대한 의혹과 의심이 시작되고, 전통에 이의를 제기해 보며, 생각하지 못했던 것을 생각해보는 단계가 시작된다는 것이다.

이 첫 번째의 부정성(negativity)은 전통을 대상화함(objectivation)으로써 그로부터 일정한 거리두기를 취하는 것을 의미한다. 윙크는 요나스(H.Jonas)와 하이덱거(G.Heidegger)를 인용하여 진리는 그 자체로 부정의 요소를 포함하고 있고, 따라서 해석에서 부정은 필수적인 것이라고 하였다. 그들에 의하면 진리는 그 자체로 부정의 능력을 전제하는 것이라고 하였다. 부정을 수용할 수 있는 존재만이 비진리에 대해 'no'라고 말할 수 있고, 바로 이 부정의 힘 때문에 진리는 우리를 비진리로부터 자유롭게 한다는 것이다.[12] 하이덱거의 진리개념에서도 확인되는 것처럼 진리는 감추어진 것이 들어나는 "탈은폐"의 사건인데, 이것에는 부정의 요소를 들어내

10) Ibid., p.20.
11) Ibid., p.21.
12) Ibid.

는 것도 포함된다. 우리를 기만해 왔던 것들을 들어내고 자명하다고 믿었던 것의 뒤에 숨어 있었던 비진리들을 들어낸다는 것이다.

따라서 "부정"은 대상화에 있어서는 대단히 본질적인 요소이다. 그것은 우리에게 익숙한 문화적, 심리적 이미지와 전이해로부터 거리를 두게 하며, 그 결과 진리와 자유에로의 길에서는 반드시 필요한 '소외'의 순간을 가져온다는 것이다.[13] 그렇게 보았을 때 '부정'은 우선적으로 전통적 이해에 대한 의심을 요청하는 것이라고 할 수 있는데 윙크는 이를 로너간(Lonergan)의 용어를 빌어 "지식에 의해 치유되어야 할 지식의 비상"라고 칭하였다.[14]

윙크는 이 첫 번째 부정의 단계, 'N1'에서 성서해석자는 자신과 자신의 전통이 속하는 문화를 텍스트로부터 분리하여 볼 필요가 있다고 하였다. 그는 자기 자신과 자신이 속한 문화의 역사를 텍스트와 분리시켜 보아야만 한다는 것이다. 자신의 생각이나 투사를 보류하고, 자기방어를 극복하여야 하며, 텍스트가 가지고 있는 '타자성(otherness)' 속으로 침투해 들어가서, 해석을 통한 진정한 거리를 회복해야 한다는 것이다. 윙크는 이것이 바로 '타자성'이 가지고 있는 매력이며, 신비인데, 그것은 '주관주의', '투사된 자기이해' 등으로부터 방어되어야 하는 것이라고 하였다. 이렇게 보았을 때 객관주의(objectivism)는 잘못된 의식이지만, 객관성(objectivity)은 포기되어서는 안 될 목표이다. 그것은 타자성과 타자성의 권리를 존중하는 기본적 요소이기 때문이라는 것이다.

3. 거리두기에서 나타난 문제점

윙크는 '거리두기'는 텍스트의 타자성을 담보하는 핵심적 요소였지만, 성서비평학은 그러나 텍스트의 타자성을 담보하기 보다는 오히려 성서 자체를 그것이 형성된 배경인 교회, 신학의 역사, 교리, 신조 등으로부터 떼어내어, 성서 그 자체의 언어로 듣기를 시도하였지만, 실제로는 자신의 도구인 비평학을 첨가하였다고 하였

13) Ibid., p.22.

14) "a flight from knowledge that is to be cured by knowledge" B.J.F.Lonergan, *Insight: A Study of human understanding*,(New York, Philosophical Library, 1957) p.200.

다. 윙크는 바로 이것에서 '거리두기'의 문제점이 생겼다고 비판한다. 이 비평학적 도구들은 해석의 기반을 마련한 것이 아니라, '거리두기'라는 이름으로 '부정성(negativity)'을 가지고 들어왔고, 이 결과 '예수님의 이미지' 자체와 기독교에 의하여 전수된 '초대교회의 이미지' 자체를 파괴시켰다고 하였다. 그들은 예수님의 이미지, 교회, 원시 기독교 공동체 등을 부정한 후 우리는 순수한 질문과 자유와 진리의 열려진 공간으로 들어왔다고 믿었다는 것이다. 그러나 윙크는 이러한 자유가 잘못된 자유였다고 하였다. 이것은 하이데거가 언급한 바 있는 '텍스트 스스로가 말하게 하는 것'이 아니라, 실제로는 텍스트에게 '우리가 많은 목소리 중 하나를 선택해 내기 전까지는 입 다물고 있어'라고 했던 것과 다름없다고 하였다.[15)]

성서비평학은 또한 텍스트를 정확히 보기 위해서는 '거리'를 두어야 한다고 하면서, 텍스트인 대상으로부터 멀어졌는데, 이들의 '인식적 거리(perceptual distance)'는 결국 '정신적 거리(mental distance)'를 만들었고, 이것은 더 나아가 '무관심(disinterested beholding)' 을 낳았다고 하였다.[16)] 요나스가 말한, '주체는 자신을 잃지만, 결국 얻는 것이지 잃는 것이 아닌 현상'이 일어난 것이 아니라, 주체도 잃고, 객체인 텍스트도 잃는 결과를 낳았다는 것이다. 엄격히 말하면 이들은 처음부터 텍스트가 스스로 말하도록 하는 것을 허락하지 않았었다는 것이다. 윙크는 비평학자들의 생각, 즉 해석기술을 통하여 대상을 지배하겠다는 생각에 의해서 오히려 '진정한 객관성'이 훼손되었다고 하였다.[17)]

윙크는 그의 풍부한 심리학적 이론과 그를 바탕으로 한 비유적 표현을 도구로 하여 '거리두기(distance)'에 나타난 객관화(objectification)의 문제를 다시 비판하였다. 그는 '객관화(objectification)'란 결국 '타락한 의식'의 특수한 형태로 보아질 수 있다고 하였다. 왜냐하면 객관화는 결국 텍스트가 원래 가지고 있는 기반과의 연합으로부터 독립하려는 시도이고, 그런 의미에서 이것은 '소외된 의식'이기 때문이라

15) Ibid., p.25.

16) Ibid.

17) 우리는 현재의 것이 맞고, 절대적이라는 전제하에, 과거의 것이 우리의 언어와는 '경쟁이 되지 않는다'고 생각하여 현재의 것을 중지시키고, 과거의 것을 그 자체의 언어 속에서 평가해보려고 하다가, 결국은 그것이 가지고 있는 진리에 대한 물음조차 포기해 버린 꼴이 되었다고 하였다. Ibid., p.26.

는 것이다.[18] 그는 사탄은 외디프스컴플랙스를 가지고 있어서 '자기 방어', '자기주장', '자기확장', '분리', '고립', '소외'를 동반하며, 사고와 감정, 충동의 억압을 가져오는데, '객관화'가 바로 이러한 속성을 갖고 있다고 하였다.

윙크는 성서비평학이 처음에는 도그마적 기독교의 초자아(superego)에 대항하는 반란으로 시작하였다고 하면서, 자유주의 신학 시기에 이 반란은 큰 성공을 거두었다고 하였다. '거리두기', '자유', '진리'의 가능성이 결과적으로 성취되는 듯 했고 거기에서 성서비평학은 매우 창조적인 역할을 수행하는 듯했다고 하였다. 자유주의 신학의 시기에 성서비평학은 '공동체(communion)'의 기능도 성실히 수행하고 분리를 극복하는 듯 보였다고 하였다. 그러나 윙크는 오늘날 성서비평학은 오히려 스스로 막강한 기구가 되어, 도그마적 기독교 대신 성서비평학이 하나의 길드를 형성하였고, 이 길드가 많은 주석가의 자아 속에서 초자아(superego) 역할을 하고 있다고 하였다. 해석자들은 이들 기준에 순종하여 증명과 인정과 승인을 얻는 한, 에고에서 초자아에로의 내적 전이가 효과적으로 이루어지는 것이라고 굳게 믿게 되었다는 것이다. 그러나 여기에서 한 개인의 내적 힘, 삶에 대한 질문, 깊은 외침과 같은 것은 '그들의 승인'이라는 관심에 희생양이 되었고, 자아의 권위는 자아 밖에서 찾아지며, 결국 남는 것은 불안밖에 없게 되었다는 것이다.[19]

윙크는 '거리두기'는 이중적 특성을 가지고 있다고 하였다. 마치 우리가 실존적 진리를 깨닫기 위한 필요악으로서, 부모와 병합된 정체성과 소속감으로부터 분리됨이 필요하듯, 성서비평학은 한 편으로는 반신조적이고 분석적 태도에로의 전환에서 반드시 필요한 필요악으로써의 역할을 하였다는 것이다. 그 가운데서 비평학은 엄청난 정보를 우리에게 주었다. 그러나 윙크는 **성서비평학의 궁극적 문제는 그것이 실제로 스스로는 재건할 능력이 없다는 것에 있다고 하였다.** 왜냐하면, 비평학의 삶 자체는 방법론적 회의주의이고, 이것은 원칙적으로 '파괴'적인 것이기 때문이다. 그것은 전통을 단절하는 것에서 생기는 불안을 보상하기 위하여, 실존을 두 갈래로

18) Ibid., p.27.

19) 윙크는 덧붙이기를 바칸(Bakan)의 사탄주의의 역사'에 나타난 도식에 의하면 사탄주의적인 것은 '자기를 무너트리는 불안신드롬'을 '부인(denial)'하는 것이라고 하였다. 이것은 고전적 신학적 용어로 하면 '노예 의지'라고 하였다. 참고, Ibid., p.29, Homans, *Theology after Freud*, p.142.

갈라서, 한 편으로는 우리의 경건성을 비평학의 거센 바람으로부터 고립시키려는 경향을 띠게 하거나, 그렇지 않으면 아예 부정에 기생하여서 철저히 부정을 살아내는 경향으로 나아가게 하였다는 것이다. 윙크는 현대로 오면서 후자의 선택이 점차적으로 우세해지고 있다고 하였다. 객관화는 부정을 삶 속에 적용시켜, 주체-객체의 이분법을 실존의 기본원칙으로 삼게 하고, 대상을 정복하는 것을 통해서 우리의 자아와 삶을 찾도록 하였다는 것이다. 그러나 윙크는 첫 번째의 시도가 환상이라면, 두 번째의 것은 우상적인 것이라고 비판하였다.

윙크는 바칸(D.Bakan)을 인용하여 '우상적인 것이란 하나의 방법이나 계획 혹은 개념을 궁극적 삶의 완성으로 보는 태도라'고 칭하면서, 그것은 완전하지 않지만 즉각적인 만족을 주는 것에 우리를 허락 하는 것이 특징이라고 하였다.[20] 또한 정신병리학적으로 보았을 때 우상이란 하나의 작은 만족의 방법에 체포되어 있는 것을 말한다고 하였다. 실제적 자극에 생동적으로 반응하는 대신, 늘 반복하는 방법론에 고착된 패턴을 지속하는 것을 말한다는 것이다. 따라서 윙크는 우상이란 무엇에 '매달리게 되는 것'이라고 정의하였다. 이것이 바로 "방법적 우상(methodolatry)"인데, 이것은 방법 자체를 우상화하고, 정작 방법의 대상은 잊어버리는 것이라는 것이다. 윙크는 성서비평학의 문제도 정신병리학적 우상의 문제와 유사하게 방법적 우상 주의에 빠져서, 객관화의 단계에 고착되어 버렸다는 것에 있다고 하였다. 소외된 거리에 고착되고, 자신의 승리에 체포되어서 자신이 가지고 있는 악마적 문제점들로부터 탈출하지 못하는 것이 그것이 가지고 있는 문제라고 하였다. 그렇게 보았을 때 윙크는 객관화라는 것은 더 이상 신학적 문제만이 아니라 심리학적 문제이기도 하다고 하였다.

4. N2 부정의 부정

따라서 윙크는 첫 번째 부정(N1)인 객관화의 부정성은 다시 부정되어야 한다고 하였다. 해석자의 거리두기는 존중되어야 하지만, 그 거리두기가 결국 방법적 우상주의에 체포되어 텍스트를 바로 이해하게 할 수 없고, 해체 후 재구성할 능력이 없

20) Ibid., p.31.

다면 그 부정은 다시 부정되어야 한다는 것이다. 첫번째의 부정에 이어 두 번째의 부정인 N2가 뒤따라야 한다는 것이다.

윙크는 그렇다고 해서 이 두 번째의 부정(N2)이 첫 번째의 부정(N1) 이전으로 돌아간다는 말은 아니라고 하였다. 비평학이 문제를 가지고 있다고 해서 오늘 날 우리가 그의 칼날로부터 도망가거나 그의 분석으로부터 뒷걸음질 칠 수는 없다는 것이다. 오히려 그 길의 '끝'까지 따라가는 것이 우리의 운명이라고 하였다.[21] 그렇지만 윙크는 이 '끝'은 단선적(linear)이 아니라 변증법적이고 대화적(dialectical)인 끝이라고 하였다.

윙크에 의하면 N2단계에서 **일어나는 해체는**, N1에서 **해체하였던 것을 다시 해체하는 것이 아니라 오히려 현대인의 확신을 해체하는 것이다**. **이번에는 다른 종류의 의심인데, 이 의심은 우리 자신에 대항하여 의심을 제기하는 것이다**. 이것은 바로 의심하는 사람에 대한 의심인 것이다. 따라서 N2가 요청하는 것은 우리가 우리 자신으로부터 거리를 두어서 객관주의의 소외된 거리를 극복하기 위한 첫 걸음을 떼는 것이다.[22]

N2단계에서 일어나는 대상화하기(to object)란 따라서 주체의 거짓된 자기 확신에 대항하는 객체(object)의 반격이요, '객체'의 진정한 의미를 회복시키는 단계라고 할 수 있다. 윙크는 이를 설명하기 위하여 'object'의 라틴어 단어 'objectum'를 분석한다. 'objectum'의 'ob'이란 '앞(before)'이라는 뜻이요, 'jectum'은 'jacere' 즉 '던지다'에서 온 명사이다. 이것이 의미하는 것은 앞서 던져진 것, 그래서 대상이란 뜻이 되었다는 것이다. 이것은 독일어로 "Gegenstand"라는 단어로 우리의 앞에서 우리에게 대항하고, 반대하며, 긴장관계를 형성하고 있는 주체라는 개념이라는 것이다. 윙크는 이것은 단순히 내가 아닌 객체라는 뜻(Objekt)이거나, 수동적으로 주체의 것을 받아들이기만 하는 대상이라는 뜻이 아니라, 스스로 활동하는 '능동적 주체'라는 뜻이라고 하였다. N2 단계에서 대상화하기란, 대상이 주체에 대항하여 능동적 주체로서 활동하도록 허용하는 것을 의미한다는 것이다. N2의 단계는 따라서 주체의 잘못된 확신을 객체의 능동적 활동에 노출하여 부정되도록 하는 단계라고 할

21) Ibid., p.30.

22) Ibid.

수 있다.

윙크는 여기에서 프로이드를 예로 든다. 그는 바칸의 말을 인용하여 프로이드의 위대성은 그가 단순히 자신과 환자들의 꿈을 해석하고자 했던 것에 있는 것 아니라, 꿈이나, 유머나 연설 등에 대하여 연구의 주체로서 자신의 반응에 대하여서도 기꺼이 해석하는 용기를 가졌다는 점이라고 하였다. [23] 그 결과 프로이드는 자기 자신을 억압하는 것으로부터도 자유와 졌을 뿐 아니라, 치료의 새로운 장을 열게 한 '심리분석'이론이라는 공적 이론을 탄생시킨 것이다. 윙크는 프로이드가 이룩한 것을 성서비평학은 이룩하지 못했다고 했다. 비평학은 '거리두기'를 통하여 생긴 '거리'에 얼어붙어서, 관련된 관점을 제공하기는커녕 오히려 관점으로부터 멀어졌다고 하였다:

> "우리는 대상과의 연합 속에서 그 대상에로 파고 들어가는 것에서도 실패하였고, 우리 자신과의 일체에 들어가는 것도 실패함으로써, 결국 대상이 우리자신에게 파고 들어오도록 하는데도 실패하였다."[24]

윙크는 물론 독자와 텍스트 사이의 심리치료적 관계는 먼저 객관적 관계가 되어야 한다고 하였다. 문제를 볼 수 있기 위해서 우선은 거리두기를 통한 객관적 관계를 형성해야 한다는 것이다. 그러나 그 다음 단계에서는 인격적 관계가 되어서 전이를 도출해 내어야 한다고 하였다. 심지어 이에서 더 나아가 분석자는 기꺼이 스스로를 변화시켜야 한다고 하였다. 칼 로저스의 말을 인용하여 윙크는 심리치료자는 자신을 변화시키는 위험을 감수하지 않으면 안 된다고 하였다. 치료자가 내담자를 진정으로 듣고자 한다면 그는 내담자의 세계에 들어가야 하고, 이것은 그의 세계에서 자신을 잃는 것을 감수하는 것이라고 하였다. 실제로 자신들을 변화시키고 잃어버리는 것에 대한 두려움 때문에 많은 치료자들은 들으려하지 않고, 평가하려고만 한다는 것이다.[25]

이와 같은 점을 바탕으로 해서 볼 때, 윙크는 해석과정에서 두 번째의 부정이

23) Ibid., p.33.

24) Ibid.

25) Karl Rogers, *On Becoming a Person*(Boston: Houghton Mifflin Co., 1962), p.333, Wink의 책 p.34에서 재인용.

필요한데, 이 부정은 우리 자신의 감정적 성향과, 우리가 속한 현대라는 시대의 질문들, 언어들, 관점들에 대하여 우리가 쉽게 취하게 되는 경향들을 부정하고 그로부터 벗어나는 것을 의미한다고 하였다. 그는 이 두 번째의 부정(N2)을 리꾀르의 "**주체의 고고학**(archaeology of the subject)"이라는 표현에 비유하였다. 정작 해석의 주체가 되는 사람에게 영향을 미치는 역사와 뿌리를 찾아 밝혀낸다는 의미에서 주체의 고고학은 두번째의 부정에서 핵심적인 역할을 한다는 것이다. 윙크는 이 주체의 고고학을 위해서는 "사회적으로 조건 지워진 자기 분석의 불타는 강"을 넘을 필요가 있다고 하면서,[26] 이 과정에서 두 측면의 접근이 불가피하다고 하였는 바, **비평학의 문화적 역할에 대한 "지식사회적 분석"과, "텍스트를 읽는 방법에 대한 정신분석학적 접근의 비판"**이 바로 그것이다.[27] 그는 해석자 개인에게 영향을 미치고 있는 두 측면 즉 사회적, 개인적 역사를 비판하는 것이 바로 N2의 핵심이라고 보았다.

1) 지식사회학적 분석

윙크는 먼저 왜 지식사회학적 분석이 필요한지를 설명하는 과정에서 모든 학문의 발달은 한 사회와 문화의 필요성에 부응하면서 발달하였다는 지식사회학적 이해를 제시한다. 한 사회에서 생기는 새로운 '필요'가 '요청'을 낳고, 그 요청이 '학문의 진보'를 가져왔다는 것이다. 지식사회학적으로 볼 때, 우리가 가장 과학적이고, 객관적이라고 생각하는 것 조차, 그 사고가 출발하게 된 시대와 상황의 필요와 가치들 그리고 이데올로기들과 관련되어 있지 않은 것은 없다. 앞에서 살핀 '객관주의' 조차도 윙크에 의하면 표면상으로는 가치중립을 표방하지만, 오히려 세속화와 탈신비화(demystification)의 무신론적(atheistic) 가치관이 그 배경에 도사리고 있다.[28] 따라서 텍스트를 읽을 때 우리는 우리의 이데올로기적인 선입견이나 맹목성들을 검토해야 한다. 윙크는 따라서 텍스트 해석의 과정에 영향을 미치는 사회적 결정성에서 탈피할 수 있는 길은 다음 두 가지가 관건이다: 첫째, 우리를 결정하는 것들에

26) Wink, Ibid., p.34.
27) Ibid., p.3 이하.
28) Ibid., p.35

대한 통찰, 둘째, 텍스트의 타자성과, 우리의 텍스트에의 반응에 대한 지식사회학적 분석의 결합.[29)]

2) 정신분석학적 분석

'자아의 고고학'에 필수적인 첫 번째의 길, 즉 지식사회학적 비판이 주체의 '사회적' 차원의 비판이라면, 두번째의 길인 "정신분석적 비판"은 '개인적' 차원의 비판이라고 할 수 있다.[30)] 윙크는 리꾀르를 인용하면서, 문화적 거리두기는 단순히 개념적, 언어적 거리두기의 문제일 뿐 만 아니라, 한 개인의 과거로부터 형성된 개념과 언어 속에 깊이 묻혀 있는 질문에 대한 망각의 문제일 수도 있다고 하였다. 윙크는 망각이란 정신분석학적으로 볼 때 선택적 억압이라고 할 수 있다고 하였다. 해석이 텍스트에 의해 제공되는 답변을 야기하는 질문을 다시 들으려 하는 시도라고 한다면, 해석은 실존적 질문의 지속적 망각을 차단하고자 하는 것이라고 할 수 있다. 다시 말하면 해석의 행위는 우리를 우리 자신의 선택적인 억압으로부터 자유롭게 하는 행위라고 할 수 있다. 따라서 텍스트와의 진정한 의사소통을 방해하는 망각, 즉 과거에 형성되어 개인의 언어와 개념 안에 도사리고 있는 선택적 억압으로부터 벗어나는 것은 해석의 과정에서 필수적인 '자아의 고고학'의 길이라고 할 수 있다.

윙크는 따라서 텍스트 안에서 질문에 대한 우리 자신의 망각에 대항하여 투쟁하는 것이 필요하다고 하였다.[31)] 그것은 질문 안에 일어나는 작용으로부터 스스로를 소외시키려는 현상에 대항하는 투쟁이라고 할 수 있다. 리꾀르는 이것도 일종의 "파괴(destruction)"라고 하였는데, 여기에서 파괴는 파괴하는 자의 확신을 파괴하는 것이라고 할 수 있다는 것이다. 그렇게 보았을 때 윙크는 파괴와 해석은 하나라고 할 수 있다고 하였다. 윙크는 현대의 모든 해석학은 우상에 맞서 투쟁하고 결과적으로 그것을 파괴하는 것이었다고 하였다. 현대의 "의심의 달인"이었던 세사람, 맑스는 이데올로기를 비판하였고, 니체는 초월적 세계와 환상에로의 도피에 대한 비판가였으며, 프로이드는 회피와 고착된 발달에 대항하여 투쟁하였다. 이렇게 보았

29) Ibid., p.45.
30) Ibid., p.46.
31) Ibid., p.47.

을 때, 모든 해석학은 억압에 대항하는 투쟁이 되어야 한다고 할 수 있다고 하였다. 파괴를 통해서 우리는 좀더 본질적이고 근본적인 말을 들을 수 있고, 우리가 더 이상 들을 수 없는 새로운 언어를 말할 수 있게 되는 것이다.

해석이 파괴여야 한다는 말은 단순히 고대 세계관의 "비신화화(demythologizing)"만을 통해서 오는 것이 아니라, 우리의 문화적 전제들에 대한 투쟁과 현대인 자신의 확신에 대한 투쟁을 통해서 오는 것이다. 비신화화의 생각 뒤에는 사실 현대의 세계관을 우수하고 규범적인 것으로 생각하는 교만이 도사리고 있다. 그러한 현대인의 교만에 대한 파괴가 없이 진정한 해석은 이루어질 수 없는 것이다. **윙크는 해석자가 텍스트를 대상화하고 텍스트 자체를 비신화화하는 것에서 그치지 않고, 해석자인 현대인 자신이 가지고 있는 전제들과 싸울 때, 비로소 해석자는 자기 자신의 존재에 대한 질문을 던질 수 있는 공간을 얻을 수 있다고** 하였다.[32] 이것은 리꾀르가 "질문의 간격(interval of interrogation)"이라고 칭한 것으로 이 간격이 바로 비신화화를 차별화의 과제에로 제한하게 한다고 하였다. 여기에서 차별화라 함은 신화의 상징적 기능과 원인적 기능을 구별하는 것이다.

다시 말하여 신화는 원인적 기능이 아니라 상징적 기능을 갖는다는 점이 들어난다는 것이다. '비신화화'는 신화가 과학적인 것이 아니라고 하는 것을 노출시킴을 통해서 오히려 신화의 '상징적 기능'을 해방하는 기능을 하게 된다는 것이다. 이것이 바로 리꾀르가 말하는 소위 "**이차적 소박성**(second naivete)"을 허용하는 것으로서, 이 과정에서 선비평적(precritical) 단계에서 일어났던 '병합(fusion)'이 후비평적(postcritical) 차원에서 다시 일어나, 텍스트가 해석자에게 직접적 영향을 미치는 것이 되는 것이다. 이것이 바로 "**상징의 직접성에로의 복귀**"인 것이다. 선비평적 병합이 텍스트에로의 '거리두기(distance)'와 '비평' 없이 일어나는 것에 반하여, 후비평적 융합은 '거리두기'와 '비평학', '비신화화'의 범주 안에서 이루어진다는 것이다.[33]

상징적 기능의 회복은 그러나 사고하는 주체의 굴욕을 요구한다. 주체는 주체-객체의 이분법에 나타났던 주체의 우월성을 포기해야 하는 것을 의미한다는 말이다.

---

32) Ibid., p.48.

33) Ibid.

윙크는 세상을 대상화하여 탐구하는 파우스트적 이미지는 이제 자기 자신에 대한 반성에 혼돈된 나르시스적 이미지에로 전환하여, 이제 생각하고 느끼는 주체(thinking-feeling subject)가 된다고 하였다. "cogito(나는 생각한다)"에서 나는 더 이상 객체를 생각만 하는 것이 아니라, 이제는 종교적 상징이 상징 안에 표현된 현실을 열어 보여줄 수 있도록 깊게 파고 들어가게 되는 '나'가 된다.[34)]

상징적 기능의 회복과 더불어 이제 해석의 행위는 해석자인 주체의 개인적 역사에 대하여서도 관련성을 갖게 된다. 상징은 단순히 사고를 불러일으키는 것 만이 아니라, 해석자에게 변화되어가고(becoming), 내면화하고, 인격의 변형을 불러일으키는 요소가 된다는 것이다. 따라서 해석은 이 과정에서 개인에게 인격적으로 영향을 미치고, 개인의 변형을 일으키는 활동이 되는 것이다.

윙크는 N2의 "자기의 고고학" 과정을 앞에와 같이 서술한 후 그의 변증법적 해석학을 보여줄 수 있는 예시적 모델을 "중풍병자 치유(마9:1-8, 막2:1-12, 눅5:17-26)"의 이야기를 중심으로 제시하였다.[35)] 이 과정에서 윙크는 '병합'과, '거리두기(N1)', '부정의 부정(N2)'을 모두 사용하여 제시하면서, 결국 성서가 해석자에게 인격적으로 영향을 미치고 그들의 삶 속으로 파고 들어가는 단계들을 예시적으로 보여주었다. 윙크는 첫번째 부정인 N1단계에서 역사비평학을 사용한다. 그의 예시에서는 비평적 도구들(자료, 양식, 편집, 역사적 비평들)이 모두 등장한다. 그러나 그는 거기에서 머물지 않고, N2의 단계인 지식사회학적 비평과 개인의 문제에 대한 정신분석적 비평을 거쳐서 결국 텍스트가 해석자 개인의 변형에로 영향을 미칠 수 있는 단계까지 진행한다. 이 과정에서 윙크는 지속적으로 산파술(Socratic)적 질문을 통하여 점차 심도 있는 해석의 단계로 들어가고, 동시에 참가자들과의 협력적인 발견과정을 통하여 참가자의 개인적 사회적 진리해명에로 인도해 들어가고 있는 것을 볼 수 있다.

윙크는 이러한 해석의 과정에서 우리가 얻게 되는 통찰은 종교적 진리나 신학적 진리가 아니며, 또한 단순히 저자의 최초의 통찰만도 아니고, 텍스트의 대화적(변증법적) 해석에 의해 들어난 우리 자신의 개인적, 사회적 존재됨의 진리라고 하였다.

34) Ibid.

35) Ibid., p.49, p.60.

"협력적 대화"와 "산파술적 대화"는 참가자들이 "쓰여진 텍스트(성서)"와 그들 자신의 "경험 텍스트"를 지금까지 왜곡하고 훼손해왔던 길을 발견하게 할 뿐 만 아니라, 더 나아가 개인적 언어의 형태로 변해버린 실존의 심오한 '상징'을 "공적 공동체(public communion)"의 표현 형태로 해방시키는 역할을 한다. 텍스트와 우리 자신 사이에서 지속되는 질문의 나선형은 점점 더 깊어질 뿐 만 아니라, 또한 좀 더 내면화되고, 동시에 좀 더 우주적이 되면서, 현재의 경험과의 관련성이 점점 가속화된다. 처음에 해체(파괴)와 부정(negativity)으로 더불어 시작했던 것이 결국은 다시 융합(communion)이 된다.

5. 융 합

윙크는 처음에 병합(fusion)으로 시작된 해석의 과정은 N1과 N2를 지나면서 분리와 '거리두기' 과정을 거치게 되고, 마지막으로 다시 "융합(communion)"의 단계로 와야 한다고 하였다. 그러면서 윙크는 다시 성서비평학을 언급하면서, 책 머리에 던졌던 평가, 즉 "성서비평학은 파산에 이르렀다"고 하였던 단언은 옳지 않다고 번복한다. 성서비평학은 그의 '도구'로서의 가치를 여전히 가지고 있고, 단지 그것은 새로운 쓰임 아래 놓여있는 것이라는 것이다. 그는 쿤(Kuhn)이 '과학혁명' 이후에도 학자들은 여전히 기존에 써 왔던 언어와 방법을 사용하고 있고, 단지 그 사용의 목적과 쓰임이 달라졌을 뿐이라고 하였던 점, 그리고 패러다임의 전환은 옛 패러다임이 한 순간에 모두 없어지는 것을 의미하는 것이 아니라, 이전의 패러다임이 발판이 되어 새로운 패러다임이 나타나는 것이라고 하였던 점을 인용한다. 마찬가지로 성서비평학의 경우도, 그것이 내포하는 '객관화'의 문제점들이 많은 사람들을 움직였기 때문에, 그 결과 '개인과 사회를 변형하는 해석'이라는 새로운 개념이 나타난 것이라는 것이다. 환언하면 성서비평학의 존재로 인하여 오히려 새로운 패러다임이 출현하였던 점을 상기해야 하며, 또한 비평학 자체는 지속적으로 사용되면서 단지 그 목적과 쓰임이 달라지는 것이라는 것이다.[36] 윙크는 "성서비평학은 파산했던 것이 아니라, 단지 고착되어 있었을 뿐이었다"고 한다.[37] 그것은 소외된 '거

36) Ibid., p.60.

리두기(distance)'의 순간에 고착되어 있었고, 이 분리의 결과가 "객관주의"와, "주객분리"이었다는 것이다.

이제 해석의 마지막 단계인 융합(communion)에서는 그러나 고착된 성서비평학의 결과로 생긴 '주체-객체 이분법'이 극복되고, "주체로서의 해석자와 객체로서의 텍스트 사이의 대화"가 이루어진다. 이 단계에서 윙크는 주-객체 이분법의 실천적 해결을 제시한다.

1) 주체와 객체

윙크는 주체-객체 분리의 문제를 극복하는 길은 오히려 그것을 뚫고 지나오는 것 외에는 극복할 길이 없다고 하면서 주체와 객체 이분법의 화두를 시작한다. 따라서 그는 우리가 흔히 생각하게 되는 실존적 만남을 통한 '주체-객체 분리' 극복의 시도는 희망이 없다고 말한다.[38] 그것도 결국은 주체를 강조하는 것으로 주체-객체 분리를 궁극적으로 극복하는 길은 되지 못하기 때문이다.

그는 '주체-객체 분리(dichotomy)'는 앞서 언급한 "주체의 고고학"으로 인해 '주체-객체 관계(relationship)'에로 갈 수 있는 길을 부여 받게 된다고 하였다. 주체의 고고학은 "소외된 거리(alienated distance)"가 "관계적 거리(relational distance)"로 될 수 있도록 다리를 놓음으로써, 대화 가운데에서 주체와 객체간의 통합을 이룬다고 하였다.[39] 주체와 객체는 서로가 서로에게 객체로, 또한 서로가 서로에게 주체로 남으면서, 함께 삶의 질문에 있어서 협력적 파트너가 된다고 하였다:

> "처음 "병합(fusion)"의 단계에서 "주체의 객체(object of a subject)" 형태로 시작한 후, '나'는 거리두기 단계에서 반란을 일으켜 나 스스로를 "객체를 가지고 있는 주체(subject with an object)"로 세웠다가, 마지막 융합(communion)에서는 나를 "텍스트의 주체와 객체"로 또한 "자기반성의 주체와 객체"로서 찾게 된다."[40]

37) Ibid., p.65.
38) Ibid.
39) Ibid., p.66.
40) Ibid.

윙크는 융합의 단계에서는 지평의 융합을 통한 관계적 거리가 성취되어, 텍스트의 지평이 해석자의 지평을 조명하게 되고, 또한 해석자를 '자기해명'과 '자기이해'에로 인도하게 된다고 하였다. 동시에 역으로 해석자 자신의 지평은 텍스트의 잊혀진 요소들을 조명하여, 이 요소들을 현대의 삶과 연결시켜서 전면으로 부각시키기도 한다. 이러한 만남 속에서 우리 지평의 어떤 요소들은 부정되기도 하고, 또 어떤 다른 요소들은 강화되기도 하지만, 동시에 텍스트의 지평 속에서도 어떤 요소는 퇴각하고, 또 어떤 요소는 전진하게 된다. 이와 같은 현상은 텍스트와 해석자 쌍방간에 모두 일어나는 것이다. 이 과정에서 텍스트와 해석자 모두는 공히 실존의 물음을 물을 수 있도록 요청 받게 된다. **해석이란 따라서 더 이상 텍스트가 말하는 것을 수락할 것인지, 거부할 것인지의 문제가 아니다. 해석은 텍스트가 재발견하도록 제시하는 질문의 형태 속에서 이루어지는 "자신과 사회에 대한 탐구"인 것이다.** 그렇게 볼 때 모든 지식은 앎의 주체를 형성하게(self-formative) 하는 과정과 필연적으로 연결되어 있다고 할 수 있다. 윙크는 박스터의 말을 인용하면서, 모든 진정한 해석학적 경험은 따라서 "새로운 창조"라고 하였다. 그것은 이전에는 일어난 적이 없는 존재의 새로운 측면을 탈은폐해주는 것과 같다고 하였다.[41] 그렇게 해석은 해석자에게 인격적으로 영향을 미치고, 해석자를 변형시키는 사건이 된다.

윙크는 여기에서 이 융합의 과정은 그러나 주관주의와는 다르다는 점을 환기시킨다. 주관주의란 주체가 객체를 압도하려 하거나, 혹은 객체에게 주체를 투사하려고 하는 반면, 융합은 객체를 순수한 객체로서 인정할 수 있을 때 일어나는 것이라는 것이다. 융합의 과정에서 해석자는 텍스트를 숙고하지만, 동시에 자기 자신을 숙고하는 상호적 관계 안으로 침투해 들어 간다. 여기에서는 주체가 스스로를 숙고하는 것이 아니라 텍스트를 통해서 우리 자신을 심연에서 보게 된다는 것이다. 우리 스스로를 숙고하는 것은 물론 우리의 의식을 통해서 일어나는 것이지만, 전체성(wholeness)이란 우리의 의식적 통제아래 있는 것이 아니라 그 너머에 있는 것이다. **융합의 순간이란 우리가 우리의 의식 너머에서 오는 전체성을 인정하고 여기에**

---

41) Ibid., p.67. 우리는 하이덱거(Heidegger)의 실존적 해석학에 관한 앞 장의 고찰을 통해서 해석이 우리의 실 존 해석과 관련되며, 실존적 진리를 밝혀주는 "탈은폐"의 현상을 통해 우리를 실존에로 나아가게 하며, 또 한 우리의 '가능적 자아'로 인도하는 역할을 한다는 점을 살펴보았다. 참조, 앞장, "해석학적 인식론과 기독교교육".

자신을 열어서 제공 하는 순간이고, 또한 동시에 이 순간에 의식의 대상(object)은 주체(subject)가 되어 객체인 우리에게 자신을 여는 순간이다. 이 순간 우리는 아는 주체로서 아는 것이 아니라 앎의 대상에 의해 알게 됨을 당하는 객체가 되는 것이다.[42]

2) 관심과 적용

윙크는 지평융합을 통해서 "주체-객체 분리(dichotomy)"가 극복되고, "주체-객체의 관계(relationship)"가 형성되면 필연적으로 텍스트에 대한 우리의 삶 관련적 변형이 일어난다고 하였다. 객관주의에 의해 잊어버려졌던 '관심(interest)'과 '적용(application)'이 이제는 전면에 등장하게 된다고 하였다. 객관주의와 과학주의가 표방해 왔던 가치중립성은 '관심'이 주관적 개념이라고 생각해 왔지만, 윙크는 하버마스를 인용하여, 이 세상 어떠한 연구나 과학적 탐구도 '관심' 없이 수행되는 것은 없다고 강조한다.[43] **'관심'이란 어떤 이기적 생각이 아니라, 실존과 생존, 전체성, 기쁨에 대한 의지로서, 어떠한 합리적 과정에도 뒤떨어지지 않는, 우리의 모든 앎과 행동의 동인이 되는 요소라고 하였다.**

윙크는 특히 종교적 텍스트들의 해석에 있어서 '관심'은 매우 중요한 역할을 한다고 하였다.[44] 종교적 텍스트는 실존의 상처를 치유하거나 완화하는 목적과, 삶에서의 결정적인 의미들을 공급하는 목적을 가지고 있는 텍스트들이기 때문이라는 것이다. 종교적 텍스트를 통해서 사람들은 '진정한 삶'을 상상할 수 있고, 또한 그를 성취할 수 있기를 기대한다. 그런 의미에서 종교적 텍스트는 그 어떤 텍스트보다 '이성(reason)'과 '환상(fantasy)'이 만나는 자리라고 할 수 있다. '진정한 삶'을 성취하는 것은 단순히 이성적인 판단이나 전통의 핵심적 내용을 수용하는 것으로 이룩될

42) Ibid., p.68, "I am first of all known"- 이 문장은 우리에게 팔머의 책 『To know as we are known』을 생각나게 하는 귀절이다. 팔머가 진리가 스스로를 알게 하는 것이라는 개념을 쓴 것처럼, 윙크도 연합의 단계에서 일어나는 앎이란 주체의 주관적 앎이나 투사가 아니라, 해석의 대상이 해석자에게 스스로를 알리는 앎을 말하고 있다. 이경우 앎의 대상은 주체가 되고, 앎의 주체인 우리가 객체가 된다.

43) Ibid., p.69.

44) Ibid., p.71.

수 없다. 그것은 우리에게 역사적이고 객관적으로 다가오면서도, 동시에 개개인에게 맞게 수정될 수 있는 조건으로 주어져서, 그를 통하여 개인이 '진정한 삶'에 대한 나름대로의 비젼을 상상하게 되어야 하는데, 이 과정에서 '이성'과 '환상'이 함께 만나야 한다는 것이다. 이성은 그렇기 때문에 중립적인 것이 아니라, '진보적인 것', '혁명적인 것'과 관련이 있고, 또한 꿈의 실현과 관련이 있다. 따라서 이성은 '상상(imagination)'의 직관적이고 감성적 기능과 떨어져 있을 수 없는 것이다. **종교적 텍스트를 해석하는 것은 우리의 삶에 결정적 영향을 미치는 의미들을 찾고자 하는 관심과 분리될 수 없고, 우리의 상처를 치유하고 회복하고자 하는 관심과 떨어져 있을 수 없다. 이 과정에서는 또한 이성과 상상이 불가분리로 협력적 작용을 하는 것이다.**[45]

윙크는 종교적 텍스트의 해석이 '관심'과 밀접하게 연결 되어있다고 해서, '객관성(objectivity)'을 포기한다는 말은 결코 아니라고 하였다. 우리는 텍스트를 읽을 때 우리의 생각을 투사하는 것이 아닌 타자, 즉 하나님의 자기계시와 만나기를 희망한다.[46] 하나님의 자기계시와 만나는 것은 텍스트의 객관성을 담보해야 하는 것으로, 텍스트에 나의 주관성과 나의 사회문화적 관점을 섞어서 만들어 내는 것이 아니다. 따라서 **"객관성이란 관심을 배제하는 것(disinterestedness)"이 결코 아니다. 그것은 열정적으로 타자의 말씀을 들으려고 하는 관심인 것이고, 또한 동시에 그것을 통해서 우리 자신의 삶을 형성하는(life-formative) 관심이다.**

윙크는 삶을 형성하고자 하는 '관심'은 따라서 본질적으로 **"적용(application)"**을 포함하는 개념이라고 하였다. '관심'은 우리의 실존적 관련성의 표현이자, 우리가 읽은 것을 '적용'해 보고자 하는 욕망의 표현이라고 할 수 있어서, 해석이 관심으로

---

45) 윙크는 여기에서 성서신학자들의 연구를 비판한다. 그는 성서해석의 핵심은 결국 인간의 꿈을 실현하고, '진정한 삶'을 상상하고 성취할 수 있도록 하는 것이었음에도 불구하고, 학자들은(저자 자신을 포함하여서) 너무나 많은 순간, 이와 같은 원래의 동기를 연구성과, 출판, 유명세와 같은 표면적 관심으로 대치하였다고 비판한다. 그 결과가 텍스트의 진리에 대한 실천관련성이 결여되고, 진리에 대한 물음은 이차적인 것이 되었다는 것이다. 그는 연구발표가 반드시 공공의 승인을 가져와야 할 필요가 있는 것은 아니고, 오히려 어떤 때에는 그 반대일 경우도 있다고 하였다. 이리하여 지식은 경험으로부터 분리되고, 이론은 실천으로부터 분리되며, 이성은 이성 안의 관심으로부터 분리되고, 학자는 그의 삶의 컨텍스트로부터 분리되는 것이라고 하였다. Ibid., p.72 참조.

46) Ibid., p.74.

시작하는 한 그것은 필연적으로 '적용'에로 연결될 수 밖에 없다고 하였다. 그렇게 볼 때 해석이란 우리의 미래와 관련하여 텍스트를 우리의 현재에로 적용하려는 "자기-탐색적 적용(self-explorative application)"이고 이것은 연구의 마지막 행위가 아니라 처음부터 우리의 관심이라고 하였다.[47)]

윙크는 '성서해석자'가 된다는 것이 반드시 '성서학자'가 되는 것은 아니라는 점을 지적하면서, 그 차이를 '적용' 여부에서 찾고 있다. 그는 성서해석자가 된다는 것은 다른 사람이나 그룹에게 성서가 주는 감동을 이해하고 삶을 변형시킬 수 있도록 도울 능력이 있는 사람을 의미한다고 하였다. 성서해석자는 '소외된 거리두기'에 꽉 붙잡혀 있는 사람이 아니라, 해석을 통해서 일상생활 속의 실제 사람들과 관련을 맺을 수 있는 사람이라고 하였다. 따라서 그들은 세상적 사건과의 관련성을 설교가에게 떠 넘기지 않는다고 하였다. 그들에겐 "나는 연구하고, 너는 설교한다"는 이분법이 합법화되지 않는다는 말이다. 성서의 해석자는 세상적 사건과의 관련성 속에서 성서의 적용가능성을 모색하며, 또한 그를 실천하는 사람으로 설교와 설교하기를 새롭게 하는 것에 봉사하는 사람들이라고 하였다. 다시 말하면 성서해석자는 '적용'을 관심의 핵심적인 기초로 삼는 사람이라는 것이다.

결론적으로 말하자면 '융합'을 통해서 '거리를 둔 전통'과 '우리가 속하게 되는 전통' 사이의 대화가 일어나면서, 해석은 짧은 순간 이해의 목적을 성취하게 된다; 이 순간 지평은 전환(shift)되고, 우리의 '자기-이해'가 변화되며, '세계'는 변형된다. 이 과정에서 우리는 과거를 다른 빛 안에서 보게 되고, 이제 우리의 이해의 과정은 새로운 순환과정을 다시 시작하게 되는 것이다. 앞에서 고찰한 윙크의 변증법적 성서해석을 단순화의 위험을 무릎 쓰고 도표로 나타내 보면 다음과 같다.

---

47) Ibid., p.75.

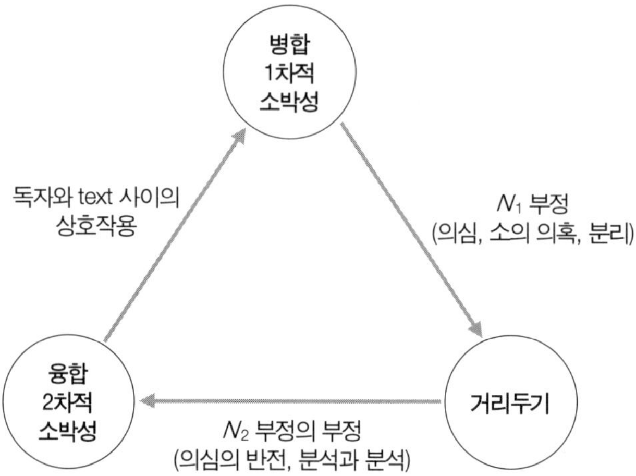

Ⅳ. 윙크의 "인간변형을 위한 성서해석"에 나타난 해석학

1. 성서해석과 기독교교육

윙크는 "병합－(N_1)－거리두기－(N_2)－융합"이라는 순환과정을 통해서 인간 변형에 기여할 수 있는 성서해석의 모델을 제안하였다. 앞에서 살피면서 이미 느끼게 되었겠지만, "변증법적 해석학"이라고도 칭해지는 그의 모델은 기독교교육현장에서 쉽게 적용할 수 있는 간단한 성경공부의 모델은 아니다. 그의 모델은 성서 해석에 있어서 '전통', '비평학의 역할', '해석자와 텍스트와의 관계', '적용'의 문제와 같은 근본적 문제들을 해석학적으로 접근하고 있는 이론적 모델이라고 할 수 있다.

그의 이와 같은 이론적 모델이 기독교교육에서도 관건이 되는 것은 그가 묻고 추구하는 바 성서해석과 인간변형의 문제가 기독교교육의 근본적 물음이기도 하다는 데에 있다. 무어나 보이스에게서 '전통'과 '변형' 간의 관계에 관한 문제는 기독교교육의 가장 핵심적 쟁점이다. 그것은 기독교교육 이론의 역사가 전통을 유지하고 전달할 것이냐, 현재의 삶과 변형에 보다 집중할 것이냐의 양자택일의 역사라 해도 과언이 아닐 만큼 핵심적 문제였고, 또한 이 둘을 어떻게 통합할 수 있는가는 현대

기독교교육의 핵심적 쟁점의 하나라고 해도 틀린 말이 아닐 만큼 오늘날에도 중요한 이슈이다. 윙크는 전통과 삶의 관계에 관한 물음의 가장 핵심적 요소인 성서해석의 물음을 해석학적으로 접근하여 그 둘의 통합의 가능성을 제시하고 있다는 점에서, 그의 모델은 기독교교육의 가장 핵심적 영역에 들어와 있다고 할 수 있다.

2. 윙크의 이론에 나타난 해석학 이론의 변천사

윙크의 "인간변형을 위한 성서해석" 모델이 해석학적 기독교교육에 특별히 의미를 갖는 것은, 그의 이 모델 안에는 현대 해석학의 다양한 이론들이 어느 기독교교육학자의 이론보다도 포괄적이고 심도 있게 천착되어 있으며, 또한 그의 모델을 형성하고 이끌어가는 핵심적 축이 되고 있기 때문이다.

그의 "변증법적 해석학"은 먼저 해석학적 인식론의 기본개념인 "전이해" 개념으로부터 출발한다. 그의 변증법적 해석학의 첫째 단계인 '병합'은 모든 해석은 해석자의 전이해와 병합된 상태에서 시작된다는 점을 말하여 주고 있다. 해석자는 자신의 삶의 기반이 되는 문화와 전통과 뗄래야 뗄 수 없는 관계에 서 있고, 그것들은 해석자가 거의 무의식적으로 세계와 성서를 보는 눈을 형성하는 지평이자 전이해가 된다. 따라서 전통은 과거의 것이면서도 현재에 우리의 개념과 언어와 신앙적 합리화를 형성하는 틀이 필터로서의 역할을 하고, 그런 한 해석자는 병합의 단계에 서 있다는 것이다. 윙크는 '병합'의 개념을 통해서 해석학적 인식론에서 말하는 '전이해', '지평', '전통'과 같은 개념들이 해석자의 해석에 영향을 미치는 요소가 된다는 것을 해석의 과정에서 구체화하고 있다.

전이해와 전통의 개념으로 시작되는 윙크의 변증법적 해석학은 여기에서 그치지 않고 '거리두기'의 단계로 넘어간다. 윙크는 '병합'의 과정에 있을 때 해석은 리꾀르가 말하는 "1차적 소박성"에 머무는 것이고, 텍스트를 보다 선명하고 전체적으로 볼 수 있기 위하여서는 필연적으로 그 병합을 부정하는 N1단계가 필요하다고 보았다. 이 단계에서 해석자는 전통, 혹은 전이해에 대한 의혹과 이의를 제기하면서 전통을 대상화하는 '거리두기'의 단계로 넘어가게 된다고 하였나. '거리두기'라고 하는 개념은 우리에게는 리꾀르의 개념인 '소격화'로 더 친숙한 개념으로, 리꾀르는 텍스트를 보다 잘 이해하기 위하여 일정한 거리를 두고, 성서비평학과 같은 객관적 해석의 도구들을 사용할 필요가 있다고 하였다. 이 개념은 하버마스의 비판적 해석학에도 나타나는 개념인 바, 하버마스는 해석이 전이해를 기반으로 한 감정이입에 머물러 있을 때, 전통 자체가 가지고 있는 이데올로기나, 해석자인 우리 자신이 가지고 있는 억압적 현상들을 비판적으로 볼 수 없고, 따라서 바람직한 해석이 불가능하다는 점을 지적하며, 오히려 객관적 비판의 도구들, 즉 사회비판이론이나 정신분석학적 도구들을 해석에서 수용할 수 있어야 한다고 하였다. 고전적 해석학이 '이해'의 방법을 수용하고, '설명'의 방법은 자연과학적 방법으로 더 타당한 방법이라고 생각하였던 반면, 리꾀르나 하버마스에게로 발전되어 오면서는 오히려 '거리두기'의 설명적 방법을 수용하게 된다.

윙크는 그러한 거리두기의 개념을 수용하여 해석의 두번째 단계를 '거리두기'로 명명하면서, 이를 성서비평학과 연관 지어서 설명하였다. 그는 '거리두기'가 갖는 '객관성'의 필요성을 강조하였는 바, 해석자가 자신의 전이해와 문화적 한계들을 넘어서서, 성서 자체의 언어로 듣고, 성서를 통해서 말씀하는 타자(the Other) 즉 하나님의 계시의 말씀을 듣기 위해서는 텍스트의 타자성이 확보되어야 한다고 하였다. 그는 '객관주의(objectivism)'가 문제이지 '객관성(objectivity)' 자체는 필수적인 것이라고 보았다.

그러나 윙크는 이와 동시에 해석이 단순히 성서비평적 객관성에만 머물러 있을 때 오는 문제를 지적한다. 성서비평학은 텍스트의 타자성을 담보하기 보다는 '부정성(negativity)'을 가지고 오히려 성서의 이미지 자체를 파괴하였다고 하였다. 비평학은 성서를 성서의 배경이 되는 예수님의 이미지, 교회, 원시공동체 등의 개념으로부터 조차도 해체하여 결국 '예수님의 이미지' '초대교회의 이미지' 조차도 파괴하였다고 하였다. 결국 성서해석이 성서비평적 객관성에만 머물러 있을 때 성서는 그것이 원래 쓰여진 의도, 즉 독자들에게 '증인'으로서의 역할과 '믿음에서 믿음에 이르도록' 하는 목적으로부터 멀어지게 된다는 것이다. 윙크는 비평학이 갖는 더 큰 문제점은 그것이 '텍스트가 스스로 말하게 한다'는 목적으로 시작되었으나, '처음부터 텍스트에게 말하도록 기회를 주지 않았다'는 것에 있다고 보았다. 비평학은 오히려 자신들이 모든 것을 해체한 자리에 비평학적 도구들을 첨가하였고, 그 비평학적 도구를 통해서 자신들이 의미를 선택하기 전에는 텍스트에게 입을 다물게 하였다는 것이다. 그 결과 비평학은 부정성을 바탕으로 한 파괴에 머물러 있을 뿐 스스로의 힘으로는 구성할 능력은 없는 청소년과 같은 상태에 머물렀다고 하였다. 사춘기의 청소년이 기존의 권위에 대항하여 권위적 인물을 자신 안에서 해체하지만 스스로는 재구성할 수 있는 능력이 없는 것 같이…….

결국 윙크는 비평학의 문제점은 단순한 객관화의 문제가 아니라 정신적, 심리적 문제점과 연결되어 있다고 보았다. 해석자가 방법적 우상주의(methodolatry)에 고착되지 않기 위해서는, 그 고착을 야기시키는 문화적 문제와 심리적 문제들로부터 자유롭게 되어야 할 필요가 있기 때문이라는 것이다. 따라서 해석자는 이제 해석자 스스로를 의심하고 객관화할 수 있는 자기 자신으로부터의 거리두기가 필요하다는 것이다. 윙크가 두번째의 부정(N2)으로 칭하고 있는 이 단계에서 해석자는 자신을 부정하고, 자신을 해석의 대상으로 삼는 비평이 요청된다. 윙크는 이 두 번째의 부정은 특별히 해석자가 속한 사회문화적 배경을 비판하는 '지식사회학적 비판'과, 해석자 자신의 삶의 역사를 통해서 억압되고 고착된 문제들을 해명하는 '정신분석적 비판'의 양 측면에서 이루어져야 한다고 하였다.

윙크의 두번째 부정의 개념은 하버마스의 '비판적 해석학'을 강하게 생각나게 하는 부분이다. 앞서 말한 대로 하버마스는 해석에서 객관성을 확보하기 위한 도구로 '설명'적 방법을 수용하였는데, 사회적 차원에서는 '비판이론'을 개인적 차원에서는 '정신분석학'을 도구로 사용하여야 한다고 보았다.

윙크는 이를 성서해석학의 문제에로 가지고 들어와서 좀더 분화된 거리두기를 시도하고 있다. 그의 거리두기는 크게 두 단계로 이루어지는데, 첫 번째의 단계의 '텍스트'에 대한 거리두기는 성서 비평학적 도구를 수용하는 반면, 두번째 단계인 해석자 자신에 대한 거리두기에는 '지식사회학적 비판'과 '정신분석'을 수용한다. 윙크의 거리두기는 먼저 텍스트에 대하여, 그리고 해석자의 문화적 배경 및 해석자 개인의 삶의 역사라고 하는 세 차원에서 이루어 진다. 윙크의 '거리두기' 개념은 리꾀르나 하버마스의 해석학에 나타난 '설명'적 요소들을 명확히 수용하는 입장이고, 이 과정에서 성서비평학과 지식사회학, 정신분석학 등의 다양한 비판적 해석 방법들이 수용되고 있다. 윙크는 현대의 성서의 해석이 단순히 전이해를 기반으로 하는 감정이입과 추체험, 혹은 실존적 만남에 그칠 수는 없다고 보았다. 그럴 경우 리꾀르가 말하는 1차적 소박성에 머물게 되는 것이다. 그는 이 과정에서 현대 해석학의 다양한 객관화 방법과 비판적 방법을 수용하여야 하며 그것이 오히려 성서 자체의 타자성을 보장하는 것이라고 보았다.

윙크의 변증법적 해석학은 그러나 그 다음 단계인 "융합(communion)"의 단계로 발전한다. 그의 거리두기는 이제 융합의 단계로 가면서 '주체와 객체'의 이분법이 극복되고, 주체로서의 해석자와 객체로서의 텍스트 사이의 대화가 이루어진다. 이 단계에서는 주체와 객체 사이에 관계가 형성되어서 주체의 눈으로 대상인 텍스트를 보지만, 동시에 텍스트의 타자성이 해석자의 자기이해를 해명하는 상호작용이 일어난다. 후자의 경우에는 텍스트가 주체가 되고 해석자가 객체가 되는 현상이 나타난다. 이렇게 이루어지는 융합의 과정은 이전단계에서 이루어졌던 거리두기의 주-객 도식이 극복 되면서, 텍스트의 상징성이 회복된다. 이것은 리꾀르가 "이차적 소박성"이라고 칭하였던 과정으로 '병합'이 '전비평적 소박성'이라면, 이것은 '후비평적 소박성'으로서 텍스트가 해석자의 삶과 인격 변형에 영향을 미치는 상징적 힘을 발휘하게 된다. 이 과정에서 텍스트는 해석자의 삶과 변형에 관련이 되고, 해석자의 관심과 적용이 해석의 중요한 요소가 된다. 그리하여 융합은 텍스트 해석이 인간 변형에 기여하는 활동으로서의 역할을 하게 한다.

윙크는 '융합'의 과정을 통해서, 해석의 사건은 리꾀르가 말하는 '텍스트의 세계 기획'에 자신을 열어, 자기해명과 자기변형이 일어나 사건이 됨을 설명하였다. 해석은 단순히 텍스트를 이해하는 것이 아니라, 하이데거나 가다머, 그리고 리꾀르에게서 처럼 해석자가 텍스트의 타자성을 통하여 '자기'와 '사회'와 '의미'를 탐색하는 과정이고, 더 나아가 '자기 변형의 사건'이라고 하는 것이 윙크의 '융합'의 과정에서 분명하게 들어난다.

V. 나오는 말

윙크가 제시하는 '변증법적 해석학'은 해석학사에 나타나는 모든 해석학적 관점들을 절묘하게 그의 단계들 안에 포괄하면서 이를 통합하고 있는 것을 볼 수 있다. 그의 모델에서는 해석학적 철학의 가장 기초적 인식론으로부터 시작하여, 하버마스와 같은 비판적 해석학자나 리꾀르와 같은 현상학적 해석학이 추구하였던 설명적 방법들, 그리고 후비평적 2차적 소박성을 회복하는 자기 변형적 해석학들이 모두 포괄적으로 통합되어 나타난다. 그의 변증법적 해석학은 뿐 만 아니라 단계적 비판과 대화를 통하여 하나의 해석학적 방향이 추구하는 바에 나타나는 문제점을 들어내면서도, 이를 포기하지 않고 그를 극복하는 다음 단계를 제시하는 방법으로, 근대의 비평학 출현 이후에 성서해석이 나아갈 수 있는 적절한 해석 방향을 제시하고 있다. 그의 변증법적 해석학의 단계는 거의 현대적 해석학의 발전과정을 따라가면서, 이를 통하여 성서해석의 핵심적 과제, 즉 텍스트 해석과 해석자의 삶의 변형을 연결시키는 탁월한 해석적 통찰을 바탕으로 한 모델이라고 할 수 있다.

메조리 수하키의 종말론

윤 철 호
(장로회신학대 교수, 조직신학)

Ⅰ. 서론

종말론적 심판과 구원에 대한 교리는 결코 단지 기독교 신학체계의 마지막 부록에 관한 사항이 아니라 신학의 중심적 주제이다. 부활과 영생에 대한 그리스도인의 소망은 단지 현실의 곤궁 속에서의 구원론적 열망에 의한 피안적(彼岸的) 투사가 아니라 살아계신 하나님의 약속을 믿는 기독교 신앙의 본질적 내용이다. 다시 말하면, 그리스도인은 하나님께서 약속하신 궁극적 미래를 믿음 가운데 소망하며, 오늘 하나님 나라의 백성으로서의 삶을 산다.

하지만 고대의 묵시적, 신화적 세계관 안에서 형성된 성서의 증언에 기초한 기독교의 전통적인 종말론 교리는 근대 이후 과학적 세계관의 도전으로 말미암아 위기를 겪고 있다. 한편, 고대의 세계관 안에서 씌어진 성서의 증언에 대한 문자적 해석에 의한 세대주의적 종말론(전천년설, 후천년설 등)은 더 이상 유지될 수 없다. 그러나 다른 한편, 근대의 과학실증주의적 관점에서 종말론을 합리적, 역사적 차원으로 환원하는 것도 적절하지 않다. 따라서 오늘날 신학의 과제는 한편으로 성서의 종말론적 증언의 케리그마에 충실하되 무시간적이고 문자적인 이해에 얽매이지 않으며, 다른 한편으로 오늘날의 과학적 세계관 안에서의 이해가능성을 추구함에 있어서 합리적, 역사적 차원을 중요시하되 초합리적, 초역사적인 차원에 열려있는 탈근대적인 종말론의 비전을 수립하는데 있다.

메조리 수하키는 이러한 탈근대적 종말론의 비전을 위한 하나의 전망을 제공해 준다. 그녀는 전통적인 기독교 영성의 관점에서 과정사상의 형이상학을 재해석함으로써 그 둘을 창의적으로 결합시켜 새로운 탈근대적 신학적 패러다임을 수립하고자 한다. 사실 과정사상에서는 전통적인 기독교 신학의 주제로서의 종말론은 큰 의미가 없다. 왜냐하면 과정사상가들에게 있어서 개인의 죽음 이후 또는 예수 그리스도의 재림 때에 도래할 인류의 역사와 우주의 묵시적 종말과 하나님의 최후의 심판과 구원의 문제는 중심적인 관심사가 아니기 때문이다. 그러나 하나님 안에서의 악에 대한 궁극적 심판과 구원과 영생에 관한 논의로서의 종말론 자체가 과정사상에 없는 것은 아니다. 하지만 과정사상의 종말론을 이해하기 위해서는 과정사상의 형이상학적 체계와 개념들에 대한 충분한 이해가 선행되어야 한다. 이러한 충분한 선이해가 전제될 때에 비로소 과정사상의 심판과 구원의 의미를 올바로 이해할 수 있으며, 나아가서 과정사상의 종말론을 비판적으로 전유함으로써 성서의 증언에 충실하며 동시에 오늘날의 세계관과 이해의 지평에서 이해 가능한 하나의 탈근대적 종말론의 전망을 수립할 수 있을 것이다.

Ⅱ. 주체적 불멸성

1. 주체적 불멸성의 형이상학적 근거

수하키의 종말론과 구원론을 이해하기 위해서는 그녀의 "주체적 불멸성"의 개념에 대한 이해가 선행되어야 한다. 화이트헤드에게 있어서, 합생과 주체적 직접성은 주체의 실제적 생성을 의미한다. 합생은 통합의 과정을 지시하고 주체적 직접성은 그 과정에 대한 경험을 지시한다. 주체는 과거의 자료들뿐만 아니라 미래의 가능태들을 파악한다. 대조와 가치실현을 통해 복합성을 보다 단순한 통일성으로 환원시킴으로써 주체는 현재에 자신을 창조한다. 이 운동은 물리적 극(현실태)으로부터, 정신적 극(가능태)을 거쳐서, 이 양자의 구체적인 통일 즉 새로운 현실체를 창조하는 과정이다.

만족은 과정의 완결을 지시한다. 직접성은 합생의 기능이기 때문에 만족은 주체적 직접성을 결여한다. 일단 생성이 완결되면 주체성은 소멸하고 미래에서의 효과성이 시작된다. 화이트헤드는 이 효과성을 "객체적 불멸성"이라고 명명하는데, 이는 완결된 존재가 과거의 객체로서 미래에 영속적으로 영향을 준다는 사실을 표현한다. 주체적이고 객체적인 이 전체 과정은 창조적이다. 첫째, 그것은 현실태와 가능태의 통합으로서 창조적이다. 이것을 화이트헤드는 "합생적 창조성"이라고 부른다. 둘째, 그것은 새로운 생성을 촉발하기 때문에 창조적이다. 화이트헤드는 이를 "이행적 창조성" 또는 계기의 자기초월체적(superjective) 본성이라고 부른다.

화이트헤드의 체계에 있어서 하나님은 다른 현실적 존재와 마찬가지로 완결된 현실태를 파악하는 물리적 극과 가능태를 파악하는 정신적 극을 갖는다. 그러나 하나님에게서는 이 양극적 구조가 전도(顚倒)된다. 이 전도가 하나님과 세계와의 본질적인 차이를 구성한다. 시간적 유한성 안에 있는 모든 사실체는 완결된 실제적 세계에 대한 파악과 더불어 물리적 극으로부터 시작한다. 자신의 생성을 위한 가능성들은 이 과거에 적합한 초월의 형태에 제한된다. 따라서 과거와 물리적 극에 우선성이 주어진다. 그러나 하나님에게 있어서는 정신적 극과 가능성들이 우선적이다. 이 가능성들은 무시간적이며, 과거에 의해 제한되지 않으며, 현실체와의 연관성 없이 그 자체들의 질서 속에 하나님에 의해 조망된다. 이것이 하나님의 영원하고 무제약적인 "원초적 본성"을 구성하며, 모든 현실체를 향한 하나님의 전적인 개방성을 위한 근거를 제공한다. 하나님은 가능성들에 대한 무한한 개방성으로부터 시작해서 모든 완결된 현실체에 대한 파악을 통해 합생한다. 완결된 사실체의 세계는 유한한 사실체의 생성에서는 과거로 기능하는 반면, 하나님에게서는 미래처럼 기능한다. 과거와 미래가 하나님과 세계에 있어서 서로 역순이다.

세계의 현실체를 향한 하나님의 개방성은 하나님의 물리적 극으로서 "결과적 본성"이라고 불린다. 이 본성은 가능성들에 대한 영원한 원초적 비전과 세계 안에서 생성되는 존재들의 결과이다. 이것은 하나님의 시간적 측면으로서, 원리적으로 언제나 미완결적으로 증대된다. 하지만 수하키에 따르면, 하나님 안에서의 양극의 전도는 하나님이 세계와는 달리 영원한(everlasting) 존재로서, 생성되어가지만 언제나 완결적임을 의미한다. 하나님의 통일성은 지속적으로 역동적인 만족 안에서 성

취되는, 원초적 본성과 결과적 본성의 통합이다.[1]

그렇다면, 유한한 존재에 있어서 어떻게 주체적 불멸성이 가능한가? 화이트헤드에게 있어서 주체성과 불멸성은 불연속적인 용어로서 전자가 끝나는 곳에서 후자가 시작된다. 유한한 존재(계기)에 있어서 불멸성은 만족의 향유와 더불어 시작된다. 이 향유는 만족을 성취한 그 계기에 속해 있지 않고 객체적 불멸성 안에서 계승되는 계기에 속해 있다. 화이트헤드에 따르면 "어떤 현실적 존재도 자신의 만족을 인식할 수 없다. 왜냐하면 그러한 지식은 과정의 한 구성요소가 되고 따라서 만족을 변형시킬 것이기 때문이다."[2] 계기가 자신의 현실화로 나아감에 있어서 주체성은 오직 만족의 이상만을 요구할 수 있다. 만족의 구현은 그 계기의 죽음을 수반한다.

수하키는 이러한 딜레마를 만족의 역동성과 창조성에 대한 새로운 이해를 통해 해결하려고 한다. 그녀는 만족이 - 역동적 통일성 안에 합생의 결과를 통합하면서, 그리고 새로운 계기들이 출현하는 미래를 향한 추동력을 산출하면서 - 합생과 이행 사이의 중간적 형태 안에 창조성을 구현할 수 있다는 설명이 화이트헤드의 체계 안에서 가능하다는 것을 보여주고자 한다. 화이트헤드에게 있어서 주체-자기초월체(subject-superject)로서의 존재는 자신의 합생과 이행의 형태 안에서 창조성을 포괄한다. 계기는 합생을 통하여 자신을 창조하며, 이행을 통하여 자신을 너머 미래의 출현을 가져온다. 화이트헤드는 미래를 향한 이 힘이 한 계기의 내적 완결, 즉 만족으로부터 나온다고 본다. 여기서 수하키는 묻는다. "그러나 만일 만족이 계기의 주체적 직접성으로부터 분리되어 그 자체가 더 이상의 활동을 결여하는 정적인 완결이 된다고 한다면, 미래를 향하여 이행적인 창조성의 추동력을 산출하는 만족의 능력에 문제가 생기지 않겠는가?"[3] 이럴 경우, 창조성은 자체에 형태를 부여하는 현실체들로부터 분리된 하나의 독립적이고 세기 초월적인 힘으로 보이게 되고, 따라서 그 근거가 모호하게 된다는 것이다.

만일 현실적 존재가 창조성이라면, 그리고 창조성은 존재의 주체적 활동 외에

1) Marjorie Hewitt Suchocki, *The End of Evil: Process Eschatology in Historical Conext* (Albany: State University of New York Press, 1988), p.84.

2) A. N. Whitehead, *Process and Reality* ed. David Ray Griffin and Donald W. Sherburne (New York: The Free Press, 1978), p.85.

3) Suchocki, *The End of Evil,* p.86.

다른 것이 아니라면[4] 왜 창조성은 존재가 만족에 도달하자마자 그 존재를 "떠나야" 하는가? 이 질문에 대한 통상적 답변은 계기의 활동적 기능이 결말에 이르렀기 때문이라는 것이다. 그러나 수하키에 따르면 그렇지 않다. 왜냐하면 그 계기는 비록 자신이 창조한 소여성의 관점에서지만 미래를 위해 계속 기능하기 때문이다. 그녀는 이 소여성이 타자를 위한 완강한 사실이 되기 위해 전적으로 수동적이고 정적인 것이 되어야 한다고 생각해야 할 이유가 없다고 본다. "소여성(givenness)은 완강한 사실이지만 결코 정적이지 않은 수여성(givingness)일 수 있지 않은가? 아마도 "완결된" 계기의 소여성과 수여성의 본성 자체가, 합생과 이행의 국면을 매개하는 창조성의 형태일 것이다."[5]

화이트헤드는 미립자적 존재의 현실성이 과정이며 동시에 결과라고 말했다.[6] 그렇다면 그 계기의 만족은 실제로 자신의 합생의 체현(體現)이다. 따라서 계기는 생성이자 결과이며, 과정만이 아니라 과정과 결과의 전체성이 계기의 주체적 직접성을 구성한다. 만족은 다양한 객체들의 통합을 하나로 지속하는, 존재의 최종적 자기 가치실현이다. 따라서 만족은 합생의 과정에서처럼 역동적인 상태이다. 더 이상 비결정성은 없다. 그 대신 완전히 현실적인 것의 충만성이 있다. 이제 활동은 선택이 아니라 향유이며 다자를 통일 안에 유지하는 역동성이다. 따라서 만족은 합생을 통해 산출된 직접성을 빼앗긴 결말이 아니라 그 직접성의 절정이다. 직접성은 생성이며 동시에 만족이다.[7] 만족은 계기의 생성 결과에 대한 계기의 초월적인 개관이 아니라, 생성의 역동적 결과 그 자체이다. 만족은 향유이며, 따라서 수동적이라기보다 능동적이다. 창조성의 형식으로서 만족은 수여성 또는 이행적 힘을 발생시키는데, 이 힘은 바로 이 결정화된 형태를 미래에 제공하며 미래를 새로운 현재가 되도록 촉발한다.

수하키에 따르면 향유로서의 창조성이 합생의 창조성과 이행의 창조성을 연결하는 매개이다. 한 존재의 관점에서 볼 때 합생의 창조성이 다른 존재의 관점에서

4) Whitehead, *Process and Reality*, p.225.

5) Suchocki, *The End of Evil*, p.87.

6) Whitehead, *Process and Reality*, p.84.

7) Suchocki, *The End of Evil*, p.88.

볼 때 이행의 창조성이다. 그녀에 의하면, 만일 만족이 수동적인 것이 아니라 능동적이며, 결정을 하는 것이라기보다 결정에 대한 경험으로서의 창조성의 형태를 구현한다면, 이것은 미래를 촉발시키는 수여성의 산출이 된다. 향유(또는 만족)로서의 창조성은 우주의 숨돌릴 공간, 또는 맺음과 시작, 시작과 맺음의 질서를 창조하는 리드미컬한 휴지(休止)를 제공한다. 만족은 성취와 소멸 사이의 부유(浮游)로서, 자신을 향유하며 자신을 제공한다. 합생, 향유, 이행은 존재의 창조적 전진의 세 국면이다. 만족은 합생에 기초하여, 그 자체의 향유로서 합생을 포괄하며, 이행을 통해 미래를 향한 자기초월체적 자기 제공을 산출한다.[8)]

2. 하나님 안에서의 주체적 불멸성

수하키는 객체적이 아닌 주체적 불멸성이 궁극적으로 하나님 안에서 가능하다고 믿는다. 그녀는 객체성과 주체성에 대한 새로운 관점에서 이를 논증한다. 타자의 생성은 과거의 주체적 만족들에 대한 파악에 의해 일어난다. 파악이 객체적이나 주체적이냐 하는 것은 만족에 달려있지 않고 파악하는 존재에 달려있다. 수하키에 따르면 유한한 존재는 만족을 객체화시켜야 하며, 따라서 시간적 세계에서 파악되는 존재는 오직 객체적 불멸성만을 얻는다. 객체화는 생성하는 계기가 과거의 계기들을 부분적으로밖에 파악할 수 없음에 기인한다. 어떤 계기도 다른 계기를 전체적으로 파악할 수 없으며, 부정적 파악을 통해 통일된 자신을 생성한다. 따라서 한 계기는 다른 계기의 완전한 직접성을 재현할 수 없다. 파악하는 계기의 관점에서의 선별성은 파악된 계기의 주체적 통일성을 파괴한다. 그러므로 유한한 계기에 있어서 다른 계기는 언제나 객체적이다.[9)]

그러나 하나님은 만족의 전체성, 따라서 그 주체성을 파악한다. 수하키에 따르

8) Ibid., p.89. 수하키에 따르면 만일 만족이 다자를 조화로운 통일성 안에서 역동적으로 통합한다는 의미에서 창조적이라면 계기의 이행적 효과는 더욱 정합적이 된다. 다자성이 통일을 낳듯이 통일성은 자신의 창조성의 형태를 통해 다자를 낳는다. 창조성은 일자를 떠나지 않으며, 일자의 만족을 통해 새롭게 산출된다. 따라서 이행적 창조성은 체현된 향유의 창조성으로부터 자연스럽게 움직인다.

9) Ibid., p.91.

면, 지속되는 세계의 관점에서 계기는 객체적으로 불멸하지만, 하나님의 관점에서는 주체적으로 불멸한다.[10] 하나님은 한 계기의 만족의 전체성을 파악하기 때문에 그 계기의 주체적 통일성은 파악에 의해서 손상되거나 분열되지 않는다. 유한한 계기는 선행 계기를 오직 부분적으로만 재현하는 반면, 하나님은 그 계기를 신적 본성의 요소로서 전체적으로 재현한다. 즉 파악된 계기의 전체성을 파악함으로써 하나님은 계기의 주체성을 파악한다. 따라서 계기는 하나님 안에서 주체적으로 불멸한다.[11]

화이트헤드는 세계의 과정을 경험의 강도(强度)의 성취를 향한 운동으로 이해한다. 이 강도는 이중적이다. 그것은 각기의 유한한 계기 안에서 그 자체의 관점에서 가능한 최상으로 성취되어야할 강도이며, 또한 하나님의 본성 안에서의 강도이다. 그러나 만일 하나님이 이미 모든 영원적 객체를 통합하고 있으며 따라서 하나님이 강도의 표준이라면, 계기의 작은 성취가 하나님에게 무슨 변화를 줄 수 있는가? 또한 만일 하나님의 원초적 본성이 "크지도 작지도 않다"면 신적인 직접성의 강화를 향한 하나님의 목적을 말하는 것이 무슨 의미가 있는가?

수하키에 따르면, 하나님에 대한 유한한 계기의 가치는 영원적 객체의 통합에 있지 않다. 왜냐하면 그러한 통합은 하나님의 원초적 비전 안에서 영원히 알려지고 조망되었기 때문이다. 유한한 계기의 공헌은 다른 가능성들을 제거하고 자신이 선택하는 가능성의 실제적인 체현의 생생함에 있다. 한 계기가 획득한 강도는 자신의 직접성 안에서의 그 계기의 가치실현이며, 이것만이 하나님에 대한 그 계기의 공헌이 될 수 있다. 유한한 계기의 경험 안의 날카로운 선별성은 원초적 비전의 포괄적인 잠재성 안에서는 결여되어 있는 것이다. 개별적이고 특수하고 구체적이고 생생한 가치의 실현, 자신의 직접성으로서의 이 강도가 하나님에 대한 계기의 공헌이다.[12]

수하키에 따르면, 강도가 체현된 영원적 객체의 극대적인 통합이라면, 영원적 객

10) Ibid., p.90.

11) 수하키는 화이트헤드의 여러 글들(Whitehead, *Process and Reality*, p.340, p.346, p.351.)에서 이러한 자신의 생각을 뒷받침해주는 구절들을 인용한다. Ibid., p.97.

12) Ibid., p.93.

체가 통합되는 역동성 즉 현실적 계기의 주체적 경험은 더할 나위 없이 중요하다. 그러므로 창조적 전진 속에 있는 하나님의 지속적인 목적은 단지 성취된 강도에 대한 기억이 아니라 경험된 강도의 현존이다. 하나님의 영원한 현존 안에서 계기의 주체적 직접성을 보전하는 것이 하나님의 목적의 최상의 성취이다. 수하키는 이 주체성이 하나님 자신의 결과적 본성 안에 영원히 보전된다고 말하면서, 이것이 "영원성(everlastingness) 안에서 직접성과 객체적 불멸성이 최종적으로 화해된다."[13]는 화이트헤드의 진술이 의미하는 바여야 한다고 주장한다. 그녀는 하나님의 본성 안에서의 계기의 직접성의 유지에 관한 화이트헤드의 구절들을 수정하여 이렇게 표현한다. "계기는 합생하며, 자신의 만족의 통일성을 향유하며, 그리고 자기초월적으로 불멸한다. 유한한 계기 안에서는 객체적으로, 하나님 안에서는 주체적으로-."[14]

한 계기의 직접성이 내적인 합생의 완결 즉 만족에서 절정에 이르면, 세계의 관점에서 볼 때 이 내적인 완결은 계기의 직접성의 종말을 가져오며, 창조적인 전진으로의 이행이 뒤따른다. 수하키에 따르면 이 전진은 직접성을 불러냄으로써 세계의 과정을 인도하는 하나님에 의해 가능해진다. 다시 말하면, 새로운 직접성을 향한 이 창조적 전진은 성취된 직접성이 무나 기억이나 과거로가 아니라 하나님 안으로 전이됨으로써 가능해진다. 하나님은 계기의 직접성을 파악하고 그것을 신적 본성 안으로 끌어들임으로써 새로운 직접성을 위한 길을 열어 놓는다.

수하키에게 있어서, 하나님 안에서의 직접성의 재현은 단지 직접성의 복제가 아니라 자기 동일적인 직접성의 재탄생이다. 관점적 제거와 부정적 파악이 없는 신적 파악에서는 계기의 주체적 통일성이 손상당하지 않는다. 따라서 존재의 온전한 재현은 이 직접성의 재탄생을 가져온다. 계기는 두 번 태어난다. 첫 번째는 자신의 자기창조에 의해서이고, 두 번째는 이 자기창조에 대한 하나님의 온전한 파악에 의해서이다. 세계의 시간성 안에서의 계기의 탄생은 그것을 산출하는 합생처럼 덧없이 지나가지만, 하나님 자신의 합생 안에서의 계기의 신적 탄생은 하나님처럼 영원(everlasting)하다. 즉 계기는 주체적 불멸성으로 거듭난다.[15]

---

13) Whitehead, *Process and Reality*, p.351.
14) Suchocki, *The End of Evil*, p.94.
15) Ibid., p.96.

Ⅲ. 하나님 안에서의 구원과 심판

1. 그리스도 안의 하나님의 현존을 통한 구원의 계시

하나님 안에서의 구원은 예수 그리스도 안의 하나님의 현존을 통해 우리에게 계시된다. 수하키는 우리를 위한 하나님의 "현존"으로서의 계시를 예수의 삶, 십자가, 부활을 중심으로 설명한다. 먼저, 예수의 성육신은 최초의 목적 안의 하나님의 본성에 대한 완전한 순응과 수용의 삶의 과정을 지시하며, 사회 안에서의 개방성과 정의와 사랑의 삶을 계시한다. 그녀는 예수 안의 하나님의 현존을 통해 계시된 하나님의 본성을 하나님의 결과적 본성으로 설명한다.[16] 결과적 본성 안에서 하나님은 우주의 모든 실재를 그 실재가 자신을 느끼는 바로 그 순간 느낀다. 예수는 이와 같이 전적으로 개방된 사랑으로서의 하나님의 본성을 계시한다. 즉 예수 안의 계시는 세계를 느끼는 하나님의 주체적 형식이 사랑임을 보여준다.

수하키에 따르면 십자가를 통해 우리는 하나님의 사랑이 죽음보다 강하며 죽음의 고통을 이기는 것을 본다. 하나님은 원초적 본성 안에서 인간에게 적합한 최초의 목적을 제공할 뿐만 아니라, 결과적 본성 안에서 인간이 최초의 목적에 응답하는 바로 그 순간 그 인간을 느낀다. 하나님은 인간의 자기 구성의 현실체를 느낄 뿐 아니라, 최초의 목적을 현실화했다면 가능했을 "현실화되지 못한 가능태"도 함께 느낀다. 그러므로 하나님은 십자가에 달리신다.

하나님이 예수 안에 현존한다는 것은 하나님이 예수를 통해 모든 죄를 느끼며 고통당한다는 것을 의미한다. "예수 그리스도의 십자가 안에 계시된 끔찍한 진리는 세계가 하나님을 십자가에 못 박는다는 것이다. 우리는 하나님을 십자가에 못 박는다. 우리가 느끼고 또 초래하는 모든 고통이 우리를 위한 하나님의 실재 안으로 들어간다."[17] 하나님은 결과적 본성 안에서 세계에 대한 개방성을 통해 모든 현실태를 느낌으로써 자신 안에 세계의 현실태를 재현한다.

어떻게 이 하나님의 지고한 사랑의 개방성과 고통이 우리의 구속을 가져오는가?

---

16) Suchocki, *God-Christ-Church*, p.104.

17) Ibid., pp.109～110.

그것은 십자가를 통하여 하나님이 우리에게 부활을 제공하기 때문이다. "하나님의 가장자리는 비극이지만 하나님의 깊이는 기쁨과 아름다움과 부활과 생명이다. 부활은 십자가에 대답하며 생명은 죽음에 대답한다."[18] 예수의 부활은 이 부활의 하나님의 본성을 계시한다. 부활은 확증과 변혁, 즉 세계의 계기들에 대한 하나님의 느낌과 이 느낌과 원초적 비전과의 통합에 의하여 발생한다. 수하키는 그림을 통하여 이 부활의 과정을 설명한다.[19]

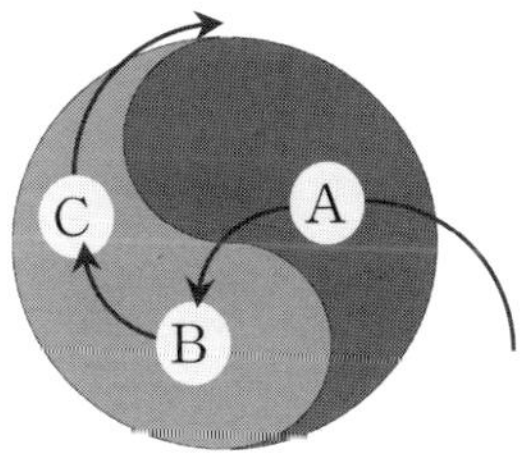

하나님은 결과적 본성을 통해 세계를 느낀다(A). 우리의 고통은 하나님의 고통이며, 따라서 하나님은 십자가에 달린다. 하지만 하나님의 하나님 됨은 결과적 본성 안에서 결정되는 것이 아니라, 조화 안에서 모든 가능성들에 대한 영원한 가치평가를 하는 원초적 본성 안에서 결정된다. 세계에 대한 하나님의 느낌은 이 원초적인 조화의 비전과 통합된다(B). 여기서 부활이 일어난다. 왜냐하면 하나님은 원초적 본성의 능력을 통한 부활이기(is) 때문이다. 이 부활은 세계의 고통에 대한 하나님 자신의 내적인 구속으로서, 세계에 대한 느낌을 신적인 조화 안으로 통합시킴으로써 인간의 유한한 맥락으로부터 하나님 안의 무한한 맥락으로의 변혁을 지시한다.

이 통합은 하나님 안에 감추어져 있다. 그러나 그 결과가 세계에 주어진다(C). 이것은 또 다른 변혁을 지향하는데, 그것은 세계에서의 유한한 실존의 가능성을 위한 것이다. 따라서 하나님은 세계의 계기의 부활을 신적 본성 안에서의 현실태로서뿐만 아니라 세계를 위한 가능태로서 느낀다. 만일 우리가 하나님의 구속의 능력을 반영하여 사랑의 삶을 통하여 이 가능태를 현실화한다면 우리는 부활의 능력 안에

18) Ibid., p.111.

19) Ibid., pp.113~114.

사는 것이며 우리의 고통에 대한 변혁을 경험하게 된다. 예수의 부활은 하나님이 바로 이 능력이라는 사실을 계시한다.[20]

2. 하나님 안에서의 부활

우리의 부활은 하나님의 생명 안에서 하나님의 능력에 의해 일어난다. 수하키에게 있어서 부활은 신적 느낌을 통해 하나님 안에서 우리 자신이 주체적 불멸성으로 재탄생하는 것이다. 우리는 하나님의 의의 심판에 의한 변혁의 과정을 통해, 하나님의 가장자리로부터 하나님의 영원한(everlasting) 심층으로, 결과적 본성으로부터 원초적 본성과의 통합으로의 운동 가운데 있는 신적 생명에 참여한다.[21]

수하키는 부활의 완전성을 완전한 주체성과 부활의 통전성의 관점에서 설명한다. 하나님의 원초적 본성은 다양한 주체들의 완전한 주체성이 느껴지고, 대조되고, 비교되고, 통일되게 해주는 공동의 근거이다. 하나님만이 타자의 전체성을 느낄 수 있다. 따라서 하나님이 타자를 파악할 때 발생하는 "느낌의 흐름"은 타자의 완전한 주체성이 하나님의 완전한 주체성 안으로 들어가는 흐름이다. 이것이 하나님의 생명 안에서의 주체적 불멸성이다. 또한 부활은 통전적이다. 즉 부활은 영혼의 세계에만 제한될 수 없다. 하나님은 모든 다양한 형태의 세계 전체를 느낀다. 과정우주에 있어서 주체성은 인간이나 의식을 지닌 존재에만 제한되지 않는다. 주체성은 모든 현실적 계기들의 본질적인 실재이다. 하나님은 모든 주체성을 느낀다. 따라서 변혁은 인간에만 제한되지 않고 전체 우주로 확장되어야 한다. 완전한 부활은 새 하늘과 새 땅과 더불어 완성된다.[22]

---

20) 수하키에 따르면 예수의 삶과 십자가와 부활은 세 가지 죄의 형태로부터의 인간의 구원을 계시한다. 십자가는 과거의 힘으로서의 원죄(악마적 힘)로부터의 구원을 가져온다. 십자가는 고통당하는 하나님을 계시하며, 하나님이 악마적 힘에 굴복되지 않고 그것을 우리를 위한 부활의 가능성으로 변혁시킴을 계시한다. 부활은 미래를 지배하는 죽음의 위협에 대한 대답이다. 부활은 통해 예수는 우리에게 부활의 미래를 열어준다. 즉 하나님은 우리의 미래를 위하여 부활의 능력을 제공한다. 예수의 삶은 자아의 절대화로부터의 구원을 가져온다. 즉 예수는 타자와의 상호적 관계성 안의 자아 상을 제공한다. 예수의 삶과 십자가와 부활 안에 나타난 하나님의 구원의 능력은 교회의 선포를 통해 현실화된다. Ibid., pp.116~121.

21) Ibid., p.179.

22) Ibid., p.181.

하지만 수하키에게 있어서 부활은 물질적이지 않고 영적이다. 물론 이것은 물질과 영혼의 존재론적인 이원론을 전제로 하는 말은 아니다. 세계는 단지 하나님에로 "전치"되는 것이 아니라 하나님 안에서 "변혁"된다. 부활은 단순한 지속으로서의 "불멸"이 아니다. 수하키는 영성을 관계성의 깊이로 이해한다. (물리적 극은 타자와 관계를 맺는 수단이다.) 그런데 하나님은 모든 타자의 전체성과 관계를 맺는다. 따라서 하나님은 순수한 영이다. 영적인 부활은 이와 동일한 맥락에서 이해되어야 한다. 만일 한 주체가 자신을 하나님 안의 주체로서 경험한다면, 주체성의 새로운 맥락은 하나님의 순수한 관계성이다. 이 세계에서의 모든 유한한 실존은 주체성의 형성을 위해 선별과 경계구분을 요구하는 물질적 실존이다. 그러나 하나님 안에서는 "모든" 관계성이 발견된다. 따라서 하나님 안에서 부활한 주체는 더 이상 물질적인 공존의 관점에서 정의될 수 없다. 부활은 영적 몸으로의 부활이다.[23]

그러면 하나님 안에서 부활한 주체는 어떻게 (만족 이후에) 경험을 지속할 수 있는가? 수하키는 다음과 같이 설명한다. 하나님은 완결된 주체의 만족을 파악한다. 하나님은 이 만족의 전체성을 느낌으로써 이 만족을 가져오는 합생 과정을 느낀다. 하나님의 느낌은 생성의 역동성을 역전시켜 구성한다. 이것은 하나님이 원초적 극의 영원성(eternity)으로부터 결과적 극의 영원성(everlastingness)으로, 그리고 이 둘의 통합으로 움직이는 것과 유사하다. 하나님은 유한한 주체의 만족을 느끼며, 그 결과 합생을 느낀다. 이것은 부활한 주체성이 유한한 상태의 역전 상태로 보전되는 것을 의미한다. 유한한 상태를 완결시키는 만족은 불멸 상태를 시작한다. 이것은 하나님 안에서 그 주체가 언제나 그 자신이면서 언제나 그 자신 이상임을 의미한다. 그것은 언제나 동일한 자아의 만족이다. 그러나 "안과 밖이 뒤집어진다." 이제 느낌의 흐름은 고립된 만족으로부터 하나님 자신의 느낌의 충만함에로 움직여 나간다. 부활한 주체는 자신에 대한 하나님의 느낌의 공동현존과 더불어 자신을 느낀다.[24]

---

23) Ibid., p.182.

24) Ibid., pp.183~184.

3. 하나님 안에서의 변혁과 구원

하나님 안에서 주체적으로 불멸하는 존재는 신적 합생에 참여한다. 여기서 하나님 자신의 목적에 따라 존재의 변혁이 발생한다. 화이트헤드는 존재의 만족이 그 어떤 첨가도 허용하지 않는다고 하였다. 그러나 수하키는 파악된 만족이 자신의 변혁에 참여한다고 해도 이것은 만족의 본성을 위반하는 것이 아니라고 본다. 하나님 안에서 존재는 자신이면서 자신 이상이 된다.

수하키는 이러한 자신의 주장을 세 단계로 논증한다.[25] 첫째, 먼저 그녀는 미래와의 관계에 있어서 만족의 완결의 유한성을 말한다. 만족에 이른 선행 계기는 후속 계기에 의해 파악될 때 객체화되며, 이 객체화는 불가피하게 부분성을 갖는다. 따라서 만일 계기의 완결이 세계에 의한 확증에 달려있다면 계기는 결코 완결될 수 없을 것이다. 하지만 완결의 유한성은 선행 계기의 가치에 대한 후속 계기의 반복적인 확증의 경우에만 국한된 현상이 아니다. 완결은 존재가 자신 이상의 의미의 패턴에 공헌한다는 의미를 수반한다. 즉 존재는 화이트헤드가 말하는 본성의 창조적 전진에 참여한다. 다자를 자신의 만족으로 통합하는 계기의 미시적 현실은 거시적 현실을 산출하는데, 이 거시적 현실에서 존재는 한 존재가 성취할 수 있는 것 이상의 과정을 구성하는 요소가 된다. 이 완결의 형태는 단순한 확증을 넘어서 변혁을 함축한다. 특히 인격적 사회 안의 계기(예, 인간의 영혼)와 같은 고도로 복합적인 단계에 있어서, 미래에 대한 예기는 확증과 변혁을 함께 포함한다. 계기의 가치에 대한 가장 최상의 확증은 후속 계기들 안에서 그 계기가 가능케 하는 변혁에 의해서 이루어진다고 할 수 있다. 만족이 미래를 통한 완결의 의미를 포함한다는 것은(화이트헤드의 용어로, 자신의 객체적 불멸성을 경험한다는 것은) 계기의 최초의 완결이 열려있으며, 다양한 강도의 형태 안에서 자신을 넘어 나아간다는 것을 함축한다.

수하키에 따르면, 세계에서의 계기의 유한한 완결은 하나님 안에서 주체적 불멸성이 됨으로써 확증되고 변혁됨으로써 무한한 완결이 된다. 하나님이 완전한 직접성 안에서 계기를 받아들임으로써 계기는 궁극적으로 완결된다. 계기는 자신 너머

25) Suchocki, *The End of Evil*, pp.97~98 이하.

로부터 확증되며, "영원한(eternal) 질서에의 순응"은 궁극적 변혁이 된다.[26] 만일 유한성 안에서 순전한 악으로 경험된 것이 영원토록 그러한 모습으로 경험된다면 그러한 종말론적 천국은 천국이 아니라 지옥일 것이다. 왜냐하면 그것은 수많은 만족의 계기들이 영원한 직접성으로 얼어붙는 것이 될 것이기 때문이다. 수하키는 직접성이 아무런 변혁 없이 보전되는 것보다는 직접성이 아예 보전되지 않는 것이 더 낫다고 말한다.

두 번째로, 이미 언급한 바와 같이 만족은 합생의 창조성의 결과를 체화하며, 동시에 후속 계기의 창조성을 예기한다. 다시 말하면 만족은 합생과 이행, 기억과 예기, 과거와 미래 사이의 순간적 휴지이다. 계기에 개방성을 열어놓는 미래에 대한 예기적 파악(경험)은 이행적 창조성을 산출한다. 그리고 이행적 창조는 계기의 미래, 새로운 현재의 생성을 촉발한다. 그러나 하나님과의 관계에 있어서 계기의 이행적 창조성은 하나님의 합생을 촉발할 수는 없다. 왜냐하면 하나님의 합생은 유한한 존재를 선행하며 영원히(everlastingly) 수립되기 때문이다. 하나님에 의해 파악될 때, 계기 자신의 유한한 미래의 산출로서의 예기는 하나님의 영원한(everlasting) 산출을 만난다. 뿌리를 찾는 덩굴손처럼, 만족의 이행적 창조성은 신적 합생 안에 자신의 직접성을 근거시킨다. 유한한 합생에 의해 산출된 만족은 신적 합생에 의해 유지되며, 따라서 합생의 예기는 자신의 궁극적 목표와 만나게 된다.

따라서 하나님 안에서 존재는 이행적 창조성에 의해서 그 자신이 됨과 동시에 자신 이상이 된다. 계기는 자신으로 남아 있으면서 하나님의 합생 안으로 연결되어 들어간다. 따라서 계기는 그 자신이면서 동시에 하나님이다. 즉 신격화가 일어난다.[27] 신적 합생의 참여자로서 계기는 자신의 직접성과 그 직접성에 대한 하나님의 파악(경험)을 함께 경험한다. 하나님의 관점에서 볼 때, 하나님은 계기의 전체적 직접성을 신적 합생 안에서 통합, 보전, 파악한다. 따라서 하나님의 신적 자아 경험은 필연적으로 계기의 자기 경험에 대한 공동경험을 포함한다. 계기의 관점에서 볼 때, 자신의 예기적 경험에 의해 산출되는 이행적 창조성은 하나님의 합생적 창조성과 결합된다. 이제 하나님의 극도의 복합적인 주체적 통일성 안에서 계기는 자신의 만

---

26) Ibid., p.101.

27) Whitehead, *Process and Reality*, p.348, Part V, Section VI.

족과 그것에 대한 하나님의 의식 둘 다를 향유한다.

신격화를 통해 유한한 만족은 하나님의 변혁적 힘을 경험하면서 동시에 자신으로 남는다. 다시 말하면, 하나님 안에서 보전되고 구원되는 것은 동일한 계기이다. 어떻게 이것이 가능한가? 수하키에 의하면, 유한한 관계의 객체적 파악에 있어서는 이행적 창조성이 새로운 계기의 유일한 합생적 에너지가 되기 위하여 선행 계기와 분리되고 따라서 시간적 연쇄 안에서 상실이 발생하지만, 하나님과의 관계에서는 이 분리와 상실이 일어나지 않는다. 하나님과의 관계에서 이행적 창조성은 계기의 직접성과 하나님의 직접성 사이의 연결점으로 기능하며, 따라서 계기의 만족 안에서 계기가 경험한 직접성이 하나님의 주체적 목적에 의해 하나님 자신의 직접성과 결합된다. 그리하여 하나님의 본성 안에서 계기는 자신을 경험하며 동시에 자신에 대한 하나님의 가치적 변혁을 경험한다.[28)]

세 번째로, 수하키는 이처럼 하나님의 역동적 합생 안에서의 만족의 변혁과 신격화를 통해 경험되는 구원의 실재를 심미적인 '조화'의 범주 안에서 설명한다. 하나님 안에서의 계기의 경험은 하나님 자신의 주체적 목적에 의해 지배된다. 하나님은 자신의 통합을 위한 합생의 원리, 즉 미, 조화, 평화를 향한 목적에 의해 계기들을 파악하고 통일시킨다. 하나님의 통일성은 모든 파악된 계기들의 직접성을 보전하고 그것들을 확증하고 구원하는 궁극적이고 변혁적인 공동체적 통일성이다.

하나님은 어떻게 다양하고 서로 충돌하는 가치들 안에서 통일성을 구현하는가? 수하키에 따르면 하나님에게는 부정적 파악이 없기 때문에 "세 번째 파악의 체계"인 조화에 의해서 통일성을 구현한다.[29)] 조화를 향한 하나님의 주체적 목적에 의하여, 이전에는 서로 장애가 되던 가치들이 하나님 자신의 목적과 연관하여 서로 타자를 부각시켜주는 대조의 의미를 갖게 된다. 포괄적 조화는 경쟁을 보완으로 바꾼다. 하나의 가치를 위하여 다른 것을 희생시켜야 하는 경쟁은 불가능하다. 왜냐하면 각기 하나님의 조화로운 직접성 안에서 자기의 자기됨을 확증받고 공존하기 때문이다. 유한성 안에서 형성된 배타적 가치실현은 무한하게 팽창하는 포괄적인 하나님의 결과적 본성 안에서 상보성(相補性)을 발견한다. 여기서 개별자의 의미는 타

---

28) Suchocki, *The End of Evil*, p.103.

29) Ibid., p.104.

자에 의해서 파괴되거나 본질적으로 변화되는 것이 아니라 조화와 상호보완에 의하여 오히려 강화되고 심화된다. 모든 유한한 계기들은 하나님의 대조의식 안에서 하나님의 관점으로부터 자신을 경험한다. 이렇게 됨으로써, 유한성의 예기적 경험의 유한한 완결은 무한한 완결에 이른다.

하나님은 무시간적으로 영원하며(eternal) 동시에 시간적으로 영원하다(everlasting). 하나님은 조화, 열정, 아름다움을 포함하는 평화의 비전을 향한 원초적 본성으로부터 파생되는 목적 안에서 영원하며(eternal), 세계의 계기들이 신적 본성 안으로 파악될 때 이 계기들을 통한 이 목적의 구체적인 현시 안에서 영원하다(everlasting). 하나님의 합생의 모든 측면은 하나님의 원초적 비전의 역동적 현시이며 하나님의 주체적 목적의 실현이다. 파악된 세계의 직접성들을 자신의 직접성 안에 흡수 통합하는 하나님은 직접성들의 직접성(Immediacy)이며 조화들의 조화(Harmony)이다. 이러한 하나님의 본성에 취해짐으로써, 유한성 안에서 형성된 직접성은 무한성의 요소가 되며 신적 생명의 영원한(everlasting) 현존에 참여한다. 궁극적인 통합으로서의 하나님 안에서 계기의 직접성은 자신이며 동시에 타자이며, 일자이며 다자이며, 유한하며 무한하다.30)

4. 하나님 안에서의 심판, 의의 변혁, 미(조화), 평화

하나님 안에의 참여는 구원뿐 아니라 또한 심판의 경험이다. 하나님의 합생에 의해 발생하는 대조와 비교는 단순히 전체로서가 아니고 그 합생이 각 부분에 영향을 주는 것으로 경험된다. 많은 직접성을 포함하는 직접성으로서의 하나님의 복합적 의식 안에서, 심판은 대조와 비교를 통해 일어난다. 수하키에 의하면, 부활한 계기에 대한 하나님의 심판은 세 단계의 느낌으로 이루어진다. 첫 번째 단계의 심판은 개별적 경험 계기들에 관한 것으로서, 실현될 수 있었으나 그렇게 되지 못했던 가능태로서의 하나님의 최초의 목적과 그 가능태의 실현으로서의 현실화 사이의 비교를 통한 심판이다. 두 번째 단계의 심판은 생의 전체성 안에서 나타나는 심판으로서, 하나님의 "주체적 형식의 상호적 감수성"에 의해 개별적인 계기들과 전체적

30) Ibid., p.106.

인격 즉 자아의 초인격적 총체성 사이의 비교를 통해 수행되는 심판이다. 세 번째 단계의 심판은 우리의 관계성의 총체성으로부터 나타나는 심판으로서, 타자들과의 관계성 안에서 타자를 통한 자기경험으로서의 심판이다.[31)]

첫째는 실제로 현실화된 계기와 하나님의 최초의 목적이 지향했던 예기적 계기와의 비교를 통한 심판이다. 이 심판은 이 두 계기에 대한 하나님의 파악에 의해 일어난다. 하나님 안으로 접목되어 들어감으로써 계기는 하나님 자신의 본성의 밝은 빛 안에서 자신의 최초의 목적을 다시 경험함으로써 하나님의 심판을 경험한다.

두 번째는 단일한 만족으로서 계기가 참여하는 살아있는 인격의 전체성과 같은 친족 공동체와의 관계에서의 계기에 대한 심판이다.[32)] 수하키에 따르면 하나님 안에는 영혼의 전체 직렬적 연속성 가운데 단지 최종적 사건만이 아니라, 한 인격의 모든 사건 또는 시간이 현존한다. 하나님 안에는 직렬적 연속성의 "엷음"보다 훨씬 깊은 유한한 인격적 정체성의 "두꺼움"이 있다. 단순히 결론적 순간이 아니라, 인격적 삶의 전체성이 현존한다. 이것을 수하키는 하나님 안에서의 "인격성의 초월"이라고 부른다. 이 인격성의 초월은 직렬적 연속성으로부터 자아의 완전성으로의 초월, 자아로부터 다른 자아와 계기들과의 경험의 상호성으로의 초월, 그리고 자기 자아로부터 하나님의 자아로의 초월이다.[33)]

이러한 맥락에서 두 번째 의미의 심판은 하나님이 생성되는 계기를 이전에 파악

---

31) Suchocki, *God-Christ-Church*, pp.184~187.

32) 여기서 수하키는 인격에 대한 심판의 문제를 다루기 전에 먼저 인격의 의미를 논한다. 하나님의 생명 안으로 부활되는 것은 실체적 인격이 아니라 경험의 계기들이다. 인격은 지속적으로 생성되고 소멸하는 현실적 계기들의 전체 사회로 구성된다. 영혼이란 정신적 극의 주된 지배에 의해 형성되는 계기의 흐름으로서, 한 특정한 육체적 사회의 통제 센터를 제공해주며, 따라서 인격성을 창조한다. 각각의 합생적 직접성의 통일을 이루는 이 인격성의 의식은 자기 자신의 경험과 과거와 미래에 대한 의식을 포함한다. 따라서 연속성의 감각은 일반적으로 인격성의 중심적 특성이다. 그러나 인격은 분리된 계기들로 구성되어 있으며 각각의 계기는 완결되자마자 하나님에 의해 파악되는 것이 형이상학적 현실이다. 이 하나님의 파악은 인격이 소멸할 때까지 유보될 수 없다. 따라서 유한한 실존 속의 인격은 한 지배적인 계기로부터 다음의 지배적인 계기로의 직렬적인 일련의 연속성 안에서의 운동인 반면, 하나님 안으로 매순간 재탄생하는 인격은 존재했던 전체의 육체적, 정신적 인격적 생으로서의 모든 계기의 종합이다. 여기서는 인격이 아니라 각각의 계기의 재탄생이 강조된다. 한 인격을 형성해왔던 모든 계기를 포함하는 부활은 시간의 연속성 안에서의 인격의 부활보다 훨씬 더 충만한 인격의 부활을 의미한다. Suchocki, *The End of Evil*, pp.107~108.

33) Ibid., p.108.

된 인격적 삶의 모든 계기들과 대조시킴으로써 발생한다. 인격의 과거 전체와의 관계 속에서 계기를 아는 하나님의 지식이 희망의 성취 또는 좌절을 포함하는 한, 그것은 곧 심판이다. 인격의 시간적 삶이 지속된다면 심판은 생 전체에 대한 예기적 지식과 더불어 일어난다. 전체 인격성과의 관계 속에서의 자기 지식은 곧 하나님 자신의 가치평가 즉 심판이 된다.

셋째로 하나님 안에서의 계기의 대조는 직접적인 친족 공동체 즉 자신의 전체 인격에만 국한되지 않고, 우주 전체의 광범위한 공동체와의 관계로 확장된다. 하나님의 주체적 형식의 상호성이 각 계기를 다른 것들과의 관계 속에서 파악하는 한, 각 계기는 자신과 관계된 모든 타자의 경험을 경험한다. 즉 각 계기는 자신이 초래한 고통, 상처, 행복, 기쁨을 경험하며, 자신이 초래한 각각의 파괴를 경험적으로 안다. 이것이 심판이다. 이 지식이 하나님의 주체적 형식의 상호성에 의해 매개되기 때문에, 계기는 그 상황에 대한 하나님의 응납을 받아들인다. 즉 하나님이 세계의 고통을 경험하기 위해 고통을 당하면, 계기도 그 고통을 경험한다. 세계의 파괴에 대하여 하나님이 진노하면 계기도 역시 그것을 경험한다.

수하키에 의하면, 하나님은 이러한 심판 과정을 통해 결과적 본성에서의 다수의 느낌을 원초적 비전의 심층적 통일성에로 통합시킨다. 심판의 과정을 통해 협소한 자아는 자신 이상의 것을 향하여 개방된다. 하나님의 능력에 의한 타자에의 참여는 단지 심판일 뿐만 아니라 의의 변혁으로의 길이다. 신적인 변혁의 맥락 안에서, 타자에 대립되는 자아의 경계선이 무너진다. 이 변혁을 통해 자아와 전체성과의 점증적인 동일시가 일어난다. 이 전체성은 조화를 향한 하나님의 목적에 의해 다스려질 뿐만 아니라, 그 자체가 모든 결과적 본성의 다수성을 원초적 본성의 미(美)로 통일시키는 하나님이다.[34]

따라서 심판은 의로 나아간다. 재현된 주체성은 집중하는 통합에 의해 디지의 하나님의 원초적 만족과의 더욱 깊은 통일성으로 인도된다. 우주의 고통에 대한 비극적 느낌이 일어나는 하나님의 가장자리는 가장자리로 남아있을 뿐이며, 심판과 변혁을 통해 우리가 인도되는 중심에서는 신적 선, 사랑, 거룩, 기쁨에 의해 고통과

34) Suchocki, *God-Christ-Church*, p.188.

비극이 극복된다. 하나님의 중심에서는 "상실됨이 없이 영원토록 다자가 일자이다." 하나님 안에서의 의는 영원한(everlasting) 현실화 가운데 있는 원초적인 조화이다. 세계의 실재는 심판에 의해 변혁되어 하나님의 본성에 순응한다. 하나님의 결과적 본성은 다수성이 더욱 깊은 통일성으로 움직여 가는 곳이다. 이 움직임(하나님의 합생)은 부활한 세계에 대한 파악을 신적 본성의 통일성으로 인도한다.[35)]

수하키에 따르면, 하나님의 존재의 통일성 안에서, 전체의 가치가 각 부분의 주체성에 반향(反響)된다. 아무리 나쁜 가치를 실현한 계기라도 전체의 조화로부터 배제되지 않는다. 일자가 다자에 공헌하듯이 다자도 일자에 공헌한다. 따라서 조화가 모든 참여자들에게 귀속된다. 하나님 안에서 계기는 자신을 초월하여 "인격적 한계 너머의 이상에 대한 목적의 순응"[36)]을 경험한다. 이 순응이 그것의 평화이다. 전체에 대한 계기의 관계로부터 경험되는 심판은 종국적으로 완결된 전체 안에의 참여와 귀속에 대한 지식이다. 즉 심판은 변혁, 구원, 그리고 평화이다.[37)]

하나님의 (결과적 본성 안에 현시된) 원초적 비전의 포괄성 안에서의 통일이 자아의 궁극적 확증이자 동시에 초월이다. 다시 말하면, 이 통일은 계기의 가치에 대한 확증이며, 모든 타자들에 귀속되는 이행적 효과에 대한 확증이다. 이 이행적 귀속이 자기초월이며, 영원토록(everlastingly) 상호적인 완결의 형태이며, 하나님의 본성 안에서의 모든 계기들의 통일이다. 이것이 최종적이고 절대적인 지혜이며, 깊고 넓은 평화 안에서의 자아의 변혁이다.[38)] 계기의 최종적 완결은 하나님의 통합적 합생 안에서의 모든 타자들과의 관계를 통한 하나님 안에서의 변혁에 있다. 이 완결은 계기 자신에 의해 경험된다. 왜냐하면 계기의 직접성이 만족 안에 보전되어 있으며, 이 만족은 자신의 이행적 창조성과 하나님의 주체적 형식에 의하여 하나님

35) Ibid., p.189.

36) Whitehead, *Adventures of Ideas*, p.291.

37) Suchocki, *The End of Evil*, p.109. 화이트헤드에 따르면, "변혁된 자아"는 "궁극적이고 절대적인 '지혜'로서의 영원한 질서와의 순화된 일치"이다. Whitehead, *Process and Reality*, p.347. 이 자아의 변혁은 전체와의 관계 안의 자아의 존재를 통하여 하나님의 목적이 현시되는 것이어야 하는데, 이 현시는 원초적 비전에의 참여를 요청한다. 하나님과의 계기의 연합의 본질은 자아를 긍정하면서 동시에 자아를 초월하여 원초적 비전의 조화에 참여하는 것이다. "평화는...개인적 만족을 초월하는 이상적 목적과 영혼의 활동과의 조화이다." Whitehead, *Adventures of Ideas*, p.288.

38) Suchocki, *The End of Evil*, p.110.

자신의 주체적 합생 안에 근거하고 있기 때문이다.[39]

마지막으로, 수하키는 하나님 안에서의 계기의 자기초월적 완결은 하나님의 주체성과 자유에 의한 과정임을 상기시킨다. 자유는 합생하는 주체에게 있으며, 이제 합생하는 주체는 하나님이기 때문에, 계기는 하나님 안에서의 완결을 수용하거나 거부할 자유가 없다. 아울러 그녀는 영원한(everlasting) 합생 가운데 있는 하나님의 통일된 의식에 관해 말한다. 유한한 직접성의 의식은 직접성들의 직접성(Immdiacy)인 하나님 안에서 하나님 자신의 의식의 한 국면으로서 보전된다. 하나님의 합생은 유한한 만족을 보전하며 유한한 만족은 하나님 안에 참여하기 때문에, 유한한 의식은 하나님의 의식과의 관계성 속에서 하나님의 주체적 형식의 상호성(대조, 강화, 심판)에 참여한다. 합생의 대조는 하나님의 원초적 비전으로부터 나오는 신적 목적에 의해 지배된다. 따라서 하나님 안에서의 유한한 계기의 운동은 하나님의 원초적 비전과의 통합의 운동이다.[40] 하나님 안에 본향이 있다. 이 본향은 전 우주의 본향이다. 이 본향에서 다수성은 최종적으로 통일성을 성취하며, 부분은 전체 안에 포괄된다. 각 부분을 받아들이며 변혁시키는 이 통일성과 전체성은 부분들의 총합 이상으로서 영원토록 살아계신 하나님이다. 하나님의 나라는 하나님 안의 나라이며 하나님이다.[41]

수하키의 구원론은 하나님 안에서의 역사초월적 변혁과 조화와 평화에서 끝나지 않는다. 역사가 신적 조화의 선율을 결정한다면 신적 조화 역시 역사에 영향을 준다. 이 관계는 순환적이다. 그녀에 따르면 "완전케 된 현실성이 시간적 세계 안으로 되돌아오고 세계에 영향을 줌으로 말미암아, 모든 시간적 현실체는 그것을 관련된 경험의 직접적 사실로서 포함한다."[42] 따라서 하나님 안에서의 계기의 구원은 세계 안에서 일어나는 시간적 구원을 위한 요소가 된다. 이 구원, 즉 시간 속에서의 악의 극복은 하나님의 최초의 목적에 의해 매개된다. 이 시간적 세계 안에서의 구원의 문제는 본 논의의 범위를 넘어선다.

---

39) Ibid., p.111.

40) 화이트헤드의 표현에 의하면, 하나님 안에서의 계기의 불멸성은 "우주의 복합적 통일"에 참여한다. Whitehead, *Process and Reality*. p.349.

41) Suchocki, *God-Christ-Church*, p.190.

42) Whitehead, *Process and Reality*, p.351.

Ⅳ. 결 론

수하키의 "주체적 불멸성" 개념의 핵심은 합생과 이행을 매개하는 역동적이고 수여적(giving)인 만족과 향유의 창조성 개념에 대한 논증에 있다. 그녀에 따르면 합생적 창조성의 완결로서의 만족은 단지 화석화된 정적인 객체로서 불멸하는 것이 아니라 이행적 창조성을 발휘하는 역동적 주체로서 자기초월적으로 불멸한다. 그리고 이러한 주체적 불멸성은 하나님의 결과적 본성의 완전한 파악에 의해 하나님 안에서 주체적으로 재탄생함으로써 성취된다. 하나님 안에서 주체적 불멸성은 하나님의 영원한 주체성, 즉 하나님의 원초적 본성 안에서의 만족으로부터 결과적 본성 안에서의 합생의 과정에 참여한다. 수하키의 주체적 불멸성 개념은 새로운 인격 개념을 전제한다. 즉 하나님 안에서 주체적 불멸성으로 재탄생되는 것은 직렬적 연속성 안에서의 인격적 생의 마지막 한 국면이 아닌 전체 계기들의 과정의 총화로서 전 생애를 포괄하는 "두꺼운" 인격성 또는 초월적 인격성의 직접성이다.

객체적 불멸성과 주체적 불멸성의 개념에 관해서 과정철학자들 또는 신학자들 간에 적지 않은 논쟁이 전개되어왔다.[43] 화이트헤드의 체계를 보다 엄격하게 고수하고자 하는 철학자들에게 주체적 불멸성 개념은 적지 않은 문제점을 지니고 있다고 여겨질 수 있겠지만, 주체적 불멸성에 대한 수하키의 논증은 화이트헤드의 기본적인 형이상학적 체계를 파괴하지 않으면서도 화이트헤드를 넘어서는 창의적인 재해석으로서, 이 재해석은 기독교의 본유적인 영성과 부합된다고 할 수 있다. 또한 두꺼운 인격성 또는 초월적 인격성으로서의 주체적 불멸성 개념과, 하나님의 역동적 합생 안에서의 만족의 변혁과 신격화를 통해 경험되는 구원의 개념은 전통적인 기독교의 종말론과 구원론을 넘어서는 새로운 종말론과 구원론의 지평을 열었다고 할 수 있다. 하나님은 계기의 전체적인 직접성을 신적 합생 안에서 통합하고 보전하고 구원한다. 이러한 충만하고 완전한 주체적 불멸성과 부활과 구원은 종말론적 구원에 대한 그리스도인의 소망을 더욱 벅차게 하는 것임이 분명하다.

수하키에게 있어서, 악의 문제 해결은 세계와의 만남에서 하나님이 세계의 시간

43) Suchocki, *The End of Evil,* p.165 각주 2에 나타나는 저술과 내용들을 참고.

성 안에서 생겨난 존재와 의미의 파괴와 상실에 응답함으로써 이루어진다. 하나님과의 만남에서 인간은 자신이 현실화하지 않았으면 무정형(無定形)이 되었을 원초적 본성 안의 신적 가치와 "우주적 패턴"에 결정성과 현실성을 구현한다. 하나님은 결과적 본성 안에서 이 결정성과 현실성을 받아들여 합생의 과정 속에서 변혁하여 원초적 본성과 통합시킴으로써 신적 가치와 "우주적 패턴"을 구체적으로 자신의 영원한(everlasting) 본성 안에서 실현한다. 하나님 안에서의 구원은 계기에 대한 확증과 변혁, 만족의 무한한 완결, 신격화, 조화의 개념들 안에 표현된다. 그러면 심판은 어떠한가? 심판은 인간이 생 전체의 인격과의 관계에서, 전체 우주와의 관계에서, 그리고 궁극적으로 하나님과의 관계에서 초래한 손실, 고통, 파괴에 대한 하나님의 고통, 슬픔, 진노의 경험을 하나님 안에서 함께 경험하는 것이다. 그러나 궁극적으로 심판은 심판에만 머무르지 않고 하나님의 결과적 본성의 다수성과 원초적 본성의 통일성의 통합 과정 안에서 변혁되어 의, 미, 조화, 구원, 평화의 개념 안으로 통합된다.

이와 같은 종말론은 전통적인 어거스틴적 종말론과는 달리, 그러나 몰트만의 종말론과 유사하게 만유구원론적인 보편적, 우주적 구원의 전망을 보여준다. 어거스틴은 영원한 저주로서의 최후의 심판을 말하는 반면, 수하키에게 있어서 심판은 계기의 효과에 대한 경험적 지식 즉 존재와 의미의 파괴와 상실에 대한 신적 경험에의 동참임과 동시에 하나님 자신의 삶 안으로의 정화적 참여로 나아가는 변혁의 과정이다. "세계의 신격화"가 궁극적인 종말론적 구원이다. 여기에는 영원한 지옥불의 끔찍한 형벌로 상징되는 영원한 저주와 고통으로서의 심판 대신, 인간이 하나님과 자신과 우주와의 관계에서 초래한 손실, 고통, 파괴에 대한 하나님의 영원한(everlasting) 고통과 슬픔과 진노의 경험에 참여하는 심판이 있다.

이 심판은 개개인에 따라 다른 정도로 경험될 것이며, 따라서 보편적 구원은 질적으로 모두 동일한 구원을 의미하지 않는다. 수하키는 화이트헤드의 사고[44]를 확

44) 화이트헤드는 "순전히 자기본위적인 파괴적 악의 반항은 단지 사소한 개개의 사실들에 지나지 않는 것으로 밀려난다."고 말한다. Whitehead, *Process and Reality*, 346. 따라서 그에게는 보편적이면서도 선별적인 구원사상이 있다고 생각할 수 있다. 그는 신이 모든 것을 구원한다고 말하지 않고 구원될 수 있는 모든 것을 구원한다고 말한다. "신의 결과적 본성은 세계에 대한 신의 심판이다. 신은 세계가 신 자신의 삶의 직접성 속에 들어올 때, 세계를 구원한다.

장하여 이렇게 말한다. "구원의 과정이 하나님 안의 모든 계기들에게 동일한 반면, 구원의 질적인 결과는 영원히 보전되는 유한한 만족을 반영한다. 하나님의 통일성은 복합적 다양성이다." 그녀는 바울의 고전 15:41의 "별과 별의 영광이 다르다"는 구절을 이에 대한 은유적 표현으로 인용한다.[45] 따라서 수하키의 구원론은 심판의 계기를 통해 변혁시키고 구원할 수 있는 것은 모두 구원하는 그리고 질적 차별성과 다양성을 수반하는 만유구원론이라고 할 수 있다.

이와 같은 수하키의 종말론적 심판과 구원 이해는 예수 그리스도 안에 나타난 무한한 사랑의 하나님에 대한 믿음에 근거한다.[46] 하나님의 정의는 그 자체로서 궁극적 목적이 아니라 하나님의 사랑의 완성을 위한 차궁극적(penultimate) 목적이다. 따라서 하나님의 심판의 목적은 악에 대한 영원한 형벌과 저주 자체에 있는 것이 아니라 궁극적으로 포용 가능한 악의 모든 부정성을 포용하고 변혁시켜서 대조와 강화를 통해 신적인 조화와 통일성 안으로 통합시키는 데 있다. 이런 의미에서 심판은 의롭게 하는 의(justifying justice)이며 또한 평화이다.

이러한 종말론은 바로 만유재신론적 종말론이다. 만유재신론은 만유가 하나님 안에 존재하며, (만유보다 크신) 하나님이 만유 안에 현존함을 표현한다. 바울은 일찍이 이러한 만유재신론적 종말론의 비전을 다음과 같이 표현하였다. "하나님도 하나이시니 곧 만유의 아버지시라. 만유 위에 계시고 만유를 통일하시고 만유 가운데 계시도다."(엡 4:6) "만물을 저에게 복종하게 하신 때에는 아들 자신도 그 때에 만물을 자기에게 복종케 하신 이에게 복종케 되리니 이는 하나님이 만유의 주로서 만유 안에 계시려 하심이라(God may be all in all)."(고전 15:28) 이글에서는 하나님 안의 만유의 현존과 구원에 관한 종말론, 즉 하나님 안의 하나님 나라에 초점을 맞추었다. 그러나 하나님 안에서의 만유의 현존과 구원뿐만 아니라 만유 안의 하나

신의 결과적 본성은 구원될 수 있는 것은 그 어떤 것도 버리지 않는 사랑의 심판이다. 그것은 또 시간적 세계 내의 단순한 잔해에 지나지 않는 것을 활용하는 지혜의 심판이다." Ibid., p.346.

45) Suchocki, *The End of Evil*, pp.170~171의 각주 8.

46) 화이트헤드에 따르면, "사랑은 통치하지 않으며, 또 부동의 것도 아니다. 또 사랑은 도덕에 대해 별로 주의하지 않는 편이다. 그것은 미래에 눈을 돌리지 않는다. 왜냐하면 그것은 직접적 현재에서 그 보답을 발견하기 때문이다." Whitehead, *Process and Reality*, pp.342~343.

님의 현존과 구원, 즉 세계 안의 하나님 나라도 동일하게 중요한 종말론의 차원이다. 그러나 이 후자 차원의 종말론은 이글의 범위를 넘어선다.

기독교 세계관과 대학교육

조 용 훈
(한남대 교수, 기독교윤리학)

Ⅰ. 세계관 연구의 필요성

사람들은 누구나 의식하든 하지 못하든 제 나름의 세계관을 가지고 있다. 각자의 관점에서 세계를 보고 그것에 기초하여 행동하기 마련이다. 사람들이 세계관을 정립해야 하는 이유에 대해 아더 홈즈(A. Holmes)는 네 가지 이유를 열거한다:[1] 첫째, 세계관은 그 사람으로 하여금 일관성 있는 삶을 살아가게 한다. 우리는 자기 자신과 세계에 대해 통일적 관점을 가질 때라야 비로소 일관성 있는 삶을 살게 되고 목적 있는 인생을 살아가게 된다. 세계관은 마치 항해자의 나침반이나 운전자의 지도와 같아서 우리가 가려고 하는 목적지에 도달하도록 돕는다.

둘째, 세계관은 사람으로 하여금 선한 삶을 추구하고 인생의 목적을 찾는데 도움을 준다. 세계관의 추구란 모든 것에게 가치와 의미를 부여하는 최고선(summum bonum)의 추구와 같은 것이다. 세계관은 삶의 의미와 목적을 제공하기 때문에 사람들로 하여금 보다 생동적인 삶을 가능하게 만든다.

셋째, 세계관은 올바른 사고의 지침을 제공한다. 세상에는 수많은 관념들과 이론들이 있다. 각 사람은 매 순간 바른 선택을 하도록 요청을 받는다. 학문활동에서조차 니콜라스 볼터스토르프(N. Wolterstorff)가 주장했듯이 선택과 평가 및 이론의 구성은 타당한 자료(data beliefs)에 대한 신념만이 아니라 동시에 규제신념(control

---

1) 아더 홈즈, 이승구 역, 「기독교적 세계관」 (엠마오, 1985), pp.13~16.

beliefs)에 의해서도 이루어진다. 규제신념으로서 세계관은 사물에 대한 지식만이 아니라 학문 연구자의 행위까지 통제하여 도덕적, 정치적, 사회적 결단에 이르게 한다.

넷째, 세계관은 행동의 지침을 제공한다. 우리가 진로를 결정하고 배우자를 선택하고 직업을 선택하는 모든 것들이 세계관에 기초하여 이루어진다. 나아가 수많은 정치, 사회적 행동들 역시 세계관적 선택에 기초한다. 이때 세계관은 그 사람으로 하여금 바른 선택과 바른 행동을 하도록 도와준다. 그런 의미에서 세계관 연구나 교육은 윤리적으로도 중요하다.

기독교대학에서 세계관 연구가 필요한 이유는 여럿이다. 우선, 교육적인 차원에서 대학생들에게 세상과 인생에 대한 일관된 인식을 제공해 줄 수 있기 때문이다. 특별히 우리시대에는 포스트모더니즘의 영향으로 백화점처럼 다양한 수많은 세계관들이 공존하고 있어서 학생들이 세계관의 혼란을 겪고 있다. 이런 상황에서 세계관 교육은 학생들로 하여금 기독교 세계관에 기초해서 현존하는 다양한 세계관들을 검토하고 비판할 수 있는 능력을 가져다 줄 것이다.

둘째, 학문적인 차원에서 세계관 연구는 전문화로 인해 생겨난 파편화된 학문분야들을 전체적으로 조망할 수 있는 능력을 길러줄 수 있기 때문이다. 오늘날 학문은 너무나 세분화되어 있어서 자기분야 이외에는 인접학문 분야조차 잘 모른다. 게다가 과학적 지식이란 존재에 대한 지식이 아니라 사물에 대한 지식으로 피상적인 지식에 불과하다. 이런 지식은 삶의 목표나 가치, 그리고 의미에 대해서는 무관심할 뿐만 아니라 무능력하다. 하지만 세계관연구는 개별 학문의 역사적이고 철학적인 기초들에 대한 해명을 통하여 개별 학문을 조망할 수 있게 해준다. 그리고 세계관 연구는 모든 학문 이론과 분야들이 기초하고 있는 근본 전제가 무엇인지 발견하고 비판할 수 있게 해준다. 기독교 세계관 연구는 학문 활동의 세계관적 전제를 드러냄으로써 그것이 기독교적인지 아닌지 구분할 수 있게 만든다.

마지막으로, 신앙적 차원에서 세계관 연구는 그리스도인 대학생의 신앙과 삶의 괴리를 극복하여 실천적 그리스도인의 삶으로 인도한다. 세계관은 세계에 대한 해석만이 아니라 세계의 변혁을 위한 강력한 동기를 부여한다. 그런 의미에서 세계관은 '삶에 대한 시각'(vision of life)일 뿐만 아니라 '삶을 위한 시각'(vision for life)이라 할 수 있다.[2] 따라서 세계관운동은 학문활동이면서 동시에 실천운동이 되어야 한다.

Ⅱ. 세계관이란 무엇인가?

1. 세계관이란 무엇인가?

1) 세계관의 개념

일반적으로 세계관이란 세계(사물이나 사건)를 보는 관점을 가리킨다. 세계관은 사물에 대한 통일적 관점으로서 삶의 목적과 의미에 대한 방향을 제시해 주고 행동의 근거가 되는 신념이나 태도다. 쉽게 말하면, 세계관은 그것을 통해 세상과 인생을 내다보는 창문과 같다.[3] 세계관은 썬글라스나 안경과 같아서 그 색깔대로 바깥 세상을 보게 된다. 따라서 세계관이 다를 경우 세상을 다르게 해석하고 다르게 행동하게 된다. 사상이나 가치관, 인생관, 우주관, 종교관이 다른 것은 결국 세계관의 차이에서 생겨난다.

세계관의 개념의 역사를 뒤돌아 볼 때, 세계관(Weltanschauung, view of world)이란 말을 처음으로 사용한 것은 1780년 칸트(Kant)의 「판단력 비판」이었다고 한다. 칸트는 세계관을 "본체를 그 근저로 삼고 있는 단순한 현상과 그것에 대한 직관"으로 설명했다. 괴테(Goethe)는 세계관을 "세계를 전체적으로 조망하는 것"이라고 설명했다. 훔볼트(Alexander von Humboldt)는 세계관을 세계에 대한 시각적인 직관으로서 '세계상'(Weltbild)의 의미로 보았다. 셸링(Schelling)은 세계관을 "보편적이거나 객관적인 것이라기보다는 개별적이고 주관적인 것"으로 규정했다. 빌헬름 딜타이(Wilhelm Dilthey)는 세계관에 대해 보다 깊은 연구를 했는데 철학 개념과 거의 비슷한 것으로 규정했다. 그는 세계관이 발전하면 철학이 되는데 그것을 형이상학(Metaphysik)이라 했다. 그에게 있어 형이상학이란 세계관이 학문적으로 근거 지워져

2) 왈쉬, 미들톤, 황영철 역, 「그리스도인의 비전」 (IVP, 1987), p.37.
3) 신국원, 「니고데모의 안경」 (IVP, 2005), p.18.

보편타당성을 지니는 것을 가리킨다. 그러면서 그는 예술, 종교, 철학이 세계관의 서술 형태에 속한다고 보았다. 19세기 이후 세계관은 성향(Gesinnung), 인생관(Lebens-auffassung), 사고방식(Denkhaltung), 철학(Philosophie), 관점(Einstellung) 등의 다양한 의미로 사용되었다.[4)]

세계관 개념 규정과 관련하여 헤르만 도예베르트(Herman Deeyeweerd)는 철학과 세계관을 구분할 것을 주장한다.[5)] 물론 철학은 세계관을 바탕으로 하며, 세계관 역시 철학적 명료성을 필요로 한다는 점에서 상호 밀접히 관련되어 있음이 사실이다. 비록 양자가 상호 밀접히 관련되어 있고 또 서로 영향을 주고받지만 둘 사이의 차이점을 무시할 수 없다. 도예베르트의 의견에 따르면, 철학은 하나의 학문 분야인 반면에 세계관은 모든 사람의 삶의 태도와 견해로서 전(前)과학적이다. 말하자면, 세계관은 소박한 경험에 기초한 것으로서 과학적이고 이론적인 지식인 철학과는 구별된다는 것이다.

한편, '세계상'(Weltbild)이란 말은 세계에 대한 과학적 이해를 가리키는 말로서 세계를 경험적 관찰의 총화로 본다. 그런 점에서 세계상이란 말은 우주론(Kosmologie)과 동의어로 이해할 수 있다. 세계상이란 세계에 대한 해석이나 설명이라기보다는 세계에 대한 객관적 서술이라 할 수 있다. 세계관이 믿음의 문제와 관련되어 있는 반면에 세계상은 그 주장의 과학적 정확성을 증명해야 한다. 이런 배경에서 볼 때 세계관은 세계상보다 더 포괄적인 개념이라 할 수 있다. 이는 세계관이 세계상과는 달리 세계를 삶의 현장으로 이해하고, 그 구조와 의미 그리고 가치적인 측면으로 이해하기 때문이다. 세계를 단순히 서술하기 보다는 그것의 존재 유래와 의미, 목적, 방향 등에 대해 묻기 때문이다. 그렇게 볼 때 세계상이 이론적이라면 세계관은 실천적이고, 세계상이 과학적이라면 세계관은 종교적이라 할 수 있다.[6)]

이처럼 세계관은 그 특징상 과학이나 철학에 비해서는 논리성이 떨어지며, 신념에 비해서는 의지력이 모자라고, 신앙에 비해서는 초월성이 부족하다. 그럼에도 불

4) 전광식, 「학문의 숲길을 걷는 기쁨」 (도서출판 CUP, 1998), pp.12~17.
5) 전광식, 「학문의 숲길을 걷는 기쁨」, p.18.
6) 전광식, 「학문의 숲길을 걷는 기쁨」, pp.31~34.

구하고 세계관은 철학, 상식, 신념, 신앙 등과 불가분의 관계에 있다.[7]

제임스 사이어(J. Sire)는 세계관이 다음 일곱 가지 질문들과 관계된다고 한다.[8] 즉 궁극적 실재, 피조세계의 본질, 인간, 죽음 및 사후세계, 지식과 이성, 옳고 그름의 판단, 역사의 의미이다. 세계관은 근본실재가 신인지 아니면 물질인지, 인간 생명은 죽음으로 끝인지 아니면 또 다른 시작의 통로인지, 인간 존재가 진화된 동물인지 아니면 하나님의 형상인지, 도덕의 근거가 신인지 아니면 인간과 문화인지, 역사의 의미가 하나님의 섭리인지 아니면 권력투쟁이나 물질관계의 산물인지와 같은 물음들을 다룬다.

왈쉬와 미들톤(B. J. Walsh & J. R. Middleton)의 견해에 의하면, 어떤 하나의 신념이나 사상체계가 세계관이 되려면 다음의 요소들이 갖추어져야 한다:[9] 첫째, 현실성으로서 가시적인 것과 비가시적인 피조세계 현실의 모든 상황이나 사건에 대해 공평하게 해명할 수 있어야 한다. 둘째, 내적 통일성으로서 자체 내의 신조나 신념들 간에 상충되거나 모순됨이 없이 내적 조화와 일관성을 지녀야 한다. 셋째, 개방성으로서 끊임없이 변화하는 상황을 설명할 수 있도록 하기 위해 절대화되거나 이데올로기가 되어선 안 된다. 넷째, 타당성으로서 논리적으로 설득력이 있어야 한다. 다섯째, 생동성으로서 과거에나 타당한 화석화된 세계관이 아니어야 한다.

2) 세계관의 본질과 기능

전광식에 의하면 세계관의 본질은 다음과 같다:[10] 첫째, 전이론적(pre-theoretical)이며 선과학적(pre-scientific)이다. 세계관이란 개별 실재를 다루는 개별 학문보다 사물의 전(全) 실재를 다루기 때문에 더 근본적이다. 또한 논리적 사유와 이론적 체계와 더불어 형성되는 철학과 달리 사고 이전의 것이라고 볼 수 있다. 둘째, 전 실재에 대한 보편적이고 포괄적인 조망이다. 세계관은 신, 인간, 자연, 사회, 역사, 가정, 교육, 경제, 정치, 예술, 문화 등을 포괄적으로 다룬다. 셋째, 세계관은

---

7) 양승훈, 「기독교적 세계관」 (도서출판 CUP, 1999), p.34.
8) J. Sire, 정옥배 역, 「지성의 제자도」 (IVP, 1994)
9) 왈쉬와 미들톤, 황영철 역, 「그리스도인의 비전」 (IVP, 1987), pp.43~46.
10) 전광식, 「학문의 숲길을 걷는 기쁨」, pp.37~40.

직관적이고 신념적인 구성물로서 과학적이라기보다는 철학적, 심리적, 종교적이다. 세계관은 단순한 사유 작용을 수반하지만, 그것이 경험적인 귀납적 연구나 합리적 유추 등을 통해 검증된 객관적이고 체계적인 인식 체계라 할 수는 없다. 세계관이 하나의 신념체계라는 점에서 종교적이거나 심리학적이라고 볼 수도 있다. 넷째, 세계관은 모든 실재계를 해석하며 의미를 부여하는 선험적이며 주관적인 틀이다. 세계관은 일종의 선입견이나 선판단 혹은 전제들과 관련되어 있다. 다섯째, 세계관은 삶과 밀접히 관련되어 있다는 점에서 실천적이고 행동적이다. 여섯째, 세계관은 공동체적이다. 세계관은 모든 개인들이 가지는 것이지만 동시에 공동체가 공유하는 것이다. 그런 의미에서 세계관은 사회적이라 할 수 있다. 세계관은 사회 속에서 형성되고 발전하며 전수된다. 마지막으로 세계관은 문화적이다. 이 세상에 존재하는 다양한 문화 현상은 다양한 세계관의 결과다.

한편, 찰스 크래프트(Charles Kraft)는 세계관을 역사나 사회와 관련하여 해석하면서, 세계관이 지닌 사회적 기능을 다음과 같이 열거하고 있다:[11] 세계관은 우선, 어떻게 사물이 그런 상태에 있는가를 설명한다. 그리고 한 사회의 제도, 가치, 목표를 판단하고 평가하는 기능을 지닌다. 드리고 기존 신념들을 그대로 유지하는 보수 기능을 지닌다. 또한 새로운 생각과 행동 양태를 흡수하는 기능도 있다. 마지막으로 새 문화변동에 적응하는 기능도 지닌다.

2. 현대 세계관의 특징

역사적으로 살펴볼 때 성서에 기초한 기독교 세계관은 이어지는 다양한 세계관들의 도전과 비판을 받았다. 초대 기독교 시대에는 희랍적 세계관의 도전을 받았고, 중세 후기에는 르네상스 인문주의, 그리고 근대에는 마르크시즘이나 다양한 인본주의적 세계관, 그리고 과학주의, 현대에 들어서는 포스트모더니즘의 도전을 받았다.

우리는 현시대의 세계관적 특징을 다음과 같이 간략하게 정리할 수 있다. 첫째, 세속주의적이다. 현대세계는 종교 이후의 시대(post-Christianity era)로서 무신론적 시대다. 르네상스 휴머니즘은 하나님의 자리에 인간을 대체했으며, 근대 과학기술

11) 이원설, 「하나님 중심 세계관과 학문」(기독교리더십연구원, 1998), pp.15~16.

은 종교의 자리를 과학으로 대체했다. 현대사회에서 과학기술자는 과거 사제들의 권위와 역할을 떠맡고 있다. 세속주의 사회에서 사람들은 물질세계와 현실문제에만 관심한다. 인격이나 영혼을 위한 자리는 허용되지 않는다. 생명조차 물리화학적 현상으로 파악할 수 있는 대상으로 생각한다. 더 이상 신비롭고 신성한 영역의 존재를 인정하려 하지 않는다. 초월의 영역을 상실한 인간들은 현실세계에 더 집착을 하고 물질만능주의에 사로잡히고 만다. 인간의 최고 목적은 현세에서의 행복과 자유와 쾌락이다. 사람들은 이제 하나님의 나라와 의를 구하는 대신에 이 세상에서 먹고, 마시고, 입는 것에만 관심을 기울인다.(마 6:31~33)

둘째, 자연주의적이다. 현대사회에서는 모든 초월적이고 신비적인 것은 거부된다. 인간의 이성과 자연의 한계를 넘어선 어떤 존재도 인정되지 않는다. 자연주의적 세계관에서 인간이란 존재는 오로지 물리적으로만 설명될 수 있는 물리적 세계의 한 부분이요 그 산물로 간주된다. 인간이란 전적으로 자연의 산물이며, 자연의 일부에 불과하다. 과학주의 시대에 인간은 이성으로 설명되고 인간의 감각기관으로 검증될 수 있는 것만 진리로 인정하려고 한다. 이제 과학적 지식은 인간의 모든 신념과 도덕적 판단을 결정하며, 인간사의 모든 문제를 해결하는데 결정적 요소로 생각된다. 근대 과학에 의해 형성된 과학주의는 지식과 행위의 문제에 대해 오로지 과학적 접근과 방법에게만 타당성을 부여한다. 종교적 신앙은 주관적이고 비이성적인 것으로서 객관성과 보편성을 추구해야 할 학문 활동에 장애요소로 파악된다. 기독교대학에서조차 신앙은 개인적인 일로서 공적 강의실에서 배제된다. 또한 과학기술주의는 과학기술상의 진보가 인류의 모든 문제를 해결할 수 있다고 생각하는 진보낙관주의다. 이것은 과학과 기술을 통해 인간 세상에 낙원을 건설할 수 있다는 테크노피아의 세계관이다. 하지만 이러한 세계가 유토피아가 될 지 아니면 디스토피아가 될 지 좀더 깊은 통찰이 요청된다.

셋째, 인간중심적이다. 세속화되고 자연주의적인 사회는 필연적으로 인간이 모든 것의 중심이 된다. 오늘날 인간은 자신을 우주의 중심에 놓을 뿐만 아니라 가치의 판단 기준으로 삼는다. 프로타고라스의 외침대로 '인간은 만물의 척도'가 되었다. 인간은 무엇이 추구될만한 가치가 있는 것이고 거부해야 할 것인지, 무엇을 더 높게 평가하고 무엇을 더 낮게 평가할지, 무엇을 중시하고 무엇을 경시해야 할지 결정하는 기준이 된다. 스스로의 주인이 된 인간은 자신의 생명과 죽음마저도 자신의 통제력 아래 두고자 한다. 마침내 인간은 자기 스스로의 구세주가 된다.

마지막으로, 포스트모던적이다. 포스트모더니즘은 우리시대의 시대정신으로서 하나의 학술 이론을 넘어 일상에서 경험되는 현실이 되었다. 개념에 대한 일관되고 정확한 규정은 불가능하지만 새로운 시대정신으로 모든 영역에 그 영향력을 확대하고 있다는 것은 사실이다. 포스트모더니즘은 모더니즘의 특징인 이성의 능력에 대한 신뢰를 거부하고, 초월의 영역을 배제한 현세 내재주의적이며, 가치와 이념에 있어 절대주의나 과학기술을 통한 진보낙관주의적인 온갖 형태의 이데올로기적 사상체계를 거부하고 파괴한다. 포스트모더니즘은 이성의 절대성에서 벗어나 탈합리주의를 표방하며, 의미와 가치의 다원성과 다의성을 견지하고, 인간중심주의에서 벗어나 인간과 자연의 공존에 관심한다. 중요한 것은 포스트모더니즘이 도덕, 종교, 진리의 보편성이나 절대적 기준을 거부한다는 점이다. 그들에게 있어서 기독교는 여러 종교들 가운데 하나의 종교일 뿐이며, 기독교의 진리 역시 여러 진리들 가운데 하나에 불과한 것으로 인식된다.

Ⅲ. 기독교 세계관이란 무엇인가?

기독교 세계관이란 종교적 세계관 가운데 하나로서 기독교의 종교적 경험과 신앙을 바탕으로 형성된다. 일반적으로 기독교 세계관은 하나님을 진리의 근원이며 최고선으로 믿고, 인생의 최고 목적으로 삼는 하나님 중심적 세계관을 말한다. 웨스트민스터 소요리문답에서 가르치듯이, 그리스도인에게 있어서 하나님은 최고의 목적이며 최고의 선이다. 하나님을 영화롭게 하는 것이야말로 삶의 지고한 목적이다. 기독교 세계관은 그리스도인들로 하여금 이러한 믿음에 기초하여 세계를 해석하고 행동을 결정하는데 도움을 준다.

1. 기독교 세계관과 성서

기독교 세계관이란 하나님의 뜻을 전제로 하기 때문에, 하나님의 뜻이 나타난 성서에 기초한 성서적 세계관이라 할 수 있다. 하나님의 말씀과 계시로서 성서는 그리스도인의 생각과 삶에 대한 포괄적 가르침을 포함한다. "모든 성경은 하나님의 감동으로 된 것으로 교훈과 책망과 바르게 함과 의로 교육하기에 유익하니라."(딤후 3:16) 성경(聖經)은 말 그대로 그리스도인의 삶과 행동의 기준이요 지침이며, 사고와 인식의 토대가 된다.

그런데 문제는 성서에 대한 이해와 해석이 각기 다르다는 점이다. 성서에 대한 해석의 차이로부터 다양한 기독교 세계관이 생겨날 가능성이 있다. 즉, '하나의 유일한 기독교 세계관'이 있는 것이 아니라는 말이다. 따라서 성서에 기초한 올바른 기독교 세계관을 정립하기 위해서는 성서에 대한 바른 해석이 요청된다. 바로 여기에 성서에 대한 문자주의적 해석을 넘어선 해석학적 작업이 필요한 이유가 존재한다. 성서는 하나님의 계시로서 정확무오한 말씀이지만 그 말씀이 쓰여진 시대와 장소, 그리고 쓴 사람의 인간적 제한성을 지니고 있다는 사실을 잊어서는 안된다. 그리고 성서 시대와 우리 시대 사이의 문화적이고 시공간적인 격차가 있다는 사실도 기억해야 한다. 흔히 기독교 세계관을 연구하는 사람들 가운데에는 자신의 학문이론에다가 성서를 몇 구절 인용하는 것이 기독교 세계관 연구라고 생각하는 사람도 있다. 그것은 성서를 자신의 학문이론을 증명하는데 필요한 증빙자료로 삼는 행위일 뿐이다. 따라서 성서에 기초하여 기독교 세계관을 연구하기 위해서는 구약성서학자나 신약성서학자들의 해석학적 작업을 거친 성서 해석을 학습하고 참고해야 할 것이다. 뿐만 아니라 성서를 경전으로 결정하고 성서에 대한 해석을 통하여 기독교란 문화적 전통을 만들어낸 교회의 역사와 전통, 그리고 신학자를 비롯한 기독교 사상가들의 업적들도 참고해야 할 것이다. 말하자면, 기독교 세계관을 연구하는 사람은 어느 정도 신학자가 되어야 한다.

2. 기독교 세계관과 학문 활동

1) 세계관과 학문

일반적으로 학문(Wissenschaft)이란 실재계의 어떤 개별 영역에 대한 과학적 연구라 할 수 있다. 학문이 개별 영역을 다루지만 세계관은 개별 영역에로의 분화 이전의 전 실재계를 다룬다는 점에서 학문과는 차이가 난다. 한편, 학문은 실재를 다룰 때 방법론적으로 확실하고 명확한 객관성에 기초한 체계적 인식이라 할 수 있다. 반면에 세계관은 실재에 대한 직관적 파악을 통해 형성된다는 점에서도 학문과 차이가 난다. 요약하면, 학문이 개별 실재에 대하여 합리적 객관성과 경험적 증명에 기초한 논리적 인식이라면, 세계관은 전체 실재에 대한 주관적이고 심정적인 해석이라 할 수 있다.[12)]

이처럼 세계관과 학문이 구분되기는 하지만 세계관 논의가 학문의 기초 위에서 이루어진다는 점에서 학문의 도움을 받고, 학문 역시 세계관적 전제 위에서 행해진다는 점에서 세계관의 도움을 받는다. 오늘날 새로운 학문이론에 의하면, 어떤 학문도 세계관적 전제를 가지고 있지 않은 학문은 없다. 이러한 견해에 의하면, 세계관은 인간의 모든 의식적 행위의 토대를 형성하기 때문에 인간의 활동인 학문 활동 역시 예외가 아니라고 본다. 즉, 학문이란 세계관 중립적인 활동이 아니라 세계관적 전제에 의해 영향을 받는다.

2) 학문과 가치중립성

일반적으로 학문활동은 순수 객관적이고 보편적이며 가치중립적인 것으로 인식된다. 이러한 학문의 가치중립성 때문에 학자들은 신앙이나 신념을 학문 활동에 장애 요인이 된다고 생각한다. 그 결과 학문은 세속화되었다. 기독교 대학에서조차 종교와 신앙은 공적 강의실에서 쫓겨나 기껏해야 개인들의 동아리활동이나 개인적 활동으로 내몰렸다.

사실과 가치를 분리하는 이러한 과학적 실증주의에 대해 오늘날 학자들은 사실이라고 하는 것 자체가 개인의 선입견이나 세계관과 상관없이 존재하는 것이 아님

12) 전광식, 「학문의 숲길을 걷는 기쁨」, p.35.

을 강조한다. 왜냐하면 모든 과학적 사실들은 이미 하나의 세계관에 기초하여 해석된 사실이기 때문이다. 이러한 견해를 지지하는 학자들 가운데 토마스 쿤(Thomas Kuhn)은 「과학혁명의 구조」라는 책에서 학문체계가 그 시대와 집단의 패러다임에 기초하며, 패러다임의 변화는 종교적 개종과 같이 혁명적인 것이라고 보았다. 마이클 폴라니(Michael Polany) 역시 「인격적 지식」에서 지식 추구 행동이 인간의 지성에서만 일어나는 것이 아니라 전인격적 참여 행위라고 한다. 그는 과학자의 신념이나 과거경험, 훈련과 같은 요소가 과학이론 형성에 영향을 미친다고 주장하였다. 그 외에도 많은 과학자들이 바람직한 과학적 태도란 단지 지적 엄밀성이나 객관성만이 아니라 상상력과 직관, 영감과 같은 비과학적인 요소들을 포함한다고 주장한다. 아더 홈즈(A. Holmes)는 「모든 진리는 하나님의 진리다」에서 학문 활동의 가치중립성에 대해 이렇게 비판한다: "지적 정직성은 불가능한 중립성을 강요하는 것이 아니라 중립성이 불가능하다는 것을 인정하는 것이다. 이는 자신의 견해를 고백하고 이로 인해 야기되는 차이들을 반성하고 검토하며 자신의 견해가 어느 정도 다른 관점들과 불일치하는지를 설명하는 것이다."[13] 이처럼 학문 활동에서 세계관은 각 학문이 기초하고 있는 형이상학적 토대를 제공하고, 학문을 연구하는 학자의 사유 활동에 영향을 준다.

3) 학문 활동에서 이성의 역할

인간의 학문활동은 피조세계에 감추어진 하나님의 신비를 알아가는 과정이며, 하나님의 청지기가 되어 피조세계를 가꾸고 돌봄으로써 하나님의 주권을 드러낸다. 그런 의미에서 학문 활동은 하나님의 문화위임 가운데 하나에 속한다. 특별히 그리스도인에게 있어서 학문활동이야말로 숨겨진 진리를 드러내어 하나님을 영화롭게 할 뿐만 아니라 그 결과를 사회와 국가, 세계의 평화를 위해 사용함으로써 이웃사랑을 실현하는 신앙적 행위가 된다.

학문 활동에서 이성은 학문의 수단과 방법으로 필수불가결한 요소다. 기독교 세계관 연구가 하나의 학문 활동이 되려면 다른 학문들처럼 방법론적이고 설득적이며

---

13) A. Holmes, 서원모 역, 「모든 진리는 하나님의 진리다」 (크리스챤다이제스트, 1991), p.159.

타당성을 지녀야 한다. 학문을 일종의 경기규칙이라 했을 때 세계관 연구 역시 그 규칙이 하나님의 뜻에 어긋나지 않는 한 따를 의무가 있다. 여기서 말하는 규칙이란 이성의 사용을 의미한다. 학문적 방법은 어림짐작이나 무비판적 수용이 아니라 이성적 증거에 기초해야 한다.

하지만 우리는 인간의 이성을 무비판적으로 수용할 수는 없다. 인간의 이성은 죄로 인하여 심각할 정도로 왜곡되고 부패되어 있다. 이성은 하나님에 대한 지식이나 구원에 대한 진리를 아는데 있어서 전적으로 무능력하다. 그럼에도 불구하고 인간적이고 세상적인 것들에 대해서는 인간 이성이 어느 정도 능력을 지니고 있다고 보아야 한다. 이는 바울의 말대로 인간에게 "하나님의 영원하신 능력과 신성이 그 만물에 분명히 보여"(롬 1:20) 비록 희미하게나마 하나님을 알 수 있기 때문이다.

기독교 세계관 연구에서 활용되는 이성은 도구적이거나 조작적인 이성이 아니라 비판적이며 해방적인 이성이다. 비판적이고 해방적인 이성은 기독교 세계관 연구에서 기독교 자체가 지닌 이데올로기적 요소에 대해서도 비판적이어야 한다. 그렇지 않을 경우 자칫 세계관 연구는 기독교 호교론이나 이데올로기적 수단으로 전락해 버리고 말 것이다.

3. 기독교 세계관과 삶

세계관이 세계를 다루는 것은 사실이지만 여기서 말하는 세계란 단지 물리적 대상으로서의 세계만이 아니라 우리가 삶의 터전으로 삼는 세계다. 그럴 때 세계관은 세계 자체만이 아니라 세계 속에서의 인간의 삶을 다룬다. 말하자면, 세계관은 인간의 삶을 논의의 대상으로 삼으며, 삶은 세계관의 내용적 자료가 된다. 그럴 때 세계관은 공허한 사변적 체계에 머물지 않고 실제적이 된다. 즉, 삶을 그 내용으로 삼기 때문에 세계관은 삶의 실천 문제를 진지하게 다룬다.[14]

세계관은 개인의 삶만이 아니라 사회와 민족의 삶에도 영향을 끼친다. 사회마다 다른 독특한 문화적 현상들은 사회마다 다른 세계관의 결과다. 유교사회는 유교적 세계관을, 불교사회는 불교적 세계관을, 공산주의사회는 공산주의적 세계관의 결과

14) 전광식, 「학문의 숲길을 걷는 기쁨」, p.29.

다. 그런 이유로 딜타이는 개인적 세계관 외에 사회적 세계관 혹은 민족적 세계관을 언급하면서, 이것들의 다양성은 기후, 인종, 민족이나 국가의 형태와 역사, 시대와 그 변화, 학문적 상황에서의 변화의 영향을 받는다고 보았다.[15]

Ⅳ. 맺는 말

기독교 세계관 연구는 학생들의 세계관 형성에 기여한다는 교육적인 차원에서만이 아니라 기독인 학자들의 모든 학문활동의 전제가 된다는 학문적 차원에서도 대단히 중요한 과업이다. 그럼에도 불구하고 이 분야에 대한 연구는 기독교 대학에서조차 충분히 활성화되지 못했다. 정부가 연구중심대학으로 우리나라 대학들을 개편하려고 하는 현실에서 기독교 세계관 연구는 더욱 요원한 과제가 되고 있다. 교수들이 자기 전공분야에 더 집중할 것을 강요받기 때문이다. 자신들의 전공분야 연구마저 벅찬 교수들이 그 분야가 기초하고 있는 세계관적 토대를 부가적으로 연구한다는 것은 상당한 부담이 될 것이기 때문이다. 그럼에도 불구하고 기독교 대학이 학문적 수월성을 추구하려면 그 전제가 되는 세계관 연구를 피해갈 수 없다. 물론 이 연구는 다양한 학문분야의 학자들 사이에 이른바 학제간연구를 통해서만 효과적으로 수행될 수 있는 과업이 될 것이다. 이 일을 위해 기독인 교수 개인들의 헌신도 필요하지만 동시에 대학 차원에서 이를 위한 관심과 투자가 필요하다.

15) 전광식, 「학문의 숲길을 걷는 기쁨」, p.30.

참고문헌

신국원, 「니고데모의 안경」 (IVP, 2005)
전광식, 「학문의 숲길을 걷는 기쁨」 (CUP, 1998)
아더 홈즈, 이승구 역, 「기독교적 세계관」 (엠마오, 1985)
양승훈, 「기독교적 세계관」 (CUP, 1999)
브리안 왈쉬, 리챠드 미들톤, 황영철 역, 「그리스도인의 비전」 (IVP, 1987)
이승구, 「기독교 세계관이란 무엇인가?」 (SFC, 2003)
D.S.Dockery & G.A.Thornbury, *Shaping A Christian Worldview* (Nashville: Broadman & Holman

여성결혼이민자*의 증가와 기독교적 책임**

이 장 형
(백석대 교수, 기독교윤리학)

Ⅰ. 들어가는 말

지난 2006년 4월에 있었던 미국 미식축구(NFL) 스타 하인즈 워드의 방한으로 혼혈인에 대한 새로운 시각과 관심이 커졌다. 이 사건은 여러가지 의미가 있으나 한국사회가 이미 다민족, 다문화, 다인종 사회로 변화하고 있다는 것을 일깨운 측면이 있다. 그러나 이런 변화에도 불구하고 우리 사회는 아직도 단일민족이라는 뿌리깊은 '순혈주의'로 혼혈인과 이주자들을 차별하는 경향이 있다. 이러한 문제를 타개하기 위해 정부는 지난 4월 26일 "**여성 결혼 이민자 및 혼혈인 · 이주자에 대한 차별 해소와 사회통합 대책**"을 내놓았다.[1] 조금 늦은감도 있지만 결혼 이민자에 대한 구체적인 관심을 갖기 시작했다는 점에서 의미있는 일이다. 지금 우리가 살아가는 공동체는 개인이나 공동체의 선호 여부와 상관없이 "다민족 · 다문화 · 다인종 사회"이며, 이런 말들은 이제 21세기 한국사회의 새로운 화두 중 하나가 되어 있다.

한국 사회가 지난 20세기 초반과 중반에 '기독교', '제국주의', '전쟁'이라는 매개

---

* 여성결혼이민자에 대해 '이주결혼여성', '제3세계 국제결혼 여성'등으로 표현하기도 한다. 여기서는 국정홍보처에서 발간되는 국정브리핑의 표기와 정의를 따라 '여성결혼이민자'로 사용하기로 한다.

** 이 글은 2006년 장로회신학대학교 교회와 사회연구원 세미나에서 발표된 글이다.

1) 국정브리핑 2006년 4월 26일, "국제사회 '인권 후진국' 오명 씻는다. 여성결혼이민자 · 혼혈인 등 사회통합 정책 배경 · 주요내용" http://news.go.kr/warp/webapp/agenda/view?package_id=625fcd0d27d2dc4615204baf.

를 통해서 다른 문화, 민족, 인종을 만났다면 1990년대 이후에는 '외국인이주자들의 노동'과 '여성결혼이민자 즉, 국제결혼'을 통해 이전과는 전혀 다른 방식으로 접하게 되었다. 특히 외국인이주노동자들의 급격한 유입과 그에 따른 국제결혼 증가는 우리가 일찍이 경험하지 못했던 일이다. 한국사회는 이전의 세계와 만나 소통하던 방식과는 전혀 다른 패러다임을 필요로 하고 있다. 본 논문은 국제결혼의 수용과 그 의미를 중점적으로 살펴보는 가운데 세계화 시대의 의식변화와 기독교적 책임 등에 관해 모색해 보고자 한다.

한국에서 국제결혼은 사회적으로 어두운 이미지를 담고 있다. 일제강점기에는 '내선일체' (內鮮一體)라는 식민지 정책의 일환으로 조선인 처녀들과 일본인과의 준강제 결혼이 행해졌다. 그리고 미군정 시기와 한국전쟁 이후 상당기간 동안 가난하고 어려운 한국의 여성들은 가족과 자신의 생계를 위해 미군, 군속 등과 결혼하였다. 한국 사회는 이들을 '양공주'라고 부르며 사회적으로 소외 시켰다. 이런 류의 결혼은 결코 정상적인 결혼관계로는 볼 수 없는 일이었으며, 한국 사회의 안정과 경제적인 성장과 함께 이런 류의 결혼은 거의 사라졌다. 하지만 최근 들어 한국 사회에서는 국제결혼이 폭발적으로 증가하고 있다. 2006년 3월에 발표된 통계청의 "2005년 혼인 · 이혼통계 결과"에 따르면 2005년의 국제결혼은 총 316,375 건 중 13.6%에 이르는 43,121건이다. 그 중 한국남성과 외국 여성과의 결혼은 72%에 해당하는 31,180건이다. 이 통계자료는 한국의 국제결혼 실태에 커다란 변화가 일어나고 있음을 보여준다. 이전에는 주로 한국 여성이 미국, 일본, 호주 같은 이른바 '선진국' 남성과 결혼하는 경우가 주를 이루었는데 반해, 이제는 한국 남성이 한국계 중국인(조선족), 필리핀, 베트남, 말레이시아 등과 같은 이른바 '후진국' 여성과 결혼하는 경우가 압도적인 비율을 차지하고 있다.

1990년대 초반의 국제결혼은 한국으로 몰려든 외국인 이주 노동자와 한국인 여성 사이에서 또는 외국인 여성 이주 노동자와 한국인 남성 사이에서 자연발생적으로 일어나기도 하였고, 정부와 매스미디어에서 '농촌총각 장가보내기' 캠페인의 일환으로 장려하기도 하였다. 하지만 이런 일들은 한국 사회를 국제결혼 중개업소 난립과 상업적 국제결혼의 홍수 속에 빠져들게 하였다. 국제결혼 중개업소들의 영역은 농촌 총각 뿐 아니라 경제적, 문화적 여건으로 결혼이 늦어진 도시 중하층 남성들까지 국제결혼의 장으로 끌어들였다. 또 다른 면에서 국제결혼은 침체가 계속되고 있는 국내 경제 환경을 등에 업고 현지인과 결혼하는 것이 제3세계 투자 환경을 조성하는 가장 좋은 방법이라는 전략까지 구사하며 젊은 층으로 파고들고 있다.[2)]

문제는 국제결혼의 이러한 양적 증가 추세에 따라 여러 가지 문제점이 심각하게 제기되고 있다는 사실이다. 여성 결혼이민자는 농촌과 도시, 산촌과 어촌 전국 곳곳으로 퍼져 들어가고 있다. 그런데 이들이 들어간 대부분의 지역은 경제적 여건과 생활 기반이 상대적으로 취약하고 가부장적 가족구조와 성역할이 여전히 중요하게 작용하는 농어촌 지역이 많다. 이런 지역에서는 의사소통의 어려움과 문화적 갈등, 취약한 경제적 기반 등으로 인하여 한국 가족 특유의 문제가 여성결혼이민자에게 가중되어 나타나고 있다. 즉, 그동안 국제결혼 가정에서는 남편의 일상적인 구타와 음주, 성적 학대와 인격모독 그리고 소외와 경제적 빈곤의 문제가 비일비재하게 일어나고 있다. 오늘날의 국제결혼과 관련된 문제에는 제3세계 여성(여성결혼이민자)에 대한 비인간적인 억압과 차별이 관련 되어있다. 결혼 대상의 여성이나 태어난 자녀들을 대함에 있어서 서구중심주의적 시각(일종의 포지티브 옥시텐탈리즘 positive occidentalism이라고 할 수 있을 것이다.)이나 서양을 흠모나 맹종의 대상으로 만든 '서구신화'에 빠져 있는 우리의 모습을 볼 수 있다. 이와 관련된 한국인들의 정서와 태도를 러시아 출신 귀화 한국인인 박노자 교수는 그의 소설 '하얀가면의 제국'[3)]에서 다룬 바 있다. 즉 서구 열강에 의해 상당한 수탈을 당했으면서도 제3세계나 아시안들을 바라 봄에 있어서 약자를 배려하지 않는 논리에 길들여져 있는 우리의 모습을 반성할 필요가 있다는 것이다.

또한 기독교인들에게 국제결혼은 단순한 외국인과의 결혼이라기보다는 혼종결혼(混宗結婚)의 문제로 다가온다. 여성결혼이민자가 다행히 같은 종교 특히 개신교인이라면 이 문제에 대한 고민을 덜어줄 수 있겠지만, 현재 행해지는 제3세계 여성 또는 남성과의 국제결혼의 경우 종교가 같은 경우가 거의 없다는 데에서 고민이 커질 수밖에 없다. 교회는 결혼의 문제에 있어 책임있는 가이드라인을 제시할 수

---

2) 신란희. 『국제결혼 여성의 가족, 일 그리고 정체성: 우즈베키스탄과 필리핀 여성의 생애사 연구』, (서울대학교대학원 석사논문, 2005). p.1.

3) 박노자, 하얀가면의 제국』, (서울: 한겨레신문사, 2003.) pp.296~297.

있어야 하는데, 아직은 개인과 목회자의 신앙양심에 따라 이루어지고 있는 경우가 대부분이다.

지금까지의 국제결혼에 관한 연구는 재야인권 단체를 중심으로 한 국제결혼(내국인)의 경우와 여성결혼이민자(외국인)의 피해사례 수집 및 대책 중심의 연구와 사회복지학 및 인류학 그리고 여성학에서 진행한 국제결혼 남녀의 국적에 따라 외국인 남성/한국인 여성의 결혼 연구와 한국인 남성과 결혼한 여성결혼이민자에 관한 연구를 중심으로 이루어진 학계 연구이다.

이러한 문제에 대해 한국교회는 다양한 방식으로 접근하고 있다. 특히 NGO중심의 활동을 많이 하고 있다. 이들은 단순히 여성결혼이민자의 문제에만 관심을 갖는 것이 아니라 코시안(Kosian)[4]에게 발생하는 일들에 대해 해결책을 내놓기 위해 고민하고 노력하고 있다. 그러나 이와 달리 많은 교회나 선교단체의 활동에는 일방적이며 시혜적 관점이 포함되어 있는데서 그 한계를 드러내기도 한다.

논자는 이주 결혼 여성들의 국제결혼을 기독교 윤리적 관점을 통해서 다민족, 다문화, 다인종의 사회로 편입되고 있는 한 예로 보고, 이와 관련하여 한국사회와 한국교회가 가지고 있는 문제들을 어떻게 풀어나갈 것인가에 대한 초석을 놓고자 한다.

---

4) 코시안(Kosian)은 Korean과 Asian의 합성어이다. 코시안은 1996년 안산 외국인노동센터의 소장인 박천응 목사에 의해 최초로 만들어진 용어이다. 1990년 이후 외국인 이주노동자들의 국내 유입이 활성화되면서 장기 체류자들도 늘어났다. 이들 중 결혼적령기에 있었던 일부는 국내인 또는 외국인 이주노동자 간의 결혼으로 가정을 형성하였고 곧이어 2세를 출생하였다 그러나 새롭게 형성된 외국인 이주노동자 가정에 대한 적절한 표현이 없었다. 이에 우리 사회의 구성원으로서 오국인 이주노동자를 긍정적으로 수용하기 위하여 '코시안'이란 호칭을 만들고 사회적 관심을 불러일으키게 되었으며, 현재는 외국인 이주노동자 관련 가정을 부르는 대명사로 '코시안'이 사용되어지고 있다(http://kosian.urm.or.kr) 하 밍 타잉(2005), 「1992년 이후 한국과 베트남 사이의 국제결혼에 대한 연구-베트남 여성의 문화적 적응을 중심으로」, 서울대학교 국제대학원 석사학위논문. p.71에서 재인용.

Ⅱ. 1990년대 이후 국제 결혼과 한국에 정착한 여성결혼 이민자

1. 한국사회에서의 국제결혼

국제결혼이란 단지 국적이 다른 두 사람의 결합일 뿐만 아니라 상이한 두 나라의 문화가 결합하는 과정이기도 하다.[5] 그러나 역사적으로 한국에서는 국제결혼에 대하여 심각한 편견을 가지고 있었다. 외국인과 결혼한 한국여성은 외국인에게 정복당했다고 비난을 받는 경향이 있었다. 상당수의 국제결혼은 일제강점기 동안 조선인 남성과 일본인 여성 또는 일본인 남성과 조선인 여성으로 이루어졌기 때문이다. 1945년 이래로 한국여성과 미군사이에서 이루어져 왔다. 양공주라는 말과 GI신부라는 말은 한국에서 미군을 대상으로 성노동을 하였다거나 미군과 결혼하였다는 의미를 지닌다.

한국의 이주노동자의 수가 증가하면서 국제결혼 또한 증가하게 되었다. 이주노동자들 사이에서는 두 가지 형태의 결혼이 존재한다. 같은 민족 사이의 결혼, 그리고 다른 민족 사이의 국제결혼이 그것이다. 이주노동자의 대다수가 불법체류자나 일시적인 거주자로 간주되고 있기 때문에 한국인과 결혼하지 않는한 그들의 결혼은 공식집계가 되지 않는다. 그러므로 실제로 한국에서 얼마나 많은 국제결혼이 이루어지고 있는지는 알기가 쉽지 않다.

한국인과 외국인 사이의 국제결혼은 일정한 형태를 보여준다. '젊은' 남성한국인 공장노동자들은 여성 이주노동자와 결혼하려고 하지 않는다. 대신 사회 경제적으로 하층의 중년 남자, 다시말해 한국인 여성들이 결혼하려하지 않는 농부, 장애인 또는 가난한 사람들은 외국인 '사진신부"를 수입하는 경향이 있다.[6] 박희정은 '여성주의 저널'에서 외국인 여성의 결혼 행태에 관해 다음과 같이 적고 있다.

---

5) 문화는 사회성과 종교성을 갖고 있는 특징이 있다. 서로 다른 문화권에서 성장한 사람들의 결혼이란 상당히 복잡한 문제들을 야기하게 마련이다.

6) 여기서 인용한 글(「여성, 이주 그리고 한국의 시민운동」)은 이혜경교수가 Asian and Pacific Migration Journal. Vol.12, No. 1~2, 2003.에 영문으로 기고한 글을 (사)한국이주여성인권센터에서 번역한 것을 발췌한 것이다. 이혜경 교수의 글은 (사)한국이주여성인권센터의 사이트 중 이주여성자료실 중 이여인터자료http://www.wmigrant.org/bbs/view.php?id=data4&page 에 게재되어 있다.

"국제결혼업체는 자사에서 소개하고 있는 필리핀 여성의 장점에 대해 이렇게 적고 있다. "필리핀은 전 국민의 90프로 이상이 카톨릭 신자입니다. 그래서 필리핀 사람들은 낙태나 이혼 등은 생각지도 못합니다. 그리고 자식에 대한 사랑이 지나칠 정도여서 아무리 힘들거나 어려워도 자식들을 위해 고생하는걸 당연하게 받아들이고 있고요." B업체는 베트남 여성의 장점에 대해 "신체적인 특징 중 하나가 출산 후에도 몸매의 체형이 임신 전 체형에서 크게 변하지 않는다는 점"이라고도 말한다.[7]

한국 사회에서 국제 결혼은 이제 특별한 이들 만의 일이 아니라 수와 영향력이 증대되고 있는 사회적 문제라는 인식과 이해를 필요로 하며, 이에 대한 지속적인 관심이 요청되고 있는 것이다.

2. 여성결혼이민자들의 결혼동기와 가족의 현황 등

〈국제결혼 건수와 비율〉

(단위 : 건, %)

연도	총 결혼 건수	국제결혼	외국인 아내	외국인 남편
1990	399,312	4,710(1.2)	619(0.2)	4,091(1.0)
1995	398,494	13,494(3.4)	10,365(2.6)	3,129(0.8)
2000	334,030	12,319(3.7)	7,304(2.2)	5,015(1.5)
2003	304,932	25,658(8.4)	19,214(6.3)	6,444(2.1)
2004	310,944	35,447(11.4)	25,594(8.2)	9,853(3.2)
2005	316,375	43,121(13.6)	31,180(9.9)	11,941(3.8)

자료 : 통계청 '2005년 혼인 · 이혼통계 결과', 05.3.

※ 통계청의 「인구동태」통계는 단순 혼인건수의 합계로서 현재 외국거주자, 국내에서 결혼하여 출국한 자, 사망한 자, 귀화한 자를 삭제하지 않고 국내 호적에 신고된자를 모두 합산

양적으로 급속하게 국제결혼을 위해 이주하는 여성들이 증가하고 있는 것을 볼 수 있다. 그런데 이들은 잘 적응하는 경우도 있겠으나 상당수가 여러 차원의 어려움을 겪는 것으로 보여진다. 구체적인 통계는 베트남인 하 밍 타잉의 연구 결과에 크게 의존하였다.[8]

7) 연합뉴스, 2006년 4월12일 보도자료.

8) 하 밍 타잉, "1992년 이후 한국과 베트남 사이의 국제결혼에 대한 연구, 서울대학교 국제대학원 석사학위 논문" (2005년 8월, 서울대학교) 참조.

〈한국 남자와 혼인한 외국 여자의 국적별 혼인〉

구분	2000	2001	2002	2003	2004	2005	구성비	전년대비 증감률
계	7,304	10,006	11,017	19,214	25,594	31,180	100.0	21.8
중국	3,586	7,001	7,041	13,373	18,527	20,635	66.2	11.4
베트남	95	134	476	1,403	2,462	5,022	18.7	136.5
일본	1,131	976	959	1,242	1,224	1,255	4.0	2.5
필리핀	1,358	510	850	944	964	997	3.2	3.4
몽골	77	118	195	318	504	561	1.8	11.3
우즈베키스탄	43	66	183	329	247	333	1.1	34.8
미국	235	265	267	323	344	285	0.9	-17.2
태국	270	185	330	346	326	270	0.9	-17.2
기타	509	751	716	936	996	1,022	3.3	2.6

※ 2000년 이전까지는 일본, 중국, 기타로 구분 조사하여 세부적으로 파악불가
※ 1999년의 국적별 분포는 중국 2,883명, 일본 1,248명 미국 280명, 기타 1,364명임

〈농림어업종사자(남자)와 혼인한 외국 여자의 국적별 혼인 건수〉

구분	2004년					2005년				
국적	계	베트남	중국	필리핀	기타	계	베트남	중국	필리핀	기타
건수	1,814	560	879	195	180	2,885	1,535	984	198	168
비율	100.0	30.9	48.5	10.7	9.9	100.0	53.2	34.1	6.9	5.8

자료 : 통계청, '2005년 혼인·이혼통계 결과', 06.3

첫째로, 사회문화적 고립과 관련된 문제를 생각해 볼 수 있다. 여성결혼이주자들은 결혼한 이후에도 언어소통 문제, 생활전반의 문화적 차이 때문에 불편을 겪거나 가정이 파탄되는 등의 곤란한 상황에 노출되어 있다. 한국사회 내에서의 각종 정보, 자원, 취업으로부터도 소외되어 있다. 여성 결혼이민자 50%이상이 기초생활보장제도 자체를 모르고, 23.6%가 건강보험 가입이 안되는 것으로 잘못 알고 있다는 통계가 있다. 사회복지 서비스 제공 기관을 이용하지 않는 경우가 86%이상이며, 기관이

있다는 사실을 몰라서 이용하지 못하는 경우도 39.2%로 (복지부 실태조사, 2005) 상당수이다. 부부간 대화 언어는 주로 한국어인데, 재중 동포 이외에 일본, 베트남 등 출신 여성의 한국어 실력은 현저히 낮다는 데 문제가 있다. 이러다보니 시 부모와 주된 갈등 요인도 언어소통, 문화 차이(45%)로 발생한다.

둘째로, 자녀양육의 환경이 취약하다는 점이다. 상당수 여성결혼이민자 자녀들은 부모의 낮은 경제 및 사회적 지위, 언어 문화 교육방식의 차이 등으로 가정 및 학교 교육에서 문제를 겪고 있다. 6세 이하 미취학 자녀의 유치원이나 보육시설(어린이집,놀이방)이용률은 국제결혼 가정은 27.3%, 일반가정은 56.8%(복지부 실태조사, 2005)수준으로 집계되어 있다. 이들은 언어발달 지체 및 문화 부적응으로 인해 학교수업에 대한 이해도가 낮으며, 지나치게 소극적이거나 반대로 폭력성 또는 과잉행동장애(ADHD)를 보이는 등 정서 장애도 나타나며, 교과서를 비롯한 교재와 일부 교사들의 다문화주의를 포용하지 못하는 데서 오는 '차별'과 '배제' 때문에 아동들이 조기에 사회적 소외를 경험할 가능성이 높다. 실제 여성결혼이민자 자녀 가운데 '집단 따돌림'을 경험했다는 비율은 17.6%이며, 그 이유는 엄마가 외국인이라서(34.1%), 의사소통이 잘안되서(20.7%)순이었다.(복지부 실태조사, 2005)

셋째로, 낮은 경제적 수준과 관련된 문제들이 있다. 그들은 저소득가구가 다수이나, 기초생활보장 수급자는 소수이다. 전체 여성결혼이민자 가구 중 소득이 최저생계비 이하인 가구가 50%를 넘어섬에도 불구하고 기초생활보장 수급가구는 13.7%에 불과하였다. 최저 생계비 이하인 전체 가구는 52.9%, 18세 미만의 아동이 있는 가구는 57.5%이며, 경제적 이유 때문에 끼니를 거른 경험이 있는 경우도 15.5%(복지부 실태조사, 2005)에 달한다. 아울러 의료 서비스에 대한 접근성이 낮고 모성건강 위험도가 상당히 높은 것으로 나와 있다. 여성결혼이민자의 23.6%가 실질적인 의료보장 체계(건강보험, 의료급여)안에 들어가 있지 못한 상황이다. 의료보장을 못 받은 경우는 비귀화자(27.2%)가 귀화자(7.2%)보다 크게 높은데 이들이 의료보험제도에 가입되어 있지 않은 이유는 외국인은 본래 가입이 안 되는 것으로 잘못 알고 있기 때문인 것으로 나타났다. 여성결혼 이민자는 국민건강보험의 임의 가입 대상이다.

넷째로, 가정폭력과 불화 등으로 이혼이 급증하고 있는 문제가 있다. 특히 한국

사회의 전반적인 가정파괴와 이혼율의 증가가 영향을 주고 있는 것도 사실이다. 돈을 매개로 이루어진 상업화된 결혼, 시댁과 친지의 비우호적인 환경, 남편의 정서적 불안정 등 때문에 강정폭력과 불화로 이어지는 경우가 적지 않다. 알코올 중독, 이상 성행위자, 습관화된 폭력등으로 결혼에 불가능한 상태에 이른 사람이 국제결혼 시장에 유입되어, 결혼생활을 유지하기위해 외국인 배우자를 철저히 통제하고, 성적 학대의 양상과 정도가 심각한 수준에 이르는 경우가 많은 것으로 나타났다. 복지부 실태조사(2005)에 따르면 가정폭력 경험은 언어폭력(31%)이 가장 많았고, 신체적 폭력(26.5%), 성적학대(23.1%), 위협(18.4%) 등의 순이었다.

Ⅲ. 국제결혼 또는 여성결혼이민자와 한국교회

앞의 장에서 한국에서 이루어지는 국제 결혼의 실태와 그와 관련된 가정 생활 및 여러 문제점들에 대하여 개괄적으로 살펴보았다. 왜 이러한 문제들이 발생하고 있는가? 여러 각도에서 질문을 던져 볼 수 있겠으나 본 논문에서는 결혼에 대한 신학적 이해를 바탕으로 어떻게 이 문제들에 대해 기독교가 응답하여야하는 가하는 문제를 다루어 보고자 한다.

1. 혼종혼인의 문제

먼저 정리해야할 문제는 기독교인들이 타 종교인 혹은 무종교인과의 문제에 있어서 어떤 입장을 취해야하는가하는 문제를 제기한다. 즉 한국인이 제3세계출신 여성과 결혼하는 것은 부당혼인인가하는 문제가 제기되는 것이다. 이 문제에 대하여 로마 가톨릭은 분명한 입장을 취하고 있는 것이 사실이다. 혼종 혼인에 관한 교서는 다음과 같이 구체적으로 말하고 있다.[9)]

“실상 교회는, 종교의 차이와 그리스도교 신자들 간의 분리로 기인된 혼종혼인이, 예외적인 경우를 제외하고서는, 모든 그리스도교 신자들의 제일치의 유조하지

9) 사목 제24집 정진석 역, “혼종에 관한 법규를 제정한 자발교서” 자료.

못함을 알고 있다. 혼종혼인에는 수다한 곤란이 내재되어 있은즉, 의당히 크리스찬 가정이라 불리는 교회의 산 세포 속에 분리가 도입되어, 특히 교회의 예배와 자녀 교육에 관한 일 등 종교사의 차이 때문에, 가정 안에 있어서 복음의 가르침의 준수를 더 어렵게 만든다.

그럴지라도, 세례 받은 자들 사이의 혼종혼인에 내재하는 곤란을 간과할 수 없다. 혼인의 성사적 본성에 관해서 교회 안에서 거식된 결혼의 고유한 의의에 관해서 혼인과 가정에 관련된 어떤 윤리원칙의 해석에 관해서, 가톨릭교회에게 바쳐야 될 순명의 한계에 관해서, 교회 권위의 관할에 관해서, 빈번히 의견의 차이가 있다. 그러기에 이러한 곤란은 그리스도교 신자들의 일체가 재건 되어야만 비로소 온전히 해소될 수 있음이 명백하다.

(1) 세례 받은 양인 중, 한편은 가톨릭 신자이고, 다른 편은 비 가톨릭 신자인 경우의 혼인은 그 본성상 배우자들의 온전한 영적 결합이 장애되므로, 교구정당권자의 사전 면제 없이 체결함은 불가하다.

(2) 양인 중, 한편은 가톨릭교회에서 세례를 받았거나 혹은 가톨릭교회로 들어온 자이고, 다른 편은 세례 받지 않은 자인 경우, 교구정당권자의 사전면제 없이 체결된 혼인은 무효이다."

2. 성서에서 말하는 결혼의 언약성

결혼에 관해 성서는 어떻게 말하고 있는가? 성서의 처음이야기가 인간의 창조와 결혼에 관한 것임을 주목할 필요가 있으며, 기독교는 세계종교 중 가장 강하게 가정과 결혼의 소중함과 독특성을 말하고 있음을 주목할 필요가 있다. 성서에 나오는 예수의 행적 중 첫 이적이 가나의 혼인잔치에서 물로 포도주를 만드는 사건임을 상기할 필요도 있다. 성서의 해석에 따라 다양한 의미와 상징성을 갖게 되는 것은 사실이지만 기본적인 의미를 간과해서는 안될 것이다.[10] 많은 사람들이 결혼의 신성한 의미를 이해하지 못하고 매우 실용적이고 이기적인 동기에서 결혼이 아닌 '결혼예식'만을 행하는 경우가 많다. 강인한은 계약이 아닌 언약으로서의 결혼이라는

10) 신약성서 요한 복음에 나오는 이적이다(요한복음 2:1~11).

차원에서 기독교적 결혼의 의미를 주장한 바 있는데 결혼의 중요성에 대해 이렇게 언급하고 있다. "사실 결혼이 무엇인지, 왜 결혼을 하는지도 모르고 결혼하는 사람들이 적지 않다. 결혼의 근본적인 의미에 대한 무지가 결혼의 파탄과 가정의 비극을 초래한다. 많은 사람들이 결혼의 의미를 이해한다고 해도, 대부분 그것을 세속적인 개념으로 파악하고 있다. 그 결과, 우리의 사고방식과 정신세계는 이미 헤어나기 어려운 자아중심성(self-centeredness)에 깊이 물들어 있다."[11)]

그는 언약으로서의 결혼에 대해 ① 언약은 다른 사람의 유익을 위한 동기에서 시작된다. ② 언약은 서로 무조건적인 약속을 맺는다. ③ 언약은 불변적인 사랑에 기초해 있다. ④ 언약은 헌신을 영원한 것으로 본다. ⑤ 언약은 대면과 용서를 구한다 등을 특징으로 제시한 바 있다. 사회적 계약 행위의 하나로서 결혼의 신성함이 파기의 위협을 받고 있는 상황 속에서 비현실적인 이상론이라는 비판을 받을 수도 있겠으나 다시 한번 결혼의 가치를 생각하게 해주는 지적이라고 생각된다. 그는 결혼에 관해 일혁게 말한다. "결혼은 모든 사회가 인정하는 제도이다. 하지만, 그것은 인간의 고안물이 아니다. 결혼은 하나님의 아이디어다. 결혼은 하나님에 의해 사람의 무죄시대에 제도화된 것으로서 한 남자와 한 여자간에 평생 동안 유지되는 신비한 연합이며 배타적인 언약이다."[12)]

결혼에 관해서도, 지나치게 이기적이고 인간중심적인 동기가 '윤리적 정당화'의 근거가 되기 쉬운 현대 상황 속에서 기독교의 결혼은 하나님과의 신률에 관계되는 언약적 특징과 의미가 있음을 강조하는 것은 매우 의미있는 일로 사료된다. 물론 여러 이유 때문에 결혼하지 못하거나 파국을 맏고 있는 이들에게 문자적인 율법주의로 다가서는 재료가 되어서는 안될 것을 전제로 해야 할 것이다. 어떤 면에서 인간사 속에서 아가페의 사랑을 완성할 수는 없지만 단순한 상호애가 아닌 아가페의 사랑을 우리의 사랑의 목표나 지향으로 해야 한다는 라인홀드 니버의 지적을 적용해 볼 수도 있을 것이다.

11) 강인한, "언약으로서의 결혼이해" 기독교사회윤리 제9집, 한국기독교사회윤리학회. p.82.
12) Ibid., p.108.

3. 한국교회는 국제결혼 또는 여성결혼이민자를 이방인으로 둘 것인가?

한국 교회는 외국인 노동자들을 위한 선교 및 봉사에 많은 부분을 할애하고 있는 것이 사실이다. 그러난 이에 비해 국제 결혼한 외국인 여성에 대한 선교 및 프로그램에는 상당히 소극적인 측면이 없지 않다고 볼 수 있다. 여기에는 그들 대분이 폐쇄적인 생활을 하는 특징들이 영향이 있기도하다. 한국 사회에 속해 있으면서도 이방인과 같은 존재로 있는 코시안들의 문제를 해결하기 위해서는 한국사회의 문화적 편견 타파와 국제 결혼한 이들의 적응능력 강화가 가장 핵심적인 해결책으로 제시되고 있는데, 신앙 또한 매우 중요한 요소로 작용하고 있음을 국제결혼한 이들의 구체적인 이야기에서 볼 수 있다.[13]

> "처음에는 현재의 주택으로 이사 오는 것도 싫어했다. 남편은 부모님을 모시고 살기 위해 새 주택을 구입했다. 마리와 한마디 상의도 없었다. 사람들을 만나는 것도 싫었고 왕래도 하지 않았다. 하지만 마음이 열리면서 모든 삶이 달라지기 시작했다. 상문이가 아프면서 신앙심이 더 깊어졌다. 시어머니는 상문이가 아프니까 이름을 바꾸자고 했다. 하지만 마리는 신앙에 더욱 절실하게 매달릴 뿐이었다. "남편하고 싸워서 힘들 때마다 하나님을 찾거든요. 그러니까 하나도 안 미워요. 걱정하다가도 하나님 말씀 생각하면 걱정이 없어져요. 응답이 있어요. 아기 아픈 거 다 나를 위해서예요." (중략) "아이고 우리남편, 불쌍해라. 아직까지 밥도 못 먹고 일하느라 고생이 많았다." 마리의 마음에는 착한 남편이라는 생각과 바람피우는 남편이라는 생각이 교차하고 있었다. 하지만 마리는 든든한 믿음을 달라고 기도한다. 그래서 바람을 피든 술을 마시든 나에게 돌아오게 해 달라고 기도할 수 있길 바란다. 술 마셔도 사고 없이 돌아올 수 있게 해달라고 기도할 수 있도록 더 깊은 믿음을 달라고 기도한다

13) 아래의 이야기는 신란희씨의 우즈베키스탄 여성과 필리핀 여성의 생애사를 결혼을 중심으로 내러티브식으로 소개한 형식의 논문에서 인용한 것이다(신란희, 서울대학교 대학원 서사 논문 2005년 2월).

Ⅳ. 기독교적 대응과 책임

다민족, 다문화, 다인종 사회로 변해가고 있는 한국사회를 한국교회는 어떻게 볼 것인가? 그리고 그것에서 파생되는 문제에 대해 어떻게 대응할 수 있을까? 한국 사회는 중요한 기로에 서 있다. 내외적으로 문화에 대한 입장을 제대로 정리하지 못하면 기독교는 외면받는 종교가 될 것이며 사회적 영향력을 행사할 수 없게 된다. 위기는 또 다른 기회이기도 하다는 면에서 급속한 개방과 자유화의 상황 속에서 국제 결혼과 관련한 면에서 다음과 같은 윤리적 사고 및 결단이 요구된다고 생각한다.

첫째로, 한국교회는 결혼관에 대한 확고한 입장 정리 및 표명을 취할 필요가 있다. 개인의 문제만이 아니라 교회 공동체의 사활이 걸린 문제이기도하다.[14] 국제결혼 또는 여성결혼이민자의 문제를 이제 교회 밖의 문제로만 볼 것이 아니다. 즉 이 사회를 통합하고 안정을 기하기 위해 국제결혼을 바라보고 적극적으로 해석해 '성문 밖의 사람들'이 아니라 '성문안 사람'으로 만드는 일에 심혈을 기울여야 할 것이다. 교회 협법에 있어서나 지 교회의 규정 및 방침도 좀 더 그들에 대한 이해를 전제로 일관되게 유지될 필요가 있다.

둘째로, '제3세계'에서 온 여성결혼 이민자들의 자국문화에 대한 이해와 한국문화에 대한 이해를 돕기위해 구체적으로 교회공동체 또는 지역공동체 속으로 들어올 수 있는 문화적 접근이 필요하다. 시대를 앞서던 교회의 교육과 봉사 프로그램들이 현재는 시민단체나 행정조직의 활동보다 늦어지는 경우도 많다. 문화의 상호 이해와 언어 및 사회 적응능력 힘양을 위한 프로그램들이 좀 더 적극적으로 교회 내의 프로그램으로 상설화될 필요가 있다. 외국인 근로자 사역과 상호연대하면 상승작용도 있을 것으로 사료된다.

셋째로, 한국교회는 사회에 대해서는 한국사회의 지나치게 물질화되고 세속화된

---

14) 극단적이고 잠정적인 추청이기는 하지만 현재 우리나라의 결혼과 출산율이라고 하면 2800 년경이 되면 한국 땅의 인구는 0명이 된다고 한다. 결혼의 여러 의미를 발견하기에 앞서 인류의 종족보존이라는 측면에서도 결혼은 매우 신비롭고 종교적인 의미를 담고 있다고 보아야 할 것이다.

결혼관에 대해 경계와 대안을 제시하기 위해 모색하고 교회공동체 속에서는 타자를 소외시키는 것이 아니라 함께 하는 '배려의 윤리'를 확립하려고 교육을 강화해야 할 것이다. 외국인과의 결혼동기 자체가 아주 실용적인 성격을 띄거나 광의의 매매혼으로 발생하는 경우가 있다. 무엇을 위해 어떤 입장에서 결혼을 하는가? 근원적인 성찰을 던져볼 필요가 있다. 특히 단순한 인간의 양심과 덕성에만 호소하는 차원에 머물지말고 매매혼을 차단하기 위한 제도적인 장치와 불건전한 결혼과 관련한 비즈니스들이 성행하지 못하도록 법과 제도적인 장치를 마련하는 일도 병행되어야 할 것이다.

참고문헌

박노자(2003), 『하얀가면의 제국』, 서울: 한겨레신문사

신란희(2005), 「국제결혼 여성의 가족, 일 그리고 정체성: 우즈베키스탄과 필리핀 여성의 생애사 연구」, 서울대학교대학원 석사논문

하 밍 타잉(2005), 「1992년 이후 한국과 베트남 사이의 국제결혼에 대한 연구-베트남 여성의 문화적 적응을 중심으로」, 서울대학교 국제대학원 석사학위논문

박종삼(1983), 「한미국제결혼에서 나타나는 의사전달 갈등의 임상적 고찰」, 『사회사업학회』, 4호, pp.1~13

여성주의 저널 "일다." '국제결혼 이주여성의 신분은 며느리?' 2006년 8월 14일자

연합뉴스, 미혼자 54% "외국인과 결혼 가능." 2006년 4월 12일자

여성주의 저널 "일다." 국제결혼? '상표'로 취급되는 여성들, 2006년 4월 20일자

정진석 역(1972), 「교황 바오로 6세의 혼종혼인에 관한 법규를 제정한 자발교서」, 『사목』, 제24집, 한국천주교중앙협의회, pp.114~119

한겨레21 450호 2003년 3월 13일자

한국일보, '(신년특집) 가족 형태가 바뀐다' 2004년 12월 31일자

욕구와 통제 사이

여성이주민의 현실과 여성신학의 과제

오 현 선
(장로회신학대 초빙교수, 기독교교육학)

Ⅰ. 들어가는 말

장면 1

비좁은 지하실 계단을 내려가서 창문이 없는 좁은 공간에 흔들거리는 백열전구를 켠다. 퀭한 눈의 사람들이 한둘씩 모여 들기 시작한다. 반가운 이사를 나누며 어깨가 마주 닿을 듯이 앉아서 가져 온 책과 공책을 펴고 열심히 무엇인가를 적기도 하고 함께 웃고 함께 격려하며 밤이 깊어가는 줄도 모른다.

장면 2

복도에 스며있는 이국적 향신료 내음을 맡으며 현관문을 열고 들어서면 반갑게 맞아주는 사람들이 있다. 생김새도 다르고 말도 다르고 형편도 제 각기 다른 사람들이 한 공간에 함께 살면서 자신들의 이야기를 나누고 각자의 꿈과 좌절을 공유한다.

장면 1의 해설

1982년 구로동에 위치한 한 야학의 하루저녁 이야기이다. 이곳에 모인 사람들은 모두 여성 노동자들이며 오빠와 동생들의 교육을 위해 가족의 생계를 위해 자신의 고향을 떠나온 사람들이다. 초급학교를 마치고 생활전선에 뛰어든 이들은 저임금과

장시간 노동의 상황 속에서도 배움의 허기를 달래기 위해 공장 기숙사의 담을 넘었던 사람들이다.

장면 2의 해설

2007년 경기도 안산에 위치한 여성이주민을 위한 한 쉼터의 모습이다. 이곳에 모여 있는 사람들은 아시아, 아프리카 등지에서 내전을 피해 온 난민들을 포함하여 임노동자, 결혼이민자등 가족과 자신의 생계를 위해 자신의 고향을 떠나 한국으로 일하러 혹은 결혼하여 오게 된 이주여성들이다. 직장이 없어, 살 곳이 없어 혹은 한국인 남편과 가족을 피해, 갈 곳이 없어 오게 된 곳이 이 곳 쉼터이다.

2004년 학위를 마치고 돌아와 지금까지 목회를 하고 있는 곳이 안산에 있는 "다문화교회(the Multicultural Church)"이다. 교회를 드나드는 이주 여성들과 여성쉼터의 여성이주민들을 보면서 마치 데자뷰(Deja vu)를 경험하는 것처럼 혼란스러웠다. 1980년대 필자가 경험하고 함께 하였던 한국의 여성노동자들의 바로 그 모습 그대로 한국여성노동자가 아닌 아시아에서, 아프리카의 다른 곳에서 온 여성이주민의 모습들이 거기에 있다.

이 글은 한국의 산업화와 국가경제개발에 동원된 여성노동자들의 삶이 이제 21세기라는 시공간 즉, 국가 간의 경계가 자본의 세계화를 매개로 무너지고 비서구등의 주변국으로 이전된 가난이 여성들의 삶에 직간접적인 영향을 끼치게 되어 여성의 빈곤화, 이주의 여성화가 진행되고 있는 현실을 보면서 우리 사회의 여성이주민의 삶의 자리를 살피고 이에 대한 여성신학적 과제를 고민해 보려는 글이다.

Ⅱ. 여성이주민의 현실

1. 여성이주노동자의 현실

우리 사회에 여성노동자가 외부로부터 이주해 온 시기는 1980년대 중반부터라고 할 수 있다. 싱가포르, 말레이시아, 스리랑카, 인도네시아 등 동남아시아 여성들의 초기 이주노동은 이주가 용이하고 사회적 노동의 기술이 그렇게 요구되지 않는 가정부나 유모 등의 형태로 시작한 가사노동의 성격을 띠었다. 하지만 합법적 고용의 형태가 아닌 불완전 고용과 사적인 영역에 제한된 여성노동이 제대로 대우를 받지 못할 뿐 아니라 성추행이나 기타 인권탄압의 문제가 발생하더라도 문제의 해결이 쉽지 않고 그로 인한 피해가 많아지면서 이주여성들은 생산노동자로 이주를 선택하게 된다. 이 과정에서 한국과 MOU (국가 간 양해각서 Memorandum of Understanding)가 체결된 국가의 여성들이 노동자로서 한국을 향한 이주를 시작하게 되었다.[1)]

1991년부터 '산업연수생제도'로 시작하여 국내에 '외국인 노동자'라는 이름으로 들어온 노동이주민들 가운데 아시아의 여성 노동자들이 포함되어 있었고 후에 '고용안정제'가 추가적으로 제정되어, 이 두 제도에 의해 '비전문 취업비자(E-9)'를 가지고 국내에 들어오고 있다. 현재는 임노동자의 송출 유입과정에서 발생하는 비리와 불공정한 거래를 축소하기위하여 노동이주의 유입경로를 '고용안정제'로 단일화하고 있으나 아직도 많은 문제가 산적해 있는 것이 사실이다. 한국사회가 법적 차원에서 송출과정의 불법과 비리를 막으려 하지만 노동자를 송출하고 있는 해당국의 중개과정에서의 비리체계가 없어지지 않는 한, 노동자들은 국내에 들어오기 위해 지불해야만 하는 막대한 송출금을 지불하기 위해 빚을 얻어야만 하고 따라서 이들의 이주노동은 처음부터 빚더미에서 시작되고 있는 실정이라 할 수 있다. 이러한 무리한 과정이 처음부터 노정이 되어도 현재 이주여성의 국내 유입은 계속해서 증가 추세에 있다.

2006년도 법무부 출입국관리 통계연보를 통해 발표된 2005년까지 한국에 등록 및 미등록 상태로 거주하고 있는 이주자들에 대한 통계는 아래[2)]와 같이 나타나고

1) 물론 한국에서 여성들의 초창기 이주 형태로는 '공연비자(E-6)'가 있었고 이는 주로 구 러시아 연방과 필리핀 등의 국가에서 온 여성들이 주된 대상이 되었었는데 후에 이들의 문제가 사회화 되면서 이들의 유입경로는 표면적으로는 차단되는 과정을 거치게 되었다. 즉 공연과 연예활동에 한하는 비자의 합법적 성격과 형식을 벗어나 성매매 시장에 직간접적으로 유입이 되는 현실이 알려지게 되어 사회적 이슈화 되었고 따라서 이를 차단하기 위한 과정 속에서 이 문제가 해결되기 보다는 법의 테두리를 벗어나 더욱 음성화 단계에 들어서서 이들에 대한 인권이나 사회적 문제 해결에 더욱 어려움을 겪게 된 실정이다.

있다.

〈2005년도 출입국관리통계연보(법무부 출입국관리국, 2006)〉

성별	연수생	연수 취업	고용 허가제	취업 관리	예술 흥행	호텔 유흥	미등록	결혼 이주자	총(명)	비율 (%)
남성	52,032	53,184	40,611	28,850	178	575	120,194	8,330	303,954	61.3
여성	11,308	7,152	19,291	24,650	616	2,252	60,598	65,846	191,668	38.7
총	63,340	60,336	59,902	53,455	794	2,827	180,792	74,176	495,622	100.0

남성이주 노동자에 비해서는 그 수가 적지만 증가 추세로 보면 남성의 증가추세를 능가하고 있다. 즉 2001년 통계조사에 의하면 남성과 여성을 모두 포함한 전체 이주 노동자의 35.9%에 해당하는 여성의 비율이 위의 조사에는 38.7%로 3%에 육박하는 증가비율을 보이고 있다. 물론 이 비율은 노동현장의 임노동관계에 종사하는 여성노동자만이 아니라 결혼이주민을 포함한 다양한 현장의 여성을 모두 포함한 비율이지만 앞으로도 여성이주민은 계속적으로 증가될 전망이며 우리 사회에 여성이주민의 수가 늘어가고 있음은 '여성의 빈곤화'와 '이주의 여성화'라는 측면에서 주목하여야 할 사실이다.

이 측면은 노동 상황에 대하여 살펴볼 때 더 분명하게 나타난다. 여성이주노동자는 노동시간과 임금에 있어서 남성노동자들에 비해 열악한 상황에 처하여 있는데 평균노동시간은 더 많고 월평균 임금은 더 적게 받고 있는 실정이다. 2001년도 한국여성개발원 조사에 의하면 제조업에 종사하는 외국인 남성노동자의 월평균 노동시간은 256시간인데 여성은 17시간이 더 많은 273시간으로 나타났다. 또한 국내 생산직 노동자의 노동시간은 남성 221시간, 여성 217시간에 비하면 이주 남성노동자가 35시간을, 여성노동자는 무려 56시간이나 더 많이 일을 하고 있는 상황이다. 임금 면에서는 이주남성 노동자가 월평균 843,000원, 여성은 751,000원으로 이주여

2) 2005년도 출입국관리통계연보(법무부 출입국관리국, 2006)자료를 체류외국인 현황과 장, 단기 미등록외국인 현황을 재구성한 표를 김민정 이주여성인권연대 사무국장의 자료로부터 재인용함. 김민정, "이주여성의 인권침해사례(가정, 직장, 입국과정 등)," 경기여성단체연합, 2006년 경기도 이주여성 정책 토론회: 경기도 이주여성 실태조사를 통해 본 이주여성의 삶과 정책대안 만들기 (경기: 경기여성단체연합, 2006), p.69.

성노동자가 가장 일은 많이 하고 임금은 가장 적게 받고 있음이 보고되고 있다.[3)]

여성노동의 경우 소규모 단위 공장의 형태를 띤 작업장에 배치되어 노동을 하게 되는 경우가 많은데 노동시간과 임금의 문제를 제외하고도 작업환경과 거주조건은 역시 매우 불결하고 위험한 상태라고 할 수 있다. 2004년 말에 발생한 태국여성노동자들의 '노말핵산 중독증과 다발성 신경장애'라는 산재 사건은 저임금, 인권탄압, 열악한 노동조건하의 노동등 여성노동의 모든 문제가 총체적으로 드러난 상징적 사건이다. 수개월을 함께 한 작업장에서 노동을 한 여성노동자 8명이 동시에 하반신 마비를 일으키고 급기야 걸을 수 없게 되었던 일이 사업장을 기어서 도망쳐 나온 노동자들에 의해 알려지게 된 사건이다. 장시간 통풍이 잘 되지 않는 작업장에서 화학물질을 다루는 일을 하다가 하반신이 마비가 된 것이다. 매일 14시간의 장시간 노동에 월급은 45만 5천원에 불과하고 연장근로와 휴일수당은 삭감해서 지불하고 통증을 호소해도 거짓말이라고 야단맞고 급기야 해고가 무서워 참아야만 했던 경우이다.[4)] 이 일로 국내 5인 이상의 작업장에는 환경평가를 받아야 하는 법이 제정되는 등 개선책이 뒤따랐으나 아직도 열악한 노동 상황이 지속되고 있고 이에 대한 개선이 절실한 상황이다. 열악한 노동환경에 대하여 한 여성노동자는 이렇게 말하였다.[5)]

> 어떻게 하루 종일 일만 시키는지 모르겠어요. 점심시간도 30분밖에 되질 않고 회사에서 주는 것도 아니고 내가 해먹어야 하는데 30분이면 빵 몇 조각 만 씹어야 해요. 그리고 또 하루 종일 일을 하고 중간에 쉬는 시간도 없어요. 어떻게 이렇게 살아요. 기숙사도 너무 춥고... 요즘은 봄이 되어 조금 괜찮지만 콘테이너를 개조한 기숙사는 너무 춥고 살기가 힘들어요. 요즘 그래서 몸이 많이 아파요. 점점 아파요.

---

3) 김엘림, 오정진, 외국인 여성노동자의 인권보장연구 (한국여성개발원 2001 연구보고서, 2001), Ⅲ.

4) 박천응, 이주민신학과 국경없는 마을 실천 (안산: 국경없는 마을, 2006), p.47.

5) 이 글에 쓰여 진 인터뷰의 내용이나 예들은 필자가 사역하고 있는 경기도 안산에 위치하고 있는 "다문화교회(the Multicultural Church)"의 여성이주민들과의 인터뷰와 그들의 삶의 내용을 서술한 것이다.

어렵고(difficult), 더러우며(dirty), 위험한(dangerous) 노동의 현실은 80년대 한국노동자들의 그것과 다를 바가 없는 듯하다. 여성이주노동자는 장시간노동, 저임금노동, 열악한 환경적 조건에서 인권과 생존의 사각지대에서 살아가고 있다. 이러한 어려움은 이들이 여성이라는 젠더 특수성으로 인해 더 무차별적으로 가중되어 나타나고 있지만 여기에 더욱 어려움을 더하는 것은 이들에 대한 성폭력의 위험이다.

한 예로, 2004년 산업연수생으로 이주해 온 20대 초반의 스리랑카 여성 노동자들 6명은 국내에 들어 온지 4일 만에 공장에 입사하고 2주 만에 사장에 의해 강제 성추행과 구금을 당한 사례가 있었다. 여성이주민들은 그들의 젠더, 인종, 체류신분을 근거로 하여 가장 어려운 상황에 처하게 되고 가부장적 억압과 언어 장벽등의 가중되는 어려움으로 인해 현실적 어려움을 더욱 겪게 된다.[6] 이주민으로, 노동자로, 여성으로 현재 우리 사회의 약자일 수밖에 없는 이들의 인권이 다중적으로 억압받고 있는 실정이다.

2. 여성결혼이민자의 현실[7]

우리사회의 새로운 결혼 구성요소로 이미 존재하고 있는 한국인 남성과 외국인 여성간의 문화간(Inter-cultural marriage)[8] 결혼이 이루어지는 과정은 크게 4가지

---

6) Ramaswami Mahalingam ed., *Cultural Psychology of Immigrants* (Mahwah, New Jersey: Lawrence Erlbaum Associates, 2006), p.199.

7) 2006년도 통계청 자료는 2005년의 문화간 결혼의 비율이 한국인 전체 결혼의 13.2%에 달하고 있고 이 가운데 한국인 남성과 외국인 여성간의 결혼이 전체 문화간 결혼의 72%를 차지하고 있다고 보고하고 있다. 구체적인 수치를 더 살펴보자면 한국여성과 외국남성과의 결혼건수는 1991년 4,349건에서 2005년 11,941건으로 3배가량이 증가한 반면, 한국인 남성과 외국인 여성의 결혼은 1991년 663건에서 2005년 31,180건으로 약 50배가량이 증가하였고 (이성은 외, 중앙대학교 심리학과 미간행 논문, *결혼이민여성커플에게서 나타나는 아내폭력과 남편의 성역할 태도간의 상관연구*. 2006.2.) 2005년 한 해만 해도 한국여성과 외국남성과의 결혼건수에 비해서도 거의 3배에 달할 정도이다. 이는 현재 우리 사회에 여성결혼이민자가 급증하고 있음을 보여준다. 한국남성과 결혼한 외국인의 출신국은 재중동포가 전체의 41.6%, 중국이 20.1%, 베트남 11.1%, 일본 10.7%, 필리핀 5.7%, 태국 2.2%, 몽골 1.9%등이다. 성귀순, "시민단체에서 보는 외국인 정책방향" 법무부 출입국관리국, 외국인과 더불어 사는 열린 사회 구현을 위한 이민정책세미나 (서울: 법무부 출입국관리국, 2006), p.35.

로 나뉘어 진다. 2005년 보건복지부 지원 하에 이루어진 '국제결혼 이주여성 실태 조사 및 보건, 복지지원 정책방안' 에는 아는 사람의 소개로 결혼하는 경우가 49.3%, 직접만남의 경우가 16.1%, 종교단체를 통해 이루어지는 경우가 15.6%, 결혼 중개업체를 통해 이루어지는 경우가 13.4%에 해당한다고 나타나있다. 당사자의 직접 교제를 통해 이루어지는 경우가 아니고는 누군가가 중매를 하여 성사되고 있는 것이며 이 경우에 중매형태가 상업적 형태를 띠게 되는지의 조사 여부가 어려운 상황이지만 그 사실자체를 부인하기는 더 어렵다고 볼 수 있다. 어떤 형태로든 문화간 결혼이 이루어지고 있다는 것 자체가 문제일 수는 없으나 결혼성사과정 자체에서 빚어지고 있는 부작용[9]이 이들 문화간 결혼 커플의 삶에 부정적 영향을 미치고 그 피해를 당사자들이 감당하게 되고 그 문제에 대한 해결책도 분명치 못한 것이 현재의 상황이기에 이 점을 주목하지 않을 수 없는 것이다. 만남의 기간이 너무 짧아서 배우자의 성격이나 구체적 상황을 알지 못한 채 결혼하게 되는 경우, 혹은 중개업체에서 제시한 정보가 결혼 생활에서 거짓으로 드러나는 경우, 결혼 생활 자체에서 폭력 등 억압의 문제가 발생하는 경우 그 모든 피해를 여성결혼이주민들이 개인적으로 감당하게 되는 현실이 문제인 것이다.

문화간 결혼이 가지고 있는 긍정성[10]에도 불구하고 문화간 결혼 내의 갈등과 폭

---

8) 아직 우리사회에서는 한국인과 타국인간의 결혼을 흔히 '국제결혼'이라 불러왔다. 영어로 직역하자면 international marriage 인데 이 표현은 실제로 국제적 표현은 아니다. 최근의 다문화적 사회로의 변화와 이를 수용하는 과정에서 이러한 결혼 사례가 많아지고 이를 주제로 다양한 논의가 이루어지는 상황가운데, 용어정의를 새롭게 할 필요가 제기되고 있으며 이 가운데 국제결혼이라는 용어도 보다 적절한 표현으로 수정되어야 한다고 생각한다. 국가 간의 이주가 매우 활발하게 진행되면서 개인을 국적으로 제한하기 보다는 각 개인이 지니는 고유의 문화적 특성이나 인종적 특성을 고려한 문화 간 결혼(Inter-cultural marriage)으로 표현하고자 하는 의견에 동의를 하면서 이 글에서는 문화 간 결혼, 문화 간 결혼자 등의 용어를 채택하고자 한다.

9) 베트남 여성과의 결혼은 2000년 95건이었던 것이 2005년에 5822건으로 증가하여 전체 문화간 결혼의 18.7%를 이루고 있는데 중매과정의 한 예를 든다면 다음과 같다. 맞선을 신청한 한국 남성들은 5박 6일의 일정으로 베트남을 가게 된다. 도착 2일째 4시간의 만남을 가진 후 여성을 결혼 상대자로 결정하게 되면 그 베트남여성은 3일째 에이즈 검사 등의 건강진단을 하고 신부 측 부모를 만나고 4일째는 결혼을 하게 된다. 5일째는 신혼여행을 하고 6일째 귀국한다. 이 과정의 수속비는 남성이 800~1000만원을 감당하고 그 돈 가운데 신부 측에는 30~40만 원 정도의 돈이 건네진다(안산이주여성상담소 블링크 홈페이지(www.migrant.or.kr) 자료번호 618. "베트남, 국제결혼 잇단 매스 왜?").

력 문제는 지속적으로 나타나고 있으며 이는 문화간 결혼가정의 이혼률 증가라는 또 다른 사회적 현상으로 이어지고 있다. 2006년 통계청 자료에 따르면 2005년 외국인과 이혼한 4,278쌍의 커플 중 외국인 아내와 이혼한 사례는 2,444 건으로 전년 대비 51.7%의 높은 증가폭을 나타내고 있다.[11] 결혼이주여성들이 모두 이혼을 하거나 불행한 결혼생활을 하는 것은 아니지만 이혼을 하였거나 이혼소송 중의 여성결혼이주민들은 결혼 생활 내 남편과 남편가족의 폭력과 학대를 경험한 경우가 많다. 쉼터를 찾아 온 여성 가운데, 19세의 한 베트남 여성의 경우 결혼 첫 날부터 과도한 성관계와 폭력에 시달려 도망을 나오게 되었고 공포와 절망 속에 다시 고향으로 돌아간 경우가 있는가 하면 또 다른 여성의 경우 역시 알콜 중독자인 남편에게 임신 후 낙태를 강요받고 그 후 자살한 남편의 집에서 살면서 시부의 성폭행을 피해 쉼터로 도망해 온 경우 등 이루 표현할 수 없는 정신적, 신체적 폭력에 시달리고 있는 여성들이 있다.

또한 이혼을 하지 않고 결혼 생활을 유지하며 살아가는 이주여성들이라 하더라도 직접적 폭력이나 억압은 아니지만 다른 어려움에 노출되어 있는 상황이다. 즉 문화적 차이에서 오는 갈등과 혼란, 의사소통의 문제, 자녀 생산과 양육의 문제, 한국 사회의 적응문제 등으로 어려움을 겪고 있다. 새로운 생활에 적응하고 결혼생활의 갈등 등의 문제나 어려움은 단지 결혼이주민 만이 겪는 어려움은 아니지만 이들에 대한 교육과 사회적 지원체계가 더욱 절실히 요구되는 부분이다.

한국인 남성과 결혼한 여성결혼이주자의 경우가 여성결혼이주자의 문제의 중심에 있긴 하지만 그 외의 문화간 결혼의 경우 즉, 국적이 같은 이주민 간의 결혼, 한국이 아닌 국적이 다른 이주민 간의 결혼 커플들의 경우 여성들이 감당하는 현실적 어려움 역시 간과 할 수 없는 부분이다. 특히 미등록 이주노동자의 경우 신분상의 제약과 한계로 인해 한국사회에서 생존 자체가 어려울 뿐 더러 이들 사이에 자녀가 태어나는 경우 이들의 교육권과 의료권이 보장되지 않기 때문에 겪어야 하는

10) 농촌등지에서 거주하고 있는 미혼의 남성이 결혼을 하여 자식을 낳고 사회적 재생산에 참여하게 되고 또한 국내에서 배우자를 만나기 어려운 사람들이 가정을 갖고 가족을 꾸리게 되는 기회가 문화간 결혼으로 가능하게 된 것은 분명 순기능적 측면으로 이해해야 할 것이다.

11) 이정은, Ibid.

어려운 현실이 있다. 다문화 교회의 한 가정의 경우를 예로 들자면, 이들은 부부가 이주하여온 경우인데 두 아이를 양육하고 있다. 현재 두 부부가 모두 비합법으로 체류하고 있는데 엄마인 아내는 아이의 양육을 감당해야 하고 남편은 노동을 하지만 월 100만원의 임금으로 4식구가 생활을 하기는 극히 어려운 상태이어서 "그냥 돌아가고 싶어요. 돈도 못 벌고 살기도 힘들고 …… 그런데 아들은 가기 싫어해요. 여기가 자기나라래요. 돌아간다고 얘기하면 불안해해요. 그래서 이러지도 저러지도 못해요. 난 너무 힘들어요."[12]라며 어려움을 호소하고 있다.

다문화 사회로의 진행과정에서 수 없이 다양한 케이스의 인종구성을 기반으로 하는 결혼가정이 형성되는 것은 자연스런 일이지만 그 가운데 우리 사회의 가장 낮은 자리에서 가장 상처받기 쉬운 사람들에 대한 다양한 차원의 지원이 필요한 현실에 주목하여야 할 것이다.

3. 여성난민

여성이주민이 주로 여성노동자와 결혼이주민으로 구성되어 있으나 이들의 거주 자격과는 다른 여성난민이 우리 사회에 존재하고 있다. 난민이란 "인종, 종교, 국적, 특정 사회단체참여, 정치적 견해 등의 이유로 인한 박해의 공포를 피해 조국을 떠난 후, 귀한하지 못하거나 귀환하려 하지 않는 사람"[13]을 말한다. 이들은 주로 아프리카, 아시아 등지로부터 온 사람들이고 주로 국내에 단기체류 자격을 가지고 이주해 온 후 난민으로서 신청을 하게 되는데 이들에 대한 관련법이나 보호체계가 구체적으로 마련되어 있지 않아서 난민들에 대한 사회적 문제 역시 가시화 될 전망이다.

유엔고등판무관(UNHCR)자료에 따르면 우리나라의 경우 난민 신청 건수가 2001년에 40건에서 2005년에 410건으로 나타나고 있다.[14] 또한 '안산이주민센터'의 난

12) 2007년 4월. 한 스리랑카 여성과의 인터뷰 중에서.

13) Ramaswami Mahalingam ed., *Cultural Psychology of Immigrants* (Mahwah, New Jersey: Lawrence Erlbaum Associates, 2006), p.59.

14) UNHCR(United Nation High Commissioner for Refugees), "Asylum Levels and Trends in Industrialized Countires, 2005," p.9.

민담당 실무자 제공 자료(출처는 출입국관리국자료)에 의하면 2007년 3월까지 신청된 총 난민신청건수는 1,233건이고 이 가운데 어떤 형태로든 결정이 난 경우에 있어 난민으로 불인정, 철회 등의 판정이 415건, 인도적 체류인정이 44건, 그리고 인정된 케이스는 60건에 불과하다. 그리고 아직 심사 중인 건수가 714건이 누적되어 있다. 숫자에 의하면 임노동이주민과 결혼이주민의 수에 비해 미미한 편이지만 현재 안산의 '다문화 교회'와 '안산이주민센터(Ansan Migrant Center)'에 관계망을 가지고 있는 이들 여성들의 상황만을 보더라도 이들의 현실적 상황은 매우 어려운 상황이다. 한 예를 들자면, 지난 2005년 우간다에서 온 한 여성은 임신 중에 남편과 함께 한국으로 피신을 오게 되었다. 난민인정이 될 때까지 합법적으로 일을 할 수도 없는 형편이었고 신청자들에게 아무런 생계대책이 주어지지 않고 있는 상황에서 남편은 저임금 불법노동을 하고 아내는 임신 중에도 생계를 위해 일을 하고 불안정한 환경에서 아이를 출산하게 되었고, 선천적으로 기관지가 약하게 태어난 아이는 공식적인 문서에 아무런 이름도 남기지 못하고, 5개월 동안 힘든 호흡을 거듭하다가 숨을 거두고 말았다.

난민보호시설이나 의료, 거주시설에 대한 지원이 전혀 없는 상황, 난민판정등의 공식과정에 대한 불확실성과 비인간적 대우를 받으며, 생존을 위한 몸부림을 하는 가운데 이들이 존재하고 있다.

Ⅲ. 욕구와 통제사이의 여성이주민

아브라함 매슬로우(Abraham Maslow)는 인간은 제 각기 다양한 욕구(desire 혹은 needs)를 가지고 있으며 사람들마다 욕구의 차원이 다르고 하나의 욕구가 만족이 되면 또 다른 차원의 욕구를 지향하게 되면서 자기의 실현을 이루어 가게 된다는 인간의 동기(motivation)에 대한 이론화 작업을 한 심리학자이다.[15] 그가 말하는 인간의 욕구에는 가장 기본적인 차원의 신체적 욕구(physical needs)로부터, 인

15) Abraham Maslow, *Motivation and Personality* (New York: Harper and Row, 1970).

전의 욕구(safety needs), 사랑의 욕구(love needs), 존중의 욕구(esteem needs), 자기실현의 욕구(self-actualization)에 이르는 5단계의 욕구가 있는데 사람들은 기본적으로 이 가운데 몇 가지의 욕구를 동시에 지니게 되는 것이 사실이다. 즉, 인간이 인간으로서 살아가기 위해서는 이러한 욕구들이 충족되어야 하는 것임을 보여주고 있다 하겠다. 여성이주민과의 인터뷰를 통해 나타난 이들의 희망, 꿈들의 내용 역시 매슬로우의 욕구 영역의 내용에 상관성을 가지고 나타나고 있기 때문에 이주 여성들의 욕구를 이 이론에 비추어 성찰, 분석하는 것이 유의미하다고 본다.[16)]

여성이주민들이 자신의 고향을 등지고 낯선 땅으로 이주 해 오는 것은 대부분 자신과 가족이 겪고 있는 가난을 면하기 위한 경제적 이유에 기반하고 있다. 먹을 것을 비롯하여 생존을 위해 근본적으로 필요한 자원이 부족한 자국의 상황에서 경제적 신분상승 또는 가난의 극복으로 대표되는 이들의 욕구가 국경을 넘도록 한 것이다. 생존의 욕구로 대표되는 여성이주민들의 욕구가 구체적으로 어떠한 모습이며 이러한 욕구들이 우리사회에서 어떻게 진행되고 있는지를 성찰해 보고자 한다.

1. 경제적 욕구

여성이주민들에게 '돈'은 최대의 관심사이며 돈을 모으는 일은 그들의 꿈이기도 하며 미래이기도 하다. 그들이 모으려는 돈에는 자신의 생존만이 아니라 고향(home country)에 남겨 둔 가족의 생활이 관계되어 있다. 한 여성의 말이다.

> 내 꿈은 …… 돈 버는 거에요. 아이도 잘 키우고 학교도 보내고 돈 많이 벌어서 식당하고 싶어요. 베트남에 할머니도 아파서 고쳐줘야 되고 오빠도 결혼했는데 돈 보내야 되요. 아빠 농사도 잘 되게 돈 보내야 되요. 지금 8시간 일하고 70만원 받는데 우리 회산 잔업이 없어요. 잔업도 있었으면 좋겠어요. 그래야 돈 더 벌어요. 그러면 90만원되니까 …… 방값내구 사장님이 내준 방 보증금도 갚아야 하구

16) 다문화 사회의 여러 다문화적 관계성을 매슬로우, 행동심리이론가들의 이론 등 심리학적 이론들과 관련연구를 한 학자로는 도널드 랫클리프 (Donald Ratcliff)가 있다. Donald Ratcliff, "Psychological Foundations of Multicultural Religious Education," Barbara Wilkerson ed., *Multicultural Religious Education* (Birmingham, Alabama: Religious Education Press, 1997)를 참고.

…… 일 해도 돈 없어요 ……[17]

여성이주민의 현실에서 살펴보았듯이 여성이주노동자들의 노동은 장시간 저임금 노동으로 적절한 노동의 대가가 지불되지 않는 노동이다. 이주민, 여성이라는 신분상의 조건을 악용하는 노동착취가 진행되고 있는 것이다. 여성이주민이 가지고 있는 생존을 위한 경제적 욕구가 비인간적 자본가의 착취를 통해 좌절, 통제되고 있다. 이들의 욕구가 좌절되는 과정은 자본가의 착취를 통해서만이 아니다. 이들의 희생적 노동에 대해 고향의 가족과 그들의 국가가 가지는 태도나 현실에 있어서도 문제는 있다는 것이다. 안산이주민센터 '블링크(Blink: Better Life in Korea)'의 여성상담소 이해령 소장의 말이다.

> 이들이 온 목적이 무엇이냐 생각해보면 경제적 신분상승이라고 할 수 있는데 그것이 이 여성들 스스로의 것, 즉 나의 개인적인 것이냐, 가족의 것이냐. 이 부분도 분명히 말하기가 어려워요. 제가 보기에는 90%이상이 가족의 경제적 신분상승인데.. 번 돈을 본국에 보내는데 가족이나 국가가 이들에게 무엇을 보장하고 있느냐는 거죠. 국제이주기구(Organization international Migrant)의 통계를 보면 스리랑카의 경우 어느 한 해에 벌어들인 외화의 50%가 이들에 의한 것이라는 거죠. 그런데 이들이 이렇게 해서 돈을 벌어서 보내면 돈은 있으면 쓰게 되고 그래서 가족이 그렇게 사용하는데, 나중에 이 여성들이 본국으로 돌아간 이후 무엇으로 살아가게 되는지 그것은 누구도 보장할 수 없는 문제이죠. 그냥 그 자리로 돌아가죠. 가난의 자리 ……[18]

본국(Home Country)의 정부도, 가족도, 이주국(Second Home Country)[19]의 현실도 여성이주자들의 경제적 욕구를 만족하는 데 있어서 도움이 되지 못하고 있는

---

17) 2007년 4월 베트남 성도와의 인터뷰 중에서.

18) 2007년 4월 안산이주민센터 여성상담소 '블링크' 소장과의 인터뷰 중에서.

19) '이주국(second home country)'의 경우 필자가 사용하는 용어인데 다문화사회에 대한 서구의 연구서에서 'home country'와 'host country'가 통용되고 있으나 후자의 경우 젠더관점의 차별성과 위계관계의 관점에 있어 용어상의 문제가 있다고 생각하여 이러한 표현을 선택하였다.

실정이다. 노동자만이 아니라 결혼이민자의 경우에도 결혼을 통해 자신의 신체적 욕구를 해결하고 나아가 송금을 함으로써 본국 가족의 경제에 일부분을 책임지려고 하고 있지만 결혼이후 드러나는 남편과의 갈등에서 이 역시 어려움을 겪게 된다. 현재 베트남 여성이 문화간 결혼의 상당부분을 차지하고 있는데 이들의 70%이상이 본국에 송금을 하고 있다고 한다.[20] 여성결혼이민자들이 자발적으로 결단하여 결혼을 하여 이주해 왔지만 자신과 친정의 생활을 위한 경제적 나눔은 대부분 남편의 태도와 남편가족의 이해여부에 직접적 영향을 받기 때문에 이들이 가지는 경제적 욕구의 내용이 만족되기는 쉽지 않다.

2. 안전의 욕구

매슬로우의 두 번째 단계는 안전의 욕구이다. 여성 이주자들이 돈을 벌기 위해, 경제적 필요에 의해 이주를 해 왔지만 경제적 욕구이외에 생존을 위해 최소한 기대되는 거주상의 안전한 장소, 체류상 신분의 안전, 노동활동을 위한 고용의 안전성 확보와 작업환경의 안전, 여성으로서 자신의 몸을 지키기 위한 성폭력으로부터의 안전성이 확보되기를 원하고 있다. 그러나 여성이주민들에게 경제적 욕구가 충족되기 어려운 상황에 있듯이 생활을 위한 '안전'도 어느 것 하나 어렵지 않은 일이 없다.

여성이주민에게 필요한 이 안전의 욕구들은 상호연관성이 매우 높은 것이 특징이라 할 수 있다. 이주민의 특성상 고용된 작업장과 거주지는 거의 동일하거나 근거리에 있을 수 밖에 없는데 체류 신분이 언제나 불안정적인 이유로 불안전한 고용환경에 노출되기가 쉽고 작업장내의 환경이 열악하거나 착취가 심한 경우 산업재해의 위험이 높고, 따라서 작업장을 옮겨 갈 확률이 높아지고 그만큼 불법 체류화 하는 경향도 높아진다. 더 나은 고용조건(주로 임금이 결정적 조건이 된다)을 따라 이주여성들은 국내에서도 이주를 거듭하게 된다. 합법이주자로 노동을 하는 동안도 산재와 저임금, 해고의 위협을 늘 가지고 살고, 불법체류자로 이주하는 동안, 생존의 위협과 단속, 추방의 두려움을 겪으면서 불안한 삶을 살아가게 된다. 이러한 경

20) 2007년 4월 이해령 '블링크' 소장과의 인터뷰 중에서.

향성은 여성이주민만이 경험하는 것은 아니다. 남성이주민역시 같은 어려움을 겪고 있는 것은 동일한 상황이다. 올해 3월 발생한 '여수출입국관리소 화재사건'은 이주노동자들에게는 죽음의 위협을 가중 켰고 과도한 단속에서 오는 불안감은 이주민들을 죽음으로 몰아가고 있다.

여성이주민들의 문제에 있어 남성이주민들의 문제와 분명한 차별성을 가지게 되는 것이 성에 관한 부분이다. 성의 안전이 손상당하기 쉬운 성폭력의 문제에서 자유로운 여성이주민은 없다. 안산이주민센터의 한 공동체 담당자는 이렇게 설명하고 있다.

> 신상의 문제가 남자와는 달라요. 보면 공장노동자들이 함께 지내기도 하는 것을 알게 되죠. 기숙사가 아닌 경우 방 하나에서 여러 명이 함께 지내죠. 자신의 본국의 문화는 성에 대하여 보수적이지만 서로가 한국에 와 있는 동안은 동거를 묵인하고 있는 듯이 보여요. '잠정적 이주'라는 불안전한 이주가 모든 것을 용인하고 있다고나 할까요? 여성노동자들의 경우 그렇게 지내는 이유가 그렇게 살아야 다른 남자들로부터, 성적 위협으로부터 보호받을 수 있다고 생각하는 것 같아요. 굉장히 사적인 부분이라 쉽게 판단하기 어려운 조심스러운 부분이죠.21)

'잠정적 이주'라는 개념은 현행 법체계에 의해 형성된 것이다. 즉, 법이 이주민에게 잠정적 기간만의 체류를 합법화하기 때문에 체류기간, 신분의 합법성, 안전성이 모두 법에 의해 직간접적 통제 하에 있게 된다. 여성이주민들은 이와 같은 불안정한 노동현장에서 외국인과 한국인 남성 모두로부터 성적 대상으로 노출되어 있기 때문에 다양한 형태의 성적 위협과 위험성을 걱정하며 살아가야 한다. 때론 이러한 상황 속에서 여성들이 동거를 원해서가 아니라 상대적으로 덜 상처받고 덜 위협받기 위해 잠정적이며 불안정한 동거를 선택하게 되는 것이다.

이러한 여성의 성적 안전을 위협하는 상황은 여성이주노동자뿐 아니라 여성결혼이민자, 여성난민 모두가 경험하고 있는 부분이다. 아시아에서 혼인동반비자를 통해 한국으로 이주해온 여성들을 아내로 맞은 한국인 남성들의 태도가 모두 그런

21) 2007년 4월 안산이주민센터 베트남공동체 담당자와의 인터뷰 중에서.

것은 아니지만 이주여성과의 결혼을 통해 자신들의 억압된 성을 표출하고 서로의 대등한 관계의 공존을 추구하거나 여성의 욕구, 만족과는 상관없이 성에 대한 자기 결정권이나 주체성을 억압하는 례가 많다. 결혼이주여성들은 결혼동기에 있어 경제적 문제가 요인이 되어 이주한 사람들이기는 하지만 이 동기를 포함하여 자신의 미래와 삶에 대한 확신을 가지고 있는 사람들임이 한 연구에서 보고되었다. 즉, 가난한 상황에서의 탈피, 현지 가족과 불만족스러운 관계의 해소, 행복한 가정을 다시 꾸리고 싶은 욕구, 새로운 사랑, 현지 가족들에 대한 부양의 책임[22]등 자신의 의지와 선택이 분명하게 나타나고 있는데 이러한 의지들이 결혼 속에서 폭력과 갈등에 의하여 위협받고 좌절하게 된다. 따라서 이주여성들의 안전에 대한 욕구는 경제적 욕구와 마찬가지로 자발적 노력과 의지만으로 해결될 수 없는 타인과 구조와 문화에 의해 조절되고 억압받고 통제되는 욕구라고 볼 수 있다.

3. 사랑의 욕구

사랑의 욕구란 매슬로우 욕구단계의 세 번째에 해당하는 것인데 여기서의 사랑이란 수용, 용납(acceptance)의 내용을 담고 있다. 한 인간으로, 인격체로서 사랑을 주고받으며 인간과 인간, 인간과 집단 간의 수용, 환대(hospitality)의 경험을 누리고 싶은 욕구이다.

이주민이 국경을 넘어 우리사회로 이주해 오는 것은 그들의 욕구만으로 가능한 일이 아니다. 한국 사회가 저출산 고령화 사회의 성격을 가지게 되면서 노동인력의 부족현상이 진행되고 있고 앞으로는 더욱 심각해 질 것을 우려하는 상황이다. 즉, 부족한 노동을 공급하기 위해 이주노동을 필요로 하게 되었고 이것이 아시아를 비롯한 개발도상국의 사람들이 자신의 생존과 경제적 욕구와 접점을 가지게 됨으로써 이주민의 국내 유입이 진행되고 있는 것이다. 이렇게 쌍방의 욕구가 결합되어 이주 요인으로 작용하고 있는 예는 노동의 경우만이 아니라 결혼이주자의 경우도 마찬가지이다.

---

22) 이정은, "결혼이민여성의 삶과 욕구분석: 베트남과 중국출신 결혼이민여성을 대상으로" (중앙대학교 임상심리대학원 미간행 연구, 2006.9), p.13.

2006년 결혼 적령기인 한국인 남자 26세에서 31세의 남녀 성비를 보면 여자 100명당 남자 102.6명으로 최근에 가장 낮아지긴 했지만 2012년 124명으로 높아질 것으로 예상하고 있다.[23] 성비의 불균형은 문화간 결혼을 증가시킬 것이며 여성결혼이주자의 증가를 지속시키는 요인이 된다. 사실 우리사회의 문화간 결혼으로 인해 결혼기회를 갖지 못하던 국내의 남성들이 가정을 꾸리게 되는 기회를 가지게 된 것이다.

그러나 이렇게 현실상 한국사회와 이주자 간 쌍방의 필요성에 의해 양쪽의 욕구가 실현이 될 수 있음에도 불구하고, 나아가 여성이주민들은 그들의 주체적 노동과 결혼이민을 통해 한국사회의 욕구를 만족시키고 있는 엄연한 사회의 주체들임에도 불구하고 영원한 타자로 취급되고 있는 것이다. 여성상담소 블링크에 지속적으로 상담을 돕고 있는 한 자원봉사자는 이렇게 설명하고 있다.

> 상담을 하러오는 여성들은 처음에 오면 사실(fact)만을 얘기해요. 문제해결이 중심이 되는 상담이라 임금문제나, 인권문제, 결혼이주자의 경우는 문제 자체만 설명하고 이혼신청을 요구하죠. 상담을 통해 이들의 삶을 돕고 마음의 상처를 돌보고 싶은데 일을 하다보면 이혼전문가가 되어가는 것 같아요 …… 우리 사회가 이 여성들을 도구화 하고 있다는 생각을 해요. 이 여성들이 결혼하여 가정을 꾸미려고 왔는데 사랑받고 행복한 삶을 사는 게 아니라 이주를 통해 더 소수자화 되어가는 것 같아요. 업체를 통해 결혼해 왔을 때 남편들은 이 여성들을 배우자로 생각하여 인간적으로 대우하는 것이 아니라 내 아이를 낳을 사람, 섹스파트너, 부모를 봉양 할 며느리로, 도구로 대하는 거죠 …… 여성들과 상담이 진행되면서 속깊은 얘기를 하면 모두 심장이 벌렁거린다는 증세, 분노, 슬픔, 억울함의 감정으로 불면, 우울 등의 고통을 호소해요.[24]

여성이주민들은 같은 인간으로 대우받고 이 사회 속에서 함께 살아갈 주민으로 여겨지는 것이 아니라 일정한 기능을 담당하는 즉, 노동자, 외국인 며느리로 인식되어 끝없이 타자로, 객체로 머물도록 통제, 억압되고 있다.

---

23) 박천응, Ibid., p.45.

24) 2007년 4월 이주여성상담소 '블링크'의 자원봉사자와의 인터뷰 중에서.

4. 존중의 욕구

사람은 자신이 귀한 존재이며 존중받을 만한 존재로 인정받기를 원한다. 여성이주민들 역시 인격을 가진 사람들이며 자신의 존재가 인정받기를 원할 것이다. 인간은 존중받는 경험을 함으로써 자신의 자존감(self-esteem)도 형성할 수 있게 된다. 그러나 반대로 존중받지 못할 때, 자존감을 키워나가기란 매우 어렵다. 사회나 집단 속에서 수용되지 못하고 이방인으로, 타자로 살아가고 있는 사람들이 자신이 존중받고 있다는 경험을 하기는 쉽지 않다. 존중받지 못하고 무시당하고 소외당하고 멸시당하는 이들의 자존감이 건강하게 형성되기는 더욱 어렵다. 바로 그런 삶의 자리에 있는 사람들이 여성이주민들이다.

여성이주민들은 대부분 자아의식이 뚜렷하며 자신감도 있으며 책임감도 강한 여성들이다. 여성들의 본국과 가족의 사정이 모두 있지만 외부의 강요나 가족의 강압에 의해 이주를 해 온 여성들이 아니다. 결혼과 노동을 매개로 이주해 오지만 그것을 자신의 삶의 부분으로 선택하고 미래를 설계하려는 의지를 가지고 자발적으로 이주를 결심한 주체적 여성들이다. 어려움이 있을 것이라 예상은 하지만 처음부터 인격적인 비하와 무시까지 기꺼이 이겨내리라고 생각하고 이주해 오는 것은 아니다. 성실하게 일하고 열심히 가정을 꾸미며 살면 좋은 날이 있을 것이라는 기대를 하고 있는 것이다. 이런 여성들이 자신의 의지와는 거리가 있는 현실에 직면하게 되면서 마음의 병을 앓게 되고 자신마저 비하하게 되는 어려움을 겪는다. 코시안 자녀와 그 부모를 돕는 '코시안의 집' 원장은 다음과 같이 말한다.

> 여성결혼이민자로 국내에 들어온 여성들은 연애라는 기간을 통해 결혼한 건 아니지만 자신들의 선택에 자신감도 있고 주체적이라고도 생각할 수 있어요. 물론 어려운 상처를 가지지 않은 사람이 어디 있겠어요. 하지만 가정안에서도 나름대로의 목소리를 내려하고 가정도 건강하게 잘 지탱하려고 노력을 부단히 하죠. 하지만 미지의 땅에서 새로운 삶을 개척 하겠다는 의지가 있어도 의지와 상반되는 현실에서 좌절하게 되죠. 사실 현지에서 적응하기도 전에 혈통을 이으라고 출산을 강요당하고 …… 여성들의 문화에 대한 존중은 하지 않고 일방적으로 한국문화에 적응 변화를 강요한다든지, 언어 소통이 어려운 것인데 인격이 없는 것처럼

> 대우 한다든지 …… 언어가 소통되지 않지만 인간은 자신이 존중받고 있는지 아닌지 비언어적 행동을 통해서도 충분히 알 수 있죠. 그래서 무시당하는 부분을 무척 힘들어 해요. 여성노동자들도 비슷해요. 자신의 능력이나 소질에 상관없이 우리사회의 최하위의 바닥의 일을 해야 하기 때문에 자신의 의지가 존중받거나 인정받으며 살아 갈 수 있다는 느낌을 가지기는 어려운 점이 많죠.[25)]

여성이주민들에 대한 시민, 사회, 가족의 비하의식과 편견을 없애고 이들을 사회와 가족의 일원으로 받아들이며 존중하는 과정이 필요하다. 또한 이들을 피해자로만 인식하려는 동정적 시각역시 극복해야 할 것이다. 이런 시각들은 여성이주민들이 우리 사회에 정착하는데 어려움을 가중시키는 요인이 되며 이들이 가지는 위축된 존재감으로 인하여 또 다른 사회적 문제로 이어질 수 있을 가능성을 배제할 수 없다. 이주민들의 국가가 가난하다고 하여 그들의 문화를 천시하고 비하하며 우리의 것만을 무조건 우위에 놓고 무시해서는 안 될 것이다. 또 한 가지 존중의 측면에서 주목해야 하는 것은 여성이주민의 성에 관한 문제이다. 그들의 성적 자기 결정권과 주체성을 존중하고 부부간의 평등한 성적 관계를 이루어야 하며 모성에 관한 권리 역시 존중되어야 할 것이다.

여성이주민들이 노동현장과 결혼가정을 통해 부당한 대우와 성적학대, 심지어 폭력까지도 경험하고 있는 상황에서 생존의 어려움만이 아니라 불안과 공포를 경험하고 있기 때문에 낮은 자존감과 자기 비하 등 심리적 위기와 고통에 놓여 있다.

5. 자기실현의 욕구

매슬로우의 이론체계에서 조차 자기실현이라는 욕구는 그 만족에 이르는 것이 쉬운 일이 아니다. 따라서 가장 기본적인 생존의 욕구조차 확보되지 못하고 다른 여러 가지의 욕구가 결핍되어 있고 조절, 혹은 통제 당하는 여성이주민들에게 자기실현의 욕구는 이루어지기 어려운 요원한 꿈에 불과한 것일 지도 모른다. 그러나 이들이 이런 꿈을 포기하고 있는 것은 아니다. 현재 난민 신청 중의 한 케냐 여성

25) 2007년 4월 '코시안의 집' 김영임 원장과의 인터뷰 중에서.

은 남편이 죽자 자신이 속한 부족에서 남편의 형제에게 재혼을 시키려고 하여 한국으로 오게 된 경우 인데 지금은 공장에서 일을 하고 있다. 그녀는 자신의 꿈을 "언젠가는 UN데스크에서 일하는 게 꿈이에요. 나와 같은 형편의 여성들의 편에 서서 그들의 삶이 더 나아지도록 돕는 일을 하고 싶어요."[26]라며 힘주어 말하였다. 자기실현의 꿈과 욕구를 가지고 살아가고자 하지만 현실 속에서 그녀는 고향에 두고 온 두 아들에 대한 걱정, 그리고 하루하루의 고된 노동과 불확실한 신분, 예견할 수 없는 내일에 대한 불안, 스트레스로 인해 불면과 근육통증에 시달리고 있는 형편이다.

우리 사회에 이주해서 여러 모양으로 자신의 삶을 꾸려나가고 있는 여성이주민들의 욕구는 자신의 희망, 노력, 의지와는 거리가 먼 억압되고 통제되는 욕구들이다.

Ⅳ. 욕구와 통제 사이에서: 여성이주민과 함께 하는 한국여성신학자의 과제와 역할

우리 사회의 여성이주민은 인종적 차이(ethnic difference), 계급적 차이(class difference), 성적차이(gender difference)로 인하여 타자화 되고 있는 존재들이다. 여성이주민의 자리(location)는 서구페미니즘이 간과하고 있는 비서구(Non-West) 여성들의 인종적이며 계급적 특수성 때문에 발생하는 문제들이 드러나고 있는 자리이며, 포스트콜로니얼 연구(post-colonial study)가 간과하기 쉬운 젠더 특수성에 의한 개인적, 사회적 이슈들이 공존하는 자리이다. 즉 여성이주민의 문제는 포스트콜로니얼 페미니즘이 주목해야만 하는 저항의 자리이다. 왜냐면 페미니즘과 포스트콜로니얼 담론 집단은 억압적 지배 사회 속에서 주변화 되어온 "타자들"을 복원하는 것을 공통 목표로 삼아왔기 때문이다.[27] 그러나 포스트콜로니얼 페미니스트들은 '저항[28] 주체'와 '담론 집단의 주체'가 분리되어 있음으로 인해 저항의 주체들이 '주

26) 2007년 4월 아프리카 케냐에서 온 한 여성과의 인터뷰 중에서.

27) 유제분 편역, 『탈식민페미니즘과 탈식민페미니스트들』(서울: 현대미학사, 2001), p.14.

28) '저항'이라는 말을 선택하는 이유는 여성이주민의 욕구가 다양한 사회적 억압체계들에 의해 통제당하고 있음을 드러내고 여성이주민들의 욕구가 실현되기 위해 그들이 인식적, 실천적 저항의 과정에 함께 하게 될 것을 기대하기 때문이다.

체화'되는 과정 혹은 '타자들의 복원과정'에 '지식인'의 역할 가능성과 그 신뢰에 대한 관점의 차이를 보이고 있다.

한 예로 지식인의 역할에 대한 불가능성을 설파한 학자가 사야트리 스피박(Gayatri Chakravorty Spivak)을 들 수 있다. 인도출신의 스피박은 인도의 민족해방 이후에도 해결되지 못한 여성억압의 원인이 계급과 젠더에 무지한 인도의 부르주아 엘리트 민족독립가들에 있음을 보면서 이에 대한 비판을 시도하는 동시에[29] 계급, 종교, 문화, 언어, 국적의 차이에 상관없이 모든 여성의 문제를 보편화하고 있는 서구페미니즘에 이의를 제기하고 있는 학자이다.[30] 또한 스피박은 서구에서 벌어지고 있는 주체와 타자에 관한 담론 자체가 식민 주체들을 타자화하는 인식론적 폭력(epistemic violence)[31]의 예로 들면서 "서벌턴(subaltern)[32]이 말할 수 있는가?"라고 역설적으로 묻고 있다.

정치담론에서 '노동자' '여성'의 목소리는 종종 정치적 대리인에 의해 대변되는 경향이 있고 그들의 정치적 정체성이 진짜 노동자나 여성의 투명한 초상이라기보다, 언제나 이런 집단을 대리하는 지배 담론의 효과라고 지적하면서[33] 주권을 가진 서벌턴 주체(sovereign subaltern subject) 개념은 엘리트 지배담론의 효과이고 서벌턴이 자기 운명을 스스로 통제하는 주권을 가진 정치주체라는 담론가 들의 생각에 비판을 가한다.[34] 이러한 스피박의 태도는 서벌턴이 갖고 있는 저항의 역사나 정치조직의 가능성을 완전히 비관하기 때문이 아니라 권리를 박탈당한 집단의 삶이 어

29) Stephen Morton, *Gayatri Chakravorty Spivak*, 이운경 역, 「스피박넘기」 (서울:앨피북, 2005), p.21.

30) Ibid., p.26.

31) Gayatri Chakravorty Spivak, "Can the Subaltern Speak?," Bill Ashcroft, Gareth Griffiths, and Helen Tiffin ed., *The Post-Colonial Studies Reader* (London and New York: Routledge, 2002), p.24.

32) 서벌턴이란 영국군대의 하급 장교를 뜻하는 말이지만 스피박이 사용한 이 용어의 의미는 그람시가 그의 옥중수고에서 사용한 "패권을 장악하지 못한 집단이나 계급"에서 영향을 받은 것이며 서벌턴 연구자들은 "계급, 카스트, 나이, 젠더, 직위 혹은 다른 어떤 방식으로 표현되든지 간에, 남아시아 사회에서 나타나는 종속의 일반적 특성"으로 정의한다고 할 수 있다(이운경 역, Ibid., p.24~25)

33) 이운경 역, Ibid., p.71.

34) Ibid., p.104.

떻게 지식과 재현의 지배적인 체계에 해를 입어왔는지 깊이 인식한 데서 비롯된 것[35]이라 할 수 있다.

그렇다면 서벌턴의 저항주체화는 어떻게 가능하며 이 과정에서 부루주아적 민족주의 지식인과 구별되는 포스트콜로니얼 페미니스트들의 역할을 추론해 내는 일은 여전히 불가능 한가? 스티븐 모튼(Stephen Morton)은 스피박의 사고가 "서벌탄의 봉기와 저항에 대한 고찰이 전적으로 부재하다는 뜻은 아니며, (스피박은) 문학텍스트가 여성들의 역사를 발언하는 대안적인 수사학적 장소를 제공할 수 있다고 말한다"[36]고 설명하고 있다. 이는 서벌턴의 삶과 그 삶에 대해 '말하기'나 문화적 '재현(representation)'에 결부된 지식인의 역할의 가능성을 의미 한다[37]고 볼 수 있다.

또 한 사람의 인도 출신 학자로서 찬드라 탈파드 모한티 (Chandra Talpade Mohanty)가 있다. 미국 내 유색여성의 문제와 인종차별에 반대하는 다문화 교육, 여성운동가인 모한티는 서구 페미니스트에 의해 대상화 되어온 비서구 여성들의 재현 문제를 제기한다.[38] 그녀는 한 축으로는 서구 페미니스트들의 전 지구적 자매애 즉, "보편화된 페미니즘"을 비판하면서 전 지구적으로 확산하는 자본주의에 대한 반자본주의 비평[39]을 가하고 있다. 그녀의 책 "경계없는 페미니즘"을 통해 지역적 페미니즘의 내용을 강조하고 포스트콜로니얼 페미니즘의 기획과 노동계급 여성들의 '집단적 저항의 전략'과의 관계에 주목한다.

이 저항은 "지배적이고 규범적인 담론이나 재현을 자의식적인 개입을 통해 분석적이고 문화적인 대항의 공간으로 적극적으로 창출하는 것이다"라고 설명한다.[40] 담론과 재현의 과정에 자의식적 개입이란 자기 성찰적 교육을 통한 인식변화의 과정이라 할 수 있겠고 이 과정에서 페미니스트 지식인들의 역할이 추론될 수 있으리라 생각한다. 여성이주민의 욕망이 가시화 되지 못하고 통제당하는 현실에서 두 학

---

35) Ibid., p.68.

36) Ibid., p.106.

37) 태혜숙, 『탈식민주의 페미니즘』(서울: 도서출판 여이연, 2001), p.118.

38) Ibid., p.58.

39) Chandra Talpade Mohanty, *Feminism Without Borders: Decolonizing Theory, Practicing Solidarity*, 문현아 역, 『경계없는 페미니즘: 이론의 탈식민화와 연대를 위한 실천』(서울: 도서출판 여이연, 2005), p.25.

40) Ibid., p.296.

자의 사상에 기초하여 한국 여성신학자들의 과제를 세 차원에서 모색해 보고자 한다.

여성이주민에 대한 여성신학자의 첫 번째 과제는 욕구와 통제 사이의 현실에 대한 '성찰적 인식(Reflective Consciousness)'이다. 이는 여성이주민의 상황에 대한 구체적 인식을 말하는데, 지식인으로서 여성신학자는 여성이주민의 인종적, 문화적, 계급적, 그리고 젠더 특수성을 인식하고 또 이 여성들의 욕구가 굴절되고 통제되어 가고 있는 현실에 주목해야 할 것이다. 이 때 성찰자의 시각은 단순히 '보기(watching)'가 아니라 '깊이 응시하기(looking at)'이며 그들의 삶의 정황에 함께 관여하는 관점(engaged perspective)을 가진 것이어야 한다.

이 관여적 관점의 성찰적 인식은 '저항주체'와 함께하기 위한 '잠정적 담론주체'들의 인식과 연구방법론이다. 사회과학 조사방법론의 주된 방식으로 사용하여 온 질적, 양적 조사방법론이 지향하는 조사자의 객관적 위치(position)에 대한 강박으로부터 벗어나 컨텍스트(context)에 존재하는 저항주체들과 관여적 위치를 택하는 것이다.[41] 조사자가 컨텍스트의 내부자(insider)로서의 자기 위치를 처음부터 선택, 결정, 투신함으로써 컨텍스트의 문제해결에 까지 함께함을 지향한다. 여성신학자들은 자신의 컨텍스트가 어디인가에 대한 진지한 자기물음을 함으로써 스피박이 끊임없이 제기하고 있는 지식인들이 범하는 오류로부터 벗어나기를 노력해야 할 것이다.

여성이주민에 대한 관여적 관점의 성찰적 인식을 통하여 이 여성들의 욕구가 무엇인지 현실세계에서 무엇으로 인하여 어려움을 받고 통제당하고 있는지를 알고 이에 대한 지식인으로써의 과제를 습득, 체화하게 될 것이다. 이 과정은 두 번째의 과제로 이어진다.

두 번째 과제로는 여성이주민의 욕구와 통제사이의 현실을 그들의 눈으로 신학화 하는 것, 여성신학자로서 여성이주민을 대변하고 대표하며 분명한 위치와 태도를 가지고 그들의 상황을 다시 말하는 것이다. 이렇게 저항주체에 대한 신학화 작업은 신학의 각 분야에서 이루어지고 있는 듯하다. 특히 '한국여성신학회'는 이러한 작업을 지속적으로 진행해 온 학문집단으로 현행하는 세계적, 국지적 문제들을 신학적으로 응답해 오는 데 최선을 다해 오고 있다. 그럼에도 불구하고 이들이 제기

41) Patricia Maguire, *Doing Participatory Research: A Feminist Approach* (Amherst, Massachusetts: The Center for International Education School of Education, 1987), pp.89~104.

하는 담론이 또 다른 억압과 폭력을 재생산 하지 않도록 연구자 집단의 자성과 비판, 해체에 대한 자기 원칙을 전제하고 있다.[42)]

또한 신약성서 학자 박홍순은 그의 책 포스트콜로니얼 성서해석에서 비서구적 성서읽기를 강조하면서 여성해방 성서 읽기와 해석의 필요성에 대해 언급하고 있다.[43)] 특히 그는 스피박의 '재현(Representation)' 개념을 통해 그 가능성을 제시하고 있는데 스피박의 재현 개념은 두 가지의 의미, 즉, "정치에서처럼 '대변하는 것'으로서의 대표와 예술과 철학에서처럼 '다시 표현하는 것'으로서의 표현이 함께 결합되어 있는 것"[44)]을 의미한다는 것이다. 누군가를 대신해서 '대변하고 대표하는 기능'을 할 뿐 아니라 그 대상에 대해서 그 나름대로의 위치와 태도로 '다시 표현하는 것'이라고 설명한다.[45)] 담론주체로서 저항주체에 관여하는 방식을 성서해석에 대한 해석학적 지식인의 '재현'을 통해 실험하고 있다.

이외에도 비서구적 관점에서 신학자 자신의 젠더, 인종적, 문화적 정체성과 신학화의 관계성을 체화하고 있는 글들이 있다. 특히 보츠와나 출신의 흑인 여성성서신학자 무사 듀베(Musa W.Dube)[46)]나 아시아 여성신학자 곽 퓨이란(Kwok Pui-lan)[47)], 아르헨티나 여성신학자 마르셀라 알타우스 라이드(Marcella Althaus-Reid)[48)]

42) 한국여성신학회 엮음, 『민족과 여성신학』(서울: 한들출판사, 2006), p.10.

43) 박홍순, 『포스트콜로니얼 성서해석』(서울: 예영 B&P, 2006).

44) Gayatri Chakravorty Spivak,, *A Critique of Postcolonial Reason: Toward a History of the Vanishing Present* (Cambridge: Harvard University Press, 1999), p.256을 박홍순 앞의 글 Ibid., p.101에서 재인용.

45) Ibid.

46) Musa W. Dube, "Savior of the World but not of This World: A Postcolonial Reading of Spatial Construction in Joh," in R. S. Sugirtharajah, ed., *The Postcolonial Bible* (Sheffield: Sheffield Academic Press, 1998). Musa W. Dube, "Go Therefore and Make Disciples of All Nations(Matt 28:19a): A Postcolonial Perspective on Biblical Criticism and Pedagogy," in Fernando F. Segovia and Mary Ann Tolbert, ed., *Teaching the Bible: The Discourses and Politics of Biblical Pedagogy* (Maryknoll, New York: Orbis Books, 1998).

47) Kwok Pui-lan, *Postcolonial Imagination & Feminist Theology* (Louisville, Kentucky: Westminster John Knox Press, 2005).

48) Marcella Althaus-Reid, *Indecent Theology: Theological Perversions in Sex*, Gender and Politics (London and New York: Routledge, 2000). 에딘버러 대학에서 기독교윤리와 실천신학을 가르치는 그녀는 자신의 책을 통해 해방신학, 후기 막시즘, 포스트콜로니얼 분석 등을 탐구하면서 이들 간의 변증법적 신학을 시도하고 특히 가난한 여성의 성적 경험(sexual experience)을 기반으로 그의 신학화 작업을 하였다.

등의 글을 통해 다양한 학문적 연대를 할 수 있을 것이다. 성서학만이 아니라 기독교교육을 포함한 실천신학, 조직신학, 역사신학, 기독교윤리와 문화등 다양한의 영역에서 재현의 노력이 이루어져야 할 것이다.

이러한 작업은 우리사회의 상대적 소수인 여성이주민에 대한 말걸기와 다수자인 한국인에 대한 교육을 하는 산파(midwives)의 역할을 감당하게 될 것이다. 즉 여성이주민의 욕구와 통제 사이에 있지만 가치중립적으로 존재하는 것이 아니라 이주여성들의 욕구를 실현하고 통제요소에 대한 저항과 해소를 위한 다수자를 향한 교육적, 해석적 실천을 가능하게 함으로써 그 생명적 사명을 수행해야 할 것이다. 두 번째의 이 과제는 잠정적 담론의 주체로서 여성신학자들이, 여성이주민들 스스로가 담론과 실천의 장에서 진정한 저항주체로 서기까지 상호관계적 사명에 관한 과제이다.

셋째로 '저항에 연대하기'이다. 현장에서는 지식인들의 작업을 통해 여성이주민들의 어려움이나 현실을 알리는 일이 진행되기를 강조하고 있다. 이 과제는 지식인으로써 가지는 실천적 저항의 효과와 책임에 관한 논의이며 지식인의 자기결단이 더욱 요청되는 부분이라고 할 수 있다. 이 부분의 이해를 위해 죤 콜리어(John Collier)의 1989년 미술작품 "레이디 고디바(Lady Godiva)"과 그 이야기를 사용하고자 한다.[49] 이 이야기는 계급적으로는 상층부에 속한 여성이 백성의 삶과 고난에 연대하고 권력에 저항한 예로서 설명될 수 있을 것이다.

여성이주민은 누군가가 말을 걸어와 주길 기다리고 있다. 언어의 한계를 넘어 자신의 삶의 이야기를 들어 주고 희망을 나눌 사람이 필요하다. 이들은 자신의 속마음을 털어 놓고 말할 수 있는 대상을 필요로 하고 있다.[50] 여성이주민들은 자신

---

49) www. palettesofvision.com/medieval paintings/collier lady_godiva.html 참고. 이 그림은 11세기 중세 영국 코벤트리(Coventry)시의 영주 레오프릭 백작은 백성들에게 무거운 세금을 징수함으로써 백성들의 삶이 피폐해 졌을 때에 그 백작의 부인 고디바에 대한 이야기를 그림으로 그린 것이다. 고디바는 무거운 세금을 감면할 것을 남편에게 요구했고 이에 백작은 고디바에게 거절의 표현으로 옷을 입지 않은 채로 말을 타고 코벤트리 시가를 돌면 세금을 감면하겠다고 하였다. 이에 고디바는 그 일을 하게 되었고 이에 고디바에 감동한 백성들은 모두 문을 잠그고 커튼을 내리고 고디바의 벗은 모습을 보지 않았다.

50) 정기선 외, 「경기도내 국제결혼 이민자가족 실태조사 및 정책적 지원방안연구」(경기도: 경기도가족여성개발원, 2007), p.463.

들의 욕구와 꿈, 희망이 이루어지길 두려움 속에서, 고난 속에서 기다리고 있다.

담론의 장에 참여하고 있는 여성신학자들은 "어떻게 저항적 주체들의 삶에 실천적으로 연대할 수 있겠는가?" 라는 자기 성찰적 질문을 통해 저항의 연대의 가능성에 접촉점을 가지게 될 것이다.

V. 결론

이미 시작되고 진전하고 있는 우리 사회의 다문화성은 다문화 사회를 구성하고 있는 다양한 주체들의 상호주체성을 인정할 때 안정적으로 정착되어 갈 것이다. 여성이주민에 관한 담론은 현재 우리 사회의 다문화성을 받치고 있는 하나의 축이며 사적인 영역의 경계를 넘나드는 사회, 경제, 심리적 이슈에 관한 담론이다.

필자는 여성이주민의 욕구를 그들의 현실적 상황에서 성찰하고 분석해 봄으로써 그들의 통제되고 있는 욕구가 우리 사회의 여성에 관한 인식과 이주민에 대한 사회와 문화, 제도의 한계를 반영하는 것임을 드러내고 이 문제의 해결을 위한 여성신학자들의 과제를 제시하고자 하였다. 그리고 이러한 과제들은 다양한 차원의 공동적 노력과 관련성 하에서 진행되어야 할 것이다.

우선적으로 노동권, 인권, 생존권 등의 기본권을 위협하는 이주민의 불안정한 사회적 지위 문제를 합법적으로 해결할 법적, 제도적 장치에 대한 연대를 위해 다문화 사회 내의 여성이주민의 생존권과 거주권에 관계된 법적 한계와 문제점을 포스트콜로니얼 페미니스트 관점에서 보완해야 할 것이다. 그리고 여성과 몸, 성에 대한 여성이주민의 자기 결정권이 존중되기 위한 페미니스트 관점의 성 담론을 공론화하고 이에 대한 신학화, 그리고 이를 교육하고 실천할 수 있는 교육적, 제도적 공간의 모색도 필요하다.

욕구와 통제 사이, 그 사이에 여성이주민과 여성신학자가 함께 서 있다. 그곳은 80년대에 보여 진 창문 없는 어두운 방도 아니고 잠정적으로 머물러야 하는 쉼터도 아니어야 한다. 이제 담론주체들은 저항주체의 삶에 관여하기 위하여, 저항주체는 스스로가 담론의 주체로 서기 위하여 서로의 손을 내밀어야 할 때이다.

불안의 개념

죄렌 키에르케고르(1813~1855)를 기념하여*

Gunther Wenz
(독일 뮌헨대학교 신학부 학장)

일반적으로, 두려워하는 사람에게는 밝혀지고 명명될 수 있는 외적인 이유가 있다. 사람에게는 어떤 특정한 것에 대한 두려움이 있다. 이것은 힘 닿는 데까지 대적하며 접근할 수 있다. 이와 반대로 마음 깊은 곳에서 일어나는 불안은 자주, 이와 비교될 수 있는 정확성을 가지고 설명할 수 없다. 이와 정반대로, 불안은 자주, 불투명하고 이해할 수 없는 안개 속에 덮인다. 만일 일상의 세계가 습관을 위한 안전한 장소라고 한다면, 불안이란 대체로 이것과 함께 갑자기 섬뜩한 감정이 생기는 것이다. 불안에 싸인 사람은 암흑 속에서 더듬거리고 그의 존재는 그것에 반대하여 무언가 해볼 수도 없이 어두워진다. 왜냐하면 그는 자신이 도대체 무엇을 불안해하고 있는지를 말할 수 없기 때문이다. 그를 불안하게 하는 것은 그 어떤 무엇이 아니라 아무 것도 아닌 그것이며, 그것은 불확실한 무(無)이다. 바로 이것이 낙심하게 만든다.

불안은 절망으로 몰아가는 경향이 있다. 이것 저것에 대한 의혹을 가지고는 잘 살아 갈 수 있는 반면에 절망 속에서는 존재의 기초가 흔들린다. 모든 것이 바닥 없는 깊은 곳으로 떨어질 위험이 닥친다. 불안은 어마어마한 심연(深淵)이며, 불안이 불안 스스로를 불안해 할 위험에 처한다. 침착하고 태연한 우월감이 특히 대학교육이 장려되는 곳에서 자주 회의(懷疑)와 함께 공존한다면, 절망적 불안의 경우에

* 번역: 한정애(협성대학교 교수)

는 모든 형태의 침착한 태연함이 사라지고, 긍정적 감각과 함께 의심하는 부정적 감각도 동시에 사라진다. 긍정이든 부정이든, 시인하든 부정하든, 불안과 절망 속에서는 모든 사고할 수 있는 선택적인 것들이 협력하여 절대부정적 무의미성의 빨아들이는 흐름 속에서 파멸한다.

두려움과 불안

두려움은 절망으로 몰아가는 하나의 가능한 무(無)를 인식하는 것이라고 말한다. 이 위태로운 무(無)를 인식하게 되는 요인들은 다양할 수 있다. 불안은 돌연히 혹은 인식할 수 있는 내적, 외적 위기들을 통하여 생겨날 수 있다. 그러나 이것은 항상 돌연한 두려움과는 특성 상 차이 나는 하나의 독특한 위기 현상이다. 불안과 두려움은, 두려움이 실제로 자주 불안으로 바뀌고 불안은 드물지 않게 두려움의 특징들을 포함하기 때문에, 삶의 세계에서 단지 특수 경우에만 분리된다. 그럼에도 불구하고 두 용어들을 현상에 맞게 구별해야만 한다: 두려움은 특정한 외적 대상과 연관이 있지만 불안은 이와 반대로 일종의 자체 연관성적인 것이며 두려움을 위한 객관적 이유 없이도 주관적으로 생겨날 수 있다. 불안은 말하자면 이유가 없다 여기에 바로 불안의 어마어마한 심연이 있다. 불안 없는 두려움은 생각할 수 없다 이유 없는 불안은 이와 반대로 논의의 여지가 없는 존재 현상이다.

두려움과 차이 나는 절망으로 몰아가는 불안에 대한 분석들 중에는 1844년에 출판된 키에르케고르의 저서 "불안의 개념"이 탁월한 위치를 차지한다. 여기에서 이 주제가 잘못 이해되어서는 안 된다: 불안의 개념은 한 존재 현상을 지칭하는데, 그 실존적 본질을 보편화시키는 사고를 통하여서는 실제로 이해할 수 없다. 이 용어의 애매성은 불안의 현상에 있어서 외적으로뿐만 아니라 안에서부터 그 용어를 보편화시키는 능력을 제어하는 경계에 부딪힌다. 이는 전혀 이해되지 않는 그 무엇이 불안 속에서 자체 이해가 불가능한 형상으로 사고와 마주치기 때문이다. 사고와 이해는 보편성을 목표한다. 그러나 개체가 불안 속에 있는 한, 불안의 특성은 비교불가능의 희귀성에 있으며, 개인은 불안 속에 있는 바로 그 때에 그 용어를 멀리한다.

불안의 현상은 개체의 카테고리를 엄격히 규정하는 것을 불가피하게 만든다. 개체의 개별성은 보편용어의 관점으로 과소화 시킬 수 없다. 개체는 개체 그 자체이며 비교할 수 없이 특이한 개체이다.

불안이 이것을 증명한다: 불안은 불안에 사로잡혀 있는 사람과의 뚜렷한 연결을 도외시하면서 용어적으로 이해될 수 있는 그러한 일반적 자연의 것이 아니다. 불안이 무엇인지는 불안한 자만이 알고 또 알 수 있는데, 여기에 보충해야 할 것은 불안의 이유가 헤아릴 수 없이 이해를 벗어나기 때문에 불안에 대한 지식이 불안을 극복할 수 없다는 것이다. 불안 속에서 바로 이해를 위해 상상할 수 없는 심연이 열리며 사고 자체가 무너지는 위기에 처한다. 그래서 키에르케고르가 불안의 개념에 대해서 말한다면, 이것은 우선 용어적으로 오로지 피상적인 것일 뿐이며, 이것이 불안의 실질적 본질이 절대적으로 이해불가능의 것임을 속여서 알지 못하게 할 수 없다.

이해불가능의 무(無)

불안은 자아와 세상의 근거가 무너지는 위기를 무(無)속에서 인식하는 것이다. 이 인식의 특유 양상으로써의 불안 현상의 독특성은 일반 이해의 보편성을 벗어난다. 그것은 독특한 개별성의 한 현상이다. 사고만을 통하여서는 불안해 하는 사람을 도울 수 없다. 왜냐하면 그의 고유의 불안은 용어적 중재를 벗어나며, 이와 마찬가지로 도덕적으로 의지력에 호소하여 극복할 수 있게 하는 것과는 거리가 멀기 때문이다. 불안이 인간 역사적 의미를 지니고 있음을 그냥 두더라도, 개개인은 불안 속에서 자신이 완전히 홀로 서 있음을 안다. 자신이 변함없는 근거가 불확실하게만 여겨지는 것이 아니라, 바닥 없는 심연으로 떨어지고 있는 것으로 완전히 무가치하게 보인다. 그렇기 때문에 키에르케고르에게 있어서 불안이나 절망 현상들의 분석들은 사고를 통해 전체를 고정하는 철학체제를 중단하고 소위 실존철학의 창시자가 되는 데에 중대한 요인이 된다. 키에르케고르의 서서 "불안의 개념"이 처음부터 다루고 있는 헤겔과의 이념적 대결은 이를 위해 크게 특징적이다.

불안현상은 체계적으로 실제로 맞설 수 없다. 그렇기 때문에 키에르케고르의 "불안의 개념"이 엄격한 용어체계 하에 정리되어 있지 않음이 놀라게 할 수 없다. 체계적으로 분명한 것은 우선 그 저서의 성향인 전체적 목적인데, 즉 이것은 부제(副題)가 말해주듯이 "원죄의 조직신학적 문제의 방향으로 하나의 단순한 심리학적-암시적 고찰을 주기 위한 것"이다. 이 목적을 위하여 어렵지 않게 볼 수 있는 것처럼 저서 전체의 목차가 5장으로 되어 있다. 키에르케고르는 이 텍스트를 30세가 채 되기 전에 비길리우스 하우프니엔지스 (Vigilius Haufniensis)라는 가명 하에 출판되게 했다. 추측하건대 그가 불안문서를 통하여 그의 고향에 비밀 파수군 직책을 이행하고 싶었던 것 같다.

비길리우스 하우프니엔지스

죄렌 아야비 키에르케고르는 1813년 한 모직물 상인의 아들로 코펜하겐에서 태어났다. 그는 그곳에서 1855년 11월 11일 죽었는데, 그 이전 달 있었던 그의 저서와 인격에 대한 시비로 지칠 대로 지쳐 길거리에서 쓰러진 이후였다. 그는 오랫동안 "어느 한 개별인"이라는 비문을 자신의 묘를 위해 고려했다. 이것은 키에르케고르의 작품이 지은이 개인과 아주 가깝게 연결되어 있음을 암시해주는 것으로 이해될 수 있다. 그의 형제들은 어릴 적부터 예리한 발언을 한 그의 경향 때문에 그를 "포크"라고 불렀다. 비꼬는 본질적 특성과 함께 동시에 이미 청소년 나이에 뚜렷한 우울증과 침울함의 경향이 나타났다. 가족적 이유들 그리고 친구들과 아는 사람들의 예기치 않았던 죽음들이 적어도 함께 그 원인들이 될 수 있다. 그의 아버지 스스로의 표현에 의하면 하나님을 저주한 짓누르는 죄가 어릴 때부터 아버지를 압박하고 있었다. 그렇기 때문에 소년기에 이미 죄렌 키에르케고르는 평생 동안 그를 따르는 소리 없는 절망의 분위기로 에워싸여 있는 것으로 생각했다.

철학과 미학에 더 매력을 느끼고 있던 신학생이 결정적인 정신적 자극을 받은 것은 그 보다 약간 더 나이가 많았으며 키에르케고르에게 쉴라이어마허와 독일 이상주의의 체계들을 알게 해준 한스 라르젠 마르텐센을 통해서였다. 키에르케고르의 비판적 관심들은 특히 게오르크 프리드리히 빌헬름 헤겔에게 쏠렸다. 그는 박사학위 논문 "소크라테스를 끊임없이 고려한 아이러니의 개념"을 마친 후 쉘링을 듣기 위해 베를린으로 여행했다. 그러나 후기의 쉘링이 널리 퍼져 있던 헤겔주의를 신화와 계시의 철학을 통해 극복하려 했는데 이러한 철학에 대한 열광은 극히 한계가 있었다.

레기네 올젠과의 약혼과 파혼에 관한 슬픈 이야기는 특별한 문제이다. 키에르케고르의 양심의 가책의 문제는 사랑에 있어서만 그를 괴롭히는 것이 아니었다. 저술가로서도 끊임없이 이것에 맞서 싸워야만 했다. 그럼에도 불구하고 그는 그 양식에 있어서 획기적인 그의 첫 대 작품으로 1843년 가명으로 출판된 "양자 택일"을 일년도 채 걸리지 않아 종이에 옮겼다. 양자 택일의 상황에 직면하게 하는 이 제목은 미학적인 그리고 윤리학적인 사고 방식과 삶의 양상의 대조를 통하여 표현되었다. 이 테마의 논구(論究)는 키에르케고르의 다른 작품들에서도 영향을 미치는데 그 중 몇 개의 저서들만 언급하기로 한다: "두려움과 전율", "반복", "철학적 파편", "철학적 파편을 위해 끝맺음 하는 비학문적 후기 (後記)" 그리고 신앙심을 일으키는 여러 가지 내용의 글들이 있다. 불안의 개념에 관한 저서에 추가하여 읽을 것으로는 두 작품 "죽음에 이르게 하는 병"과 "그리스도교 가르침(훈련)"이 추천할 만 하다. 이 저서들은 1848년 혹은 1850년에 안티클리마쿠스라는 가명 하에 출판되었다. 그는 1851년에 출판된 마지막 두 책 "저술가로서의 나의 작용을 위한 견지"과 "현재의 자아성찰을 위한 추천"에서 그의 저서 활동의 결과를 확인했다.

자유의 속임수

1844년에 쓰여진 키에르케고르의 해당 문서와 관련하여 그렇게 실증되었는데, 불안은 외적인 것이 아니라 그것을 인식하는 존재들에게만 나타나는 내적 현상이다. 무의식적 존재에게는 불안이 없다. 불안은 순진한 영이 아니면서 스스로를 의식하는 실체들에게 발전된 형태로 맨 처음 나타난다. 사람들은 불안해 한다. 사람들은 단순한 동물들도 아니고 육체 없는 천사들도 아니기 때문에 스스로 감각적

육체와 시공의 제한을 초월하는 영혼의 정신적 통합으로써 완성되며 한정된 조건하에서 그들의 영원적 결정을 실현하는 과제 앞에 서 있다. 이것이 그들을 불안하게 만든다. 키에르케고르는 불안을 모든 발판을 빼앗는 어마어마한 깊음을 인식했을 때 만연(蔓延)해지는 속임수와 비교한다.

불안은 사람을 예속한다고 생각할 수 있다. 동시에 그것은 키에르케고르에 의하면 자유를 위해 결정된 존재들에게만 생기는 현상이다. 자유는 그 외형적 용어에 따르면 모든 가능한 것을 위한 가능성이다. 어떠한 제한적인 것도 자유의 충동을 만족시킬 수 없다. 여기에서부터 자유의 모든 가능성들을 바닥 없는 무(無) 속에서 퍼 내는 하나의 소용돌이가 발전된다. 불안 속에서 이 충동이 뚜렷이 드러난다. 이 충동은 인간의 자유를 형식적으로 직접 그 자체 안에 붙잡아 매도록 몰아 넣는다. 바로 이것과 함께 인간의 자유는 그 자체의 갈구리 발톱에 끌려 들어 가며 그리고 키에르케고르가 말하는 것처럼 자기 중심적이 되도록 변화시킨다. 자기 중심적인 자유는 그러나 죄이다. 전통과의 일치 속에서 말하는 것처럼 죄는 의지의 선택에 따르는 각 행동들 뿐만 아니라 liberum arbitrium, 즉 선택 의지의 자유 자체와 관계되는 사실의 내용이다. Peccatum originale(원죄)로써의 죄의 어마어마하게 큰 폐해(弊害, 행패) 속에서 죄는 자체 속에서 변화된 자유이다. 이것을 이해하기 위해 불안의 분석이 하나의 근거를 제공할 것이다.

키에르케고르가 그의 불안 분석에 부여하는 기능을 정확히 이해하기 위하여서는 원죄에 대한 전통적 가르침을 위한 몇 가지 발언들이 필요하다. 원죄는 자주 유전죄로 불린다. 이 전문용어는 죄를 우선 첫째로 불운한 숙명으로 이해해야 함을 시사한다. 그러나 이것은 잘못된 해석이며 이를 통해 죄의 죄과성이 부정되며 인간의 과오가 자연적인 것으로 오해된다. 그러나 죄를 개인의 자율적인 의지의 결정의 결과로 돌리며 따라서 단지 행위적 죄만 죄로 여기는 현실적 견해도 오해를 초래한다. 왜냐하면 이 견해를 통해 죄의 폐해(弊害)가 인간의 자유 자체에 관계됨을 인식하지 못하기 때문이다. 이는 의지가 선과 악에 관련하여 자유롭게 선택하는데 이미 이 선택의 위치가 잘못된 것이고 죄 있는 것으로 표현되어야 함을 의미한다. 경향적으로 숙명적인 그리고 현실적인 죄 이해 사이의 양자택일이 겨냥하는 해결 불가능성을 방지하기 위하여 키에르케고르는 불안의 개념을 중간 결정으로 삽입한다.

이는 원죄에 관한 가르침을 용어적으로 연역(추론)하기 위한 것은 아니지만, 그러나 심리학적으로 이해될 수 있게 만들기 위한 것이다. 오직 믿음만이 잡을 수 있고 확신으로 인도할 수 있는 도움이 부여되지 않을 경우 불안은 이미 스스로 죄이기 이전에 죄로 몰아넣는다.

자기 중심적(인 자의) 심리학

키에르케고르의 저서 "불안의 개념"의 우선 목적은 그 부제(副題)에 상응하게 "원죄의 문제에 관한 단순한 심리학적-암시적 고찰"에 있다. 조심스러운 표현이 원죄에 관한 사상적 설명이 계획되지 않았음을 암시한다. 원죄의 이론적 유전학화(遺傳學化) 시도는 오히려 명확하게 거부된다. 타락(원죄)은 이성적으로 이해할 수 없으며, 매개체 없이 직접 발생한다. 그렇기 때문에 진지한 죄론적인 설명은 그 개념에 어긋나는 폐해(弊害)를 실제로 인식하지 않은 채 죄를 이론적으로 제거할 수 있거나 제거해야만 하는 용어로 저하시키는 형이상학이 아니다. 후회가 생겨나게 할 수는 있으나 죄의 사실성은 설명할 수도 없고 죄의 죄과를 제거할 수도 없는 윤리나 도덕도 죄(罪) 주제의 과제를 제한적으로 밖에 해결할 수 없다. 후회는 그 자체만으로 결코 유익하지 않다. 그것은 오히려 이론적 그리고 실질적 이성을 위하여서는 조달할 수 없고 단지 종교적으로만 파악할 수 있는 도움이 다른 곳에서부터 부여되지 않을 경우 구제할 길 없는 절망으로 끝난다.

이것에 대해 깊이 생각하는 것은 교의학의 과제이며, 키에르케고르에 의하면 이것은 철학과 다르게 단순한 이상적 혹은 실제적 학문이 아니다. 그리고 이 학문은 무엇이 실제로 타락인지를 캐내는 과제를 안고 있다. 실제 타락은 죄의 순수한 사실성이며, 죄는 아무런 정신적 의식의 바탕이 없고 오히려 – 근거 없이 자체 속에 근거하며 – causa deficiens, 타락하게 하는 원인을 가지고 있을 뿐이다. 죄에 합리적인 이유를 부여하기 위하여 그것을 용서하면 이것 자체가 죄이다. 그렇기 때문에 죄는 자체 속에서 어긋나는 것으로 밖에 간주될 수 없는데 – 자신이 불합리의 심연에 빠져 - 동시에 이것을 야기시키며 타락하게 한다. 죄의 폐해는 이성적으로 이해할 수 없다. 교리학과 연관하여서는, 원죄를 이해할 수 없고 이성에 어긋나게 주어진 것으로 전제하고 설명한다. - 따라서 솔직히 설명하지 않는다! 이것이 교의학적 죄론의 기본 원칙이다. 그 이외의 모든 것들은 (복음) 선포에 맡겨야 한다. "실제로 죄는 전혀 그 어떤 학문에도 속하지 않는다. 죄는 한 개인이 개인으로서 개인에게 하는 설교의 주제이다" (12)라고 키에르케고르는 말한다.

개체와 종(種)

전통적 교의학은 알려 진 바대로 원죄를 아담의 타락의 결과로 돌리는데, 그의 인류의 종(種)의 원죄가 대대로 유전되었다. 키에르케고르는 이 논증의 노선을 아담이 개체로 그리고 동시에 인류의 종(種)으로 설명되는 조건 하에 따른다: "그는 그 자신이며 그리고 (인류의) 종(種)이다."(28) 아담에게 유효한 것이 모든 인간 존재에게 해당된다. 그는 개체이며 동시에 인류의 종(種)의 대표자이다. 그러므로 원죄의 죄과를 최초의 인간 형상에게만 전가시킬 수 없다. 역사가 지남에 따라 죄의 양이 증대한다는 유일한 차이와 함께 모든 죄인들이 죄의 타락에 동일하게 책임이 있다.

왜 아담이 그리고 그와 함께 아담의 자손들이 죄를 짓는가? 이 질문에 대해서는 답하지 않고 오히려 이렇게 만족시킨다: "첫 시간을 통해 죄가 세상으로 왔다. 철저하게 동일한 의미에서 유효한 것은 모든 그 이후 사람들의 첫 시간을 통해 죄가 세상에 오는 것이다. 그들이 아담의 첫 시간 이전에 존재하지 않았다는 것은 죄 자체에 비해 완전히 우연적인 그리고 핵심에 속하지 않는 고찰이며 이것은 전혀 무의미하고 아담의 죄를 더 크게 혹은 다른 어느 한 사람의 시간을 더 작게 만들 권리가 없다."(29~30) 이것으로써 죄에는 이성적인 근거를 부여할 수 없고 또 부여해서도 안 됨이 재차 명백해졌다. 죄는 그 사실성 속에서 부인할 수 없으며, 그러나 그럼에도 불구하고 하나님의 좋은 창조에서부터 연역(추론)할 수 없다.

죄는 죄를 통해 세상으로 왔다. 죄는 근거와 의미가 없는 규정이며, 키에르케고르가 말하는 것처럼 그 이해 불가능성 속에서 이성적으로 이해할 수 없는 질적 비약(飛躍)의 형태로 나타난다. 그렇기 때문에 어떻게 무죄에서 죄과가 생겨날 수 있었는지에 대한 사변적 질문이 쓸데없다. 그 질문은 키에르케고르에 의하면 구경꾼의 시각에서 나온 것으로써 이 질문을 하고 이에 대답하려고 애쓰는 사람을 필연적으로 미혹시킨다. 키에르케고르는 이렇게 말한다: "죄 없는 자는 한 번도 이렇게 질문하지 않을 것이다 그러나 죄 있는 자는 만일 그가 그렇게 질문을 한다면 죄를 짓는다 왜냐하면 그가 그의 미학적 호기심 속에서 그가 스스로 죄과를 세상으로 들여왔으며 스스로 죄과를 통해 무죄를 잃어버렸음을 무시하기 때문이다."(36) 그러나 바로 여기에서 출발해야만 한다: "사람은 누구나 본질적으로 아담이 행했던 것과 동일한 형태로 무죄를 잃는다." (35) 질적으로는 우연히 모든 사람의 죄가 아담의 죄와 동일하다. 차이점들은 단지 인류의 역사가 죄를 증대시키는 한 양적(量的) 관점에 있다.

무죄를 상실하게 하는 죄는 질적 비약이며 그 사실성 속에서 이성적으로 이해할 수 없는 순수한 비행(非行)이다. 죄에 대한 올바른 깨달음은 오직 죄 고백 속에서만 완성된다. 타락의 "비약성"을 전혀 제거하려 애쓰지 않는 죄의 생겨남에 대한 심리학적 추측은 기껏해야 키에르케고르에 다다른다. 이 추측이 불안을 전달한다. 키에르케고르에 의하면 그 추측의 분석적 개념이 무죄와 그리고 그 정곡(正鵠)이 점차 모호한 이중성에 들어 있는 죄 사이의 중간 결정의 결과에 이른다. 이 정곡이 그르치고 죄의 질적 비약(飛躍)이 분석적으로 유전학화(遺傳學化)되어 그 비약성을 제거하면 모든 것을 놓친다. 불안의 개념으로부터 추측의 암시적 가리킴 그 이상을 기대하면 없는 것보다 더 적게, 즉 잘못된 것을 얻게 되며 죄가 들어오는 것을 변명하며 죄를 장려하기까지 하는 죄론을 얻게 된다. 다시 한 번, 불안은 죄를 이해할 수 있게 만들지는 않지만 어떻게 이해될 수 없는 양식으로 죄로 올 수 있었는지를 예감하게 한다.

꿈꾸는 무죄(無罪)

키에르케고르에 의하면 인간이 그의 발전의 자연단계에서 선과 악의 차이를 알지 못한다는 견해 속에서 무죄이다. 그의 무죄는 무관심한 무지이다. 그 무지 속에 머무는 동안 인간이 그의 자연성과의 직접적인 일치 속에 있으며, 영은 다만 꿈꾸며 인간 속에 있다. 꿈꾸는 무죄로써의 자연인간은 한편으로는 낙원에서의 상태에 있으며 다른 한 편으로는 아직 자신과 자신의 인간존재에 도달하지 못했다. 이 견해는 키에르케고르에 의하면 전적으로 아담과 이브가 무죄의 상태에서 선과 악의 차이에 관한 지식을 부정하고 동시에 이것을 의식적 지식과 자아의식적 자신의 앎을 위한 정신적 노력으로 갖추는 성경의 견해와 일치한다. 낙원의 상태에서는 "평화와 휴식이 있다 그러나 동시에 불화와 다툼이 아닌 좀 다른 그 무엇이 있다 왜냐하면 다툴만한 거리가 아무것도 없기 때문이다. 그러면 그것이 무엇일까? 무(無). 무(無)는 과연 어떤 작용을 할까? 그것은 불안을 낳는다. 이것이 동시에 불안인 무죄의 깊은 비밀이다. 영은 꿈꾸는 가운데 자기 고유의 실제를 기획하는데 이 실제는 그러나 무(無)이며 그렇지만 무죄(無罪)는 이 무(無)를 끊임없이 자신 밖에 있는 것으로 본다."(41~42)

인간이 무지(無知)한 자연의 꿈꾸는 무죄(無罪)로부터 깨어나서 자신 스스로에게 오는 동안에 정신적으로 극복해야만 하는 차이가 모습을 나타낸다. 이 차이는 자신과 세계를 구분하는 것과 함께 원칙적으로 주어졌으며 이것은 인간의 자아가 몸과 영혼으로 되어 있는 한 그에게 외적인 것이 아니라 오히려 내적인 것이다. 인간은 육체적인 정신(혼)이다. 육체적인 것과 정신적인 것의 통합을 이루는 것이 영에게 과제로 주어졌으며 바로 이 과제를 해결하는 가운데 불안이 생겨난다. 왜 그럴까? 이 질문에 대한 대답은 불안이 자아의식적 자유와 자율적 자아의식을 위해 결정된 존재들의 한 현상임을 기억할 때 그 결과로 나타난다.

무기적 그리고 식물적 영역에서, 그러나 단순한 자극-반응-메카니즘을 통해 그들의 행동이 결정된 동물들에게 있어서도 불안이 원래적 의미로 나타나지 않는다. 불안은 하나의 정신적 현상이다. 하나의 구호가 있다: "영이 적으면 적을수록 불안이 더 적다." (42) 불안은 인간 영혼이 그의 정신적 결정을 육체적 삶의 감각적 조건들 하에서 실현해야 하는 과제를 인식할 때 나타난다. 인간 존재의 자연 단계를 결정하는 것으로써의 꿈꾸는 무죄(無罪)와 무지(無知)에서부터 깨어남과 함께 인간이 무한(無限)으로부터 온 존재이고 무한성(無限性)을 향해 결정된 존재이며 이와 동시에 제한된 존재임을 깨닫는다. 유한 자체가 존재의 불완전한 양식이라는 것이 아니다! 인간은 피조물로서 본질적으로 하나님과 다르며 이점에 있어서 제한된 존재로 결정되었다. 그가 특정 의식 속에서 하나님에 근거한 하나님과의 차이 속에서 살고 이 양식으로 그의 피조물적 결정에 상응한다면 그의 제한성은 결핍이 아니라 오히려 하나의 완성일 것이다.

인간의 감각적 심신 상태와 그의 시공간적(時空間的) 존재와 관련하여 이에 상응하는 것을 말해야 한다. 키에르케고르가 명확히 강조하는 것처럼 감각성과 시간성은 결코 자체 내에서 잘못된 것이 아니라 오히려 하나님의 좋은 창조선물들이다. 우리가 순수한 영이 아니라 육체적 영혼(정신)들임이 감각적 세계가 시공간적으로 이루어졌으며 차이들을 통해 특징지어진 것이 좋은 것처럼 좋은데, 그 차이들의 세분된 섬세함이 삶의 풍요를 결정하며 영이 그것을 기뻐할 수 있다. 공간과 시간 그리고 세상에서의 우리의 감각적 존재의 육체적 유한 형태는 영이 없는, 아니 영에 어긋나는 것으로써 인간이 통합시켜야만 하는 영혼과 육체의 관계와 마찬가지로 시간과 영원의 관계를 먼저 죄의 조건들 하에서 변화시키는 현상으로 나타난다. 죄는 유한적인 것을 무한의 위치에 세우는 가운데 사물의 질서를 왜곡하며 인간의 확정된 바를 어긋나는 정반대로 변화시킨다. 그러나 죄가 어디에서부터 유래하며 왜 생겨날까?

질적 비약(飛躍)

키에르케고르는 죄가 죄를 통하여 질적인 그리고 연역(추론)될 수 없는 비약의 양태로 세상에 들어옴을 강조하기에 지치지 않는다. 이성에 어긋나고 이해될 수 없고 또 이성적으로 설명할 수 없기 때문에 죄는 생겨난다. 이와 똑 같이 죄에 대한 합리적인 일반개념이 있을 수 없다. 죄의 폐해(弊害, 행패)에 따라 죄가 무엇인지를 "모든 사람이" 알고 이해하는데 "오직 자신 스스로에게서부터 알고 이해한다. 그가 다른 사람으로부터 그것을 배우려 한다면 그것을 그 자체로써 오해하려 하는 것이다. 조금이라도 기여할 수 있는 단 하나의 학문은 심리학인데, 그러나 이것은 설명

을 주지 않으며 또 이에 더하여 설명할 수 없고 설명할 의사가 없음을 스스로 인정한다."(52)

불안의 심리학적 분석은 죄의 설명이 아니라 기껏해야 그 어떤 설명에도 접근할 수 없는 그것에 대충 도달하는 근접을 제공한다. 불안의 개념은 불확실한 성향의 창조론적-죄론적 중간 결정일 뿐이다. 죄의 질적 비약(飛躍)이 명백히 잘못된 것이라면 불안은 아직 불확실함의 영역 안에 머문다. 말하자면 이중성은 불안의 기본 기호이다: "불안을 지나 죄에 이르게 되는 자는 무죄이다 왜냐하면 그 스스로가 아니라 불안, 즉 낯선 위력이 그를 장악했기 때문인데, 이 위력은 그가 사랑하지 않았고 오히려 그 앞에서 불안해 했다 - 그리고 그럼에도 불구하고 그에게는 죄 책임이 있다 왜냐하면 그가 두려워하면서도 불구하고 사랑했던 불안 속에 빠져 있었기 때문이다. 이 세상에는 그것보다 더 불확실한 것이 없다 그리고 그렇기 때문에 이 설명은 유일한 심리학적 설명이다. 그러나 이것은 - 한 번 더 반복한다면- 결코 질적 비약을 설명하는 설명이려고 하지 않는다."(43)

일시적 현상

불안 고유의 본질처럼 불안의 죄와의 관계도 이중적이다. 불안은 아직 죄가 아니다. 그러나 그것은 죄를 미리 확정한다. 불안은 그 본질이 변화의 경과에 있으며 그리고 변화의 경과로써만 이해할 수 있는 일시적 현상이다. 사람이, 사람을 인류 이외의 피조물과 연결시키는 꿈꾸는 무죄(無罪)의 무지(無知)로부터 올바른 신앙 의식에 도달하고 또 하나님과 차이 나는 그의 유한성이 하나님의 무한성에 근거한다는 확신에 서게 된다면, 그의 불안은 단지 일시적이며 또 시간 속에서의 인간의 존재가 하나님 안에서 영원화되도록 정해졌다는 신뢰 속에서 당장 해체될 것이다. 완전히 하나님 안에 그리고 오직 그 분 안에만 근거하는 영이 그의 하나님과의 차이 속에서 양도할 수 없이 하나님에게 속한다는 확신 속에서 육체와 정신을 통합하는 피조물적 과제를 실행한다. 이 영은 불안을 해체된 짧은 순간으로만 안다. 이와 반대로 영이 그의 신적 근거에 대한 확신을 포기한다면 그에게 결국 근거 없고 바닥 없는 것으로 나타나는 그의 모든 가능성들의 무가치함에 대한 현기증을 일으키는 공포가 지체 없이 그를 장악한다. 불안은 위협하는 무(無)의 형상을 취하며, 영은 이 무(無)의 어마어마한 심연으로 끌려 들어가는 것으로 느낀다. 죄로 뛰어오름이 마땅하다. 죄 속으로의 뛰어듦이 실행되었다면 불안은 의지로써 작용하기 위해 그리고 무신론적 허무주의의 느낌에서부터 전적으로 자신 속에 확고히 되기 위해 죄 속으로 들어간다.

자기 중심적인 것은 죄의 폐해(弊害)를 위한 키에르케고르의 명칭이다. 자기 중심적인 것은 자체 내에서 잘못된 자아이며, 이것은 자신에 대한 불안을 통과하는 가운데 그 자신의 신적 근거를 포기하는데, 이는 - 세상적인 것이 아무런 영속적인 붙잡을 것을 그에게 주겠다고 약속하지 않기 때문에 - 절망적 교만과 교만한 절망 속에서 전적으로 자신 속에 기인하고 더 나아가 무분별한 대가를 향한 모든 자발성과 그의 관능적 실존의 성취를 제거하기 위함이다. 자기 중심적인 자아는 자신이 불안해하는 위협적인 무(無)를 이렇게만 피할 수 있을 것으로 생각한다. 이에 반해 실제로는 잘못된 자아가 자신의 죄 속에서 이웃과 세상을 보호하지 않고 오히려 이웃과 세상의 무(無)가 오기를 가슴 속 깊이 고대하는 가운데 불안 속에서 붕괴하고 자신의 잘못으로 인해 자신을 파멸시킨다. 불안은 최초로 죄를 통하여 전율을 일으키는 무서운 형태를 취하며 파괴적인 한부(悍婦)로 바뀐다.

수치심과 (본능적) 충동

죄(에)로의 질적 비약(飛躍)은 - 불안에서부터 생겨났으며 - 그 이상으로 불안 현상들을 양적으로 증상하기 위해 불안에게 새로운 파괴적 속성을 부여한다. 죄를 통해 초래된 불안의 부자격과 악한 것을 향한 그 양적 증대는 감각적 욕구의 죄 많은 전도(轉倒)에서 불안의 유례(類例)를 발견한다. 감각적 욕구는, 말했던 것처럼, 키에르케고르의 판단에 의하면 결코 그 자체로써 죄 있는 것이 아니다. 감각적 욕구는 사람이 꿈꾸는 무지와 무죄의 자연적 무관심에서부터 나와 그의 종(種)을 규정하는 종(種)의 차이를 인식할 때 일어난다. 종(種)으로서의 인간은 자신을 남자 그리고 여자로서 인식한다. 이 인식은 일종의 불안해 하는 공포로써의 수치심과 연결되어 있다. 그러나 수치심은 불안과 마찬가지로 변화하는 경과의 한 현상이다. 수치심은 성적 특징의 일시적 요소로써 사랑 속에서 해체되거나 혹은 죄의 조건들 하에서 사정이 그런 것처럼 표면상으로 동물적인, 실제로는 비인간적인 충동의 형태를 취한다.

(본능적) 충동은 자기 중심적 탈취의 잘못된 의지에 의해 지배된다. 그것은 폭력을 행사하려고 애쓴다. 그 충동적 욕구의 대상은 개성이 인정되지 않고 오히려 단순히 자기의 양식으로 과소평가된 순수한 종(種)의 견본이다. 무분별한 성욕 속에서 처음의 수치심이 그것을 제멋대로 없애보려 하는 잘못된 시도를 통하여 사랑을 가능하게 하는 대신에 불가능하게 하는 형태와 모양을 취한다. 다시 한 번 말해서 감각적 욕구는 그 자체로써, 성적 흥분이 수치스러운 불명예를 의미하는 것과 똑같은 정도로 죄 없다. 성적 특징은 맨 처음 그 단순한 충동에로의 전도(轉倒)의 죄 많은 함정 속에서 천해진다.

존재의 시간성

키에르케고르를 위해 중요한 다른 한 관점을 추가하면, 존재의 심신 상태는 타락을 필연적인 결과로 가져야 하지는 않지만 그 소질이 있는 가운데 죄의 질적 타락을 통하여 경악한다. 세상에서 어떤 하나가 다른 것으로부터 공간적으로 구분되어 있는 것이 하나님의 좋은 창조 질서로 간주되어도 된다. 세상의 우주 안에서 어떤 하나가 다른 것과 서로 차이가 있고 병존(竝存)이 우주의 구분 원칙을 좌우하는 것이 좋다. 하나가 그 어떤 하나로써 다르게 될 수 있는 한, 그 어떤 하나와 다른 것 사이의 공간적인 외적 차이가 내적 차이로 된다. 변화가 일어난다. 시간의 경과가 시작된다. 시간의 존재가 인간 속에서 명확하게 된다. 인간이 자신의 시간성을 의식하고 있다. 그렇기 때문에 키에르케고르의 시간 이론의 특별한 관심은 인간 존재 속에서의 인간의 시간성에 있다.

자신의 시간성을 인식함이 불안을 만든다. 현재의 인식이 자신의 미래 걱정에

싸이고, 사라짐(죽음) 앞에서 불안해 한다. 인간이 그의 시간이 영원한 하나님의 손에 잘 보호되어 있음을 알면, 유한자(有限者)에게 자신 안에서 무한한 존속을 줄 용의가 있는 영원한 하나님 안에서 자신의 유한성의 끝이 해체된 한, 불안과 염려가 곧장 없어지지는 않지만 그 파괴적인 가시는 극복되었다. 이 믿음의 전제 하에서 불안과 염려는 인간의 불안을 알고 인간을 충분히 돕는 하나님 아버지와의 자식 신분 관계 속에서 단지 짧은 순간들일 뿐이다. 다르게, 아니 완전히 거꾸로 이 문제는 인간의 하나님과의 관계의 죄 많은 전도(轉倒)로 드러나며, 동시에 이것과 함께 인간의 이웃과 세상과의 관계에서와 마찬가지로 자신과의 관계도 근본적으로 전도(轉倒)된다. 이제 존재의 시간성은 짐이 되고, 무(無)가 시간적 존재와 시간 속에 있는 존재의 마지막 본질적 진리로 생각되기 때문에 죽음으로 몰아 가는 압박이 된다. 영에게 과제로 주어진 것처럼 통합되는 대신에 시간과 영원은 상반되는 대립으로 나타나며, 여기에서 영원은 오로지 시간적인 것의 무(無)만을 의미한다.

죽음의 심판

키에르케고르는 "죄 성으로써의 시간성의 확정에서부터 계속해서 형벌로써의 죽음이 결과로써 나타난다"(100, 각주 1)라고 쓴다. 육체적 영혼으로서의 인간의 존재의 시간적 제한이 그 자체로써 조금도 악한 것이 아니라면, 그것이 아무리 불안과 염려의 원인을 제공한다 할지라도, 그것이 자기 중심적 자아 사랑을 특징 지우는 것처럼, 하나님에 대한 신뢰의 부재와 존재하는 불신앙 속에서 불행한 숙명이나 형벌로 느껴져야만 한다. 불행한 숙명으로의 느껴짐은 고대 이교 세계에서 마주치며 형벌로의 느껴짐은 유대 전통의 결과인데, 이를 통해 이교적 숙명 신앙이 윤리적으로 변형되었고 이와 함께 죄, 죄과 그리고 벌이 무엇인지에 대한 좀 더 깊은 지각이 통틀어 처음 실제로 밝혀졌다. 악의 본래의 심연은 이제부터 더 이상 사람이 "자기 자신을 통해, 자기 자신을 위해, 운명 속에서 허물어짐"을 통하여서가 아니라, 오히려 그가 "자기 자신을 통해, 자기 자신을 위해 죄 의식의 깊음 속에 깊이 빠져 있는 것" (120)을 통하여 나타난다.

이 맥락에서 키에르케고르가 고대 신탁(神託)과 유대 제식(祭式) 혹은 역사와 현재 속에서 악령적인 것에 대한 다양한 규정들에 대해 무엇을 말했는지가 전제 조건이다. 이것에 대해서는 더 이상 상세히 다루지 않기로 한다. 단지 지적되어야 할 것은, 키에르케고르의 판단에 의하면, 개체는 최초로 고대 자연 종교적 숙명 신앙을 결정적으로 넘어서는 유대 - 그리스도적 전승의 맥락에서 한 개체로서의 발전된 자아 의식에 도달한다는 것이다. 비로소 이것과 함께, 키에르케고르가 그리스 철학뿐만 아니라 그의 시대에 지배적이었던 철학이 지나쳐 버린다고 비난했던 그 구체성에 도달했다. 그 구체적인 내용은, "자기 자신과 개인 자신에 대한 자아 의식, 순수한 자아 - 의식이 아니라, 어느 개인이나 다 그것인 반면에, 그 어떤 작가도, 어휘력이 풍부한 자도, 표현력이 가장 막강한 자도 언젠가 유일한 그러한 자아 의식을 서술할 수 없었던 그러한 구체적 자아 - 의식"(157) 이라고 한다. 이렇다는 것이 불안 속에서 전혀 명확하게 나타나지 않는다.

불안(해함)의 예술

잠재하는 영원성과 인간 영혼의 어마어마한 무력함 (사이)의 긴장이 아직 폭발하지 않은 채 불안의 전율 속에서 현저(顯著) 하다. 그러나 갈기갈기 찢어지도록 긴장된 유한성으로부터 죄의 파멸적 타락이 발생할 위험이 번개같이 닥친다. 그러나 이것은, 불안도 극복하고 그리고 용기로 변형될 수 있기 때문에 필연성과 함께 결과로써 일어나지 않는다. 이 용기는 의지력의 집중과 행동하는 노력을 통해서 구할 수 없다: 이것은 믿음을 통해 오는 하나님의 선물이다. 믿음은 무(가치 함)에 직면하여 존재에로의 용기이다. 믿음은 어떻게 생기는가?

키에르케고르에 의하면 불안을 지나치지 않고 오히려 통과하는 것: 불안을 겪은 자가 "불안해 하지 않게 훈련되었다"(173). 불안해 하지 않을 수 있는 능력을 인간의 영이 자기 마음대로 조정하지 않는다. 그것은 하나님의 영을 통해 열린 하나의 가능성이다. 불안이, 자신을 스스로에게 맡기는 것을 절망의 어마어마한 심연으로 끌어 내린다. 존재가 무((無)로 빠져들 위험이 닥치는데, 무(無)로 빠져듦의 가장 수

수께기 같은 양태가 죄이다. 그러나 키에르케고르에 의하면, 불안이 믿음의 도움으로 개인이 그의 근거를 더 길게 세상과 자신 안에서가 아니라 오직 하나님 안에서 찾도록 교육한다. 이러한 의미에서 불안은 단연 우리의 기본 신뢰를 우리 스스로에게 그리고 이 세상의 물질에 두지 않고 오직 하나님께 그리고 하나님 한 분께만 두도록 우리를 인도하고 싶어하는 하나님 영의 도구일 수 있다.

믿음이 베푸는, 용기를 주는 위로 속에는 자신과 세상에 대한 절망 그리고 이와 함께, 해체된 순간으로써의 불안의 심연이 포함되어 있다. 믿음은 불안해 하는 것이 무엇인지를 알고 그리고 절망을 안다. 그렇지 않으면 믿음이, 변함없이 지속적으로 용기를 주는 위로를 베풀 수 없다. 불안에 빠지는 것이 인간 영을 위협하는 하나의 위험이다. 더 적지 않은 다른 하나의 위험은 두려움과 전혀 관계 없는 것에 있다. 한 번도 두려워해본 적이 없거나 전혀 두려워하지 않는다는 것은 매우 의심스럽고 위험한 인간 실존의 징후이다. 그렇기 때문에 불안을 간과하기나 억세하려 하지 않으며 오히려 키에르케고르가 말한 불안(해 함)의 예술 속에서 익혀야만 할 것이다. 믿음이 이것을 달성시킨다. 믿음은 불안을 올바로 가지도록 우리를 가르치는 가운데 우리가 가장 높은 것에 관심을 갖도록 하고, 우리는 무엇이 최후에 그리고 절대적으로 중요한 지를 배운다: 세상을 신뢰하는 것도 아니고, 자신을 신뢰하는 것도 아닌 하나님을 신뢰하는 것이다.

존재(에)로의 용기

불안이 자신 스스로에게서 하는 경험, 더 정확히 말하자면 나와 세상이 하나님 없이는 바닥과 의미가 없다는 경험을 하는 것이 믿음의 사상 속 깊은 부분을 특징지으며, 믿음은, 말하자면, 이러한 양식으로 호감을 가지고 불안과 연결되어 머문다. 성숙한 믿음은 불안해 하는 자에게 특별히 관심을 기울인다. 그를 하나님을 위해 성숙하게 만든 불안이 믿음의 기억 속에는 조금도 없지 않는가. 그러므로 믿음 안에서 불안에게 영원한 기억이 주어졌다. 아니 우리는 키에르케고르와 함께 더 많이 그리고 다르게 말해야 한다: 불안은 믿음의 근거이신 하나님 자신에게 생소하지 않다. 만일, 하나님의 신성이 성령의 능력 안에서 예수 그리스도 안에 계시된 것이 진실이라면 - 이것은 진실이다 , (삼위일체) 신학적으로 하나님의 가장 속 깊은 부분을 움직이고 사로잡는, 인간 불안을 위한 동정심에 대해 침묵해서는 안 된다. 예수 그리스도 안에서 하나님 스스로가 최악의 십자가에서, 키에르케고르와 함께 말한다면, 인간의 무가치한 불안에서부터 튀어나온 죄의 죄과(罪過)를 지기 위해 인류와 세상을 위해 두려워했다. 불안이 있는 자는 신속히 부활하신, 십자가에 달리신 분의 펼친 팔로 피해 갈 것이라! 그 분이 이렇게 말씀하신다: "세상에서는 너희가 환난(=불안)을 당하나 담대하라 내가 세상을 이기었노라."(요 16:33)

부록

무극 한숭홍 교수 연구 목록*

1. 논문 / 소론 / 백과사전 기사

1. 한숭홍. "폴 틸리히의 신학적 방법론." 『연세춘추』, 1965.11.22, p.4.
2. 한숭홍. "프리드리히 니이체 철학에 대한 새로운 이해." 『신학논단』 제13집 (1977.2), pp.85~108.
3. 한숭홍. "슐라이어마허의 종교철학과 신학구조." 『신학논단』 제14집 (1980.7), pp.131~151.
4. 한숭홍. "합리와 비합리: 역사철학 방법론." 『신학춘추』, 1980.11.3, p.2.
5. 한숭홍. "역사를 움직인 사상가들: 르네상스 시대의 사상." 『숭의여대학보』, 1981.4.16, p.2.
6. 한숭홍. "논리학에 관한 역사적 고찰." 『교회와 신학』 제13집 (1981.5), pp.239~267.
7. 한숭홍. "기독교 교육철학에 관한 소고." 『신학춘추』, 1981.8.21, p.2.
8. 한숭홍. "철학적인 측면에서의 이데올로기 비판교육." 『새교육』 제327호 (1982.1), pp.61~68.
9. 한숭홍. "나의 신학수업 1: 연세 대학교에서." 『크리스챤신문』, 1982.3.27, p.2.
10. 한숭홍. "나의 신학수업 2: 연합신학대학원에서." 『크리스챤신문』, 1982.4.3, p.2.
11. 한숭홍. "나의 신학수업 3: 뮌헨 대학교에서." 『크리스챤신문』, 1982.4.10, p.2.
12. 한숭홍. "근세철학의 아버지 데까르뜨" (철학과 신학의 대화 3). 『신학춘추』, 1982.4.12, p.4.
13. 한숭홍. "나의 신학수업 4: 튀빙겐 대학교에서." 『크리스챤신문』, 1982.4.17, p.2.
14. 한숭홍. "나의 신학수업 5: 아헨 대학교에서." 『크리스챤신문』, 1982.4.24, p.2.
15. 한숭홍. "인간관계에 대한 실존철학적 조명." 『교육교회』 제82호 (1982.5), pp.176~182.
16. 한숭홍. "동일철학의 스피노자" (철학과 신학의 대화 4). 『신학춘추』, 1982.5.17, p.8.
17. 한숭홍. "기독교 교육학의 철학적 이론형성." 『교회와 신학』 제14집 (1982.5), pp.2[illegible]~275.
18. Nipkow, Karl Ernst. / 한숭홍 역. "기독교 교육과 성서적 신앙." 『교회와 신학』 제14집 (1982.5), pp.277~302.
19. 한숭홍. "아우구스디누스의 시간개념과 그의 시간개념에 대한 현대철학적 이해." 『춘계 이종성 박사 화갑기념 논문집』 서울: 장신대 출판부, 1982. pp.185~237.
20. 한숭홍. "단자론의 라이프니쯔"(철학과 신학의 대화 5). 『신학춘추』, 1982.6.21, p.4.

---

* 저서, 역서, 학위논문 등은 연보에 기록되어 있습니다.

21. 한숭홍. "철학의 신은 하나의 보편성, 신학의 신은 절대적 창조자"(철학과 신학의 대화 6). 『신학춘추』, 1982.8.20, p.4.
22. 한숭홍. "기독교 교육철학이란 무엇인가?." 『신학사상』 제38집 (1982 가을), pp.565~595.
23. 한숭홍. "가치교육 개념의 교육철학적 조명." 『교육교회』 제86호 (1982.10), pp.412~418.
24. 한숭홍. "선교 100주년에 임한 교회교육." 『활천』 제399호 (1982.10), pp.34~39.
25. 한숭홍. "이데올로기의 갈등과 국제이해." 『새교육』 제337호 (1982.11), pp.65~70.
26. 한숭홍. "선교 2세기를 향한 교회교육." 이상근 편. 『한국교회, 내일의 과제』. 서울: 한국문서선교회, 1982. pp.57~67.
27. 한숭홍. "교회교육이 지녀야 할 역사철학." 『교육교회』 제88호 (1983.1), pp.5~9.
28. Nipkow, Karl Ernst. / 한숭홍 역. "기독교 교육과 성서적 신앙." 오인탁 편. 『기독교 교육과 신앙』. 서울: 홍성사, 1983. pp.47~73.
29. 한숭홍. "바리사이파." 『동아세계대백과사전』 제13권 (1983).
30. 한숭홍. "바시의 학살." 『동아세계대백과사전』 제13권 (1983).
31. 한숭홍. "반종교개혁." 『동아세계대백과사전』 제13권 (1983).
32. 한숭홍. "발도파." 『동아세계대백과사전』 제13권 (1983).
33. 한숭홍. "변증법 신학." 『동아세계대백과사전』 제14권 (1983).
34. 한숭홍. "성(聖)." 『동아세계대백과사전』 제17권 (1983).
35. 한숭홍. "성체논쟁." 『동아세계대백과사전』 제17권 (1983).
36. 한숭홍. "신(神)." 『동아세계대백과사전』 제18권 (1983).
37. 한숭홍. "신학." 『동아세계대백과사전』 제19권 (1983).
38. 한숭홍. "종교민족학." 『동아세계대백과사전』 제25권 (1983).
39. 한숭홍. "종교심리학." 『동아세계대백과사전』 제25권 (1983).
40. 한숭홍. "종교철학." 『동아세계대백과사전』 제25권 (1983).
41. 한숭홍. "종교학." 『동아세계대백과사전』 제25권 (1983).
42. 한숭홍. "종말론." 『동아세계대백과사전』 제25권 (1983).
43. 한숭홍. "토마스 아퀴나스." 『동아세계대백과사전』 제28권 (1983).
44. Hohoff, Curt / 한숭홍 역. "기독교 문학이란 무엇인가?." 『교회와 신학』 제15집 (1983.5), pp.219~249.
45. 한숭홍. "교육과 철학" (현대교육철학의 흐름 1). 『교육교회』 제94호 (1983.8), pp.409~420.
46. 한숭홍. "신학과 비판철학의 접촉." 『신학춘추』, 1983.8.22, p.2.
47. 한숭홍. "교육학과 해석학" (현대교육철학의 흐름 2). 『교육교회』 제95호 (1983.9), pp.470~480.
48. 한숭홍. "성과 속." 『새빛』 제3권 제11호 (1983.10), pp.4~5.
49. 한숭홍. "교육학과 현상학" (현대교육철학의 흐름 3). 『교육교회』 제97호 (1983.11), pp.616~633.
50. 한숭홍. "기독교사관과 유물사관." 『교회와 신학』 제16집 (1984.5), pp.61~113.
51. 한숭홍. "기독교의 사랑 개념에 대한 소고." 『박창환 박사 · 주선애 교수 화갑기념 논문집』 서울: 장신대 출판부, 1984. pp.173~186.
52. 한숭홍. "교육학과 인간학"(상). 『교육교회』 제103호 (1984.6·7), pp.493~502.

53. 한숭홍. "교육학과 인간학"(하). 『교육교회』 제104호 (1984.8), pp.580~594.
54. 한숭홍. "번역의 의미와 자세: 한국의 번역문화를 생각하며." 『경건과 학문』 제2호 (1984 여름), pp.4~5.
55. Kaufmann, Hans Bernhard / 한숭홍 역. "세대간의 신앙, 학습, 교육." 맹용길 편. 『성숙한 교회와 교육선교』 (한국교회 100주년 기념 교육대회 강연집). 서울: 대한예수교장로회 총회교육부, 1984. pp.335~361.
56. 한숭홍. "교육학과 인간학(상)." 『새교육』 제360호 (1984.10), pp.17~22.
57. 한숭홍. "교육학과 인간학(하)." 『새교육』 제361호 (1984.11), pp.16~23.
58. 한숭홍. "기독교사관과 유물사관." 『대학사회와 이데올로기』 제1집 (1984.12), pp.9~42.
59. 한숭홍. "기독교 교육철학이란 무엇인가?." 오인탁 외. 『기독교 교육론』. 증보신판. 서울: 대한기독교교육협회, 1985. pp.455~483.
60. 한숭홍. "변증법적 유물론과 유물사관." 『교회와 신학』 제17집 (1985.5), pp.243~284.
61. Hohoff, Curt / 한숭홍 역. "기독교와 문학." 『교회와 신학』 제17집 (1985.5), pp.323~359.
62. 한숭홍. "추수감사절–추수 · 감사 · 축제를 중심으로." 『기독교교육』 제214호 (1985.10), pp.11~16.
63. 한숭홍. "한국인의 맥을 찾아서." 『경원대신문』, 1985.10.4, p.3.
64. 한숭홍. "슐라이어마허의 신앙론." 『빛과 소금』 제8호 (1985.11), pp.116~119.
65. Hohoff, Curt / 한숭홍 역. "기독교 문학이란 무엇인가?." 『빛과 소금』 제9호 (1985.12), pp.118~121.
66. 한숭홍. "슐라이어마허의 신앙론에 대한 분석적 이해." 『장신논단』 창간호 (1985.12), pp.293~319.
67. Hohoff, Curt / 한숭홍 역. "문학의 대상으로서의 종교." 『빛과 소금』 제10호 (1986.1), pp.117~119.
68. 한숭홍. "세계평화와 교회평화." 『평신도회보』, 1986.2.5, p.2.
69. 한숭홍. "현대와 평화문제." 『한국기독공보』, 1986.2.8, p.3.
70. 한숭홍. "슐라이어마허의 신학적 모티브에 대한 전기적 이해." 『교회와 신학』 제18집 (1986.5), pp.120~149.
71. 한숭홍. "슐라이어마허" (기독교사상과 인물 시리즈 3). 『한국기독공보』, 1986.6.7, p.4.
72. 한숭홍. "구속사의 유비." 86 · 88 성회 편집실 엮음. 『그 나라와 그 의: 신학자 30인이 말하는 민족 선교론』. 서울: 초석출판사, 1986. pp.37~47.
73. 한숭홍. "청소년에게 삶을 어떻게 가르칠까?." 『교사대학 지도자 세미나 교재』 (7단계). 서울: 대한예수교장로회 총회교육부, 1986. pp.219~226.
74. 한숭홍. "철학적인 측면에서의 이데올로기 비판교육." 『대학사회와 이데올로기』 제2집 (1986.12), pp.288~297.
75. 한숭홍. "평신도신학의 정립을 위하여: 신학적 측면에서." 『평신도회보』, 1987.2.5, p.4.
76. 한숭홍. "문화적 입장에서 본 한민족사에 있어서의 기독교의 위치." 『상신』 제26집 (1987.4), pp.31~36.
77. 한숭홍. "한국인의 맥을 찾아서." 『신학춘추』, 1987.4.27, p.2.

78. 한숭홍. "옷토 프리드리히 볼노의 실존교육사상." 『교회와 신학』 제19집 (1987.5), pp.446~467.
79. 한숭홍. "인간의 조건." 『신학논단』 (김찬국 교수 회갑기념 논문집) 제17집 (1987.5), pp.353~363.
80. 한숭홍. "청소년의 삶과 가치의 형성." 『교육교회』 제134호 (1987.5), pp.399~405.
81. 한숭홍. "크리스챤은 누구인가?." 『신앙세계』 제227호 (1987.6), pp.42~45.
82. 한숭홍. "여름 성경학교에 대한 제언." 『기독교교육』 제234호 (1987.7 · 8), pp.15~20.
83. 한숭홍. "교육학의 사회적 기능." 『새교육』 제394호 (1987.8), pp.22~29.
84. 한숭홍. "믿음이란 무엇인가?." 『신앙세계』 제229호 (1987.8), pp.84~86.
85. 한숭홍. "기독교 교육학의 과학성." 『교육교회』 제137호 (1987.8), pp.714~724.
86. 한숭홍. "존 번연의 「천로역정」: 낙원으로 가는 순례자의 여로." 『기독교사상』 제345호 (1987.9), pp.77~87.
87. 한숭홍. "막스 호르크하이머와 그의 철학." 『장신논단』 제3집 (1987.12), pp.352~377.
88. 한숭홍. "철학의 사회적 기능." 유원동 외 공편. 『현대사조의 이해』(8). 서울: 형설출판사, 1987. pp.9~25.
89. 한숭홍. "평화교육이란 무엇인가?." 『교육교회』 제142호 (1988.1), pp.18~27.
90. 한숭홍. "평화교육 일고." 『교육교회』 제143호 (1988.2), pp.146~154.
91. 한숭홍. "부활신앙에 대한 기독교 교육학적 이해." 『기독교교육』 제242호 (1988.4), pp.15~19.
92. 한숭홍. "프롬과 그의 마르크스상." 『교회와 신학』 제20집 (1988.5), pp.336~365.
93. 한숭홍. "과학과 신앙." 『교육교회』 제146호 (1988.6), pp.473~481.
94. 한숭홍. "교회 청소년 문화의 현실과 전망." 『기독교교육』 제247호 (1988.10), pp.15~19.
95. 한숭홍. "사회와 사상." 『장신논단』 제4집 (1988.11), pp.138~162.
96. 한숭홍. "마르크스의 인간관." 『현대사조의 이해』(9). 서울: 형설출판사, 1988. pp.183~201.
97. 한숭홍. "존재와 의식: 새로운 철학방법 서설." 『신학춘추』, 1988.12.12, p.2.
98. 한숭홍. "20세기와 기독교교육" (연재: 기독교 교육철학 및 사상 1). 『기독교교육』 제250호 (1989.1), pp.74~80.
99. 한숭홍. "통일교육론 분석: 서독의 통일의지를 중심으로." 『성숙한 교회와 통일교육』. 서울: 대한예수교장로회총회 출판국, 1989. pp.143~153.
100. 한숭홍. "민주주의와 기독교교육" (연재: 기독교 교육철학 및 사상 2). 『기독교교육』 제251호 (1989.2), pp.57~64.
101. 한숭홍. "교회학교 교사론" (연재: 기독교 교육철학 및 사상 3). 『기독교교육』 제252호 (1989.3), pp.77~82.
102. 한숭홍. "기독교 교육철학의 역할과 기능" (연재: 기독교 교육철학 및 사상 4). 『기독교교육』 제253호 (1989.4), pp.52~58.
103. 한숭홍. "기독교 교육학의 학문성 문제: 이론과 실제의 관계를 중심으로" (연재: 기독교 교육철학 및 사상 5). 『기독교교육』 제254호 (1989.5), pp.64~68.
104. 한숭홍. "실존적 인간이해와 시적 세계관." 『교회와 신학』 제21집 (1989.5), pp.230~251.

105. 한숭홍. "전환점에 선 기독교 교육" (연재: 기독교 교육철학 및 사상 6). 『기독교교육』 제255호 (1989.6), pp.50~56.
106. 한숭홍. "기독교 교육의 목적" (연재: 기독교 교육철학 및 사상 7). 『기독교교육』 제256호 (1989.7·8), pp.78~85.
107. 한숭홍. "신정통신학과 한국신학" (특집: 한국신학의 현주소 5). 『목회와 신학』 제2호 (1989.8), pp.70~78.
108. 한숭홍. "한국인과 자유." 『한국기독공보』, 1989.8.19, p.3.
109. 한숭홍. "신앙공동체와 기독교 교육" (연재: 기독교 교육철학 및 사상 8). 『기독교교육』 제257호 (1989.9), pp.50~58.
110. 한숭홍. "생명 경시의 윤리적 타락현상." 『기도』 제301호 (1989.9), pp.14~17.
111. 한숭홍. "기독교 교육학과 세계관의 변화" (연재: 기독교 교육철학 및 사상 9). 『기독교교육』 제258호 (1989.10), pp.68~73.
112. 한숭홍. "기독교 교육의 접근방법 유형들" (연재: 기독교 교육철학 및 사상 10). 『기독교교육』 제259호 (1989.11), pp.52~61.
113. 한숭홍. "무(無)의 철학서설." 『신학춘추』, 1989.11.6, p.2.
114. 한숭홍. "기독교 교육학의 과학성: 구조적 측면에서" (연재: 기독교 교육철학 및 사상 11). 『기독교교육』 제260호 (1989.12), pp.44~52.
115. 한숭홍. "기독교 교육학의 과학성: 구조적 측면에서." 『쉐마』 제4집 (1989.12), pp.70~80.
116. 한숭홍. "인간이란 무엇인가?." 『장신논단』 제5집 (1989.12), pp.333~356.
117. 한숭홍. "한국신학사상의 서장" (연재: 한국신학사상의 흐름 1). 『목회와 신학』 제7호 (1990.1), pp.210~216.
118. 한숭홍. "기독교 교육철학" (연재: 기독교 교육철학 및 사상 12). 『기독교교육』 제261호 (1990.1), pp.51~58.
119. 한숭홍. "한국 근대사회사상의 변천과 기독교" (연재: 한국신학사상의 흐름 2). 『목회와 신학』 제8호 (1990.2), pp.188~199.
120. 한숭홍. "호모 크리스티아누스(*homo christianus*)의 기독교 교육철학" (연재: 기독교 교육철학 및 사상 13). 『기독교교육』 제262호 (1990.2), pp.56~63.
121. 한숭홍. "기독교와 민족운동" (연재: 한국신학사상의 흐름 3). 『목회와 신학』 제9호 (1990.3), pp.192~202.
122. 한숭홍. "기독교 교육학의 철학적 기초" (연재: 기독교 교육철학 및 사상 14). 『기독교교육』 제263호(1990.3), pp.46~50.
123. 한숭홍. "한국신학 형성의 새 기원" (연재: 한국신학사상의 흐름 4). 『목회와 신학』 제10호 (1990.4), pp.200~212.
124. 한숭홍. "신앙교육론" (연재: 기독교 교육철학 및 사상 15). 『기독교교육』 제264호 (1990.4), pp.39~51.
125. 한숭홍. "이용도론 I: 생애와 부흥운동을 중심으로" (연재: 한국신학사상의 흐름 5). 『목회와

신학』 제11호 (1990.5), pp.202~13.
126. 한숭홍. "기독교 교육철학과 현대사회"(연재: 기독교 교육철학 및 사상 16). 『기독교교육』 제265호 (1990.5), pp.49~55.
127. 한숭홍. "평화신학." 『교회와 신학』 제22집 (1990.5), pp.51~76.
128. 한숭홍. "이용도론 II: 신학과 사상을 중심으로" (연재: 한국신학사상의 흐름 6). 『목회와 신학』 제12호 (1990.6), pp.210~221.
129. 한숭홍. "교육화와 인간화" (연재: 기독교 교육철학 및 사상 17). 『기독교교육』 제266호 (1990.6), pp.48~51.
130. 한숭홍. "인간화: 기독교 교육철학적 측면에서의 이해." 『기독교와 교육』 제4호 (1990.6), pp.14~20.
131. 한숭홍. "무교회주의 I: 김교신의 생애를 중심으로" (연재: 한국신학사상의 흐름 7). 『목회와 신학』 제13호 (1990.7), pp.228~239.
132. 한숭홍. "기독교 교육학의 미래적 위상" (연재: 기독교 교육철학 및 사상 18). 『기독교교육』 제267호 (1990.7·8), pp.58~65.
133. 한숭홍. "평화신학에 대한 소고." 『기독교 연합신문』, 1990.8.5, p.5.
134. 한숭홍. "무교회주의 II: 함석헌의 사상을 중심으로" (연재: 한국신학사상의 흐름 8). 『목회와 신학』 제14호 (1990.8), pp.220~234.
135. 한숭홍. "무교회주의 III" (연재: 한국신학사상의 흐름 9). 『목회와 신학』 제15호 (1990.9), pp.176~191.
136. 한숭홍. "기독교 교육철학과 평화신학 1: 정의의 신학 측면에서" (연재: 기독교 교육철학 및 사상 19). 『기독교교육』 제268호 (1990.9), pp.51~59.
137. 한숭홍. "철학과 신학." 『총신대보』, 1990.9.24, p.2.
138. 한숭홍. "정통보수주의 신학사상 I: 박형룡의 생애와 신학형성을 중심으로" (연재: 한국신학사상의 흐름 10). 『목회와 신학』 제16호 (1990.10), pp.196~209.
139. 한숭홍. "기독교 교육철학과 평화신학 2: 가능성 탐구의 한 시도" (연재: 기독교 교육철학 및 사상 20). 『기독교교육』 제269호 (1990.10), pp.58~63.
140. 한숭홍. "보수정통주의 신학사상 II: 박형룡의 정통신학을 중심으로" (연재: 한국신학사상의 흐름 11). 『목회와 신학』 제17호 (1990.11), pp.172~179.
141. 한숭홍. "기독교 교육철학과 평화신학 3: 창조질서 보전의 신학 측면에서" (연재: 기독교 교육철학 및 사상 21). 『기독교교육』 제270호 (1990.11), pp.37~45.
142. 한숭홍. "김재준의 신학사상 I" (연재: 한국신학사상의 흐름 12). 『목회와 신학』 제18호 (1990.12), pp.163~169.
143. 한숭홍. "12월 25일, 성탄절을 찾아서." 『현대종교』 제200호 (1990.12), pp.24~33.
144. 한숭홍. "철학적 신학의 기초이론에 관한 연구." 『장신논단』 제6집 (1990.12), pp.481~523.
145. 한숭홍. "김재준의 신학사상 II" (연재: 한국신학사상의 흐름 13). 『목회와 신학』 제19호 (1991.1), pp.188~197.
146. 한숭홍. "기독교 교육철학의 현재와 미래" (연재: 기독교 교육철학 및 사상 22). 『기독교교육』

제272호 (1991.1), pp.77~82.

147. 한숭홍. "윤성범의 신학사상 I" (연재: 한국신학사상의 흐름 14). 『목회와 신학』 제20호 (1991.2), pp.176~185.

148. 한숭홍. "윤성범의 신학사상 II" (연재: 한국신학사상의 흐름 15). 『목회와 신학』 제21호 (1991.3), pp.184~193.

149. 한숭홍. "윤성범의 신학사상 III" (연재: 한국신학사상의 흐름 16). 『목회와 신학』 제22호 (1991.4), pp.176~187.

150. 한숭홍. "전쟁과 위기 속에 있는 창조질서." 『기독교사상』 제388호 (1991.4), pp.54~65.

151. 한숭홍. "초혼신학에 대한 종교학적 이해" (연재: 한국신학사상의 흐름 17). 『목회와 신학』 제23호 (1991.5), pp.174~191.

152. 한숭홍. "윤성범의 생애와 신학." 『교회와 신학』 제23집 (1991.5), pp.434~461.

153. 한숭홍. "김정준의 신학사상 I" (연재: 한국신학사상의 흐름 18). 『목회와 신학』 제24호 (1991.6), pp.170~179.

154. 한숭홍. "김정준의 신학사상 II" (연재: 한국신학사상의 흐름 19). 『목회와 신학』 제25호 (1991.7), pp.204~213.

155. 한숭홍. "초기 선교사들의 신학과 사상." 『한국기독교와 역사』 창간호 (1991.7), pp.49~67.

156. 한숭홍. "김정준의 신학사상 III" (연재: 한국신학사상의 흐름 20). 『목회와 신학』 제26호 (1991.8), pp.225~235.

157. 한숭홍. "존 매쿼리의 철학적 신학과 구조: 그의 「기독교 신학의 원리」를 중심으로" (기독교 사상의 고향 51). 『한국기독공보』, 1991.8.24, p.5.

158. 한숭홍. "김응조의 신학과 사상 I: 그의 생애를 중심으로" (연재: 한국신학사상의 흐름 21). 『목회와 신학』 제27호 (1991.9), pp.159~168.

159. 한숭홍. "임마누엘 칸트, 이성의 한계 안에서의 종교" (기독교 사상의 고향 52). 『한국기독공보』, 1991.9.21, p.5.

160. 한숭홍. "김응조의 신학과 사상 II: 해방 뒤 그의 생애를 중심으로" (연재: 한국신학사상의 흐름 22). 『목회와 신학』 제28호 (1991.10), pp.190~199.

161. 한숭홍. "쿠르트 호호프, 「기독교 문학이란 무엇인가?」" (기독교 사상의 고향 53). 『한국기독공보』, 1991.10.5, p.5.

162. 한숭홍. "요아힘 바하, 「종교의 비교연구」" (기독교 사상의 고향 54). 『한국기독공보』, 1991.10.19, p.5.

163. 한숭홍. "김응조의 신학사상 III" (연재: 한국신학사상의 흐름 23). 『목회와 신학』 제29호 (1991.11), pp.211~223.

164. 한숭홍. "마틴 하이데거, 「존재와 시간」" (기독교 사상의 고향 55). 『한국기독공보』, 1991.11.9, p.7.

165. 한숭홍. "2000년대를 향한 한국신학의 전망과 과제." 『연합신학대학원 동문회보』 제2호 (1991.11), pp.22~27.

166. 한숭홍. "요셉 포그트, 「역사적 보편세계에의 도정」" (기독교 사상의 고향 56). 『한국기독공보』, 1991.11.16, p.5

167. 한숭홍. "칼 야스퍼스, 「철학입문」" (기독교 사상의 고향 57). 『한국기독공보』, 1991.11.23, p.5.
168. 한숭홍. "만수 김정준의 신학과 사상: 민중신학의 구약성서적 근거." 『신학과 경건』(만수 김정준 논집). 서울: 대한기독교서회, 1991. pp.369~383.
169. 한숭홍. "발터 슐츠, 「근대 형이상학의 신」" (기독교 사상의 고향 58). 『한국기독공보』, 1991.12.7, p.5.
170. 한숭홍. "19세기 논리학 개혁운동에 대한 연구: 게오르그 레온하드 라부스의 평가를 중심으로." 『장신논단』 제7집 (1991.12), pp.447~468.
171. 한숭홍. "프리드리히 니체, 「짜라투스트라는 이렇게 말했다」" (기독교 사상의 고향 59). 『한국기독공보』, 1991.12.21, p.7.
172. 한숭홍. "홍현설의 신학사상 I" (연재: 한국신학사상의 흐름 24). 『목회와 신학』 제31호 (1992.1), pp.210~220.
173. 한숭홍. "홍현설의 신학사상 II" (연재: 한국신학사상의 흐름 25). 『목회와 신학』 제32호 (1992.2), pp.212~226.
174. 한숭홍. "최병헌의 신학사상 I" (연재: 한국신학사상의 흐름 26). 『목회와 신학』 제33호 (1992.3), pp.238~251.
175. 한숭홍. "목사의 도와 장로의 도: 한국 교회의 올바른 지도자상 정립." 『교회와 신학』 (이종성 박사 고희기념 논문집). 서울: 대한기독교서회, 1992. pp.594~607.
176. 한숭홍. "최병헌의 신학사상 II" (연재: 한국신학사상의 흐름 27). 『목회와 신학』 제34호 (1992.4), pp.170~179.
177. 한숭홍. "최태용의 신학사상 I" (연재: 한국신학사상의 흐름 28). 『목회와 신학』 제35호 (1992.5), pp.192~205.
178. 한숭홍. "2000년대를 향한 한국신학의 전망과 과제." 『복음과 상황』 제9호 (1992.5·6), pp.116~127.
179. 한숭홍. "최태용의 신학사상에 대한 평전적 이해." 『교회와 신학』 제24집 (1992.5), pp.507~532.
180. 한숭홍. "최태용의 신학사상 II" (연재: 한국신학사상의 흐름 29). 『목회와 신학』 제36호 (1992.6), pp.204~212.
181. 한숭홍. "신학이란 무엇인가?." 『신학춘추』, 1992.6.19, pp.2~3.
182. 한숭홍. "한경직의 생애와 사상 I" (연재: 한국신학사상의 흐름 30). 『목회와 신학』 제37호 (1992.7), pp.180~197.
183. 한숭홍. "한경직의 생애와 사상 II" (연재: 한국신학사상의 흐름 31). 『목회와 신학』 제38호 (1992.8), pp.248~262.
184. 한숭홍. "한경직의 생애와 사상 III" (연재: 한국신학사상의 흐름 32). 『목회와 신학』 제39호 (1992.9), pp.180~193.
185. 한숭홍. "기독교 교육과 문화." 한국 기독교 교육학회 편. 『기독교 교육』 (정웅섭 · 이원희 교수 회갑 논문집). 서울: 대한기독교교육협회, 1992. pp.351~356.
186. 한숭홍. "한경직의 생애와 사상 IV" (연재: 한국신학사상의 흐름 33). 『목회와 신학』 제40호

(1992.10), pp.236~248.

187. 한숭홍. “정경옥의 신학사상 I” (연재: 한국신학사상의 흐름 34). 『목회와 신학』 제41호 (1992.11), pp.213~231.

188. 한숭홍. “파울 틸리히의 역사철학 서설.” 『장신논단』 제8집 (1992.11), pp.375~392.

189. 한숭홍. “정경옥의 신학사상 II” (연재: 한국신학사상의 흐름 35). 『목회와 신학』 제42호 (1992.12), pp.179~187.

190. 한숭홍. “박윤선의 신학사상 I” (연재: 한국신학사상의 흐름 36). 『목회와 신학』 제43호 (1993.1), pp.194~203.

191. 한숭홍. “이광수의 「흙」 - ‘농민의 속으로 가자’.” 『열린 마음』 제2호 (1993.2), pp.18~21.

192. 한숭홍. “박윤선의 신학사상 II” (연재: 한국신학사상의 흐름 37). 『목회와 신학』 제44호 (1993.2), pp.205~217.

193. 한숭홍. “박윤선의 신학사상 III” (연재: 한국신학사상의 흐름 38). 『목회와 신학』 제45호 (1993.3), pp.251~261.

194. 한숭홍. “신학의 본질론에 관한 논고: 신학함의 새로운 차원을 찾아서.” 『신학춘추』, 1993.3.24, p.2.

195. 한숭홍. “한국신학사상 정립을 위한 기초론” (연재: 한국신학사상의 흐름 39). 『목회와 신학』 제46호 (1993.4), pp.235~241.

196. 한숭홍. “양주삼의 생애와 신학사상 I” (연재: 한국신학사상의 흐름 40). 『목회와 신학』 제47호 (1993.5), pp.201~209.

197. 한숭홍. “파울 틸리히의 역사해석에 대한 실존철학적 이해.” 『교회와 신학』 제25집 (1993.5), pp.559~581.

198. 한숭홍. “양주삼의 생애와 신학사상 II” (연재: 한국신학사상의 흐름 41). 『목회와 신학』 제48호 (1993.6), pp.197~207.

199. 한숭홍. “기독교 문화 정착을 위한 바람직한 교육방안.” 『제1회 교회여성문제 심포지움』(자료집). 서울: 대한예수교장로회 여전도회 전국연합회 한국교회여성문제연구소, 1993. pp.16~24.

200. 한숭홍. “양주삼의 생애와 신학사상 III” (연재: 한국신학사상의 흐름 42). 『목회와 신학』 제49호 (1993.7), pp.237~250.

201. 한숭홍. “양주삼.” 『반민족문제연구』 제3호 (1993.7), pp.26~32.

202. 한숭홍. “민족신학이란 가능한가?.” 『민족과 신학』 제1호 (1993.8), pp.312~318.

203. 한숭홍. “양주삼의 생애와 신학사상 IV” (연재: 한국신학사상의 흐름 43). 『목회와 신학』 제51호 (1993.9), pp.202~219.

204. 한숭홍. “남궁 혁의 생애와 신학사상 I” (연재: 한국신학사상의 흐름 44). 『목회와 신학』 제53호 (1993.11), pp.214~223.

205. 한숭홍. “남궁 혁의 생애와 신학사상 II” (연재: 한국신학사상의 흐름 45). 『목회와 신학』 제54호 (1993.12), pp.220~225.

206. 한숭홍. “계보별로 본 한국신학사.” 『장신논단』 제9집 (1993.12), pp.569~595.

207. 한숭홍. "남궁 혁의 생애와 신학사상 III" (연재: 한국신학사상의 흐름 46). 『목회와 신학』 제55호 (1994.1), pp.201~215.
208. 한숭홍. "송창근의 생애와 신학사상 I" (연재: 한국신학사상의 흐름 47). 『목회와 신학』 제56호 (1994.2), pp.208~216.
209. 한숭홍. "틸리히의 문화신학." 조성노 편. 『현대신학 개관』. 서울: 현대신학연구소, 1994. pp.257~289.
210. 한숭홍. "송창근의 생애와 신학사상 II" (연재: 한국신학사상의 흐름 48). 『목회와 신학』 제59호 (1994.5), pp.151~170.
211. 한숭홍. "기독교의 생명관" (주제별 신학연구). 『기독교사상』 제425호 (1994.5), pp.156~166.
212. 한숭홍. "남궁 혁의 신학사상." 『교회와 신학』 제26집 (1994.5), pp.554~573.
213. 한숭홍. "인간에 주어진 두 가지 삶: 인본주의와 신본주의." 『신학춘추』, 1994.6.11, p.3.
214. 한숭홍. "서남동의 생애와 신학사상 I" (연재: 한국신학사상의 흐름 49). 『목회와 신학』 제62호 (1994.8), pp.190~197.
215. 한숭홍. "철학적 신학이란 무엇인가?." 『성서마당』 제8호 (1994.8), pp.6~8.
216. 한숭홍. "서남동의 생애와 신학사상 II" (연재: 한국신학사상의 흐름 50). 『목회와 신학』 제63호 (1994.9), pp.162~168.
217. 한숭홍. "한국 토착화 신학의 현주소." 『침신대학보』, 1994.10.28, p.2.
218. 한숭홍. "라부스의 철학과 자연과학의 사원구성적 체계이론." 『장신논단』 제10집 (1994.11), pp.636~655.
219. 한숭홍. "민족 수난기의 신학자 송창근." 『교회와 신학』 제27집 (1995.5), pp.182~204.
220. 한숭홍. "교회성장과 교회교육." 『장신논단』 제11집 (1995.11), pp.391~418.
221. 한숭홍. "21세기에 기대되는 인간상." 『21세기와 예수 그리스도』. 서울: 한국장로교 출판사, 1995. pp.39~54.
222. 한숭홍. "21세기 한국 신학의 과제와 전망." 『'96 교수연구 논문집』 제1집. 서울: 장로회신학대학교 기획실, 1996. pp.322~332.
223. 한숭홍. "21세기 한국 신학의 과제와 전망." 『장신논단』 제12집 (1996.11), pp.414~435.
224. 한숭홍. "기독교와 민족운동." 『신학춘추』, 1996.11.26, pp.2~3.
225. 한숭홍. "기독교 문화 정착을 위한 바람직한 교육방안." 『하나님의 말씀과 우리말 성경』 (나채운 교수 은퇴기념 논문집). 서울: 장신대 출판부, 1997. pp.462~471.
226. 한숭홍. "한국 교회사와 함께 한 눈물의 선지자들." 『목회와 신학』 제95호. (1997.5), pp.76~81.
227. 한숭홍. "21세기 교회가 요구하는 지도자상." 『교회와 신학』 제31집 (1997 겨울), pp.60~77.
228. 한숭홍. "문화변동에 따른 신학의 변화 전망." 『장신논단』 제13집 (1997.12), pp.487~514.
229. 한숭홍. "경제위기와 교육위기." 『교회와 신학』 제33호 (1998 여름), pp.45~58.
230. 한숭홍. "21세기의 가상교회." 『장신논단』 제14집 (1998.12), pp.627~672.
231. 한숭홍. "한국 기독교의 어제: 그 역할과 의미." 『장신논단』 제15집 (1999.12), pp.654~676.
232. 한숭홍. "소망에 대한 철학적 접근." 대한예수교장로회 총회교육부 편. 『인류의 소망이신 예

수 그리스도』. 서울: 한국장로교 출판사, 1999. pp.249~266.

233. 한숭홍. "사이버 문화와 기독교 교육." 『교회와 교육』 제154호 (2000 봄), pp.162~172.

234. 한숭홍. "한국신학, 무엇이 문제인가?." 『장신논단』 제16집 (2000.12), pp.808~822.

235. 한숭홍. "한국교회의 순례자, 한경직 목사." 『한국기독공보』, 2001.4.14, p.5.

236. 한숭홍. "한경직 목사의 영성과 한국교회에 미친 영향." 『장신논단』 제17집 (2001.12), pp.541~578.

237. 한숭홍. "한경직 목사의 영성과 한국교회에 미친 영향." 『한국 교회와 한경직 목사』 (1주기 추모 자료집). 서울: 한경직목사기념사업회, 2002. pp.51~74, pp.75~79 (김영한 교수의 논평).

238. 한숭홍. "그리스도와 이데올로기 극복." 『장신논단』 제18집 (2002. 12), pp.787~817.

239. 한숭홍. "변선환의 신학사상." 『장신논단』 제19집 (2003. 12), pp.351~376, pp.552~554 (영문초록).

240. 한숭홍. "한국 기독교의 상황적 해석과 이해의 가변성 문제." 『신학춘추』, 2004.11.23, p.8.

241. 한숭홍. "루돌프 오토(1869~1937): 그의 신학수업시기를 중심으로." 『장신논단』 제22집 (2004.12), pp.469~491, pp.564~566(영문초록).

242. 한숭홍. "광복 60년사와 맞물려온 한국 신학의 변천사." 『목회와 신학』 제194호(2005.8), pp.74~81.

243. 한숭홍. "기독교 인간관 : 神土不二 神學의 관점에서." 『본질과 현상』 통권2호 (2005 겨울), pp.37~50.

244. 한숭홍. "한국교회 분열과 신학적 논쟁: 神土不二 神學의 사고지평에서 개진하며." 『장신논단』 제24집 (2005.12), pp.553~582, pp.583~584(영문초록).

245. 한숭홍. "기독교 문화와 교회의 미래." 『교회와 신학』 제64호 (2006 봄), pp.6~11.

246. 한숭홍. "김삼환 목사의 목회철학." 『교회와 신학』 제65호 (2006 여름), pp.103~114.

247. 한숭홍. "디지털 시대의 기독교 영성." 『교회와 신학』 제66호 (2006 가을), pp.6~11.

248. 한숭홍. "신, 그는 누구인가?." 『본질과 현상』 통권5호 (2006 가을), pp.200~214.

249. 한숭홍. "식물은 무엇을 말하는가?." 『본질과 현상』 통권6호 (2006 겨울), pp.161~179.

250. 한숭홍. "오늘의 한국 기독교, 무엇이 문제인가?." 『장신논단』 제27집 (2006.12), pp.505~532, pp.533~534(영문초록).

251. 한숭홍. "호모 에코노미쿠스." 『본질과 현상』 통권7호 (2007 봄), pp.150~171.

252. 한숭홍. "평양대부흥운동의 神土不二 신학적 구조." 『교회와 신학』 제68호 (2007 봄), pp.6~15.

253. 한숭홍. "디지털 시대, 한국 교회 어디로 가야하는가?." 『장신논단』 제28집 (2007.6), pp.213~239, pp.240~242(영문초록).

254. 한숭홍. "역사철학에도 코페르니쿠스는 존재하는가?." 『본질과 현상』 통권8호 (2007 여름), pp.133~156.

2. 서평 / 논평

1. 한숭홍. "교회교육의 지침서" (오인탁 외 공저. 『기독교 교육론』에 대한 서평). 『기독교사상』 제315호 (1984.9), pp.194~201.
2. 한숭홍. "목회와 지역사회" (클라인벨, H. J. / 오성춘 역. 『목회와 지역사회』에 대한 서평). 『장신논단』 창간호 (1985.12), pp.487~501.
3. 한숭홍. "복음수용중심의 한국기독교사 연구. 선교사 의존했던 기존의 논의 비판" (이만열 저. 『한국기독교와 민족의식』에 대한 서평). 『출판저널』 제95호 (1991.11), p.9.
4. 한숭홍. "철저히 변두리로 가신 예수 그리스도" (문전섭 편저. 『철저히 변두리로 가신 예수 그리스도』에 대한 서평). 『내가 사랑하는 책』 제18호 (1995.4), pp.38~39.
5. 한숭홍. "한국 무속과 윤회, 그리고 뉴 에이지 운동" (권오덕 교수의 논문에 대한 논평). 『한국개혁신학』 제2권 (1997.10), pp.192~195.
6. 한숭홍. "슐라이어마허의 「종교론」" (슐라이어마허 / 최신한 역. 『종교론』에 대한 서평). 『목회와 신학』 제102호 (1997.12), p.270.
7. 한숭홍. "현대 구미신학의 특징과 21세기 신학" (목창균 교수의 논문에 대한 논평). 『기독교학술원 포럼』 제3호 (2001.6), pp.129~130.
8. 한숭홍. "안식일에 대한 신학적 해석의 한 시도" (오만규 저. 『안식일과 십자가』에 대한 서평). 하홍팔 편. 『늘오름 오만규 교수 회갑기념 논문집』. 서울: 삼육대학교 출판부, 2001. pp.257~260.
9. 한숭홍. "21세기 신학의 학문성" (송인규 교수의 논문에 대한 논평). 『제1회 장로회신학대학교 대학원학술대회 자료집』 (장로회신학대학교 대학원, 2003.5.19), pp.15~18.
10. 한숭홍. "21세기 신학의 학문성" (송인규 교수의 논문에 대한 논평). 최윤배 편. 『21세기 신학의 학문성』. 서울: 장신대 출판부, 2003. pp.91~98.
11. 한숭홍. "Erikson의 생애주기론이 실천신학에 응용될 수 있는 한 가능성 연구" (오규훈 교수의 논문에 대한 논평). 『제3회 소망신학포럼 자료집』 (장로회신학대학교 대학원, 2005.11.16), pp.1~3.
12. 한숭홍. "불안의 개념: 죄렌 키에르케고르(1813~1855)를 기념하여" (Gunther Wenz 교수의 논문에 대한 논평), 2006.5.23.

3. 서문 / 후기

1. 한숭홍. "역자의 서문." 『기독교 문학이란 무엇인가?』 (Curt Hohoff), pp.5~10.
2. 한숭홍. "역자 후기." 『종교다원주의와 기독교 신앙』 (Donald G. Dawe, and John B. Carman), pp.213~214.
3. 한숭홍. "역자 후기." 『20세기 종교사상』 (John Macquarrie), pp.515~518.
4. 한숭홍. "역자 서문." 『사회철학이란 무엇인가?』 (Gordon Graham), pp.7~8.

5. 한숭홍. "마침표 앞에 써본 낙서"(편집후기). 『교회와 신학』 제63호 (2005 겨울), p.188.
6. 한숭홍. "편집후기"(편집후기). 『교회와 신학』 제64호 (2006 봄), p.180.
7. 한숭홍. "一片落穗"(편집후기). 『교회와 신학』 제65호 (2006 여름), p.196.
8. 한숭홍. "디지털과 영성"(편집후기). 『교회와 신학』 제66호 (2006 가을), p.204.
9. 한숭홍. "글을 엮고 나서"(편집후기). 『교회와 신학』 제67호 (2006 겨울), p.196.
10. 한숭홍. "말씀과 기도"(권두언). 『2007 말씀과 기도』. 서울: 장신대 출판부, 2006. P.4.
11. 한숭홍. "2007 평양, 그 이름이여!"(편집후기). 『교회와 신학』 제68호 (2007 봄), p.212.
12. 한숭홍. "勁草一聲"(편집후기). 『교회와 신학』 제69호 (2007 여름), p.198.

4. 논단 / 논설 / 시론

1. 한숭홍. "독일교회의 위기와 고민." 『활천』 통권348호 (1970. 4), p.40~42, 55.
2. 한숭홍. "오늘의 독일교회." 『새빛』 제2호 (1981.6), p.7.
3. 한숭홍. "창조와 진화." 『신학춘추』, 1982.12.20, p.2.
4. 한숭홍. "교회교육과 가정교육." 『교육교회』 제92호 (1983.5), p.239.
5. 한숭홍. "유물론 읽고." 『한국기독공보』, 1984.2.11, p.5.
6. 한숭홍. "한국에 기독교 신학 신대륙의 청사진을." 『한국기독공보』, 1984.4.28, p.6.
7. 한숭홍. "인간의 본질." 『신학춘추』, 1984.10.8, p.2.
8. 한숭홍. "철학이 있는 정치, 종교 되어야." 『신학춘추』, 1985.9.9, p.2.
9. 한숭홍. "이념신학은 신학일 수 없어." 『장로회보』, 1987.1.5, p.4.
10. 한숭홍. "신학을 시작하는 장신인에게." 『신학춘추』, 1987.3.23, p.6.
11. 한숭홍. "성탄절의 현대적 의의." 『평신도회보』, 1987.12.5, p.2.
12. 한숭홍. "홀로 걷는 인생." 『기독교 여성』 제8호 (1988.11), pp.29~32.
13. 한숭홍. "무엇을 그리고 어떻게." 『장신소식』 제6호 (1989), pp.7~8.
14. 한숭홍. "청소년들의 여름선용." 『평신도회보』, 1989.7.5, p.2.
15. 한숭홍. "신학과 신앙, 사회의 빛으로." 『목회와 신학』 제3호 (1989.9), p.15.
16. 한숭홍. "성탄절 유감." 『평신도회보』, 1990.12.5, p.2.
17. 한숭홍. "들을 귀 있는 자들이 그리워진다." 『교육교회』 제182호 (1991.7), pp.82~85.
18. 한숭홍. "초기 선교사들의 신학과 사상." 『한국기독교역사연구소 소식』 제5호(1991.8.10), pp.3~5.
19. 한숭홍. "14대 총선, 그 대책과 우리의 자세." 『장신원보』, 1992.3.9, p.5.
20. 한숭홍. "교회가 성도들에게 모범을 보여야." 『들소리신문』, 1993.4.2, p.2.
21. 한숭홍. "요즘 세상 이야기." 『장신원보』, 1993.4.13, p.5.
22. 한숭홍. "'양주삼의 생애와 신학사상'을 마치고." 『목회와 신학』 제53호 (1993.11), p.229.
23. 한숭홍. "국민의 눈은 정부의 준엄한 평가척도." 『신학춘추』, 1994.9.27, p.2.
24. 한숭홍. "한국의 세계화는 의식의 탈바꿈이 있어야한다"(신학자가 본 세상). 『열린 마음』. 서울: 문화공동체 하나, 1995. pp.62~66.

25. 한숭홍. "어린 왕자는 …"(장신대 노래 모임 노랫골 제9회 정기 공연에 붙이는 글). 『너 꿈이 뭐니?』, 1995.5.30, p.3.
26. 한숭홍. "삶은 믿음인가, 이해인가?"(나를 변화시킨 한권의 책). 『신학춘추』, 2002.6.10, p.6.
27. 한숭홍. "개혁신앙이 근대화 일궜다." 『한국장로신문』, 2003.10.25, p.3.
28. 한숭홍. "영락교회 창립 60주년을 축하하며." 『만남』 통권372호 (2005.1), pp.4~7.
29. 한숭홍. "말하기와 글쓰기"(논단). *Newsletter*(장신대 교수학습개발원) 제2권 6호 (2005.6), p.1.
30. 한숭홍. "주님께 드리는 편지"(기도). 『2006 말씀과 기도』. 서울: 장신대 출판부, 2005. pp.43~44.
31. 한숭홍. "슐라이어마허의 『신앙론』에 대한 분석적 이해"(요약). 『장신논단 요약집 1』. 서울: 장신대 출판부, 2006. pp.397~400.
32. 한숭홍. "막스 호르크하이머와 그의 철학"(요약). 『장신논단 요약집 1』. 서울: 장신대 출판부, 2006. pp.401~404.
33. 한숭홍. "사회와 사상"(요약), 『장신논단 요약집 1』. 서울: 장신대 출판부, 2006. pp.405~408.
34. 한숭홍. "인간이란 무엇인가?"(요약), 『장신논단 요약집 1』. 서울: 장신대 출판부, 2006. pp.409~412.
35. 한숭홍. "철학적 신학의 기초이론에 관한 연구"(요약), 『장신논단 요약집 1』. 서울: 장신대 출판부, 2006. pp.413~416.
36. 한숭홍. "19세기 논리학 개혁운동에 대한 연구"(요약), 『장신논단 요약집 1』. 서울: 장신대 출판부, 2006. pp.417~419.
37. 한숭홍. "파울 틸리히의 역사철학 서설"(요약), 『장신논단 요약집 1』. 서울: 장신대 출판부, 2006. pp.420~423.
38. 한숭홍. "기도"(기도). 『2007 말씀과 기도』. 서울: 장신대 출판부, 2006. p.70.
39. 한숭홍. "神學一念"(논단). *Newsletter*(장신대 교수학습개발원) 제4권 1호 (2007. 3), p.2.

5. 문예

1. 한숭홍. "哀歌"(창작 시). 『연세춘추』, 1962.10.15, p.4.
2. Soong-Hong Han. "A Song of Lamentation"(창작 영시). The *Yonsei Annals*, 21 January 1963, p.4.
3. 한숭홍. "내 사랑하는 사람에게"(창작 시). 『연세춘추』, 1963.6.3, p.4.
4. 한숭홍. "바닷가에서"(창작 시). 『연세춘추』, 1963.9.9, p.4.
5. Soong-Hong Han. "Autumn's Emotion"(창작 영시). *The Yonsei Annals*, 7 October 1963, p.4.
6. Soong-Hong Han. *Before I Go*.(미간행 창작 영어 단편소설). 1964.
7. 한숭홍. "깃발(상)"(창작 단편소설). 『참빛』 제2권 제6호 (1966.1), pp.25~29.
8. 한숭홍. "깃발(중)"(창작 단편소설). 『참빛』 제2권 제7호 (1966.2), pp.26~29.
9. 한숭홍. "깃발(하)"(창작 단편소설). 『참빛』 제2권 제8호 (1966.3), pp.26~29.

6. 초청 강연 / 세미나 발표 / KBS TV 강좌 / 방송 강좌

1. 한숭홍. "합리와 비합리"(1980년 추계신앙수련회 특강). 장로회신학대학, 1980.9.18.
2. 한숭홍. "교목의 위치와 역할"(특강). 서울 교목회, 1980.11.10.
3. 한숭홍. "신학의 철학적 이해"(특강). 감리교신학대학 교수회, 1980.11.13.
4. 한숭홍. "신학방법 서설: 생신학의 길"(특강). 장로회신학대학 총학생회, 1980.11.27.
5. 한숭홍. "사실과 허위"(목요 순환공개 강좌). 장로회신학대학 교수회, 1980.12.11.
6. 한숭홍. "기독교 교육학에서의 신학과 교육학과의 관계"(제11차 신학공동학회 발표). 전국신학대학협의회(KAATS), 1981.10.10.
7. 한숭홍. "신학도의 사회의식"(특강). 현대신학연구회, 1982.1.18.
8. 한숭홍. "선교 100주년을 향한 교회교육"(제17회 전국대회, 제19회 정기총회 강연). 기독교대한성결교회 교회학교 전국연합회, 1982.8.18.
9. 한숭홍. "나는 누구인가?"(문화강좌 1). 여전도회 전국연합회, 1983.3.30.
10. 한숭홍. "역사란 무엇인가?"(문화강좌 2). 여전도회 전국연합회, 1983.4.6.
11. 한숭홍. "문화란 무엇인가?"(문화강좌 3). 연전도회 전국연합회, 1983.4.13.
12. 한숭홍. "자연이란 무엇인가?"(문화강좌 4). 여전도회 전국연합회, 1983.4.20.
13. 한숭홍. "우리는 하나님을 어떻게 알 수 있나?"(문화강좌 5). 여전도회 전국연합 1983.4.27.
14. 한숭홍. "진리란 무엇인가?"(문화강좌 6). 여전도회 전국연합회, 1983.5.4.
15. 한숭홍. "자유란 무엇인가?"(문화강좌 7). 여전도회 전국연합회, 1983.5.11.
16. 한숭홍. "사상이란 무엇인가?"(문화강좌 8). 여전도회 전국연합회, 1983.5.18.
17. 한숭홍. "교육이란 무엇인가?"(문화강좌 9). 여전도회 전국연합회, 1983.5.25.
18. 한숭홍. "신이란 무엇인가?"(문화강좌 10). 여전도회 전국연합회, 1983.6.1.
19. 한숭홍. "기독교사관과 유물사관"(기조 강연). 전국대학이데올로기비판교육책임교수협의회, 1983.12.15.
20. 한숭홍. "기독청년의 사회의식"(청년회 특강). 신광교회, 1984.11.29.
21. 한숭홍. "인간이란 무엇인가?"(교사대학 특강). 남현교회, 1985.12.1.
22. 한숭홍. "철학이란 무엇인가?"(KBS 3TV 청소년 철학 강좌 1). KBS, 1986.5.10.
23. 한숭홍. "삶에 관하여"(KBS 3TV 청소년 철학 강좌 2). KBS, 1986.5.17.
24. 한숭홍. "실존과 철학"(KBS 3TV 청소년 철학 강좌 3). KBS, 1986.5.24.
25. 한숭홍. "인간이란 무엇인가?"(KBS 3TV 청소년 철학 강좌 4). KBS, 1986.5.31.
26. 한숭홍. "문화의 역사"(KBS 3TV 청소년 철학 강좌 5). KBS, 1986.6.7.
27. 한숭홍. "교육과 도야"(KBS 3TV 청소년 철학 강좌 6). KBS, 1986.6.14.
28. 한숭홍. "종교와 철학"(KBS 3TV 청소년 철학 강좌 7). KBS, 1986.6.21.
29. 한숭홍. "사회와 사상"(KBS 3TV 청소년 철학 강좌 8). KBS, 1986.6.28.
30. 한숭홍. "인간과 예술"(KBS 3TV 청소년 철학 강좌 9). KBS, 1986.7.5.
31. 한숭홍. "과학과 철학"(KBS 3TV 청소년 철학 강좌 10). KBS, 1986.7.12.

32. 한숭홍. "문명과 기술"(KBS 3TV 청소년 철학 강좌 11). KBS, 1986.7.19.
33. 한숭홍. "철학의 미래"(KBS 3TV 청소년 철학 강좌 12). KBS, 1986.7.26.
34. 한숭홍. "당신은 개인전도할 능력이 있습니까?"(특강 1). 삼양제일교회, 1986.11.2.
35. 한숭홍. "개인전도에 있어서 성경의 위치"(특강 2). 삼양제일교회, 1986.11.9.
36. 한숭홍. "전도의 기초"(특강 3). 삼양제일교회, 1986.11.16.
37. 한숭홍. "접근하는 지혜"(특강 4). 삼양제일교회, 1986.11.23.
38. 한숭홍. "성령은 복음전도의 능력"(특강 5). 삼양제일교회, 1986.11.30.
39. 한숭홍. "전도자의 시련"(특강 6). 삼양제일교회, 1986.12.7.
40. 한숭홍. "문화의 본질"(「기독교와 문화」 1). 여전도회 전국연합회, 1987.3.25.
41. 한숭홍. "문화의 유형"(「기독교와 문화」 2). 여전도회 전국연합회, 1987.4.1.
42. 한숭홍. "동·서 문화의 이해"(「기독교와 문화」 3). 여전도회 전국연합회, 1987.4.8.
43. 한숭홍. "한국문화의 원류"(「기독교와 문화」 4). 여전도회 전국연합회, 1987.4.15.
44. 한숭홍. "기독교 문화론"(「기독교와 문화」 5). 여전도회 전국연합회, 1987.4.22.
45. 한숭홍. "신율문화론"(「기독교와 문화」 6). 여전도회 전국연합회, 1987.4.29.
46. 한숭홍. "기독교 교육: 현장에서의 기능"(방송 강좌). CBS, 1987.4.29.
47. 한숭홍. "기독교의 세속화 문제"(「기독교와 문화」 7). 여전도회 전국연합회, 1987.5.6.
48. 한숭홍. "인류와 과학"(특강). 삼양제일교회, 1987.5.6.
49. 한숭홍. "기독교의 문화화 문제"(「기독교와 문화」 8). 여전도회 전국연합회, 1987.5.13.
50. 한숭홍. "기독교의 토착화 문제"(「기독교와 문화」 9). 여전도회 전국연합회, 1987.5.27.
51. 한숭홍. "기독교와 전통문화"(「기독교와 문화」 10). 여전도회 전국연합회, 1987.6.3.
52. 한숭홍. "기독교와 종교문화"(「기독교와 문화」 11). 여전도회 전국연합회, 1987.6.10.
53. 한숭홍. "기독교와 현대문화"(「기독교와 문화」 12). 여전도회 전국연합회, 1987.6.17.
54. 한숭홍. "기독교 교육철학의 이론과 실제"(교사대학 특강). 충신교회, 1987.9.14.
55. 한숭홍. "종교란 무엇인가?"(「종교와 기독교」 1). 여전도회 전국연합회, 1987.9.16.
56. 한숭홍. "종교의 기원"(「종교와 기독교」 2). 여전도회 전국연합회, 1987.9.23.
57. 한숭홍. "성속의 반대일치"(「종교와 기독교」 3). 여전도회 전국연합회, 1987.9.30.
58. 한숭홍. "종교의 현상학적 이해"(「종교와 기독교」 4). 여전도회 전국연합회, 1987.10.14.
59. 한숭홍. "종교의 사회학적 이해"(「종교와 기독교」 5). 여전도회 전국연합회, 1987.10.21.
60. 한숭홍. "종교적 진리는 궁극적인가?"(「종교와 기독교」 6). 여전도회 전국연합회, 1987.10.28.
61. 한숭홍. "종교다원주의와 기독교"(「종교와 기독교」 7). 여전도회 전국연합회, 1987 11.4.
62. 한숭홍. "한국종교와 기독교"(「종교와 기독교」 8). 여전도회 전국연합회, 1987.11.11.
63. 한숭홍. "토착화신학 이야기"(「종교와 기독교」 9). 여전도회 전국연합회, 1987.11.18.
64. 한숭홍. "민중신학은 신학적인가?"(「종교와 기독교」 10). 여전도회 전국연합회, 1987.11.25.
65. 한숭홍. "종교신학이란 무엇인가?"(「종교와 기독교」 11). 여전도회 전국연합회, 1987.12.2.
66. 한숭홍. "문화종교로서의 기독교"(「종교와 기독교」 12). 여전도회 전국연합회, 1987.12.9.
67. 한숭홍. "교육 민주화와 기독교 교육의 심화"(제28회 동기 교목 수양회 강연). 한국기독교학교 연합회, 1988.1.12.

68. 한숭홍. "해방신학과 종속이론"(사회과학대학 교수 대상 특강). 군산대학교, 1988. 5.21.
69. 한숭홍. "교사와 사명"(남노회 아동부 교사 대상 특강). 상덕교회, 1989.1.30.
70. 한숭홍. "독일의 통일교육론"(전국노회 교육부위원 대상 특강). 대한예수교장로회 총회교육부, 1989.2.15.
71. 한숭홍. "기독교 교육학의 과학성"(종교교육학과 특강). 총회신학대학교, 1989.5.4.
72. 한숭홍. "통일교육, 어떻게 가르칠 것인가?"(특강). 신답교회, 1989.7.2.
73. 한숭홍. "통일신학"(특강). 홍광교회, 1989.7.9.
74. 한숭홍. "기독교인의 사회적 역할"(특강). 신대방교회, 1989.8.27.
75. 한숭홍. "한국신학의 사상사적 분석"(신학과 특강). 장로회신학대학교, 1989.11.29.
76. 한숭홍. "인간이란 무엇인가?"(특강). 여전도회 전국연합회, 1990.3.13.
77. 한숭홍. "평화신학"(제1차 장로회신학대학교 교수세미나 특강). 장로회신학대학교, 1990.6.21.
78. 한숭홍. "한국의 민주화와 대학문화의 미래적 위상"(기조 강연). 한국미래연구학회, 1990.10.17.
79. 한숭홍. "미래사회와 교회교육"(교사대학 특강). 아현 성결교회, 1990.10.28.
80. 한숭홍. "평화신학과 기독교교육"(교사대학 특강). 신촌 성결교회, 1990.12.9.
81. 한숭홍. "인간의 역사"(장신 목사계속교육원 대구지역 특강 1). 내당교회, 1991.1.21.
82. 한숭홍. "철학적 인간학"(장신 목사계속교육원 대구지역 특강 2). 내당교회, 1991.1.22.
83. 한숭홍. "생물학적 인간학"(장신 목사계속교육원 대구지역 특강 3). 내당교회, 1991.1.23.
84. 한숭홍. "사회학적 인간학"(장신 목사계속교육원 대구지역 특강 4). 내당교회, 1991.1.24.
85. 한숭홍. "문화적 인간학"(장신 목사계속교육원 대구지역 특강 5). 내당교회, 1991.1.25.
86. 한숭홍. "청소년에게 삶을 어떻게 가르칠까?"(제4차 Ⅱ단계 교사대학 지도자 세미나 특강). 대한예수교장로회 총회교육부, 1991.1.31.
87. 한숭홍. "기독교문화와 전통문화의 조화"(방송 좌담). 극동방송, 1991.2.15.
88. 한숭홍. "인간이란 무엇인가?"(「인간이해」 1). 여전도회 전국연합회, 1991.3.13.
89. 한숭홍. "인간과 철학"(「인간이해」 2). 여전도회 전국연합회, 1991.3.20.
90. 한숭홍. "인간과 사회(1)"(「인간이해」 3). 여전도회 전국연합회, 1991.3.27.
91. 한숭홍. "인간과 사회(2)"(「인간이해」 4). 여전도회 전국연합회, 1991.4.10.
92. 한숭홍. "인생관"(「인간이해」 5). 여전도회 전국연합회, 1991.4.17.
93. 한숭홍. "초혼신학이란 무엇인가?"(특강). 장로회신학대학교 동양사상연구회, 1991.4.29.
94. 한숭홍. "고대인들의 인간관"(「인간이해」 6). 여전도회 전국연합회, 1991.5.1.
95. 한숭홍. "인간과 역사"(「인간이해」 7). 여전도회 전국연합회, 1991.5.8.
96. 한숭홍. "초기 선교사들의 신학과 사상"(정기 학술세미나 발표). 한국기독교역사연구소, 1991.5.11.
97. 한숭홍. "초혼신학 비판"(「인간이해」 8). 여전도회 전국연합회, 1991.5.15.
98. 한숭홍. "인간과 사상"(「인간이해」 9). 여전도회 전국연합회, 1991.5.22.
99. 한숭홍. "조혼신학의 문제와 비판"(특강). 장로회신학대학교 동양사상연구회, 1991.5.27.
100. 한숭홍. "무엇을 위한 폭력인가?"(「인간이해」 10). 여전도회 전국연합회, 1991.6.5.

101. 한숭홍. “인간과 신화”(「인간이해」 11). 여전도회 전국연합회, 1991.6.12.
102. 한숭홍. “인간과 종교”(「인간이해」 12). 여전도회 전국연합회, 1991.6.19.
103. 한숭홍. “2000년대를 향한 한국신학의 전망과 과제”(장로회신학대학교 교수세미나 특강). 장로회신학대학교, 1991.10.29.
104. 한숭홍. “교회학교 교육 어떻게 할 것인가?”(교사대학 특강). 삼양제일교회, 1991.11.26.
105. 한숭홍. “기독교 세계관”(연합청년회 특강). 광성교회, 1991.12.21.
106. 한숭홍. “인간이란 무엇인가?”(교사대학 지도자세미나 특강). 대한예수교장로회 총회교육부, 1992.2.21.
107. 한숭홍. “기독교 교육철학 개론”(교사대학 특강). 대덕교회, 1992.3.22.
108. 한숭홍. “신학이란 무엇인가?”(신학과 특강). 장로회신학대학교 한국신학사상연구원, 1992.5.21.
109. 한숭홍. “기독교 교육철학이란 무엇인가?”(교사대학 특강 1). 묘동교회, 1992.9.21.
110. 한숭홍. “기독교 교육철학의 학문성 문제”(교사대학 특강 2). 묘동교회, 1992.9.22.
111. 한숭홍. “바람직한 기독청년 문화”(용천노회 청년부 특강). 신성교회, 1992.11.9.
112. 한숭홍. “교회학교 교사의 사명과 역할”(교사대학 특강). 창동 염광교회, 1992.12.11.
113. 한숭홍. “한경직의 생애와 신학”(특강). 영락여자신학교, 1993.3.16.
114. 한숭홍. “기독교 문화 정착을 위한 바람직한 교육방안”(특강). 한국교회여성문제연구소, 1993.6.29.
115. 한숭홍. “교회의 사회적 기능”(북노회 사회부 심포지엄 특강). 상신교회, 1993.9.7.
116. 한숭홍. “기독 청년의 시대적 사명”(청년부 특강). 난곡 신일교회, 1993.10.10.
117. 한숭홍. “한국교회 갱신의 과제와 전망”(종교개혁기념 특강). 장로회신학대학교 한국신학사상연구원, 1993.10.27.
118. 한숭홍. “기독청년의 사회의식과 행동신학”(청년부 특강). 신양교회, 1993.10.30.
119. 한숭홍. “실존주의와 실존교육”(교사대학 특강). 금호교회, 1993.11.18.
120. 한숭홍. “공직자의 생활자세”(도시과정 제7기 전국시도건설관계 과장연수회 특강). 중앙대학교 건설대학원, 1993.12.14.
121. 한숭홍. “교회학교 교사론”(94년 교사대학 특강). 초원교회, 1994.2.14.
122. 한숭홍. “기독교 교육철학”(제2기 교사대학 특강). 대덕교회, 1994.4.17.
123. 한숭홍. “기독교와 한국문화”(신앙논단). 극동방송, 1994.5.27.
124. 한숭홍. “교회성장과 교회교육”(기성총회 목회자 세미나 특강). 천호동교회 실촌수양관, 1994.5.31.
125. 한숭홍. “현대사상 총론 1”(장신 목사계속교육원 경남지역 특강 1). 포항제일교회, 1994.6.28.
126. 한숭홍. “현대사상 총론 2”(장신 목사계속교육원 경남지역 특강 2). 포항제일교회, 1994.6.28.
127. 한숭홍. “종속이론과 해방신학”(장신 목사계속교육원 경남지역 특강 3). 포항제일교회, 1994.6.29.
128. 한숭홍. “기독교와 한국문화”(장신 목사계속교육원 경남지역 특강 4). 포항제일교회, 1994.6.29.
129. 한숭홍. “한국 기독교의 과제와 전망”(장신 목사계속교육원 경남지역 특강 5). 포항제일교회, 1994.6.29.
130. 한숭홍. “한국 사회의 경제부패 구조와 기독교적 대안”(방송 강좌). 극동방송, 1994.10.7.

131. 한숭홍. "신학을 하려는 분들에게"(방송 강좌). 극동방송, 1994.12.8.
132. 한숭홍. "교회학교 교사론"(교사대학 특강). 삼양제일교회, 1995.1.22.
133. 한숭홍. "기독교 교육학"(「평신도를 위한 신학강좌」 26주 방송). 극동방송, 1995.4.7~9.29.
134. 한숭홍. "교회와 교육"(교사대학 특강). 삼양제일교회, 1995.7.9.
135. 한숭홍. "얼굴들"(극동방송 칼럼). 극동방송, 1995.7.10.
136. 한숭홍. "이용도 신학이 성령운동에 미친 영향"(민경배 교수의 논문에 대한 논평 · 토론). 국제신학연구소 제4회 학술세미나, 1995.8.21.
137. 한숭홍. "21세기 한국신학의 과제와 전망"(학술세미나 특강). 장로회신학대학교 한국신학사상연구원, 1995.11.13.
138. 한숭홍. "기독교인의 가정규범"(특강). 충성교회, 1995.12.17.
139. 한숭홍. "교회학교 교사의 의식과 역할"(교사대학 특강). 삼양제일교회, 1996.1.22.
140. 한숭홍. "한국 교회사와 함께한 선지자들"(신학과 특강). 장로회신학대학교, 1996.10.28.
141. 한숭홍. "율법과 믿음"(특강). 구로문교회, 1997.3.2.
142. 한숭홍. "한국 무속과 윤회, 그리고 뉴에이지 운동"(권오덕 교수의 논문에 대한 논평 · 토론). 한국개혁신학회 제2회 정기 학술심포지엄, 1997.3.29.
143. 한숭홍. "문화변동에 따른 신학의 변화 전망"(제38회 연세신학공개강좌 강연). 연세대학교 신과대학, 1997.10.9.
144. 한숭홍. "기독교 교육학 형성의 기초"(특강 1, 2). 잠실교회 서울성서신학원, 1998.4.1.
145. 한숭홍. "기독교 교육학의 형성사"(특강 3, 4). 잠실교회 서울성서신학원, 1998.4.22.
146. 한숭홍. "기독교 교육학의 방법과 목적"(특강 5, 6). 잠실교회 서울성서신학원, 1998.5.13.
147. 한숭홍. "기독교 교육학의 실제적 이해"(특강 7, 8). 잠실교회 서울성서신학원, 1998.6.3.
148. 한숭홍. "21세기의 가상교회"(특강). 『21세기의 사회와 교회』(제18회 연세 목회자신학 세미나 자료집, pp.163~169). 연세대학교 신과대학 · 연합신학대학원, 1998.6.26.
149. 한숭홍. "한경직 목사의 생애와 신학"(특강). 『목회를 위한 리더십』(제17기 목회연수회 자료집, pp.50~51). 영락교회, 1998.8.19.
150. 한숭홍. "한경직 목사론"(공개강좌 특강). 서울노회, 1998.10.25.
151. 한숭홍. "한국 기독교의 어제: 그 역할과 의미"(학술세미나 특강). 『한국 기독교 어제, 오늘 그리고 내일』(강남대학교 우원사상연구소 제11회 학술 세미나 자료집, pp.1~12. 본 논문에 대한 김병환 교수의 논평, pp.13~14). 강남대학교 우원사상연구소, 1998.11.9.
152. 한숭홍. "기독교인의 경제생활과 자녀교육"(특강). 은평구 구산교회, 1999.2.5.
153. 한숭홍. "신학입문: 신학과 일반학과의 관계를 중심으로"(신학과 특강). 장로회신학대학교, 1999.3.3.
154. 한숭홍. "소망에 대한 철학적 접근: 한민족의 삶의 자리에서 미리 엮어 본 짧은 글"(1999학년도 2학기 교수세미나 특강). 장로회신학대학교 교수회, 1999.8.27.
155. 한숭홍. "한국신학, 무엇이 문제인가?"(학술세미나 특강). 장로회신학대학교 한국신학사상연구원, 1999.11.23.
156. 한숭홍. "21세기의 기독청년의 역할"(청년회 특강). 삼양제일교회, 1999.12.19.

157. 한숭홍. "기독교 교육사 개관"(교사대학 특강). 대덕교회, 2000.3.19.
158. 한숭홍. "문화종교학 서설"(IWMU Internet 강의 1~4강 녹음). 2000.3.27.
159. 한숭홍. "문화종교학 서설"(IWMU Internet 강의 5~13강 녹음). 2000.3.29.
160. 한숭홍. "문화종교학 서설"(IWMU Internet 강의 14~20강 녹음). 2000.3.31.
161. 한숭홍. "문화종교학 서설"(IWMU Internet 강의 21~27강 녹음). 2000.4.18.
162. 한숭홍. "한경직 신학에 대한 이해"(특강). 『한경직 목사의 신학과 목회 사상』(기독교교리사상문화연구부 제3차 공개 심포지엄 자료집, pp.1~10). 장로회신학대학교, 2000.10.19.
163. 한숭홍. "한국신학 정립을 위한 소고"(신학과 특강). 장로회신학대학교, 2001.3.14.
164. 한숭홍. "한경직 목사의 영성과 한국교회에 미친 영향"(특강). 『한국교회와 한경직 목사』(한경직 목사 기념사업회 제1회 학술 심포지엄 자료집, pp.39~79. 본 논문에 대한 김영한 교수의 논평, pp.83~86). 영락교회, 2001.4.17.
165. 한숭홍. "그리스도와 이데올로기 극복"(특강).『목회자신학세미나』(서울교회 한국교회갱신연구원 제9학기 목회자신학세미나 자료집, pp.1~20). 서울교회, 2001.6.4.
166. 한숭홍. "디지털 시대의 선교"(특강). 『제21회 연세 목회자신학세미나』(자료집). 연세대학교 신과대학 · 연합신학대학원, 2001.7.2.
167. 한숭홍. "한경직론"(특강). 영락교회 제2남선교회, 2002.11.22.
168. 한숭홍. "한경직 약전"(특강). 영락교회 제2남선교회, 2003.4.18.
169. 한숭홍. "오늘의 한국 기독교, 무엇이 문제인가?." 『21세기와 종교개혁』(2003년 수신학연 학술제 자료집, pp.67~70). 제1대 수도권 신(기독교)학과 학생연합회, 2003.11.1.
170. 한숭홍. "나의 신학함과 인생"(강연). 장로회신학대학교 신학과 학생회 학술부, 2005.4.7.
171. 한숭홍. "한국교회 분열과 신학적 논쟁"(특강). 『연세신학 학술 심포지엄』(연세 120주년 기념 연세신학 학술 심포지엄 자료집, pp.17~32). 연세대학교 신과대학, 2005.5.27.
172. 한숭홍. "神土不二 神學"(강연). 『제488주년 종교개혁기념학술강좌』(자료집, pp.19~40). 장로회신학대학교 총학생회 학술국, 2005.10.26.
173. 한숭홍. "신학, 어떻게 할 것인가?"(신학입문 특강). 장로회신학대학교, 2007.5.28.

7. 인터뷰 기사

1. "광나루 지성의 생애와 사상: 한숭홍." 장로회신학대학교 교지편집위원회 편. 『사건Simulacre』 통권34호 (2004.9), pp.189~234.
2. "神土不二, 지평을 넘어: 무극 한숭홍." 『신학춘추』, 2007.5.1, p.2.

준비위원회 및 후원자 명단

【무극 한숭홍 교수 정년퇴임 기념 준비위원회】 (가나다 순)

위 원 장 윤철호

위　　원 곽재욱 김경진 김대동 김도훈 김종익 노영상 박은호
소기천 신광호 양금희 이길원 이영익 이장형 임성빈
장경덕 정성한 한국일 홍성욱 황명환

논문집 편집위원장 이장형

편집위원 윤철호, 이길원, 이승갑, 김병국

【무극 한숭홍 교수 정년퇴임 기념 재정후원자】 (가나다 순)

고일호, 공석초, 곽근열, 곽재욱, 김경진, 김대동, 김명준, 김종성, 김종익, 김진명, 박성걸, 박은호, 박진철, 소기천, 신광호, 안홍철, 양금희, 이승갑, 이영익, 임성빈, 장경덕, 정동욱, 정성한, 조석원, 조용후, 주철희, 차정규, 최아람, 홍성욱, 황명환

무극 한숭홍 교수 정년퇴임기념 논문집

한국신학의 지평

2007년 6월 20일 인쇄
2007년 6월 25일 발행

편저자 / 한숭홍 교수 정년퇴임기념 논문집 편집위원회
발행인 / 이찬규
발행처 / 선학사
등록번호 / 제10-1519호
주소 / 서울시 마포구 공덕2동 173-51
전화 / 02-704-7840
팩스 / 02-704-7848
이메일/ sunhaksa@korea.com
홈페이지/ www.sunhaksa.com

값 18,000원

ISBN 978-89-8072-205-1 93100